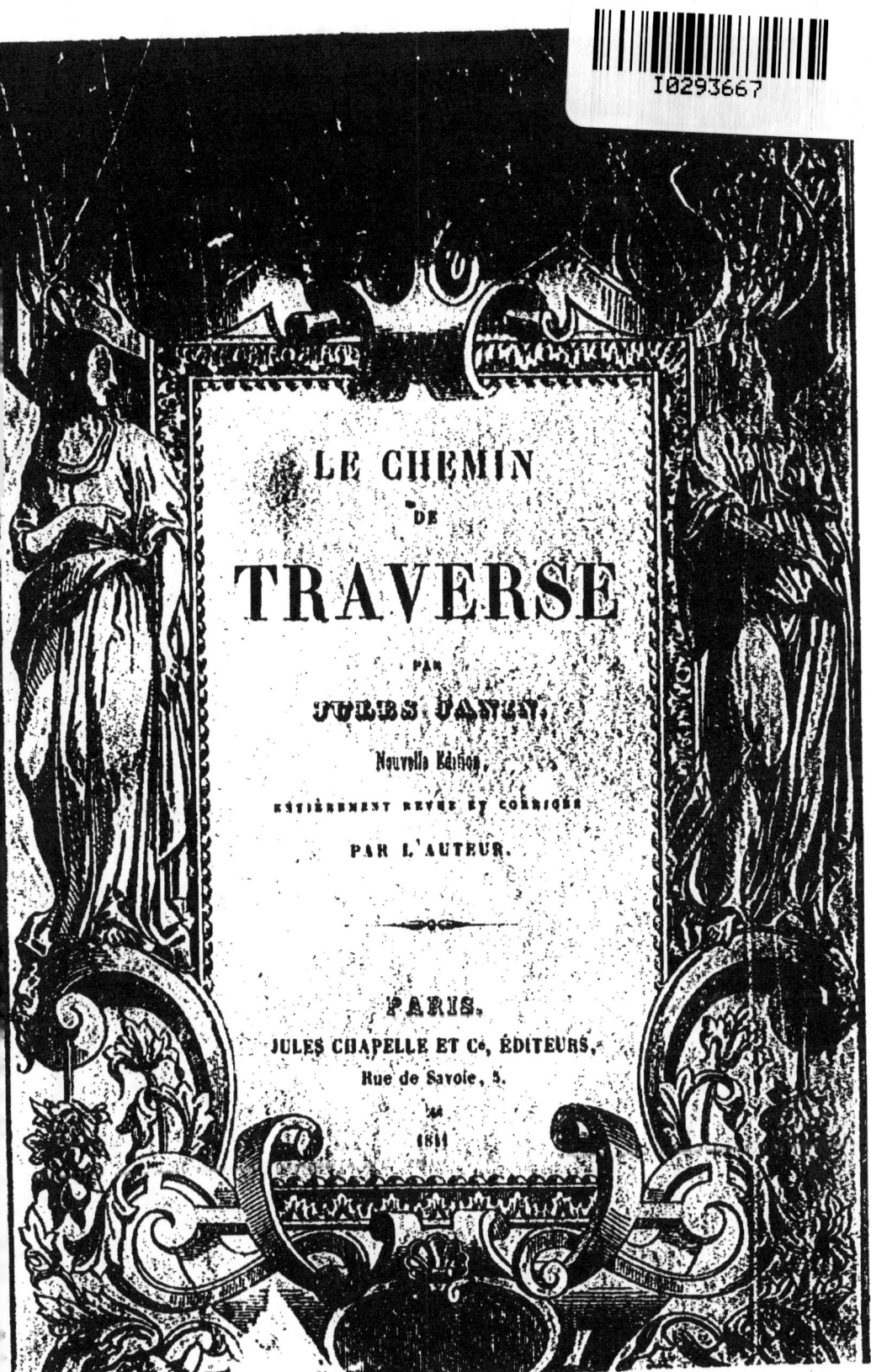

LE CHEMIN
DE
TRAVERSE

PAR

JULES JANIN,

Nouvelle Édition,

ENTIÈREMENT REVUE ET CORRIGÉE

PAR L'AUTEUR.

PARIS,
JULES CHAPELLE ET Cⁱᵉ, ÉDITEURS,
Rue de Savoie, 5.

1841

LE CHEMIN
DE TRAVERSE.

Paris. — Typ. LACRAMPE et Cie, rue Damiette, 2.

LE CHEMIN

DE

TRAVERSE

PAR

JULES JANIN,

NOUVELLE ÉDITION, ENTIÈREMENT REVUE ET CORRIGÉE

PAR L'AUTEUR.

PARIS.
JULES CHAPELLE ET COMPAGNIE, ÉDITEURS,
RUE DE SAVOIE, 5.
—
1841.

PREMIÈRE PARTIE.

L'Éducation du Village.

I.

Introduction.

Je l'avoue, en commençant cette histoire, je me sens au cœur je ne sais quelle innocente joie poétique que je croyais déjà bien loin de moi. Mon âme est émue tendrement au récit que je vais me faire à moi-même. D'où me vient cette joie inaccoutumée? D'où me vient cet intérêt étrange pour mon héros? Pourquoi cette fable vulgaire me paraît-elle, à l'heure qu'il est, si pleine d'intérêt et de charme? Cela vient-il du léger vent qui souffle, soulevant les cheveux de ma tête et calmant les passions de mon cœur? ou bien suis-je dominé, à mon insu, par les derniers bruits du vieux peuplier, pendant que l'indulgent soleil de septembre voile sa face d'un léger nuage, pour mieux laisser chanter l'oiseau qui chante au sommet de l'arbre et le poëte qui écrit à ses pieds? Non, ma joie tient à une autre cause; mon bonheur est au delà de ces arbres, du transparent nuage; au delà de cet oiseau, de ces chants, de ces murmures. Le vent tomberait tout à coup sur l'oiseau et sur moi et sur le grand arbre, chassant l'oiseau, brisant l'arbre, et emportant, avec les feuilles desséchées du tilleul, ces pauvres feuilles volantes que j'écris là, eh bien! je serais encore tout aussi heureux qu'à présent; j'irais me mettre à l'abri du vent et de l'orage; et tel que l'industrieuse araignée qui recommence sa toile et qui se joue dans ses fils déliés, je recommencerais ce livre une troisième fois, et je me jouerais, toujours avec le même bonheur, dans ce frêle tissu sorti tout brodé de ma tête et de mon cœur. Or, enfin, voulez-vous donc savoir pourquoi je suis si heureux aux premières pages de cette histoire? C'est que c'est là encore un récit de jeunesse, rempli de passions, et dont le héros n'a que vingt ans.

O la jeunesse! la jeunesse! Dans le livre, dans le drame, dans le rêve, dans le monde, elle peut remplacer merveilleusement toutes choses. La jeunesse, c'est l'espérance en sa fleur, ce sont toutes les émotions du cœur de l'homme, j'entends toutes les nobles et douces émotions réunies, entassées; florissantes et chantantes passions d'un jeune cœur. La jeunesse, c'est la misère folâtre, c'est le frais sommeil, c'est la santé qui vit de peu; c'est l'amour au hasard qui bondit comme un jeune lion, ce sont les jolies filles en robes fanées, aux dents blanches, aux mains rouges, au sein qui bat. La jeunesse, c'est la poésie, éparse çà et là, qui vous accompagne comme un parfum invisible; elle se joue à votre chevet, elle s'assied à votre table, elle rit dans votre verre à demi plein; c'est elle qui ouvre la porte aux créanciers avec son air madré et boudeur, et qui les paie avec un sourire. Dites-moi donc, quand vous faites un livre, si votre héros est un jeune homme! En ce cas, vous êtes sauvé, mon frère; en ce cas, vous allez faire un chef-d'œuvre, mon frère, quelque chose comme *Paul et Virginie*, *Manon Lescaut*, ou les premiers chapitres de *Gil Blas*.

Mais où sont les romans, c'est-à-dire où sont les hommes qui restent jeunes plus d'une heure? Vous aurez beau prendre le sentier le plus long, comme le bon La Fontaine allant à l'Académie, il arrivera bientôt, à présent, à l'instant même, demain sans doute, hier peut-être; oui, il *arrivera, hier*, que votre héros sera moins jeune, moins jeune d'un regard, d'un sourire, d'un cheveu qui tombe, d'un rien de moins, et pourtant moins jeune. Aussitôt voilà votre histoire qui se complique. D'abord vous avez été le simple historien d'un simple jeune homme, et, dans les premiers chapitres de votre livre, la jeunesse de cet enfant a suffi à vous et au lecteur; mais aussitôt que l'enfant devient un homme, alors, vous, de votre côté, vous devenez moins qu'un homme, vous devenez un faiseur de romans; vous donnez dans les incidents bizarres, dans l'imprévu, dans les grandes scènes pathétiques. Hélas! vos maîtres eux-mêmes en ont fait autant que vous. Aussitôt que la Virginie de Bernardin de Saint-Pierre a seize ans, et que sa jolie petite tête blonde est trop haute pour s'envelopper, comme autrefois, de son jupon rabattu, son impitoyable historien l'envoie en France pour la noyer à son retour. Aussitôt que Manon Lescaut n'est plus la jolie fille vivant d'amour, qui se livre et qui s'abandonne au premier venu sans savoir où est le crime, le cruel historien lui fait expier cruellement, Dieu le sait! cette charmante, j'ai presque dit cette innocente vie de folie, de luxe et d'amour. Et quant à mons Gil Blas, le grand héros, il n'est jeune qu'un jour, le temps de vendre la mule de son oncle Gil Perez, le temps d'enlever aux bandits de la caverne la jolie dame, dont il tire si peu parti, tant il était jeune! O Gil Blas! ô Gil Blas! pourquoi vieillir si vite? pourquoi n'être pas plus longtemps le svelte et insouciant Gil Blas des hôtelleries, des comédiennes, des voleurs, des barbiers musiciens et poëtes, des antichambres, des coulisses et des grands chemins?

A quoi Gil Blas peut vous répondre : — Ce n'est pas ma faute si je vieillis si vite, c'est la faute de la nature humaine. Qui que tu sois, tu te croyais jeune hier; aujourd'hui regarde-toi à quelque glace fidèle; regarde-toi. Vois-tu cette ride légère qui accompagne ton sourire et qui se dissimule encore sous ton sourire, comme le serpent sous les fleurs? As-tu compté, le matin en te levant, tous les cheveux qui restent attachés à ton bonnet de la nuit, dépouilles opimes d'un front bien plus étroit hier? Voilà comment on vieillit, jeune homme; et voilà justement comme j'ai vieilli, moi, Gil Blas! On vieillit d'abord chaque jour, parce qu'on a un jour de plus et une passion de plus; ensuite (et ceci est plus triste) on vieillit chaque jour, parce qu'on a un jour de moins et une passion de moins : voilà comme on vieillit, jeune homme! — Ainsi parle Gil Blas, ainsi parle l'homme sage qui n'a été étranger à aucune des choses de la vie. Moi-même, pendant que j'arrange de mon mieux la biographie de mon héros, pendant que je couvre du sable le plus fin et des ombrages les plus frais les sentiers de cette histoire, dans laquelle mon héros doit agir et penser, mon héros vieillit avec moi, son historien. Dieu nous protége! nous perdons en même temps, l'un et l'autre, de belles heures à arranger notre voyage. Mais, que voulez-vous, avant de nous embarquer, lui et moi, sur cette mer féconde en naufrages, ne faut-il pas bien que nous voyions ce qui se passe au ciel? Et dans le ciel, voyez-vous notre jour de naissance, à nous deux, qui se montre gravement et solennellement sous la constellation du Verseau? Ce qui veut dire : Hâtez-vous de vivre, toi qui as une histoire à accomplir, toi, surtout, qui as une histoire à raconter! Salut à notre jour de naissance! quel regard il jette sur nous! un regard doux et tendre comme celui d'un père qui s'éloigne et qui perd de vue son enfant. N'avez-vous jamais éprouvé cela, mes amis? N'êtes-vous jamais revenus sur cette heure de votre destin, où vous reçûtes le mouvement et la pensée; cette heure où vous êtes sortis en même temps du néant, elle et vous? C'est un fragment du temps, un rien dans l'espace, un écho des siècles; tout comme vous, vous êtes un fragment de l'humanité, un souffle perdu du Créateur. O mon heure de naissance! ô ma sœur jumelle! que vous êtes loin dans l'ombre! comme votre paisible clarté se recule et s'efface! Étoile perdue dans le lointain, viens à moi qui te tends les bras; viens, ma belle heure, toi qui me suspendis au sein de ma mère, ivre de joie; toi qui délias mes membres ployés, toi qui m'étendis mollement dans mon berceau, me soufflant une âme, après m'avoir repu de sommeil et de lait! Eurydice, mon Eurydice, où es-tu? et l'écho de répondre : Eurydice! Eurydice!

Vous croyez que je ne suis pas dans mon sujet, et comme un grand consommateur de romans que vous êtes, vous pensez déjà à sauter quelques pages et à venir tout de suite au fait. Vous avez tort! dans mon sujet, j'y suis; car, à travers tous les jours, toutes les années que nous remontons ensemble, et que vous remontez avec moi en toute indifférence, comme s'il ne s'agissait pas aussi de vos jours et de vos années, après avoir traversé toute cette masse d'heures accumulées sur notre route comme autant de moucherons par un temps d'orage, nous sommes arrivés enfin à l'année 1804, la belle année qui vit naître l'empire et le héros de cette histoire. L'empire et mon héros, Prosper Chavigni, ont été inscrits en même temps, l'un dans l'histoire de France, l'autre sur les registres de l'état-civil de son village. Ils se sont revêtus en même temps, le petit Chavigni de ses langes, l'empereur de son manteau de velours, chargé d'abeilles d'or. Voyez le destin! l'enfant est devenu un homme, et l'empire français, son frère de lait, est mort jusqu'à la dernière génération, déjà. Les langes du petit Prosper n'ont servi qu'à lui seul; le manteau de velours impérial a été refait quatre fois à toutes les tailles : pour un roi légitime, pour un roi dévot, pour un roi enfant, et pour une révolution.

1804! l'époque est à noter; c'était une belle année pour venir au monde. 1804! c'est un siècle nouveau qui commence, un siècle plein de révolutions terribles et sans portée, qui durent quinze jours; un siècle qui va parodier tous les autres siècles, qui parodiera, d'un jour à l'autre, le dix-septième siècle et 89, Richelieu et Robespierre, Corneille et Jodelle; qui parodiera jusqu'aux pestes d'autrefois; un siècle qui verra mourir, sans trop s'en inquiéter et comme s'il avait de quoi les remplacer sur-le-champ, ces grands noms de l'histoire, le nom de Bonaparte et le nom de Condé; siècle indécis entre le bien et le mal, aussi incapable de mal que de bien; haletant et fatigué par des travaux qu'il n'a pas faits; se reposant de guerres qu'il n'a pas entreprises; siècle bourgeois, sans passions même bourgeoises. J'imagine que tous les sceptiques de bonne foi, sur lesquels repose encore le peu de société que nous avons conservée, sont nés en 1804. Venir quatre ans plus tôt, c'était venir trop tôt pour être un sceptique, c'était avoir quatre ans devant soi pour croire à la gloire. Or, l'homme complet de notre époque est celui qui n'est même plus dans le doute; car le doute, c'est encore une croyance. Ne rien croire et ne rien admirer, voilà notre évangile. L'homme complet de notre époque ne croit à rien, à l'empereur Napoléon moins qu'à personne, à la gloire encore moins qu'à la vertu. Qui que vous soyez, Dieu vous préserve d'être un homme complet!

Vous voilà donc bien avertis que mon histoire sera un livre d'imagination tenu en partie double, où les *pertes* sont écrites sur une page et les *profits* sur l'autre page. Mon héros sera un tout jeune homme d'abord, tout simplement, et ensuite un homme fait. Je diviserai, comme tous les romanciers du monde, mon histoire en deux parties. Cet homme qui grandit, ce serpent épanoui au soleil qui change de peau, cette vertu qui devient le vice, ce sont là, en effet, deux histoires bien différentes! Une histoire vive, animée, très-simple, un rêve d'été, une course à cheval à travers de beaux paysages, Ariel en croupe, voilà la première partie de cette histoire, dont le mot d'ordre est : *Espérance*. Pour celle-là, je ne demande point de grâce, je suis sûr de la bien écrire, car c'est l'histoire éternelle de la jeunesse. Cette histoire, je veux l'écrire avec la dernière plume arrachée à l'aile de ma dernière colombe, sous mon arbre favori, à côté du ruisseau qui s'enfuit en murmurant. Dans cette partie de mon récit, j'aurai pour moi tous ceux qui ont vingt-cinq ans, tous ceux qui ont eu vingt-cinq ans, et tous les heureux qui n'ont pas encore vingt-cinq ans. Ils seront indulgents pour les souvenirs épars d'un bonheur qui n'a pas toujours été ménagé avec soin, parce que c'était le trésor le plus amoncelé de l'enfant prodigue. Mais l'autre partie de cette histoire, dont le mot d'ordre est : *Ambition* ; l'histoire de Prosper de

Chavigni homme fait, après l'histoire du petit Chavigni le paysan, voilà ce qu'il faut écrire avec une plume de fer, voilà ce qui va faire jeter les hauts cris à toutes les moralités de notre époque. Ho! ho! vous allez donc faire à fond l'éducation de ce jeune provincial? Vous allez donc lui apprendre comme on devient menteur, lâche, fourbe, duelliste, méchant, en un mot comment on devient quelque chose? Vous allez donc lui apprendre comment on exploite en ce monde le génie, la bonté, la valeur, le talent, la jeunesse, la puissance, le crédit et même la vanité d'un sot? Grâce à vous, obscur narrateur, cet enfant va donc apprendre comment on ramasse les jarretières des belles dames et comment on les remet à leur place, en temps utile? Ainsi je les entends tous se récrier à l'avance, quelles que soient les précautions dont j'entoure la seconde moitié de mon récit. La morale a fait de si grands progrès de nos jours! Aussi, Dieu sait ce que va devenir ce pauvre livre! D'autant plus que mes appuis naturels, qui faisaient autrefois ma gloire et ma force, deviennent chaque jour moins dévoués et moins nombreux. Quand j'étais avec eux, ou plutôt quand ils étaient avec moi, les compagnons de mes premiers essais, comme j'étais fier, heureux et libre! Nous amassions en commun nos pensées, nos paroles, nos actions, notre pauvreté si précieuse, nos amours. Mais aujourd'hui, mes amis, mes frères d'armes, où sont-ils?

Autrefois, je ne pensais guère à leur blâme, car pour moi ils n'avaient pas de blâme. J'étais l'enfant chéri de leur adoption, le frère de leurs rêves poétiques. Et cependant ils sont restés, de près ou de loin, les seuls arbitres de ma pensée. Aussi bien en commençant cette histoire, voilà ce que je me dis à moi-même : — Que vont-ils penser de ce nouvel effort poétique, Théodose, Armand,

Alexandre, Auguste, tous mes vieux jeunes amis, si indulgents dans leur sévérité? Quoi donc! diront-ils, le voilà qui se rejette dans la fiction! le voilà qui se fait de nouveau un écrivain de romans quand il a conquis le droit de n'être plus qu'un critique! Et ils s'affecteront d'autant plus de ce retour de leur condisciple vers leur jeunesse fugitive, qu'eux-mêmes ils sont devenus plus décents et plus graves. Ils ont marché en avant, comme je revenais sur mes pas; ils ont teint leurs cheveux en noir à l'instant où je mettais une perruque blonde; ils se plaignent que je suis toujours le même; mais eux, combien, hélas! ils sont changés! L'un qui souvent m'est venu arracher à mes livres de droit, quand j'avais l'espérance d'être un docteur, est devenu professeur, et il enseigne! L'autre, mon démon familier, autrefois ardent coureur de grisettes, bel esprit de la Grande-Chaumière, duelliste jusqu'au coup d'épée dans le bras inclusivement, s'est fait professeur d'histoire, et il enseigne! Julio le moqueur si bonhomme, si vaillant, qui avait tant d'âme et d'esprit, est devenu, le croiriez-vous, Élisabeth? un simple notaire de village; il a acheté une demi-douzaine de cartons et deux écussons en cuivre doré, et il écrit sur du papier timbré tout le jour! Les beaux et notables changements que voilà dans le personnel de mes amis! Tel qui faisait des vers, gagne de l'argent à la Bourse; tel autre qui rimait des couplets de vaudeville, est devenu un des grands orateurs du barreau: vous avez tous connu l'amant de madame Rose et de madame Pauline? il est procureur du roi, et il parle contre l'adultère admirablement, à ce qu'on dit. Francisque le joueur n'est plus qu'un affreux avare, et il a épousé la fille d'un usurier! Mon Dieu! Paul, qui n'avait pas de barbe, s'est fait lancier, et son brigadier l'a mis aux arrêts trois fois, parce que sa moustache était absente. Vous vous souvenez de

Victor? comme celui-là nous a éreintés corps et âme! quel estomac! quelle tête! Jamais ivre! jamais sans soif! jamais sans faim! il allait, il allait, il allait à nous crever tous. Quel coureur! Eh bien! il est devenu homme d'état, il a pacifié quatre arpents de la Vendée à lui seul; la dernière fois que je l'ai vu, il était gravement à l'Opéra en pleine loge, tête à tête avec la nourrice de son troisième enfant. On se demandait de toutes parts si ce n'était pas M. Odilon Barrot?

De tous ces vieux amis, de tous ces compagnons fidèles avec lesquels j'avais mis en commun mes plaisirs et mes peines, mon présent et mon passé, et, je le croyais! mon avenir, il ne m'en reste pas un seul. Ils ont tous marché ou en avant ou en arrière, dans des sentiers différents; ceux qui ne sont pas restés en chemin sont allés très-haut; ceux qui ne se sont pas éteints ont vécu trop vite. Il y en a qui sont mariés, d'autres qui sont veufs et qui se marient de nouveau; il y en a qui ont six enfants et qui se livrent de toute leur force au seul luxe innocent de ce monde, la paternité! Il y en a même qui sont morts, l'un en duel, hélas! et pour quelle femme! Que dis-je? hier, hier encore, n'avons-nous pas vu s'éteindre entre nos bras, n'avons-nous pas porté en terre ce beau, cet honnête, ce savant Édouard, la providence, l'orgueil, et aujourd'hui le deuil éternel de sa mère, noble jeune homme dévoré par la science et tué par l'étude? A quoi donc sert la vertu, ô mon Dieu! C'est ainsi que la vingt-septième année vous trouve seul, à peu près sans famille, sans amis, je veux dire sans amis toujours tout prêts, toujours sous la main, toujours éveillés, l'âme et la bourse et l'épée au poing pour vous défendre, et Chloé, sous les rideaux, les yeux à demi fermés, toute prête à recevoir dans ses bras l'ami de son amour. Grand malheur de dire à la folle jeunesse : Adieu! adieu!

Eh bien, moi, audacieux que je suis, je les rappelle toutes, ces amitiés absentes, je les prends par le bras et je les secoue : à moi, mes frères ! à moi, mes dévoués ! à moi, mes compagnons des beaux jours ! réveillez-vous ! Glissez-vous en silence par votre porte entr'ouverte, trompez la surveillance de votre femme et de vos clients. Venez, venez ; quittez votre uniforme de magistrat, votre robe de professeur, venez ; prenez encore une fois votre manteau couleur de muraille, et encore une fois parcourons la ville ensemble ; agaçons les jolies filles dont la gracieuse silhouette se détache contre la vitre entr'ouverte ; venez, recommençons ensemble cette immorale histoire de la fleur qui se fane, du mouchoir qui se dérange, de la bougie vacillante qui s'éteint. Venez, vivons une heure ensemble, vous retrouverez demain votre femme, vos enfants, vos affaires, vos plaisirs, vos ennuis et vos devoirs de chaque jour.

Et vous aussi, venez avec nous, vous les anciennes amies de nos beaux jours, vous Laura, vous Louise, vous Thérèse, vous Lili, vous les jolies, les naïves et les belles ! Laissez là un instant vos amours commencées, abandonnez vos nouvelles intrigues pour une heure ; quittez votre frais boudoir où l'écolier soupire à côté du vieillard ; venez les jolies, et les belles, et les rieuses, et les folâtres, et les insouciantes, et les spirituelles, et les moqueuses ; venez, vous les blanches sceptiques à l'œil de feu, à la lèvre rose et rebondie, au sein qui bat, au pied qui s'avance en frémissant. Venez, venez toutes avec moi. Venez, vous qui êtes restées toujours les mêmes ; vous que la vieillesse ne prend pas en détail, qu'elle prendra tout d'un coup quand vous ne voudrez plus être jeunes. Venez, venez, vous qui n'avez ni famille, ni devoirs. Venez ! venez ! venez !

Et toutes aussitôt, reconnaissant cette voix amie, de

jeter sur leurs cous fermes et blancs l'écharpe printanière, de couvrir leur jolie tête du chapeau rose chargé de plumes ou de fleurs, et de venir à moi sans demander : — *Où allons-nous?* O mes amis, vous voyez bien que mon histoire n'a pas besoin de vous; restez en paix à votre foyer domestique, si ma nouvelle histoire vous fait peur; vous le voyez, je suis protégé par les décevants souvenirs de notre jeunesse qui ne s'est pas envolée bien loin. Je puis encore lui faire un signe, à la folâtre, comme à une colombe égarée, et elle viendra de nouveau s'abattre sur ma tête et me protéger de son aile, sauf à reprendre son vol l'instant d'après. Restez donc chez vous, mes amis, si vous êtes trop occupés, et laissez-moi sous la protection des belles associées de nos vingt ans. Autrefois nous allions avec elles dans la forêt de Meudon, calme et solennelle forêt; dans les bois jaunes et pelés de Montmorency. (Que d'écharpes oubliées aux buissons d'aubépines! que de baisers oubliés au pied du buisson!) Laissez-les donc venir, légères comme les grâces dans une ode d'Horace; je les entends déjà qui me demandent en souriant : — *Que nous veux-tu?* — Ce que je veux, mes belles? Je veux savoir si vous vous rappelez votre vingtième année; je veux savoir si vous êtes encore une fois plus jeunes que nous, qui ne sommes plus jeunes; je veux savoir si vous aimez encore les histoires de folie et d'amour. Ce que je veux? je veux donner sur vos fronts si doux, où elle est restée, le baiser de paix à la vingt-cinquième année qui est déjà bien loin de nous.

Vain espoir! encore cette fois! Elles n'entendent plus mon langage; mes traits leur sont inconnus, elles m'ont vu quelque part, confusément, mais elles ne sauraient dire sur quels rivages! Les voilà donc qui reprennent leur vol en s'écriant, les folâtres :

— Passez votre chemin, bonhomme, on vous a déjà fait l'aumône, nous n'avons plus le temps de vous entendre, nous autres, nous les immortelles, nous les Grâces; nous remontons là-haut vers les hommes de vingt-cinq ans!

Ainsi donc, me voilà seul encore une fois avec mon livre! ainsi donc, ni amis, ni maîtresses pour me suivre! Ils sont trop vieux pour moi; — je suis devenu trop vieux pour elles. — Qui donc me prêtera une oreille attentive à présent, puisqu'ils m'abandonnent tous? — Mes amis inconnus, peut-être!

A tout hasard, je commence, et si vous trouvez mon exposition trop longue, remarquez bien que vous n'avez pas de préface. — Pas de préface!

II.

L'Enfance de Prosper.

Où êtes-vous né? A moins d'être venu au monde sur la butte Montmartre, sous l'aile rafraîchissante de quelque moulin à vent, qui, de la hauteur où il est plongé, regarde avec mépris les changements et les incertitudes de la ville, je vous plains si vous êtes né à Paris. En général, il ne faut pas naître à Paris; il faut y vivre à tout prix; dans aucun cas, on n'est pardonnable d'y mourir. Tant que le pouls bat soixante-dix pulsations à la minute, tant que le cœur est robuste et fort, tant que la volonté est puissante, c'est bon et beau, Paris; mais pour l'enfant et pour le vieillard, pour qui se traîne et pour qui apprend encore, pas à pas, à marcher; pour tout ce qui est faiblesse qui s'en va, ou faiblesse qui arrive, Paris est une ville de mort, ou plutôt ce n'est pas une ville, ce n'est pas une patrie; c'est un immense terrain neutre, où chaque homme, en ce monde, apporte ce qu'il a, son génie, son courage, son talent, sa vertu, ses vices, sa corruption et sa beauté. Le Parisien de Paris, ainsi dépossédé des murailles qu'il a bâties, n'a gardé pour lui, en toute propriété et sans partage, que l'Hôtel-Dieu, le boulevard des Invalides, la Morgue, la loterie, les octrois et le Mont-de-Piété. Le Parisien de Paris est la première dupe de la ville dans laquelle il est né; c'est lui qui l'a bâtie, c'est lui qui l'éclaire, c'est lui qui la répare, c'est lui qui remplit les prisons, qui occupe les assises, qui ensanglante la Grève; c'est lui qui fournit, chaque année, à la *bonne ville*, son contingent d'escrocs, de filous, d'espions, de galériens et de filles de joie; c'est lui qui paie les impôts et qui fait les révolutions; voilà le lot du Parisien de Paris. Heureusement le héros de cette histoire, Prosper Chavigni, n'était pas un Parisien de Paris.

Il était né par un beau jour de printemps, dans un des plus doux recoins de la terre, loin, bien loin de Paris, entre un beau fleuve et une haute montagne, au midi de la France et au midi tempéré, dans un village dont le nom n'est pas sur la carte, et qui n'a pas même un juge-de-paix, tant c'est un calme et paisible village! Son père, Jean Chavigni, tout vigneron qu'il était, habitait une belle maison bâtie en pierres blanches, qui avait appartenu au père, on pourrait dire aux aïeux de sa femme. Quand la porte de la maison était ouverte à deux battants, on voyait de la rue, à travers le long corridor, et tout au bout du jardin, dont il avait l'air d'être le dogue fidèle, le Rhône qui se déroulait au loin en aboyant. Je ne crois pas qu'il y ait sous le soleil un plus beau fleuve que le Rhône; il est limpide, il étincelle, il marche à grands pas, toujours en poste, faisant claquer son fouet comme un gentilhomme en vacances. Le matin, quand la journée doit être belle, le fleuve se couvre de nuages, présage trompeur; heureux ceux qu'on trompe ainsi! Notre enfant eut donc le Rhône pour son premier ami et pour son premier compagnon. Le Rhône l'avait vu naître, il le vit grandir en toute bienveillance; il prêta à l'enfant le miroir transparent de ses ondes, les cailloux argentés de son rivage, l'ombre mouvante de ses peupliers; il l'endormit de sa grande voix plaintive, il le réveilla de sa voix grondeuse, comme on réveille un enfant à l'heure de l'école; c'était là une douce et poétique façon de se réveiller et de s'endormir : voilà ce que faisait le Rhône pour l'enfant Prosper. De son côté, l'enfant rendait au Rhône amour pour amour; il le reconnaissait à sa voix, il lui obéissait comme il obéissait à sa mère. Quand le fleuve lui disait : *Dors, mon enfant!* l'enfant s'endormait en souriant; quand le fleuve lui disait : *Réveille-toi!* l'enfant se réveillait en souriant. L'enfant le saluait le matin et le soir, de loin et de près, du cœur, de l'âme et de la voix. Bientôt il osa se confier au fleuve, qui lui apprit à nager comme un brochet de ses ondes, et le fleuve le portait, l'emportait, le transportait, le rapportait; c'étaient, entre le Rhône et Prosper, des fêtes et des joies sans fin et sans cesse, c'était une confiance et une amitié réciproques; on eût dit que cet enfant domptait le Rhône. Même, un jour que Prosper était avec sa mère dans une barque, le Rhône se mit soudain à entrer en grande fureur; il grondait, il écumait, il menaçait, il jetait sa colère jusqu'au ciel, il oubliait cette frêle barque qui contenait son enfant bien-aimé; tout à coup l'enfant se lève, et voyant sa mère qui tremblait pour lui, il dit à sa façon charmante son petit *Quos ego!* Le fleuve, tout à coup obéissant, déposa sur le sable cette mère et cet enfant que menaçait sa fureur; et quand l'enfant fut en sûreté, la tempête recommença.

Après le Rhône, son voisin et son compère, le premier ami que se donna Prosper Chavigni, ou plutôt le premier ami qui lui vint (comme vous viennent tous les amis, sans qu'on les cherche), ce fut un humble maître d'école, le plus pauvre parmi les plus pauvres, si caché, si perdu, si misérable! Parmi les frères de la *Doctrine chrétienne*, c'était à qui le prendrait en pitié ; jugez du reste ! Il avait un œil bleu et plein de feu, qui s'ouvrait bien sous son vieux chapeau noir et tout usé ; il avait la voix douce et triste ; il était bon comme Notre-Seigneur Jésus-Christ, son maître ; et Dieu sait, avec de pareils enfants à instruire, si l'occasion lui manquait d'exercer sa vertu favorite, la patience, cette sœur de la charité qui est la vertu des anges.

Belles années du village ! qui pourrait en dire tous les détails, ou plutôt qui voudrait les entendre raconter ? Non pas que ce fût tout à fait la vie des idylles ou des *Géorgiques*; non pas que les moutons soient, en ce lieu, plus blancs et les bergers mieux peignés qu'ailleurs. Au contraire, ce petit endroit a bien aussi ses ambitions, ses rivalités et ses grandes colères ; mais ces colères sont si peu dangereuses ! mais ces ambitions sont si innocentes ! ces rivalités s'oublient si vite ! C'est un curieux spectacle, tout un village du Midi qui passe sa vie sur le seuil de sa porte, à l'ombre de sa vigne ou de son noyer, et qui, pendant tout le jour, cause, médit et rêve tout haut, à cœur et à ciel ouverts ! On se dispute, on discute, on s'agite, Dieu le sait ! Comme on sourirait de pitié, si l'on savait là-bas toutes les misères qui occupent Paris ; les batailles, les armées, les grands poëtes, le roi, les Chambres, le peuple, les journaux, le préfet de police, l'archevêque, tous les pouvoirs ! Dans ce village en question, on agite en un jour plus de hautes questions politiques, on s'occupe d'événements plus importants que dans tout Paris pendant toute une année, même dans l'année 1830. Songez donc que là-bas, tel paysan qui se lève pauvre et nu, peut se trouver le matin propriétaire d'une île entière comme Robinson-Crusoé, s'il plaît à Dieu et au Rhône ! Chaque jour, en effet, le Rhône peut jeter au milieu de son lit ou sur ses bords une île nouvelle ; il sème les îles sur sa route comme l'heureux

3

Buckingham semait les perles. Mais aussi que de discordes ce Rhône goguenard jette sur son passage ! Voici comment cela se fait :

Le Rhône, ce méchant diable, est plein de malice, et se montre souvent un fort mauvais plaisant. Capricieux qu'il est, il dérobe, en passant par les villes, tout ce qu'il peut voler, de gré ou de force; une poutre, un brin de paille, un morceau de roche, vingt arpents de terre, un pan de muraille, tout lui est bon, tout lui sert de jouet; il emporterait une ville entière, qu'il n'en serait pas plus embarrassé que du fétu que voilà. Quand il a assez joué, le terrible espiègle, il dépose son hochet quelque part, sur le rivage, ou au beau milieu de son lit. Cette île, ou plutôt ce commencement d'île, s'appelle une *alluvion*. A ce sujet, on lit de très-longs chapitres dans les Pandectes. Or, le village où naquit Chavigni, sinueux vallon plein de tours, de détours, et faisant le coude à chaque pas, est certainement l'endroit de la terre où le Rhône ait apporté et remporté le plus d'îles toutes faites, comme aussi c'est l'endroit de la terre où l'on ait le plus commenté de toutes les manières, par citations, calomnies, juremeuts, médisances et coups de bâton, la susdite loi : *de alluvionibus!*

Le Rhône était donc la providence, le gouvernement, l'opposition, le ministère, la conversation et le journal politique de ce village.

Aussitôt que le Rhône voyait les haines particulières se ralentir, soudain il jetait une île nouvelle sur ces bords; quand je dis une île, j'entends une ou deux bottes de paille flottantes, auxquelles venaient se joindre bientôt quelques tombereaux de sables mouvants, et sur ce sable un peu d'herbe semée par le vent, et parfois quelques joncs qui levaient la tête, singeant la forêt de saules. Aussitôt tout le village était en émoi. — A qui est l'île? — L'île est à moi! — Elle est à toi! Elle est à nous! — Elle est sur ma rive gauche! — Elle est sur ma rive droite! — Oui et non! — Vous êtes un scélérat! — Vous êtes une coquine! Les bonnets volaient en l'air, après les bonnets volaient les cheveux! On se battait, on plaidait; puis, après toutes ces batteries et plaidoiries, venait la loi qui confisquait l'île à son profit, et plus souvent, après la loi, revenait le Rhône, riant dans sa barbe, qui reprenait l'île comme il l'avait donnée, et qui la reportait dix lieues plus bas, avec les mêmes rixes, les mêmes ambitions, et les mêmes querelles de plaideurs. Une île sur le Rhône, ou un château en Espagne, c'était la même chose pour Prosper Chavigni.

III.

Le Frère Christophe.

Si bien que notre héros, qui devait se perdre par l'ambition, aurait eu beau jeu pour être un ambitieux, même dans son enfance, s'il n'eût pas oublié tout d'un coup les îles à venir pour se livrer corps et âme à de bonnes et fortes études, qui se trouvèrent dans ce village comme la plus belle de ses îles, sans qu'on puisse dire comment elles y étaient venues. Qui eût dit à Jean Chavigni, le vigneron, que son fils serait un jour un grand humaniste, l'eût bien plus étonné que si on lui eût annoncé tout d'un coup que le Rhône venait d'apporter l'île de Sainte-Hélène dans son jardin, avec le saule pleureur et le tombeau de l'Empereur. Au fait, c'est un des grands hasards de la vie de notre Prosper, qu'il ait appris les belles langues de l'antiquité classique sur les bords les plus ignorés et les plus ignorants du Rhône, et dans un temps où si peu de savants savaient le latin, même à Paris. Comment Prosper Chavigni fut introduit ainsi tout d'un coup dans les chastes mystères de l'ancienne Rome, ah! c'est là un des miracles de la patience et de l'intelligence de son maître, le pauvre frère Ignorantin, le pieux, l'excellent, le dévoué frère Christophe. Il ne cherchait pas, lui, des îles inconnues, mais il allait se cacher dans les îles depuis découvertes, sous le plus vieux saule, et là, un vieux livre à la main, un volume de *Cicéron* ou de *Virgile*, il démêlait peu à peu cette savante langue des grands orateurs et des grands poëtes, jusqu'à ce qu'enfin il se trouva de plain-pied dans tous les chefs-d'œuvre qui étaient faits pour lui, pour lesquels il était fait, et qui pourtant lui étaient défendus sous peine de damnation éternelle.

Il existe dans les règlements des frères de la morale chrétienne, un très-sévère règlement qui défend aux frères Ignorantins d'apprendre les langues anciennes. Soit qu'on ait voulu les retenir dans une humilité plus que chrétienne, soit que leurs supérieurs aient voulu leur fermer à tout jamais les portes du sanctuaire, la science de l'antiquité est un crime pour ces hommes patients et laborieux. Le frère de l'école chrétienne, — saluez-le quand il passe — pauvre enfant du peuple qui ne connaît de l'intelligence que son dévouement sublime, n'a le droit d'apprendre que ce qu'il peut enseigner; ce n'est pas pour lui qu'il étudie, c'est pour les pauvres; la science est un fruit qu'il détache de l'arbre, mais sans avoir le droit de la porter à ses lèvres altérées; il est l'instituteur du pauvre, l'ami du pauvre.

le maître de son enfance. Il est patient, laborieux, actif, soumis, humble et doux; il se courbe jusqu'à terre naturellement et sans bassesse; sa science doit être, comme lui, humble, résignée, cachée, sur la paille, n'ayant d'autre but que le ciel. Ainsi était ce pauvre mentor de village, en manteau noir, la tête couverte d'un immense feutre, sans linge apparent, et le pied flottant dans de gros souliers qu'un paysan lui avait donnés par charité, parce qu'ils étaient trop étroits pour son pied de paysan.

Non, je ne parle pas de ce digne homme avec assez de reconnaissance et de respect. Il a été longtemps la providence de notre village, il nous a tous abrités sous son humble manteau, dont il ne gardait rien pour lui. Oui, pendant que j'écris cette histoire commencée en jouant, et qui devient grave malgré moi, je vous revois tel que vous étiez, notre cher et bien-aimé conducteur! Il était grand et brun; ses cheveux, qui auraient été beaux, longs et bouclés, étaient coupés au hasard et très-près de la tête, selon les statuts de son ordre; à le voir si pauvre et si humilié, on n'eût pas dit qu'il était si jeune, et pourtant il n'avait pas plus de vingt-cinq ans. Son œil aurait été chaud et vif, mais l'âme et le regard et la passion, tout était amorti chez lui par l'isolement et par la misère. La vie de ce pauvre homme avait été un jeûne continuel. Voilà comment il était, ce pauvre homme, humble et fier, pauvre et non pas mendiant; une de ces vertus en haillons qui d'ordinaire passent ignorées sur la terre, et dont la récompense est dans le ciel.

Cruels que nous étions, nous les riches du village! quand nous allions à sa classe, portant à notre bras le joli panier bien garni par nos mères, nous ne songions pas que notre maître pût le regarder d'un œil d'envie et de besoin. Cruels que nous étions! quand sonnait l'heure du goûter, nous étalions nos provisions sur nos tables de travail, nos fruits rouges, nos raisins mûrs, notre beurre, notre pain à moitié blanc, tout le luxe d'un repas d'enfant ; un luxe courant dans le village, ramassé au hasard à la treille, au cerisier, à la vache qui revient de l'herbe, à la poule qui chante ! Et dans tout cela nous plongions nos grandes dents blanches, et longues à démolir une citadelle ; et c'étaient des cris de joie, et c'étaient de joyeux échanges, et c'étaient des visages tachés de cerises ou de confitures, et c'étaient bien des miettes tombées et perdues. Et cependant, nous n'avions pas un regard pour ce pauvre maître qui nous avait donné sa leçon d'un air si bienveillant et qui attendait que nous fussions repus pour la reprendre ! Il était assis dans sa chaire, la tête dans ses mains, ayant soif, ayant faim, n'osant pas manger son pain noir devant nous, et nous voyant prodiguer notre bon pain au chien qui passe, à la chèvre qui rentre, à la poule jaseuse, à l'âne qui relève la tête et les oreilles ! Cruels que nous étions ! Lui, cependant, toujours humble et doux, il attendait patiemment que notre repas fût achevé, et puis, à jeun qu'il était, c'était lui qui nous avertissait de rendre grâces au ciel. — *Gratias agimus tibi.*

Mais s'il supporta héroïquement toutes les privations du corps ; — le froid dans l'hiver quand ses mains rougies se fendaient en tenant son livre ; — la chaleur de l'été quand il était exposé à toutes les exhalaisons du fumier voisin ; — les humiliations de tous genres, à chaque nouvel accident de son manteau ou de ses bas, raccommodés si souvent ; — s'il fut obéissant à son vœu d'obéissance et de pauvreté, et s'il porta, sans se plaindre, la tête haute et le regard baissé, sa croix d'humiliations, d'innocence et de misère, il y eut une défense, une seule, à laquelle ce noble esprit ne devait pas se soumettre. Il avait tout accepté, excepté l'ignorance! Il avait consenti à rester toute sa vie le plus humble parmi les humbles, le plus pauvre parmi les plus pauvres, le plus chaste parmi les plus chastes, mais l'ignorance l'aurait rendu fou, et voyant devant lui l'arbre de science qui lui était défendu, il ne put s'empêcher d'y porter la main, et d'en cueillir les fruits veloutés et savoureux. Et quel mal, juste ciel! cela faisait-il à Dieu et aux hommes, que lui, le pauvre frère ignorantin, il se délassât de ses travaux de chaque jour par les lentes contemplations dans l'histoire et dans la philosophie des hommes, par l'étude des modèles de la parole humaine? Sans parents, sans amis, sans famille, sans patrie, sans jeunesse, sans avenir, il oubliait tant de misères en étudiant une à une les belles et grandes choses qui avaient été le repos, l'orgueil et la gloire des nations les plus heureuses et les plus polies de l'univers! A dire vrai, le combat fut long dans cette pauvre âme timorée qui avait juré ignorance et qui ne pouvait pas obéir. D'abord la Bible lui avait suffi, et avec la Bible, l'Évangile; puis il s'était dit qu'il pouvait bien lire, sans désobéissance et sans péché, les Pères de l'Église, saint Jean Chrysostôme, par exemple, cette passion orientale, et saint Augustin, ce chrétien profane, ce catholique païen. Puis de saint Jean Chrysostôme, il était allé à Bossuet, et, arrivé à Bossuet, il s'était arrêté ébloui par les soudaines clartés du grand siècle que l'aigle de Meaux emportait dans ses serres tout entier, avec ses malheurs, sa gloire militaire, ses grandeurs de tout genre, son repentir et ses amours. Il avait vu entre les serres de Bossuet, Henriette d'Angleterre, le grand Condé, Louis XIV, Mlle de Lavallière. Et de Bossuet, qui avait transporté Homère dans la chaire chrétienne, il avait reporté son regard humilié sur lui, le frère ignorantin de village! De Bossuet à Homère il n'y a qu'un pas. Christophe porta donc sa main tremblante sur Homère. C'en est fait, le voilà en pleine mer dans l'antiquité grecque. Il fallait le voir, ce frêle corps animé de cette grande âme, suivre dans leurs batailles de géants les héros, ou plutôt les dieux d'Homère. Il fallait le voir comme il s'attachait aux traces d'Ajax, fils de Télamon, et d'Hector, fils de Priam; comme il allait d'un pas ferme de l'une à l'autre armée, tantôt vers la porte de Scée avec les vieillards troyens, et, comme eux, se levant, ému et transporté, à la vue de la belle Hélène; tantôt vers les vaisseaux des Grecs, écoutant les discours d'Ulysse, les colères d'Agamemnon, le roi des rois, ou mieux encore, couché dans la tente d'Achille, pendant que le bel Achille chante sur la lyre le nom de Briséis. Pauvre homme! pauvre homme! Dans quelle fête perpétuelle, dans quel délire se confondit sa pensée! Il se plongea, le cœur le premier, dans le fleuve homérique; il but à longs traits les ondes pures de la fontaine de Castalie. O miracle! la Bible était dépassée par l'*Iliade*, notre Seigneur Jésus-Christ était vaincu par Homère! saint Jean Chrysostôme se taisait devant Priam! En présence de ces incroyables découvertes, le frère Christophe fut si ému, si surpris, si enchanté, qu'il en tomba malade; il eut le transport au cerveau, et il serait mort d'épouvante et de joie, si quelqu'un se fût mis en peine de son mal et eût entrepris de le guérir. Voilà comment un peu de félicité n'a pas été refusée à ce pauvre homme, même sous l'habit du frère ignorantin. Le bon Dieu prit en pitié une misère si humble et si résignée; il fit descendre sur frère Christophe son esprit saint, comme une langue de feu, qui lui donna le don des langues. Il avait deviné la langue de Bossuet, il devina bientôt la langue d'Homère. D'Homère il passa à cette grande famille des poëtes tragiques, les continuateurs tout-puissants de l'*Iliade* : Eschyle, qui était à Marathon avec son frère Cynégyre; Sophocle, qui a chanté Marathon; Euripide, qui a été le rival de Sophocle. Il vit alors agir et parler la race d'Agamemnon; il la vit errante, vagabonde, criminelle; il vit mourir OEdipe; il fut amoureux d'Antigone plus qu'il n'avait été amoureux de la belle Hélène. Mon pauvre frère ignorantin! il apprit ainsi comment l'humanité n'est en effet qu'un grand drame dans lequel le plus petit joue son rôle comme le plus grand; le pâtre et le roi, le soldat et le laboureur, le dieu et le mendiant, le maître et l'esclave, tout le monde, excepté le frère ignorantin. Ces sanglantes misères de la tragédie antique le consolèrent un peu de son néant. Le fatalisme le rejeta dans la Providence. Après avoir salué Socrate, qu'il trouva moins grand que Jésus-Christ, et Platon, qui parlait moins bien que saint Jérôme; après avoir vu dans Thucydide les hommes de l'histoire, comme il avait vu dans Homère les hommes poétiques, notre pauvre frère fit encore un pas de plus dans ses nobles découvertes. Virgile est l'enfant d'Homère, l'*Enéide* est l'écho de l'*Iliade*; Auguste donne la main à Périclès, Rome tient à Athènes par une chaîne non interrompue d'hommes de génie, à commencer par Hésiode et à finir par Cicéron, qui, lui aussi, a parlé de la *nature des Dieux*. Ainsi chaque jour, Christophe faisait de nouveaux progrès dans le Nouveau-Monde poétique, dont il était le Christophe Colomb; ainsi chaque jour, il se répétait à lui-même de plus en plus, que la Providence divine est inépuisable en bonté comme en génie, qu'elle a jeté la poésie sur la terre pour venir en aide aux hommes de cœur et de bonne volonté; que lui, Christophe, il ne faisait pas un crime en ramassant dans son cœur les beaux vers et les grandes idées tombés de la tête et du cœur de ces hommes de génie, et qu'en ceci il était tout aussi bien dans son droit que l'oiseau qui mange le grain tombé de l'épi ou qui ramasse aux buissons la laine de la brebis pour ses petits. Non! non! il ne pouvait pas être coupable d'user ainsi des dons du Ciel, de ramasser ainsi la seule fortune que le Ciel eût mise à sa portée! Ainsi il se rassurait par les raisonnements les plus plausibles, et plus il se rassurait, plus il remerciait le Ciel qui a donné aux hommes la poésie, cette manne céleste; et plus il remerciait le Ciel, plus il aimait les enfants du pauvre, dont il était le père, et que lui avait confiés le Ciel.

Telle fut la jeunesse du bon Christophe, ce fut une étude cachée; il se donna autant de peines pour dissimuler sa science que d'autres s'en donnent pour la montrer. Plus il apprenait, et plus il se disait en lui-même qu'il ne pourrait racheter cette science enivrante qu'à force d'humilité d'esprit et d'humilité de cœur. Dans ce village, où tant de gens croyaient savoir le latin, le percepteur des contributions, le garde-champêtre, les deux vicaires, personne ne s'est douté un seul instant que frère Christophe pût jamais comprendre que *Dominus vobiscum* voulût dire *le Seigneur soit avec vous!* Le frère Christophe s'inclinait modestement devant le bedeau quand le bedeau disait au second vicaire: *Nous autres qui savons le latin!* en même temps il montrait du doigt le pauvre frère ignorantin avec un geste de pitié.

Ainsi cet homme s'était élevé lui-même à une grande science, et, qui plus est, à une grande modestie; mais il ne put pas si bien cacher le secret et les trésors de sa science, que trouvant sous sa main le jeune Prosper Chavigni, l'élève de sa mère, à qui sa mère avait appris tout ce qu'elle savait elle-même, dont sa mère avait été le premier frère ignorantin, il ne voulût lui faire partager ses découvertes. Prosper et Christophe étaient à peu près du même âge, si l'on ne compte que leurs années; mais Christophe avait, de plus que Prosper, cinq années et sa misère. Prosper était non-seulement l'enfant le plus aimable du village, mais encore il en était la plus vive intelligence. Christophe eut bientôt adopté ce jeune esprit si disposé à tout comprendre, ce disciple qui ressemblait si peu à ses écoliers ordinaires. Christophe confia à son enfant Prosper le noble fardeau de cette science qu'il avait découverte; ainsi porté à deux, le noble fardeau parut moins lourd. Il enseigna donc à son jeune camarade Prosper tout ce qu'il savait, le grec, le latin, le beau langage, toute l'antiquité profane et chrétienne, à condition que lui, Prosper, il ne trahirait pas le secret de la science de son maître. Prosper, qui aimait frère Christophe parce que sa mère lui avait dit de l'aimer, lui promit le secret par amitié d'abord, et ensuite il le tint par reconnaissance. C'était un de ces esprits vifs et rapides qui, abandonnés à eux-mêmes, ne sauraient rien deviner, mais qui comprennent toutes choses sous un bon maître. Il entra donc avec une facilité merveilleuse dans cet étroit sentier, que son maître avait trouvé couvert d'épines et qu'il avait parsemé de fleurs. Il porta ses lèvres humides et rosées à cette coupe enivrante de l'antiquité que lui présenta Christophe après en avoir emmiellé les bords; toutes ces notions du beau et du grand lui arrivèrent en foule tout comme elles étaient arrivées peu à peu à Christophe. Si bien qu'à vrai dire, après les premières leçons du maître à l'élève, il arriva bientôt que l'un n'apprit rien à l'autre; mais ils s'instruisirent mutuellement, chacun apportant, à ses heures et à son tour, ce que lui avait donné sa lecture. Dans cette étude en partie double, Christophe apportait son admirable et inaltérable patience, Prosper sa merveilleuse rapidité à tout comprendre; comme aussi chacun lisait dans ces beaux livres ce qu'il y pouvait lire : Christophe, les belles actions; Prosper, les grandes actions;

Christophe, les vertus de l'homme ; et Prosper, la gloire humaine. Le cœur de Christophe battait d'enthousiasme, le cœur de Prosper battait d'orgueil ; l'un rêvait la vertu universelle, l'autre la conquête universelle ; celui-ci eût voulu mourir comme Socrate et parler comme Platon ; celui-là aurait voulu combattre comme Alexandre et parler comme Démosthènes. Vous comprenez sans doute, sans que je vous le dise, comment ces deux passions se frottaient, s'animaient, s'augmentaient, s'agrandissaient l'une l'autre, et comment, en suivant le même chemin de science, de gloire, de chefs-d'œuvre et de génie, ni l'une ni l'autre de ces deux passions ne tendaient au même but.

Ainsi, ces deux jeunes hommes, ou plutôt ces deux enfants s'abandonnèrent pendant cinq années, tout autant, à ce mutuel et poétique enseignement. Ils se servirent à eux-mêmes de grammaire, de professeur, de dictionnaire, et peu à peu ils en vinrent à s'aimer si fort, que l'un aurait eu peur de laisser trop à faire à l'autre, dans ces luttes intimes de la poésie et de la science. Ils passèrent en revue tous les chefs-d'œuvre, l'un après l'autre, lentement, patiemment, avec amour. Comment ils parvinrent à rencontrer Homère et Virgile, Sophocle et Racine, Horace et Voltaire lui-même, Dieu le sait ! Il faut que les bons livres soient bien peu rares en ce monde, pour que le frère Christophe, si pauvre qu'il était, en ait ramassé un si grand nombre. Dites-moi en quel endroit de ce monde on ne trouve pas un bon livre, puisqu'il s'en est trouvé un si grand nombre dans cet ignorant petit village ? Une vieille femme mourait-elle dans sa chambre, on vendait ses meubles, on jetait ses livres quels qu'ils fussent, ou plutôt on les donnait au frère Christophe. On abattait une maison ; dans les recoins les plus obscurs de cette maison se rencontraient toujours quelques volumes dont les rats même ne voulaient plus, et qui passaient au frère Christophe. Et puis, quel fermier n'avait pas eu en sa vie la velléité d'envoyer son fils au collége, afin d'en faire plus tard un procureur-général ou un évêque? Après quelques années d'étude ou plutôt quelques années de collége, M. le procureur-général ou monseigneur l'évêque revenait tout simplement à la charrue paternelle, et, naturellement, ses livres passaient au frère Christophe. Au frère Christophe on donnait des livres comme on lui aurait donné des pommes quand les pourceaux n'en voulaient plus. Il faut dire aussi que dans cette recherche infatigable des chefs-d'œuvre, le frère Christophe fut merveilleusement secondé par son digne acolyte Prosper. Tout ce que Prosper avait de crédit, d'économies et de menus plaisirs, fut dépensé à acheter des livres; c'était plaisir de voir notre jeune homme apportant son butin au bon frère, qui ouvrait de grands yeux de concupiscence. C'est ainsi qu'après les *Bucoliques*, ils se procurèrent les *Idylles* de Théocrite, le père de la pastorale; c'est ainsi qu'ils se virent les maîtres du *Jardin des racines grecques*, et de la grammaire de Port-Royal, au moment où ils savaient Homère par cœur!

Toutefois, ne croyez pas que le hasard servit toujours aussi bien les chastes penchants du frère Christophe. La vieille antiquité n'a reculé devant aucun détail; elle ne se gênait pas plus pour le bon frère de l'école chrétienne que pour tout autre. Ainsi, un jour qu'il avait voyagé dans le coche, Prosper rapporta tout joyeux, à son ami, les odes d'Anacréon, ce charmant petit livre écrit par les Grâces, et si rempli d'amour, de scepticisme et de gaieté. Prosper avait trouvé le joli petit volume dans la poche du capitaine de la patache, qui lui-même l'avait trouvé dans son navire, et qui le destinait à allumer sa pipe. Il rapporta donc tout joyeux ces odes joyeuses, et même il n'attendit

pas son maître pour traduire les refrains du vieillard de
Cos : *Je voulais chanter la guerre de Troie, mais ma lyre ne
résonne que pour l'amour!* Vous jugez au premier abord de
l'effroi de Christophe, quand lui aussi, pour complaire à
son élève, à son ami, il porta ses deux mains honnêtes sur
la lyre d'Anacréon, et qu'il en tira des sons d'amour! D'abord il recula épouvanté devant cet écho de tant de siècles
qui ne parlait que de nonchalant sommeil sous l'arbre de
Bathylle, de doux repos sous la vigne en fleurs, et de molle
ivresse sur le sein des belles Athéniennes. Il est vrai que
tous ces détails de la passion d'un vieillard, ces lointains
souvenirs de voluptés depuis si longtemps évanouis, ces
cendres légères et ce feu poétique, étaient recouverts d'un
si noble manteau grec, que le bon et simple Christophe
s'y abandonna bientôt en toute assurance; son âme, sa
tête, son cœur, tout restait calme à cette érotique lecture
dont il ne voyait que le côté purement littéraire. Mais Prosper! mais cet enfant de dix-huit ans, tout rempli de passions cachées, que devint-il à la lecture de ce livre? L'enfant allaité, élevé par sa mère, le joyeux enfant qu'embrassaient toutes les femmes, que cherchaient tous les regards,
le beau jeune homme qui était l'honneur de la contrée,
le jeune paysan qui savait l'antiquité aussi bien qu'il savait
son village, que pensez-vous qu'il dut sentir quand enfin,
tombant tout à coup des guerres d'Homère ou de Thucydide, des abstractions de Platon ou de Cicéron, dans la vie
réelle de ces Athéniens de la Grèce et de Rome, il entra dans
les plus chauds détails de la passion; quand il se vit à la
suite des poëtes, dans ces palais de marbre et d'or tout remplis de belles esclaves? Frère Christophe, frère Christophe,
prenez garde! Pendant que vous scandez d'une voix sonore
et calme ces beaux vers qui enchantent chastement votre
oreille et votre esprit, ne voyez-vous pas que le regard de

votre élève est en feu et que son cœur bat plus violemment dans sa poitrine oppressée? Pauvre Christophe! voilà votre Prosper qui chante les Grâces toutes nues, le voilà qui prononce les noms charmants de Lalagé, de Nééra, de Cynnare, et votre nom à vous qui avez été la maîtresse de Tibulle, et pour qui Tibulle est mort, belle Délie! Et cependant vous ne voyez pas que ces femmes, qui pour vous, Christophe, ne sont que des ossements blanchis depuis des siècles, de malheureuses femmes mortes sans baptême, reprennent soudain leurs formes primitives, leur sourire, leur regard, leurs blanches mains, leurs pieds qui touchent la terre à peine, pour enchaîner ce jeune homme dans les fleurs! Oh! ne l'accusons pas, ce bon Christophe, mais avouons cependant qu'il a bien innocemment bouleversé ce jeune cœur en l'abandonnant à ces chauds détails qu'il ne pouvait pas soutenir. Pour cette fois, il ne s'agit plus d'îles flottantes, mon Dieu! il s'agit, pour le petit Prosper Chavigni, de la cour de Périclès, ou d'Auguste, ou de Louis XIV. Cette fois, l'antiquité de fer et d'airain ne suffit pas à ce jeune homme, il en veut à l'antiquité d'or et d'argent couronnée de fleurs. Le luxe, l'éclat, les fêtes, les philosophes, les rhéteurs, les sophistes, les poëtes, les belles femmes, les empereurs, les robes de pourpre, les gourmands qui se consolent de leur exil avec les barbues de Marseille, les fêtes nocturnes d'Alexandrie, et Antoine le soldat, qui pleure comme un enfant au pied d'une colonne, et qui se tue de sa main parce que le panier de Cléopâtre ne vient pas le chercher assez vite; cette Rome, à la fois orientale et grecque, où se passent toutes les saturnales de la puissance et de la force à son plus grand excès, voilà pourtant, ô mon frère Christophe, voilà pourtant dans quelles idées, dans quelles passions, dans quel éclat inaccoutumé, dans quelles voluptés enivrantes, dans quel délire universel vous jetez, sans le savoir, la jeune créature que vous aimez le plus en ce monde, votre élève bien-aimé, votre noble enfant, Prosper!

Bien plus, quand enfin, à force d'excès littéraires de tout genre, ils en furent, l'un et l'autre, arrivés aux successeurs d'Auguste; quand ils eurent dépassé Horace, Tibulle, Properce, Ovide, mort en exil, Virgile, recouvert de son laurier toujours vert; quand ils furent arrivés à Tibère et à Juvénal, alors que pensez-vous qu'il arriva? Vous croyez que cette fois Christophe va reculer d'épouvante, se voyant parvenu tout d'un coup à cet abîme sans fin de vices et de corruptions abominables? Mais au contraire; arrivé là, frère Christophe, s'il avait senti quelque remords, se trouva rassuré à force d'épouvante; c'est qu'en effet il venait de toucher aux *Satires de Juvénal;* alors il rendit grâces en son âme au Dieu qui lui envoyait enfin les moyens de corriger ces impressions trop douces, et de montrer à son élève à quels excès et à quels horribles malheurs conduisent toujours le luxe, la passion brutale, les plaisirs sans frein et les ardentes voluptés. Le bon frère lisait donc les *Satires de Juvénal* avec la même terreur qu'il lisait les *Lamentations de Jérémie* à propos de Jérusalem. Il voyait toute cette ville romaine abrutie par l'esclavage, humiliée dans sa liberté, dans ses mœurs, dans sa gloire et jusque dans son origine. Il voyait ce peuple, jadis si fier, courbé sous un infâme joug de honte, ne voulant que du pain et des spectacles, passant sa vie dans l'arène, à voir des gladiateurs s'égorger comme des bêtes féroces, pendant que la jeune Romaine, tendant sa main blanche sur cette arène sanglante, condamnait d'un geste le vaincu à la mort. A ces horribles détails, racontés avec un si horrible sang-froid par le poëte, la misère du pauvre, les excès des grands, les bassesses des courtisans, la ville entière embrasée pour amuser Néron qui chante au sommet d'une tour; des prostituées portées dans leur litière sur les épaules des sénateurs; des provinces égorgées pour suffire à l'avarice d'un proconsul; tous les fléaux, tous les vices, toutes les prostitutions, toutes les bassesses, tous les esclavages, toutes les défaites, toutes les ruines, amoncelés sur la ville d'Horace et d'Auguste! c'était là, au cœur de frère Christophe, une expiation terrible et suffisante à toutes les voluptés passées de cette ville abandonnée du ciel. Il lisait donc les *Satires de Juvénal* comme une expiation suffisante au livre charmant qu'Ovide appelle *ses amours!* Puis, à la fin de chaque satire, Christophe fermait le livre, et, levant au ciel des yeux mouillés de pleurs, il s'écriait : — *Jérusalem! Jérusalem!*

Mais Prosper? Je vous ai dit que Prosper était mordu au cœur et frappé à la tête. Rien ne lui faisait peur, même dans les *Satires de Juvénal*. Il trouvait tout simple que, puisque Rome devait mourir, elle abusât ainsi de ses voluptés, de sa vie, de sa force, de son passé, de son présent et de son avenir, et qu'elle voulût emporter au tombeau tout ce qu'elle avait si péniblement acquis par tant de siècles de combats, d'héroïsme et de vertus. Et puis, faut-il le dire? le vice ne lui faisait plus peur, tant déjà il aimait la puissance et le luxe! — Que je sois Tibère une heure, sauf à mourir comme Séjan! Allons au cirque, l'empereur chante ce soir, et, s'il faut l'applaudir, il sera applaudi. — Ainsi disait-il; bien plus, quand, à propos de Messaline, le frère Christophe, pâle d'effroi, récitait ces horribles vers qu'il comprenait à peine, Prosper sentait courir dans ses veines je ne sais quel frisson brûlant au seul nom de Lyzisca.

Voilà comment chacun de ces deux jeunes gens prit dans les livres ce qui allait à son génie. Christophe, simple et bon, et mortifié de bonne heure dans ses sens, dans son esprit et dans son cœur, s'enivrait chastement à la mélodie de ces beaux vers. Prosper, vif et jeune, et ne doutant de rien, s'enivrait de luxe, de pouvoir, de grandeur et de voluptés; il appelait à son aide même le vice, et il consentait à être le rival des portefaix de Rome, pourvu que le vice le fît en même temps le rival d'un Empereur.

A dater de cette époque, Prosper fut un enfant perdu. L'ambition et la volupté furent désormais ses deux rêves éternels. Pour lui, son village n'était plus la douce patrie de sa mère et de son père, où il était né, où il devait mourir. Il ne songeait plus qu'à marcher sur Paris, l'ambitieux! Le Rhône n'était plus un compagnon bien-aimé, un ami d'enfance, un flatteur empressé; le Rhône n'était plus qu'un obscur ruisseau sans capitale. Plus de fêtes, plus de jeux, plus de danses sous l'ormeau, plus de jolies filles à agacer, et à faire danser le soir et à embrasser à tout hasard; il était amoureux de Messaline! A présent, sa simplicité l'effrayait. Son bonheur l'effrayait plus que tout le reste. Quand il mettait ses habits neufs le dimanche, pour conduire sa mère à la messe, il pensait en soupirant aux trois mille robes de pourpre de Lucullus. Quand son père lui donnait, à regret, le petit écu de ses menus plaisirs, il songeait aux dix-huit millions que devait Jules César à son âge; en même temps, le sourire fuyait ses lèvres, le sommeil fuyait ses yeux, le repos fuyait son cœur; il n'avait plus rien gardé de la blanche innocence de l'âme. Sa mère, qui le voyait chaque jour pâlir et maigrir, et tomber dans cette horrible tristesse sans motif qui fait tant de peur aux mères, pleurait en silence; son père disait qu'il fallait lui trouver une ferme, sa tante ajoutait qu'il fallait le marier; quant au frère Christophe, il disait tout bas à Prosper : — Mon enfant, il faut lire beaucoup de latin et de grec.

Plus il lisait, plus il s'abandonnait à ses pensées, et plus Prosper en venait à se dire qu'il voulait tenter la fortune et se perdre dans la grande mêlée humaine, afin de devenir quelque chose.

Quant à Christophe, plus ses progrès étaient rapides et plus le pauvre Christophe rendait grâces à Dieu, qui lui avait permis d'être le plus heureux, le plus savant et le plus calme des frères ignorantins.

Après quoi, il fermait son livre, il quittait son arbre, il cachait sa tête sous son chapeau à larges bords, et il allait à l'école du village, donner leur leçon de chaque jour aux tout petits enfants.

Et tant qu'il donnait ses leçons aux petits enfants, le père Christophe ne songeait ni à Homère, ni à Virgile, ni à personne, excepté peut-être, de temps en temps, à son ami Prosper.

IV.

Les Adieux.

Heureusement que lui, Prosper, avait sa mère. Une mère c'est aussi bien que Dieu, c'est une intelligence suprême. Elle comprend avec l'esprit, avec l'âme, avec le cœur. Ce que personne n'avait pu voir ni prévoir dans l'éducation si brusque et malheureusement si complète de Prosper Chavigni, la mère de Prosper l'avait vu et compris toute seule. Les livres que frère Christophe lisait si bien avec son élève, sans jamais aller au delà de sa lecture, la mère de Prosper les avait lus dans le cœur de son fils. Pauvre noble femme ! tout ignorante qu'elle était de ces histoires romaines, elle en sentit le contre-coup dans le cœur de son enfant. Elle n'avait jamais entendu parler ni de la Grèce ni de l'Italie, ni d'aucune corruption d'aucun genre, et cependant elle vit tout de suite que la destinée de son fils était tout entière dans ces livres dont elle ne savait pas le nom. Aussi quand Prosper, poussé à bout par sa vague passion et par sa science incomplète et par la volonté de son père, voulut enfin prononcer le mot fatal : *Il faut partir!* sa pauvre mère, émue et tremblante, mais déjà persuadée et convaincue, ne trouva rien à répondre à ce malheureux enfant.

C'était au commencement de l'automne. Les feuilles ne tombaient pas encore, l'arbre était encore vert et chevelu ; seulement, la verdure était mêlée de quelques teintes jaunissantes. Le ciel était calme et pourtant sombre, le Rhône était triste, mais non pas grondeur; la mère et l'enfant Prosper, réunis sous la charmille du petit jardin, se regardaient sans oser s'adresser la parole. A la fin Prosper, vaincu par le désespoir et par le besoin de soulager son cœur, tomba dans les bras de sa mère, et il se prit à l'embrasser en pleurant.

De son côté, elle aussi elle fut vaincue, la pauvre mère ! elle eut pitié de ces secrètes douleurs; elle ne put supporter plus longtemps cet horrible silence. « Mon Prosper, lui dit-elle, tu souffres, tu es malheureux, tu as peur de moi, ta mère; peur de ta mère! Prosper, mon enfant, mon espoir, mon bonheur, ma vie, ma gloire ici-bas, mon paradis là-haut! Tu n'oses pas me parler à cœur ouvert, parce que tu ne vois en moi qu'une bonne femme, bien ignorante des choses de ce monde, qui ne sait que t'aimer en silence et prier Dieu pour toi, mon fils. O mon fils! je comprends que tu as raison peut-être, et cependant pourquoi te méfier de ta mère? Eh bien! eh bien! voyons, parle-moi, confie-moi tes secrets. Qu'as-tu? que crains-tu, et surtout que demandes-tu, mon fils? »

Alors entre ce fils et cette mère, qui ne s'étaient jamais parlé que pour se dire ces mille et une choses d'amour filial et d'amour maternel qui sont de tous les pays et de toutes les langues, commença une conversation animée, grave et toute remplie d'un intérêt puissant pour tous deux. Cette femme, qui n'était en apparence qu'une bonne fermière occupée de sa basse-cour, de ses bœufs, de ses serviteurs, de son mari et de ses enfants, s'éleva tout d'un coup, et par un de ces inexplicables prodiges de l'amour maternel, jusqu'à l'intelligence des affaires les plus compliquées de son temps. Elle expliqua à Prosper ce monde dans lequel il brûlait d'entrer, beaucoup mieux qu'il ne se l'était jamais expliqué à lui-même. « Oui, lui dit-elle, oui, tu es un ambitieux, mon fils; tu as porté la main à l'arbre de la science du bien et du mal, malheureux enfant, et toi aussi, tu veux sortir du paradis terrestre; et toi aussi, tu es mal parce que tu es trop heureux. A présent que chez toi la tête l'emporte sur le cœur, j'aurais beau faire, rien ne saurait te retenir. Il faut donc que tu nous quittes plutôt aujourd'hui que demain, plutôt le matin que le soir; il faut que tu partes, ô mon enfant! et c'est un devoir à moi de t'ouvrir la porte de ma maison, et de te suivre des yeux, sans me plaindre, jusqu'à ce que tu disparaisses là-bas derrière le grand chêne du chemin. Pauvre enfant! Et cependant, mon cher enfant! oui, je suis une faible femme, oui, mon orgueil de mère est aussi fort que ma tendresse; tu te perds, et cependant, tel que tu es, je te vois comme je t'ai rêvé. La vie vulgaire te fatigue et te pèse, notre village est trop étroit pour mon noble enfant; si tes désirs sont vastes, ton âme est grande; si l'ambition t'emporte, ton cœur est fort; tu as plus que du sang de paysan dans les veines; le sais-tu? tu as un beau et noble sang; le sang de mon aïeul qui est mort à la bataille, le sang de mon père qui est mort sur l'échafaud révolutionnaire, le sang de ta famille maternelle, et non pas le sang de ton père si calme, si honnête, si posé, si laborieux, si content de peu. Et fasse le Ciel! — elle disait ceci les mains jointes, — oui, mon Dieu, exaucez une mère! fasse le Ciel que tu ne regrettes pas notre bonheur villageois, mon Prosper! »

Il fut donc convenu dans cette conversation intime et dans plusieurs conversations qui suivirent celle-ci, que Prosper ne pouvait plus rester dans son village, que cette vie de chaque jour qui dure douze heures par jour, rien de plus, mais aussi rien de moins, ne pouvait pas être supportable plus longtemps pour un pareil enfant. Il fut arrêté que Prosper irait à Paris, sinon chercher sa fortune, du moins calmer, par le spectacle des irritations parisiennes, les agitations de son esprit et de son cœur. Mais cependant que de larmes répandues en secret, que de soupirs étouffés! Pauvre mère! pauvre enfant!

Les tristes préparatifs du départ se firent dans le plus grand silence. La mère travaillait nuit et jour au trousseau de son fils; elle repassait pièce par pièce tout son linge, elle remettait à neuf ses habits, et elle se disait : Voici un habit trop court, en voici un trop étroit, en voici un autre dont le drap n'est plus assez fin. Quand elle fut arrivée à l'habit de la première communion, ce joli vêtement qu'elle avait été si heureuse de donner à Prosper, et dans lequel Prosper était si beau et si saint ce jour-là, la pauvre mère fut obligée de suspendre son ouvrage; puis elle embrassa l'habit de toutes ses forces, et, le mettant de côté avec sa robe de noces, elle pensa en elle-même : Cet habit de mon fils sera mon linceul.

Si bien que cette mère se donna toute cette grande fatigue, passa toutes ces nuits sans sommeil et versa toutes ces larmes amères, pour faire de son enfant l'homme le plus mal vêtu de Paris.

Chaque jour qui s'envolait au delà du Rhône amenait l'heure du départ de Prosper, et personne ne se doutait que Prosper devait partir, le frère Christophe moins que tout autre. Hélas! c'était à peine si la mère de Prosper elle-même, après tout ce qu'elle avait fait, après tout ce qu'elle avait dit, pouvait croire à ce départ!

Mais voici qu'enfin je m'aperçois que mon histoire n'avance guère, et que je ne vous ai pas dit encore le nom même de notre village. Que voulez-vous? Si vous tenez aux romans qui vous mènent tambour battant et au pas de charge, jusqu'à un dénouement imprévu, à travers mille détours aussi peu prévus que le dénouement, ne lisez pas ce livre. Ce livre est trop simple pour vous; toutes choses y vont trop pas à pas et terre à terre, pour que vous preniez grand plaisir à cette lecture. Mais qu'y faire? telle est l'allure de l'auteur. Non, pour un empire, il n'irait pas plus vite que la Fantaisie, la dixième Muse. Soyez donc avertis, une fois pour toutes, qu'il faut marcher à son pas, tantôt à perdre haleine, tantôt à rester à la même place des jours entiers, jusqu'à ce que vous sachiez, vous et lui, d'où souffle le vent.

Vous prenez le Rhône à Lyon, tout au bout de l'allée Perrache, vis-à-vis la grotte aérienne et les jardins suspendus aux flancs du rocher; la vague vous prendra et vous mènera, bondissante et joyeuse, à travers tout ce paysage de verdure et de fleurs, de pampres verts et de maisons blanches au sommet rouge. En quatre ou cinq heures, vous aurez rasé légèrement la ville de Vienne, la primatie des Gaules catholiques, antique cité fondée sur une cathédrale. La cathédrale couvre encore tout cela de son ombre un peu fêlée, mais toujours imposante et sainte. A voir ces grands monuments gravement posés au milieu de villes si misérables, on dirait de quelque héros perdu dans un désert, et qui cherche vainement à retrouver son chemin.

Ne vous arrêtez pas à Vienne, les eaux sont trop hautes et trop grondeuses pour votre canot léger; avancez de quelques pas là-bas au rivage qui penche, non loin du bac criard attaché à cette cabane de pêcheur, c'est là qu'il fait bon s'arrêter et s'asseoir. Là est né mon héros Prosper, là commence mon histoire, et soyez certains d'avance que là elle viendra finir. Oh! les beaux ombrages, quand on en sait toutes les beautés! Pour moi, j'ai reçu en ces lieux toutes choses, le passé, parti si vite, le présent, qui partira demain, l'avenir, qui arrive en courant. J'aime ce vallon échancré qui tend ses bras couverts de vignes au Rhône grondeur, comme l'enfant tend ses deux bras à sa nourrice. J'aime la paix de ce hameau, la fumée qui s'élève à midi et le soir, la joie éclatant doublement dans l'eau et dans le ciel, la vigne capricieuse et folle qui se tord, qui se roule et qui grimpe çà et là, vagabonde, échevelée, fertile; c'est à ce beau rivage que je veux attacher ma barque au soir de la vie, et la brûler quand j'aurai touché le rivage, plus heureux en ceci et plus sage que Guillaume le Conquérant.

Il me semble, à ce propos, que je vous entends me dire à demi-voix : — Pourquoi donc irions-nous plus loin, puisque nous sommes bien sur ce rivage? A quoi bon commencer une longue histoire à travers le monde parisien, puisque cette histoire doit venir se terminer à l'ombre de ce clocher couvert de pampres, entre ces tombes modestes recouvertes de gazon? En littérature comme en politique, dans le roman comme dans l'histoire, n'a-t-il pas raison celui qui dit :— Et pourquoi, seigneur, ne pas nous livrer tout de suite au repos, aux plaisirs et à la joie?.....—Vain discours! vain espoir! Le repos n'est doux que lorsqu'on a beaucoup marché. Nous avons adopté Prosper Chavigni, il faut le suivre. Sa vie sera notre vie, sa passion sera notre passion. Ce roman, que nous commençons ensemble, ne doit donc pas se passer à boire et à jouir de chaque goutte vermeille qui descend lentement dans notre âme; non pas, certes! les passions et les héros du monde civilisé ne s'accommodent pas d'un pareil théâtre, un village, trois marronniers et quelques ceps de vigne! Le champ de blé où s'est donnée la bataille de Waterloo et la prairie qui vit flotter si haut le blanc panache de Henri IV, ne sont plus aujourd'hui qu'un champ de blé et une prairie. Que voulez-vous donc que nous fassions avec des prairies qui n'ont jamais été que des prairies, avec des champs de blé qui ne sont que des champs de blé? Les ruines même, après avoir été fort à la mode, ne sont plus que des ruines, malgré leurs noms sonores. Aujourd'hui, on ne fait des romans qu'avec des intérêts et des passions. Le roman a aboli le village; c'est à peine si les capitales lui suffisent. Prenez donc votre course à la suite de notre héros. Suivez-le, il va marcher sur sa ville capitale. Quittons l'idylle pour l'histoire.

Prenons un ton plus haut, Muses de la Sicile.

Mettons-nous en route! L'habit de voyage de Prosper Chavigni est tout brossé, sa malle est faite. Plus de retard! il faut nous mettre en route tout de suite avec lui: vous n'aurez pas même le temps de comparer les joues de Madelon, la grosse fille, à ces pêches de l'espalier qui viennent nous narguer par les fenêtres, appelant nos lèvres sur leur joue veloutée. Mes compagnons! mes compagnons! nous ne restons ici que dix minutes, et puis ce sera à repartir bien loin, bien loin, au rebours de l'eau, du soleil, de la paix villageoise, de la rêverie champêtre, de la lumière et des orangers! Bien loin, bien loin, au rebours de la Provence, au rebours d'Ampuy; nous allons de ce pas dans le faubourg Saint-Jacques et dans la Chaussée-d'Antin, dans l'opulence et dans la misère parisiennes, parmi la canaille d'en haut et parmi la canaille d'en bas, dans les vices du riche et dans les vices du pauvre, ces deux extrêmes qu'il faut toucher une fois dans sa vie avant de se dire : *Je suis un homme, et j'ai senti tout ce que peut sentir un homme!*

Encore une fois, en route! ou bien nous courons grand risque de ne pas rejoindre le héros de notre histoire, Claude-Charles-Prosper Chavigni, fils de Jean-François-Gabriel-Thomas Chavigni, propriétaire de vignes à Ampuy, homme considéré de tous, et ancien maire de la commune au bon temps des alliés.

V.

Les Derniers Adieux.

Toutefois, n'allez pas croire que la résolution de notre ami Prosper fût tout à fait une impulsion poétique; bien au contraire, il y avait beaucoup de sang-froid au fond de cet enthousiasme, comme aussi il y avait un profond calcul dans cet imprévu. Ce jeune homme devait quitter son village non-seulement parce qu'il était mal au village, mais encore parce qu'il lui était bien démontré qu'il n'était pas assez riche, c'est-à-dire qu'il n'avait pas les bras assez robustes pour y vivre. Son père y vivait parce qu'il y était né tout entier, corps et esprit ; mais lui, Prosper, son esprit et son intelligence étaient ailleurs. Quelque chose lui avait dit de bonne heure qu'il était trop beau, trop intelligent, trop jeune, trop hardi, pour suivre pas à pas une charrue, pour jeter son grain de blé dans un sillon, et pour attendre chaque année que ce grain de blé fût mûr. Ainsi, d'une part tourmenté par la poésie, tourmenté d'autre part par la réalité, il s'était dit à lui-même : *Que vais-je devenir ?* grande et importante question que s'adresse aujourd'hui tout jeune homme qui commence, prenant à deux mains ce lourd fardeau de la jeunesse pour savoir ce qu'il pèse au juste et jusqu'où il pourra le porter.

Tout compte fait, il comprit que, même en mettant à part le mouvement surnaturel qui le poussait au dehors, il eût toujours été forcé de partir. Ce fut un conseil que lui donna son désir de fortune aussi bien que son désir de gloire. Même, en secret, il fut heureux d'avoir, pour quitter sa mère, le seul prétexte plausible de quitter une mère, la nécessité. Il avait encore pour lui la volonté de son père, qui lui avait dit : Il faut partir. Donc il dit adieu à tout ce qui lui était cher. Il prit congé de sa montagne, de son fleuve, de son jardin, de sa maison ; il fit ses adieux au printemps, à l'hiver, à la fertile automne, adieu à tous les sourires de la terre et du ciel ! Adieu, ma mère ! et tout à l'heure aussi, adieu, Christophe, mon frère ! Christophe, cependant, était loin de se douter des malheurs qui l'attendaient. Il n'avait rien vu de tous les préparatifs qui se faisaient autour de lui. Il était plongé tout entier dans ses extases de chaque jour, oubliant le boire, le manger, le sommeil, tout, excepté ses enfants, excepté Prosper, excepté sa prière du matin et sa prière du soir; au contraire, jamais ses prières n'avaient été plus ferventes, car jamais il n'avait été plus heureux. Un jour qu'il lisait pour la centième fois l'histoire de Nisus et d'Euryale dans Virgile, comme il avait les larmes aux yeux, et comme il répétait tout haut en se frappant la poitrine : *A moi! à moi! c'est moi qui dois mourir! — Me, me, adsum qui feci!* Prosper l'arrêta dans sa lecture, et, le prenant par la main, il lui dit : — Adieu, Euryale! je pars demain.

A ce mot, *adieu!* qui n'avait jamais retenti à son oreille, ce pauvre diable, car personne ne l'avait assez aimé pour lui dire : *adieu!* le bon Christophe ne comprit pas tout d'abord ce qu'on voulait lui dire. Il sourit douloureusement comme à une mauvaise plaisanterie que lui faisait son élève; mais que devint-il, juste ciel! quand enfin il apprit tout son malheur? Il fut si malheureux, qu'il laissa tomber son Virgile de ses mains, et qu'il l'oublia sur son banc de pierre; ses yeux, qui étaient en larmes, se séchèrent; sa voix s'arrêta; il n'eut pas une prière, pas un soupir, pas un geste; on eût dit qu'il était mort.

Adieu, Prosper! que ces deux mots étaient loin de l'épisode d'Euryale et de Nisus!

Adieu, Prosper! que la mort du vieil OEdipe sur le mont Cythéron était loin de ces deux mots : adieu, Prosper!

Il était donc vrai que Prosper pouvait partir, et qu'il partait seul! tout seul!

De son côté, le jeune homme se sentit ému jusqu'au fond du cœur, et il n'avait pas dit adieu à sa mère encore!

Mais sa mère fut plus forte que son ami Christophe. Cette prévoyante femme avait dit adieu à son fils le premier jour de sa naissance : à mesure qu'elle avait vu le regard de son fils s'animer, son noble sang éclater sous sa peau blanche, son sourire étinceler du feu de toutes les passions intelligentes, la pauvre mère s'était dit : Il ne restera pas le fils de paysans comme nous, ce jeune homme ! Et plus les mains de Prosper étaient bien faites, plus ses pieds étaient mignons, plus ses longs cheveux étaient bouclés, plus sa tête était haute, plus elle disait avec un orgueil mêlé de tristesse : — Ce ne sont pas les mains, ni le pied, ni les cheveux d'un laboureur ! En même temps elle baisait les deux mains, les deux pieds et les blonds cheveux de son enfant. Et quand l'enfant fut grand, et qu'elle le vit comprendre d'un coup d'œil et dévorer l'avenir comme s'il avait été le maître de l'avenir, elle se dit encore à elle-même : Il a trop d'esprit, mon fils, pour le village ; il est fait pour la grande ville. Adieu donc, mon fils, mon Prosper, mon orgueil ! car rien ne pouvait se comparer à l'orgueil de cette mère, si ce n'est sa douleur, et rien ne pouvait se comparer à la douleur de cette mère, si ce n'est son orgueil.

Ainsi donc, quand le dernier moment du dernier adieu fut venu, elle n'eut plus qu'à embrasser son fils, ce beau jeune homme de dix-huit ans qu'elle allait perdre. Son deuil était fait depuis dix-huit ans au moins.

Christophe voyant comment la mère de Prosper disait adieu à son fils, pensa en lui-même qu'il n'avait pas le droit d'être plus tendre que cette noble mère ; il se contenta d'embrasser Prosper comme l'embrassait sa mère.

Et comme il entendait cette mère qui donnait à son fils une lettre pour son oncle Honoré, à Paris, — *qui doit être un grand seigneur à présent*, ajoutait la mère.

Christophe tira de sa ceinture une lettre de recommandation pour madame la comtesse de Macla. — *qui doit être une grande princesse à présent*, ajoutait Christophe.

Le plus tranquille et le plus calme de toute cette maison, ce fut le père de Prosper. Il portait, il est vrai, le plus grand intérêt à son fils, mais aussi il s'intéressait à sa vigne; son amour se partageait entre l'enfant qu'il nourrissait et la terre qui les nourrissait.

D'ailleurs, telle était la volonté arrêtée du vieux Chavigni; il voulait voir partir Prosper. C'était un bon père de famille, qui était dur aux autres parce qu'il était dur à lui-même; le travail lui paraissait la véritable vocation de l'homme, et comme son fils était devenu un savant, il avait résolu de l'envoyer aux endroits où la science sert à quelque chose, ce qui était bien raisonné.

D'ailleurs, quel est en ce monde le père de famille qui ne sente pas de temps à autre le besoin de jouer son petit drame en famille? Le fils de Chavigni le laboureur n'avait pas encore donné à son père assez d'émotions pour qu'il sentît combien il aimait cet enfant; le bon homme était très-chagrin de voir près de lui un beau garçon, qu'il avait fait pour une vie calme, innocente, heureuse, vivre en effet uniquement pour vivre, dormir, être heureux, et se promener au bord de l'eau, des livres à la main. Voir partir son enfant, cela changeait les allures du père; cela dérangeait sa sécurité et sa confiance. En même temps que son fils entrait dans un monde nouveau, le vieux Chavigni allait entrer dans des inquiétudes toutes nouvelles; c'est toujours quelque chose. A présent, il était sûr d'avoir à quoi penser après son travail, et à quoi rêver quand il voudrait rêver. C'était un roman toujours ouvert et sans fin que lui préparait son fils. Un père qui n'a pas de soucis pour son enfant n'est qu'à moitié père. Un père au grand complet, c'est le père de l'enfant prodigue. Il n'a rien à désirer, celui-là, du côté des joies domestiques. Aussi, il tue le veau gras quand lui revient son fils, l'héritier de son nom et de sa fortune, perdu de dettes et de débauches, mais, en revanche, très-habile à garder les pourceaux.

A l'avance, vous pouvez envoyer votre vache noire chez le taureau, bon Chavigni.

Ajoutez que, lorsque son enfant s'en va vivre au loin, un bon père, qui jusqu'alors n'a pas joué un rôle très-actif dans le drame monotone de la vie domestique qui se joue au jour le jour, prend tout à coup une grande importance. Tout à coup le drame s'agrandit, la scène devient imposante. Le fils se tait; c'est au père à parler. Il parle! Je vous laisse à penser ce qu'il dit. Ce sont de longs conseils, et surtout ce conseil : — *Prends garde aux mauvaises sociétés et aux mauvaises connaissances, et prends garde au vice, mon fils!* c'est-à-dire, prends garde à tout ce que tu vas chercher à Paris, mon fils! O l'admirable instinct paternel !

Je ne veux pas transcrire ici le discours de Jean Chavigni à son fils; vous le savez par cœur. Je dois dire cependant que le digne homme n'abusa pas de sa position dramatique; il parla aussi peu que la circonstance le lui permettait; il contint sa sagesse et sa douleur; il ferma, tant qu'il put, son âme, et, tant qu'il put, il ouvrit sa bourse. Ce qu'il fit de mieux, ce fut d'embrasser Prosper; et alors vraiment, se sentant dans les bras l'un de l'autre, ces deux hommes, qui étaient trop habitués à s'aimer pour savoir combien ils s'aimaient, comprirent tout à fait quelle immense révolution s'opérait dans leur existence; mais ils n'en furent que plus décidés, Prosper à partir, Jean à laisser partir Prosper. C'était donc tout à fait une nécessité, ce départ! Comment, en effet, mettre en doute une nécessité qui se faisait sentir au fils, même dans les bras du père, à la mère, même dans les bras de son fils?

Il partit donc. (Soyez contents!) Il emportait avec lui six

chemises neuves, deux habits neufs, beaucoup de bas de laine, de gros souliers à lacets qu'on prenait pour des bottes à Ampuy, une vieille montre d'or, quelques livres qu'un honnête homme ne quitte jamais : Horace, Molière et La Fontaine, plus 300 francs en petits écus, et de vastes espérances. Du reste, grande santé, grand appétit, grand courage, grand instinct, grand cœur et le reste. Le village d'Ampuy, voyant partir Prosper, fut tout affligé sans savoir pourquoi. Dame ! à ces petits essaims d'hommes, un homme de moins fait beaucoup. Dans les grandes villes, la mort ou l'absence ravagent tout à leur aise; les hommes se pressent comme un monceau de sable, sans jamais laisser de vide. Mais au village, un beau jeune homme de moins, c'est une perte dont on s'aperçoit bien vite, et dont on gémit longtemps. Plus d'un vieillard perd avec ce jeune homme les dernières affections et les derniers souvenirs de sa jeunesse, qu'il ne peut plus raconter à personne; plus d'une jeune fille y perd son rêve de printemps. Jamais le village d'Ampuy n'avait compris qu'il pût un jour voir partir M. Prosper. En effet, ôtez Prosper à Ampuy, vous ôtez son agaçante moquerie au petit sentier dans la vigne, sa joyeuse chanson, le matin, en plein Rhône, son plus habile tireur au jeu de l'arc, son plus léger danseur à la fête du village voisin ; vous fanez la prairie, vous attristez la montagne, vous gelez la vendange, et la jeunesse des deux sexes, triste et les bras pendants, se demande : — *Où allons-nous ?*

C'est à lui qu'il faut demander : — *Où vas-tu, Prosper ?*

— Tout droit mon chemin ! dit Prosper.

Un droit chemin ! Que Dieu t'exauce, mon enfant !

VI.

Du Village à Paris.

En ce temps-là, la vapeur, cette âme nouvelle du monde matériel, n'avait pas encore dompté le Rhône, que l'on croyait indomptable depuis le commencement du monde. Le génie de l'homme, qui avait trouvé l'imprimerie et la boussole, n'avait pas encore trouvé cette aile enflammée qui remonte le torrent avec la rapidité de l'oiseau qui vole; la vapeur s'était à peine élevée à la forme de doute, le doute, cette fumée qui soulèverait un monde, elle aussi; et, à ce propos, parmi tous les villages de France, le village d'Ampuy se distinguait par son opposition ironique contre la vapeur. Remonter le Rhône à l'aide d'une cheminée qui fume! Allez-y voir, disaient les fortes têtes du village. Ainsi pensaient-ils, ainsi disaient-ils, ces braves gens; et maintenant que la vapeur a dompté même le Rhône, ils ne conçoivent pas comment on n'a pas trouvé plus tôt ces commodes bateaux, véritables îles flottantes que la vapeur emporte, mieux que le Rhône, d'un rivage à un autre rivage! Ainsi, ce qui était miracle la veille est à peine regardé le lendemain. Le Rhône, à présent, est chargé comme la Seine de ces longs vaisseaux sans mâts ni voiles, habités comme des villes. Même c'est dans le bateau à vapeur que j'écris ces lignes, côtoyant sur la Seine les beaux villages de Paris à Melun; la riche maison de

M. Aguado, parvenu qui renverse le lendemain les murs élevés la veille; Brunoy, en deuil de son cher acteur Talma; le château de Fouquet, pauvre ruine dont on a vendu les plombs, les eaux et les marbres chantés par La Fontaine; Saint-Assise, autrefois royale maison d'un prince d'Orléans, descendue aujourd'hui à une humilité plus que bourgeoise, et qui n'ouvre plus ses portes que pour vendre le lait de ses vaches, les œufs de ses poules et le fumier de ses écuries. Ainsi tout change, la chaumière devient palais, le palais devient chaumière; qui était marchand hier est prince aujourd'hui, et alors (chacun son tour!) le prince devient marchand. Que de grandeurs nouvelles et que de ruines récentes, de Paris à Montereau seulement!

Mais revenons à Prosper, notre voyageur; quand je dis qu'il était à pied, je le flatte; il était entassé, lui quinzième, dans la lente et infecte diligence Caillard. C'était là, sans doute, donner tout d'abord un horrible démenti à ses plus beaux rêves! Mais où est donc la liberté que vous alliez chercher, mon pétulant jeune homme? Où sont les bonheurs que vous appeliez de tous vos vœux? Vous êtes entré dans ce trou à quatre roues un poëte, c'est à peine si vous en sortirez un homme. Vous avez toute la poussière, toute la chaleur et toute l'infection de la route, sans en avoir les aventures et les joies. On vous traîne à heure fixe; il faut que votre voiture arrive, non pas pour vous, mais pour les paquets dont elle est chargée, et dont vous êtes l'humble esclave; le paquet n'a ni faim ni soif, il ne faut pas qu'il attende. Vous avez la fièvre; le paquet se porte bien, marchez. Le soleil vous brûle ou la pluie vous pénètre; le paquet est à couvert, à la bonne heure. Le paquet vous crie, comme cette voix de Bossuet : *Marche! marche!* En vain voulez-vous arrêter votre regard satisfait sur le clocher, sur le vieux château, sur le frais paysage, il faut aller toujours. Quelle stupide complaisance d'une créature raisonnable pour des malles, des cartons, de la paille et des sacs de nuit!

Prosper, en quittant son village, avait fait de si beaux rêves de poésie, d'amour, de puissance, d'autorité, de joies enivrantes! Surtout il s'était promis de tout voir sur son chemin, le moindre hameau, la plus petite ruine, le ruisseau le plus inconnu; il avait tant de beaux vers à se réciter à lui-même, tant de doux regards à adresser aux jeunes filles, tant de légères pièces de monnaie à jeter aux pauvres du grand chemin! mais non; il est enfermé dans un cachot étroit et infect; il est la proie d'un mouvement tantôt lent, tantôt rapide, toujours brusque; il ne peut étendre ni son pied, ni sa main, ni son regard; il voyage la nuit et le jour, sans savoir où il est, sans oser même demander le nom des villages par lesquels il passe. Autour de lui, chacun de ses compagnons de voyage pense à son petit bien-être de l'heure présente; chacun s'arrange de son mieux aux dépens de son voisin, pour moins souffrir; chacun se met à l'aise et montre à nu, celui-ci ses passions cachées, celui-là sa vieillesse anticipée, cette femme les rides de sa peau; ils dorment, ils rêvent, ils jasent, ils rient, ils crachent, ils débitent leurs opinions, ils racontent leurs histoires, ils sont sans honte et sans gêne, ils gardent pour leur arrivée le peu d'urbanité qu'ils ont en partage. Et Prosper, épouvanté de ne pas entendre une parole humaine à son oreille, Prosper, qui se figurait que le monde était occupé exclusivement d'art et de poésie, Prosper, pauvre enfant, voyant ses compagnons de voyage si laids, si hideux, si égoïstes, si stupides, si bavards, Prosper se demandait avec effroi : — Est-ce donc là ce qu'on appelle le voyage?

C'est pis que cela, mon enfant; voilà ce qu'on appelle la vie !

A la fin, la diligence s'arrêta sourdement au milieu de ténèbres bruyantes. — Il était enfin à Paris.

Les uns et les autres, par une pluie battante, ils furent jetés au milieu de la cour des diligences ; le jour tombait. Prosper croyait avoir gagné quelques amis en chemin, et, à vrai dire, pour un homme qui vient d'Ampuy, il ne raisonnait pas trop mal.

Il avait donné sa place, la place du fond, à un chanoine de Notre-Dame de Paris, qui lui en avait juré une reconnaissance éternelle. A peine arrivé, le chanoine monta dans un fiacre avec sa gouvernante et sa nièce, sans songer à dire adieu à Prosper.

Il avait porté sur ses genoux l'enfant pleureur d'une dame grande, sèche et maigre, enfant morveux et tout souillé, qui relevait d'une maladie scrofuleuse; la dame prit un commissionnaire pour porter son enfant, et partit sans songer à adresser un remerciement à Prosper.

Le chanteur italien qui était avec eux, un pauvre diable qu'on eût dit conçu par le vent dans une outre, tout exprès pour représenter au naturel l'ombre de Banco, avait demandé pendant toute la route des œufs frais de la semaine, qu'il avalait tout crus pour conserver sa voix. Le chanteur lui avait dit toute la route : *Signor !* en italien, tant il était reconnaissant pour les œufs que Prosper avait payés. Le chanteur, à peine arrivé à Paris, entra chez un apothicaire, sans dire : *Signor, adio !* à notre ami Prosper.

Enfin, celle-là même sur qui il comptait le plus, sans qu'il pût au juste s'expliquer pourquoi il y comptait, mais enfin il y comptait; une véritable Lyonnaise du faubourg de Vaise, brune, petite, agaçante, œil vif et petit et ovale, longs cheveux sur le derrière de la tête, un peu fatigués sur le devant par le velours rongeur; une Lyonnaise de pur sang et à tous crins; sens espagnols, teint espagnol, âme espagnole, peau espagnole, les veines hérissées sous la peau; du feu!

Elle s'était appuyée sur lui, dans son sommeil, si doucement, qu'il en était tout brisé le matin;

Elle avait passé son bras sous son bras d'une façon si légère, que son bras en brûlait tout le jour;

Elle avait glissé son petit pied entre ses pieds avec tant de grâce, qu'on eût dit la tête d'un serpent;

Elle avait mangé tous ses biscuits au dessert;

Elle avait bu son eau fraîche en chemin;

Il avait tant ri à ses contes;

Il avait trouvé ses dents si belles;

Il avait si bien soutenu, son regard baissé, son œil de feu, sa prunelle électrique;

Il avait été si souvent de son avis sur l'immortalité de l'âme, l'existence de Dieu, et les chansons de Désaugiers;

Il avait paru si bien comprendre ce que c'était que M. Ferville, M. Gonthier, le Gymnase dramatique, et M. Scribe, qui commençait alors;

Il avait si naïvement avoué qu'il n'avait jamais lu ni les histoires de M. Dulaure, ni les romans de M. Pigault-Lebrun, ni même le *Constitutionnel*; il lui avait tant promis d'aller à l'Opéra-Comique voir M. Lemonnier habillé en colonel de hussards, et entendre au Théâtre-Italien la musique de M. Paër!

Il avait si bien dissimulé avec elle son ignorance de toutes choses, sa naïveté, son esprit, sa science et toutes les qualités naissantes de son cœur!

Et puis, au premier abord, ils se convenaient si bien, elle et lui, lui et elle!

Il y avait entre elle et lui tant de rapports qui sautaient aux yeux!

En effet, elle était seule — Il était seul!

Elle venait chercher à Paris — justement ce qu'il venait lui-même chercher à Paris;

Elle était sans but;

Il était sans but!

Elle était sans place;

Et lui sans place!

Ils étaient tous deux jeunes, beaux, hardis, pleins d'amour et pleins de feu!

Ils pouvaient, ils devaient, ils voulaient chercher ensemble une place, un but, un chemin!

Ils pouvaient, ils devaient, ils voulaient, à deux, utiliser leur beauté, leur ignorance du monde et leurs vingt ans;

Elle le lui avait promis tout bas, au cahot, quand la voiture roulait sur le pavé bruyant;

Elle lui avait dit tout bas, quand de sa bouche elle effleurait la joue de Prosper : — Ma fortune sera ta fortune!

Et il lui avait répondu : Mon bras sera ton bras, mon cœur sera ton cœur!

Serment immortel des deux parts!

Eh bien! eh bien! qui le croirait? elle fit comme le chanoine, elle fit comme la femme sèche et maigre, elle fit comme le chanteur italien : à peine eut-elle senti Paris qu'elle ne pensa plus qu'à elle seule. Elle se glissa entre le chanoine et Prosper; elle disparut en même temps que le chanoine, lui en fiacre, elle à pied; elle aussi sans dire adieu à Prosper.

Prévoyante personne! Elle était une enfant du Midi : c'est tout dire; elle connaissait les bons chemins qui mènent à la fortune. Elle savait ce qu'elle pouvait courir, et quelle était son haleine, et le chemin qu'elle pouvait faire, rien qu'en trébuchant, tant pis pour sa ceinture ! Vous sentez donc bien qu'elle ne pouvait pas encombrer sa marche de l'innocence, de la naïveté et peut-être de l'amour de Prosper.

La Lyonnaise avait raison ; et elle s'est conduite en femme prudente ; elle a préféré l'amour utile à tout autre amour ; elle a dit à son cœur qu'il fallait se taire, et à ses yeux qu'il fallait parler : aussi est-elle arrivée à son but, l'estime et la considération de tous ; elle est presque une duchesse, et la nièce d'un archevêque, à l'heure qu'il est.

Ces cinq jours de voyage, s'ils avaient été moins gais qu'il ne l'avait pensé, avaient été très-utiles à Prosper : il en avait plus appris dans ces cinq jours de vie réelle, avec des êtres ordinaires, qu'il n'en avait appris pendant dix ans de sa vie poétique, au bord de son beau fleuve, en compagnie de son ami Christophe et de ses livres. Il savait à présent ce que c'était que ce mot-là : *Chacun pour soi !* Il en sondait toute l'horrible profondeur sans trop d'épouvante, déjà ! Il savait à présent ce que c'était cela : être seul, seul, c'est-à-dire n'avoir ni son père, ni son ami, ni ses voisins, ni sa maison, ni sa mère, pas sa mère ! Seul, c'est-à-dire n'avoir rien à soi, n'être bon à rien, ne pouvoir faire aux autres ni bien ni mal ; seul, c'est-à-dire n'attendre des autres hommes ni mal ni bien ; *seul !* et de cet abîme il sondait l'horrible profondeur, sans en être épouvanté, déjà ! Et certes, cela fut heureux pour cet enfant, si aimé de tous, si aimant, si honoré, si fêté, si entouré de tendresses infinies, lui, l'enfant d'un village entier ; lui, l'enfant de sa mère, de son père et de son ami Christophe. En effet, s'il fût arrivé ainsi tout d'un coup, sans transition, à Paris, s'il se fût réveillé en sursaut de ses beaux rêves au milieu de Paris ; si son oreille, accoutumée aux beaux vers et aux grandes pensées, eût été surprise tout d'un coup par le bruit de Paris, oh! le pauvre enfant! il serait mort, à coup sûr, d'épouvante et de douleur!

Cependant il restait tout seul de ce monde roulant. Le coffre Caillard était posé au milieu de la cour, attendant, bouche béante, des voyageurs de Paris à Lyon. Prosper se frotta les yeux comme s'il était la dupe d'une illusion.

A tout prendre, se dit-il en vrai philosophe, — qu'aurais-je fait de tous ces gens?

Ils se seraient servis de moi à Paris comme ils ont fait pendant toute la route;

Le chanoine m'aurait fait porter son bréviaire;

La grande dame sèche m'aurait fait porter son vilain enfant;

Le chanteur m'aurait crié ses chansons aux oreilles, et il aurait mangé mes œufs frais;

Et toi, Fanny la Lyonnaise...

Pensant à Fanny, il soupirait.

Il alla se loger rue Pierre-Lescot, dans une maison garnie, où l'on donne *à dîner à tout prix*.

A peine au lit, il s'endormit. Il rêva enfant, il rêva chanoine, il rêva grande et sèche femme, il rêva chanteur et petits poulets; il rêva aussi de Fanny, de sourires, de main blanche et de larges cheveux noirs.

Oh! le songe! le bel ange quand il vient sous des traits aimés, quand il vient souriant et pâle, s'agitant dans un lointain lumineux, prenant toutes les formes, tournoyant mollement et laissant tomber de ses lèvres humides un nom qui retentit à votre cœur! Oh! le songe! quand il vient rasant la terre sans la toucher, traversant l'air sans l'agiter, se posant sur la rose sans la courber; — le songe hospitalier qui reçoit l'étranger comme un frère, qui l'endort sur le lit d'auberge, qui frotte le parquet poudreux, qui lave les rideaux jaunis, qui peuple cette solitude, qui brise ce silence, qui jette ses douces odeurs sur cette senteur de renfermé; — c'est alors qu'il fait bon dormir.

N'accusons pas les songes de Prosper, car après avoir rêvé à Fanny la Lyonnaise, le rêve lui montra sa mère qui pleurait, son ami Christophe qui le cherchait, son vieux père qui revenait des champs et qui demandait à Madelon : — *Où est Prosper?* Et Madelon souriait en pleurant, et au nom de Prosper le vieux chien poussait un long gémissement, et le repas du soir était sans joie, parce qu'il y avait un hôte de moins.

Dors, Prosper, dors, jeune homme, dors et rêve! Paris est un triste réveil.

VII.

Paris.

Arrivé à cette partie de son histoire, il est du devoir de l'auteur d'expliquer nettement la position de ses héros, et de préparer, autant qu'il est en lui, le nouveau personnage qui va s'introduire enfin dans cette histoire, pour y jouer le singulier rôle que vous verrez. Il faut avouer que jusqu'à présent notre roman a peu marché; mais l'auteur vous a déjà prévenus qu'il ne sait pas faire le roman qui marche. Trop heureux est-il encore que vous l'ayez écouté patiemment jusque là.

Revenons à notre jeune et candide aventurier Prosper; il s'est endormi dans le mauvais lit de sa mauvaise auberge, tout aussi bien que s'il était couché entre les draps blancs filés par Madelon, dans le bon lit de la joyeuse petite chambre qui donne sur le jardin, pendant que l'oiseau, l'abeille, le coq et sa famille, l'alouette matinale, l'armée des hirondelles, filles de l'air — tout ce qui chante, tout ce qui murmure, tout ce qui glapit, tout ce qui aboie — chante, murmure, glapit, aboie sa chanson matinale sous les fenêtres de la petite chambre aux rideaux blancs, aux volets verts.

Prosper vint à Paris au plus beau moment de la Restauration, cet âge d'argent, aussi loin de l'âge de fer que de l'âge d'or. L'époque était belle. Elle était unique. La France avait en ce temps-là une liberté et des lois qui lui duraient depuis douze ans déjà, ce qui est remarquable pour un pays comme la France. La paix était partout; les partis, après tant de paroles et tant de combats, commençaient à se taire enfin. Silence trompeur, prospérité fugitive. Toujours est-il cependant que jamais aucun royaume ne fut plus heureux et plus libre, plus respecté et plus riche que la France de Louis XVIII et de Charles X, le bon roi. C'était une prospérité, une puissance et même une liberté depuis bien longtemps oubliées. La fortune publique s'en allait grandissant chaque jour, et avec elle tout ce qui est esprit, beauté, grandeur, courage, amour, espérance; l'oisiveté de ce temps était si grande qu'elle permettait de tout reconstruire, même le clergé et la noblesse. Cette heureuse époque refaisait en même temps le passé et le présent; elle reculait vers les temps passés, et en même temps elle marchait d'un pas sûr à l'avenir. Problème étrange! Le même jour voyait engendrer des ducs, des marquis et des bateaux à vapeur. L'usure prêtait au denier cinq et sans gage. Le Mont-de-Piété même, qui est l'usurier du misérable, cette infâme boutique où le pauvre est volé au nom du pauvre, était sur le point de fermer ses portes; le Mont-de-Piété, c'est chez nous le temple de Janus, qui ne s'est jamais fermé. Bien plus, à force de prospérités et malgré de trop violents efforts pour la ramener à la croyance religieuse, la France était revenue naturellement à la morale; sa prospérité lui donnait même la poésie, même l'histoire, la philosophie, l'architecture, la musique, la peinture, tous les beaux-arts, tous les grands arts. En ce temps-là on reconstruisait l'Opéra-Comique et l'on bâtissait le Calvaire. En ce temps-là la Sorbonne sortait de ses ruines, aussi éclatante qu'au temps du cardinal de Richelieu, et on imprimait *le Voltaire des chaumières*. En ce temps-là on croyait à tout, à l'existence des jésuites et aux tragédies de M. Casimir Delavigne, aux miracles du prince de Hohenlohe et aux romans de Pigault-Lebrun; on croyait au soldat laboureur et aux silos de Saint-Ouen. Belle et heureuse époque! L'éloquence grandissait comme la poésie. Un garde-du-corps, en se promenant dans les allées de Saint-Cloud, le fusil sur l'épaule, trouvait enfin l'ode française, ce phénix si souvent cherché depuis J.-B. Rousseau. Un soldat remplaçait Mirabeau à la tribune, et l'écho de la tribune répétait ses véhémentes paroles avec orgueil. En même temps lord Byron jetait sur l'Europe le sombre éclat de sa poésie et de son désespoir. Don Juan et Lara venaient chez nous, nous consoler des souvenirs de Waterloo; Walter Scott, cette providence du foyer domestique, cette fée inspiratrice de la famille, l'idéal bourgeois, rajeunissait l'histoire sous le chaste justaucorps de ses douces héroïnes. Que dis-je? il y avait chez nous un prêtre nommé François de Lamennais, qui écrivait comme J.-J. Rousseau et qui pensait comme Bossuet. Il y avait un grand poëte nommé Béranger, qui célébrait la vieille armée et la vieille gloire, et le vieil empereur, et le jeune enfant impérial. Il y avait partout de la verve, partout de l'esprit, partout du courage, partout de l'opposition; ici de la croyance, plus loin du doute; ici la poésie, plus loin la prose; ici le drame, plus loin la comédie; il y avait à la fois un roi et un peuple, deux puissances qui marchaient de front, qui n'avaient pas su marcher de front depuis 89, et que dis-je? depuis le roi Louis XIV, le grand roi!

Mais plus la ville était riche et plus elle était d'un accès difficile; plus le chemin de la fortune et des honneurs était ouvert à tous, et plus la foule accourait ardente, affamée. Il était mort depuis longtemps, le hardi conquérant qui menait toute la France à la suite de ses destinées, qui chaque jour faisait un choix parmi les plus jeunes et les plus forts, à qui il disait : *En avant et suivez-moi!* Il était mort le hardi décimateur de tant de jeunes armées pleines d'ambition et d'espérances, qui du haut de leur ambition tombaient tout à coup dans la gloire et dans la misère des champs de bataille. Il n'était plus là pour balayer toutes les routes de sa longue épée, pour faire la fortune des uns et écrire les épitaphes des autres. A force d'avoir cherché dans sa giberne le bâton de maréchal de France, le soldat de l'Empereur s'était fait tuer la main dans le sac; mais à présent personne ne songe plus à mourir. Il n'y a plus de soleil à Jaffa, plus de glaces à Moscou, plus de Bérésina, plus de Smolensk, plus de Waterloo, plus d'Iéna, plus d'Austerlitz, plus de Wagram; plus de victoires, mais aussi plus de défaites; plus de conquêtes, mais aussi plus de funérailles! Autrefois la France agrandissait ses limites, aujourd'hui il faut qu'elle élargisse ses cimetières; on voit les hommes grandir et vivre en paix, parce qu'ils se sentent destinés à mourir en paix; le vœu de l'abbé de Saint-Pierre se réalise sous la loi nouvelle, l'âge d'or arrive avec ses inconvénients d'immortalité et d'abondance. Paris, à force d'être l'Eldorado, est un gouffre où chacun se précipite tout comme on se précipitait dans la rue Quincampoix au bon temps du système. Et que voulez-vous que devienne Prosper dans cette horrible cohue? Comment voulez-vous qu'il perce lui tout seul cette foule amoncelée, pour se mettre au fil de l'eau courante? L'empire, l'ancien régime, le temps présent, se disputent et combattent chacun avec ses armes, pour savoir qui donc approchera du soleil levant avant les autres. La fortune est dans ce gouffre, il est vrai; mais qui indiquera à Prosper le chemin qui mène à la fortune? qui lui dira : *Par ici, jeune homme!* et quand même il saurait le chemin, qui lui apprendra l'art d'y marcher, d'y glisser, d'y ramper; et surtout, qui donc lui enseignera le grand art qui fait même qu'au besoin on attend que vienne la fortune? Cependant, il était seul, il vivait seul dans son hôtel garni, si l'on peut appeler la vie, ces vingt-quatre heures silencieuses passées chaque jour entre quatre horribles murailles sans clarté et sans chaleur. Hélas! cet enfant qui ouvrait avec tant de grâce aux mendiants du chemin la maison de son père, il eût pu mourir de faim dans son hôtel garni, que son plus proche voisin aurait à peine appris sa mort par hasard. La fièvre pouvait lui brûler le sang, personne n'eût été à son chevet pour lui dire : *Souffrez-vous?* Hélas! je me trompe, à peine fut-il installé sous les combles, qu'il reçut la visite d'une étrangère, mais une triste et horrible visite. C'est une femme qui ne respire que le vent de bise ou l'air enflammé de juillet; sa robe est de feuilles mortes, son souffle glace ou brûle, son œil est de plomb, son pied de fer, son sourire est de glace, sa démarche est sûre. Tantôt nue, et alors vieille et ridée; tantôt couverte d'habits menteurs, et alors plus horrible que quand elle est nue; elle se dresse devant vous, et elle vous donne le baiser de paix. Vous croiriez voir et embrasser un fantôme. Triste, triste voisine! Elle découvre le pauvre dans les recoins les plus cachés, et aussitôt elle va chez lui les yeux fermés, elle entre sans frapper à sa porte; elle prend pour elle le fauteuil, s'il y a un fauteuil; la meilleure place à table, s'il y a une table, et au lit, s'il y a un lit. Je vais vous dire tout à l'heure le nom de cette infâme vieille, tour à tour cruelle comme le hasard, et juste comme la justice. Elle en veut surtout aux débauchés, aux joueurs, à celui qui ne sait rien prévoir, à celui qui ne sait pas travailler, à celui qui est né sans famille; mais elle en veut aussi aux poëtes, et à tout homme de génie qui passe en ce monde; elle en veut aux mariages trop féconds, aux maisons trop anciennes, au soldat à la bataille, au peintre devant sa toile, au philosophe dans son grenier. Que de maux elle a causés, que d'injustices elle a faites! Mais aussi que de fois elle a été juste! Par une contradiction singulière, l'usurier et l'avare ont tout à redouter de cette horrible femme, qui est éternelle comme Dieu parce qu'elle est patiente comme lui. Cette femme aux longs bras décharnés, aux deux mains amaigries, au corps efflanqué; cette femme sans voix et sans pitié, sans ventre et sans cœur; cette femme qui, sans crier : Gare! vint poser sa joue hideuse sur la joue rose et rebondie de notre ami Prosper; cette femme a nom : *la Misère!* Elle pénétra chez le beau jeune homme peu à peu d'abord, puis ensuite tout d'un coup elle le prit d'assaut et elle se fit son compagnon assidu; elle n'eut aucune pitié, l'infâme vieille, ni de ces vingt ans si fleuris et si joyeux qu'elle allait dessécher de son souffle empesté, ni de ce cœur qu'elle allait avilir, ni de cette âme faite à l'image de Dieu; elle s'était dit que ce jeune homme serait sa proie, et elle s'attacha à lui comme fait la sangsue qui ne quitte plus le malade tant qu'il y a du sang. Bien plus, après les premiers jours, elle ne revint pas seule dans ce triste réduit qu'elle avait déjà rempli de son souffle empesté ; elle aimait déjà tant Prosper, qu'elle lui présenta, l'un après l'autre d'abord, puis tous ensemble, tous ses amis les plus intimes, l'abandon, l'ennui, le découragement, le désespoir, le doute surtout, qui vous mine en secret, maladie sans nom, dont les progrès sont d'autant plus rapides que la maladie est plus cachée : tels étaient les compagnons que l'infâme vieille amena chez Prosper. Aussi, vous jugez s'ils furent à l'aise dans cette étrange pauvreté, sur ce carreau nu et froid, entre ces murailles à peine recouvertes d'un papier jauni, autour de ce foyer sans feu, sur ce lit sans rideaux, en face de cette glace verdâtre, à cette fenêtre à coulisses qu'on eût prise pour l'affreux instrument de la place de Grève, et qui au besoin en eût rempli les fonctions! Vous jugez si ces indiscrets compagnons abusèrent de ce nouveau débarqué, de ce timide provincial! Ils commencèrent par le tutoyer avec le regard le plus familier et le plus méprisant, sans lui en demander la permission; ils prirent place à sa table plus que frugale, brisant son pain en deux, jetant du fiel dans son eau mal filtrée, portant leurs sales doigts sur les tristes morceaux de viande qui nageaient dans un plat de terre, jetant le sel sur la table, horrible présage! Et, non contents de torturer ainsi leur hôte, ils étalaient devant lui, avec un ironique sourire, tout le luxe de la ville, la calèche qui passe, la femme qui danse, l'homme qui chante, le drame dans les palais étincelants, les fêtes universelles du puissant et du riche, tous les biens rêvés par lui, dont cet enfant était privé.

Et son père qui lui avait si bien dit : — Redoute le vice; fuis les mauvaises sociétés, mon fils! Où est le vice? où sont les sociétés mauvaises? Et le jeu, et la débauche, et les embûches de Paris? — Il n'y a rien pour toi, lui disait la Misère, pas même le vice. En dépit de toi, mon pauvre diable, lui criait la Misère, il faut que tu restes chaste, honnête, réservé, innocent; tu auras toutes les privations de la vertu, sans en avoir l'honneur. — Ton cœur restera pur en sens inverse de tous les moralistes. — Pas un de tes sacrifices ne te comptera ni dans ce monde ni dans l'autre! Ainsi parlait la Misère à Prosper.

Comprenne qui pourra toutes ces douleurs; il est des douleurs qu'on ne saurait comprendre ni expliquer. Heureusement pour moi qui écris l'histoire de ces lamentables premiers pas dans la vie parisienne, suis-je guidé par les notes mêmes de notre héros et par ses souvenirs ineffaçables. Ce qu'il a souffert tout seul dans la nudité de cette maison ne saurait se décrire. L'enfer n'est rien, comparé à cette nuit profonde qui succède au plus beau jour, à cet isolement sans bornes qui remplace la famille, à ce silence hideux qui tient lieu de tant d'amitiés absentes. Revenir au village, c'était impossible, il y serait rentré ridicule; et d'ailleurs il était trop bon fils pour donner un pareil démenti aux adieux de sa mère. Il laissait donc couler les heures et les jours comme autrefois les flots du Rhône, et chaque jour il se disait : *Demain! demain!* c'était toute sa prière et tout son espoir, et le lendemain arrivé, il recommençait comme il avait fait la veille : — *Demain!*

Quand il se levait le matin, il restait assis sur son grabat des heures entières; et alors, entendant bruire la ville autour de soi, il se mettait à penser amèrement à sa triste position. Il était tombé dans ce gouffre sans qu'une main bienveillante se fût tendue pour lui porter aide. Pourtant ce bruit qui venait de là-bas, c'était le bruit des hommes occupés. Vive Dieu! la ville est immense aussi, et elle a bien affaire ! Elle a un million de bras à occuper, et un million de bouches à nourrir. Elle s'est éveillée tout d'un coup en sursaut et elle s'est levée sans faire sa prière ou ses ablutions du matin ; elle s'en va à ses affaires d'abord ; elle priera Dieu ensuite, ou elle se lavera les mains, si elle a du temps de reste. Le pain avant tout, et Dieu après. Elle est si affamée, la ville ! Mais aussi elle vend chaque jour tout ce qu'elle peut vendre, ses plus beaux enfants pour la guerre, ses plus belles filles pour l'amour ; elle vend tout ce qui se vend et ce qui ne se vend pas d'ordinaire : l'eau de ses fontaines, la boue de ses ruisseaux ; ses haillons et ses lambeaux aux chiffonniers, ses criminels à la justice, ses forçats au bagne, ses malades à l'hôpital, ses cadavres aux médecins ; puis, quand elle n'a plus rien à vendre, quand sa hotte est vide, quand elle n'a pas un roi à chasser, pas un pavé à soulever, pas une révolution à entreprendre, elle tend la main avec son escopette, et elle vous dit d'un air menaçant : *La charité ! la charité !* Car, avant tout, il faut qu'elle mange, et pour manger, elle fera tous les métiers, les plus nobles et les plus infâmes !

Et Prosper ? Matin et soir, il regardait ces masses se mouvoir. Il regardait ces autres masses inertes. Il prêtait l'oreille à ces bruits si nombreux, si divers ! Il suivait dans ses grands pas ce fantôme parisien qui porte une hotte sur le dos et une couronne de roi sur la tête, qui tient le sceptre d'une main et le crochet de l'autre. Au bout de sa contemplation il se retrouvait seul ; seul et inutile ; seul, inutile et pauvre ; seul, inutile, pauvre et méprisé ; et il avait beau chercher, il ne se voyait aucun droit dans cette grande ville, excepté le droit commun de tous ceux qui n'en ont pas : — la prison ou l'hôpital.

D'abord il avait espéré se tirer d'affaire par la science ; mais ce qu'il avait vu de science à Paris l'avait ébloui. Lui,

le savant d'Ampuy, faire de la science à Paris ! c'est comme
s'il eût apporté une goutte de l'eau du Rhône à la mer.
Que de science à Paris! ils savent tout dans ces murs; ils
ne savent que cela, mais ils le savent. Ils savent parler
toutes les langues retrouvées et perdues; faire la poudre
et le fumier; ils vont facilement de la marmite autoclave
au chemin de fer, des bateaux à vapeur à la fécule de pommes de terre, de la prose aux vers, du navire sous-marin
au vaisseau aérien, des *Méditations poétiques* aux vaudevilles de M. Ancelot. Ils se connaissent également bien en
femmes et en chevaux, en charrues et en voitures de
luxe; ils ont de l'admiration pour toutes choses, pour le
sanscrit, pour le chinois, pour l'anatomie comparée et
pour le sucre de betteraves. Ce sont eux qui ont inventé le
pain à la mécanique, les chapeaux imperméables, les parapluies à étui et les cannes à fauteuil. C'est une race de
gentilshommes inventeurs qui ont perfectionné l'éther et
l'opium. Il y en a parmi eux qui composent, avec quelques
noyaux de pêches, un poison assez violent pour tuer un
bœuf d'une seule goutte. D'autres ont inventé l'art de
tuer un éléphant rien qu'en soufflant une goutte de lait
dans ses veines. Celui-ci voit dans l'intérieur du corps tous
les phénomènes qui s'y passent, à l'aide d'un homme qui
dort et qui parle en dormant; cet autre jette dans la Seine
un cent-millionième d'émétique, avec quoi il se fait fort
de purger tout le quartier Saint-Jacques; l'un change le
fer en or; l'autre fait plus, il change le sang en fer; avec le
sang de Cuvier il va frapper une médaille; donnez-lui le
sang d'une jeune fille, il en fera une bague à son amant.
(Sois loué, grand Dieu! qui n'as mis que du fer dans nos
veines; tu pouvais y mettre de l'or!) Un autre a trouvé que
l'os du bœuf était plus nourrissant que sa chair; un autre
a démontré que trois pour cent valaient beaucoup mieux

que cinq; un autre, dans sa chaire de philosophie, nous a prouvé que nous n'avions pas été vaincus à Waterloo. Que n'ont-ils pas trouvé, retrouvé, composé, recomposé, décomposé, arrangé, agrandi, perfectionné? La science les écrase et les étouffe, ils mourront par la science. Il n'y a pas jusqu'à l'anatomie qui n'ait fait chez nous autant de progrès que les finances; Dupuytren et M. de Villèle ont poussé jusqu'au bout le scalpel; Montrouge s'est élevé là-haut pour couronner toutes ces œuvres; le zodiaque de Denderah se fait petit afin de faire asseoir à ses côtés l'obélisque de Luxor. Sois donc savant, Prosper!

Il avait compté aussi sur sa mâle beauté, sans le savoir; il était beau au village, il était un homme; à la ville, sa nature changea : il était trop pauvre et trop nu pour être beau, le pauvre enfant! A la ville, l'habit est une grande partie de l'homme; la grande partie lui manquait, à lui, Prosper. C'était aux autres à être jeunes et beaux, aux autres à attirer le regard des femmes, aux autres à parer leur jeunesse, à la pâlir par les excès, à l'amincir par les joies de l'orgie, à déployer leur taille dans les enchantements du bal, à faire ruisseler l'or dans leurs mains délicates, à boucler leurs cheveux noirs, à s'éloigner de la boue et du bruit, même en voiture; aux autres la force, la beauté, la jeunesse; à lui, rien! Moins que rien, hélas! car à lui la misère livide, hélas! Déjà ses joues si fraîches sont blanchies par la faim, hélas! Sa chevelure est triste et se déroule lentement sur ses tempes, hélas! Où est le rire et le vin d'Ampuy? Il n'y a plus de rire à Paris pour Prosper. Où est Madelon? où sont les pêches? A Paris, il n'y a de pêches que pour les très-riches; la pêche est le fruit des plus grands seigneurs; ce sont les armoiries du dessert; c'est la couronne du marquis placée au-dessus du fromage; la pomme à cidre est le bonnet de coton du dîner parisien. Prosper, hier encore, le maître d'un si riche verger, où le fruit mûrissait à côté de la fleur, verger tapissé de melons, entouré de pêchers et couvert de pampres, où l'arbre secouait à chaque brise mille richesses odorantes et colorées, Prosper à présent se contente de la pomme à cidre, Prosper mange à présent ce qu'il donnait autrefois aux pourceaux, son fruit par-dessus son eau; son eau! lui dont la cave était tout une renommée! Il mangeait et buvait tristement, songeant à Ampuy, songeant aux beaux fruits, au bon vin, à Madelon qui le verse en souriant; mais Madelon, et les pêches, et le vin blanc, et les sourires, et la chanson du dessert, tout avait fui, hélas!

Ainsi, ni avec son esprit, ni avec sa figure, ni avec ses pensées, ni avec l'action, il ne pouvait prendre une place quelconque dans ce grand tourbillon de Paris; rien ne lui réussissait, pas même l'espoir. Les plus beaux châteaux en Espagne qu'il élevait autrefois sur les bords du Rhône avec tant de facilité et sur de si hauts étages, c'est à peine aujourd'hui s'il pouvait en creuser les fondements; ses beaux murs de nuages s'écroulaient, à peine élevés; lui qui jadis pratiquait de si vastes galeries, élevait de si hautes colonnades, dominait de si vastes jardins, hardi et puissant architecte qu'il était dans le monde des féeries, aujourd'hui c'est à peine s'il peut se construire une bicoque mal éclairée dans les domaines de l'Espagne idéale. — Heureux s'il était sûr de vivre ainsi huit jours encore!

Prosper était arrivé à ce degré d'isolement et de malheur, quand enfin, vaincu par la solitude, il reconnut qu'il ne pouvait rien pour lui-même, et qu'il était perdu sans retour si enfin quelque main bienfaisante ne lui était tendue. — Allons, se dit-il, puisqu'il le faut, tendons la main. Puisque personne n'entend mon silence, crions : *Au secours!* Il ne se fut pas plutôt avoué tout haut sa détresse, qu'il résolut de mettre sur-le-champ cet aveu à profit.

VIII.

M. le Baron Honoré de la Bertenache.

Vous vous souvenez qu'avant de le voir partir tout à fait, la mère du jeune Chavigni avait remis une lettre à son fils pour son oncle Honoré ; vous savez aussi que le bon Christophe avait poussé l'audace de l'amitié jusqu'à recommander son jeune ami dans une lettre. Prosper avait enfermé ces deux lettres dans son portefeuille, plutôt pour ne pas désobliger son ami et sa mère, qu'avec le projet de s'en servir. Il ne croyait pas que jamais il eût besoin d'introduction dans ce monde où il arrivait avec la ferme volonté d'être un honnête homme et un homme utile. Il ne se figurait pas qu'il aurait jamais besoin de se jeter aux pieds de cette société qu'il ne connaissait pas, pour lui faire accepter son intelligence, son activité, sa probité et ses vingt ans. Mais enfin, après avoir bien tristement attendu que la montagne vînt à lui, il fit comme Mahomet, il résolut d'aller à la montagne. Il tira de son portefeuille les trois papiers uniques que son portefeuille contenait, la lettre de sa mère, la lettre de Christophe et son passe-port.

Voici d'abord son passe-port :

  Age,   19 ans.
  Taille,   5 pieds 4 pouces.

Yeux,	bleus.
Cheveux,	noirs.
Sourcils,	noirs.
Bouche,	petite.
Dents,	blanches.
Visage,	ovale.
Barbe,	naissante.
Menton,	rond.

SIGNES PARTICULIERS. — *une mouche sur la joue droite...*

Et il n'avait pas trouvé encore à placer tout cela !

A ce signalement le passe-port ajoutait :

Invitons les autorités à laisser librement passer et circuler, et à protéger au besoin. — Prix : deux francs.

— Deux francs ! J'aurai toujours de la protection pour mon argent, se dit Prosper.

Voici la première des deux lettres; cette lettre était du frère Christophe. Et ici, à propos du frère Christophe, l'auteur de cette histoire est bien mortifié de n'avoir pas à transcrire une épître bien niaise et bien ridicule; mais si le frère Christophe était simple d'esprit et de cœur, il n'était ni niais, ni ridicule ; c'était de la naïveté, et voilà tout.

« Madame la comtesse ! » écrivait-il.

Puis, tout au bas de cette humble page, et comme s'il eût écrit à son supérieur ignorantin :

« Madame la comtesse, vous rappelez-vous Jean-Baptiste Christophe, un pauvre orphelin de père et de mère, que Dieu a jeté sur vos terres, où Dieu lui a appris à prier d'abord, et ensuite à lire et à écrire, si bien que je suis devenu un frère de la doctrine chrétienne? Pour moi, je me souviens des bontés de Madame la comtesse, quand je dînais avec messieurs vos domestiques, quand je me chauffais à son feu, et quand je dormais dans sa grange. Bénie soyez-vous, Madame, qui n'avez pas renvoyé l'orphelin, et qui l'avez laissé vivre dans votre basse-cour à côté de votre chien Castor!

« C'est pourquoi, Madame, sachant que vous êtes à Paris une grande dame, je vous adresse un jeune monsieur mon élève bien-aimé, monsieur Prosper Chavigni, fils de monsieur Jean Chavigni, dont le père a été fermier de votre père à sa ferme de Macla. Ayez donc pitié et faveur, Madame, pour notre ami bien-aimé Prosper, que nous aimons de tout notre cœur, le village, moi et son père. Madame Jean Chavigni dit comme cela que vous avez été en pension avec elle chez les dames de Saint-Victor, au faubourg de Vaize, et que vous la connaissez bien, qu'elle s'appelait Clémence en ce temps-là. C'est pourquoi, Madame, nous vous prions de venir en aide à ce jeune homme qui est riche, qui n'a besoin de personne; mais seulement que tout le monde l'aide un peu, et tout le monde l'aimera à Paris quand on le connaîtra. Du reste fort savant; latin, grec, français; il n'y a que l'histoire, la géographie, la philosophie, l'astronomie, les mathématiques, la géométrie, l'astrologie, la tactique et la politique, dans lesquelles nous ne soyons pas fort instruits; mais cela viendra.

« Sur ce, Madame, je prie Dieu qu'il vous ait en sa sainte et digne garde.

« CHRISTOPHE. »

Peu s'en fallut que le bon Christophe n'ajoutât : *Episcop. Lugdunensis.* — Car il copiait la formule d'une lettre que son évêque avait écrite au curé.

La lettre était adressée à *Madame la comtesse de Macla*, *rue des Saints-Pères, à Paris.*

En lisant la recommandation de son ami, Prosper se sentit ému jusqu'aux larmes. Non pas qu'il ne comprît confusément que cette lettre était écrite en dehors de toutes les convenances; mais enfin cette lettre portait un nom, une adresse; on y invoquait le nom de son grand-père, qui était un honnête homme comme son père; on y invoquait le nom de sa mère, quand sa mère s'appelait Clémence. Et puis qui sait? Comment ne pas chercher à s'assurer s'il y a une femme, dans ce Paris, digne de recevoir et de comprendre l'éloquente et naïve lettre de Christophe l'ignorantin?

La seconde lettre était plus grave, c'était vraiment le style d'une mère. A cette lettre il n'y avait pas d'adresse, à peine portait-elle un nom.—*Honoré Rivers.* Mais Clémence pouvait-elle deviner le nom et l'adresse d'un frère qu'elle n'avait pas revu depuis vingt ans?

« Cher frère, disait Clémence, qu'êtes-vous devenu?
« où êtes-vous? que faites-vous? J'imagine que vous êtes
« heureux, puisque depuis tantôt vingt ans vous m'avez
« donné à peine cinq ou six fois de vos nouvelles. Vingt ans
« de bonheur, Honoré, c'est beaucoup. Ah! si vous aviez
« comme moi un enfant, un noble enfant, jeune et beau,
« plein de vertu et d'honneur, dont il fallût vous séparer,
« sans doute, mon frère, vous auriez tant de peine que vous
« l'écririez à votre sœur. Eh bien! par pitié pour ma dou-
« leur, pardonnez-moi cette lettre qui vous sera sans doute
« importune. O mon frère! je vous en supplie par la mémoire
« de nos parents que vous aimiez, par amitié pour moi,
« votre sœur, qui vous aime, si vous rencontrez mon Pros-
« per à Paris, servez-lui de père, aimez-le, et protégez-le
« comme s'il était votre fils. A présent que j'y songe, vous

« êtes mon seul espoir après Dieu. Vous avez toujours été
« un homme habile et prudent, Honoré, trop prudent et
« trop habile, à ce qu'on dit; vous connaissez à fond ce
« monde que nous n'avons même pas entrevu, nous autres.
« Faites-le connaître à mon fils, à notre enfant. Prenez-le
« par la main, et guidez-le à travers les écueils. Songez
« que c'est la vie, la gloire, l'amour et l'espérance de sa
« mère! Songez que si je m'en sépare aujourd'hui, ce n'est
« qu'après avoir bien réfléchi, et longtemps, et après m'être
« souvent répété que ce jeune aiglon, mal à l'aise dans
« notre ferme, tôt ou tard prendrait sa volée. Alors je l'ai
« laissé partir, afin qu'il s'habituât de bonne heure à la vie
« que vous menez là-bas. Encore une fois, mon frère, venez
« à l'aide d'une sœur qui vous demande plus que la vie, et
« qui vous a toujours aimé.

« Votre sœur,
« Clémence CHAVIGNI. »

Prosper porta à ses lèvres la lettre de sa mère : — Non,
non, se dit-il, je ne suis pas seul en ce monde, puisque j'ai
ma mère. N'est-ce pas là la providence, ô mon Dieu!

Comme nous n'écrivons pas ici un roman tout rempli de
coups de théâtre, mais au contraire une très-simple
histoire, qui, pour garder toute sa vraisemblance, doit,
jusqu'à la fin, marcher à son but d'un pas calme et sûr,
nous devons prévenir le lecteur que le nouveau personnage que nous allons introduire dans notre récit est un
personnage tout parisien, tout comme notre jeune Prosper
est un personnage provincial. L'homme qui va s'emparer
corps et âme de notre bel et naïf aventurier, vous ne le retrouverez nulle autre part qu'à Paris, dans quelque grande
et riche maison où cet homme commande en maître, et
dont il est le maître en effet. D'où viennent ces hommes,

où ils sont nés, et que sont-ils? Nul ne saurait le dire, eux-mêmes moins que personne. Ils s'appellent fièrement les enfants du hasard. Quoi qu'il en soit, fils légitimes du hasard, ou bâtards de la Providence, ils ont cela de commun avec les plus grands seigneurs, c'est qu'*ils n'ont eu que la peine de naître*. Une fois échappés de la maison paternelle, tout leur a profité, la paix et la guerre, leurs amis et leurs ennemis, le travail et le sommeil. La prospérité a soufflé sur ces hommes, et ils n'ont eu qu'à s'abandonner mollement au vent favorable pour arriver à ce but difficile : l'oisiveté sans travail, et le repos sans fatigue. Ces gens-là mènent toute leur vie grand feu, grand'chère, grande joie, grand bruit, sans avoir un pignon sur la rue, un arpent au soleil, une idée dans la tête, une vertu dans le cœur, une industrie au bout des mains. Ils n'ont jamais touché ni la plume ni l'épée, ces deux outils qui font les grandes choses. Rien ne les représente dans ce monde; ce sont des fortunes bâties sur le sable, qu'un vent peut ruiner, et que nulle tempête ne renverse. Ils vivent comme Alcibiade, ils meurent comme Aristide, sans laisser de dot à leurs filles ; seulement ils laissent toujours de quoi se faire magnifiquement enterrer.

Ce qui a fait ces hommes tout ce qu'ils sont, ce n'est ni l'esprit, ni le courage, ni le travail, ni l'intelligence; ce n'est pas la naissance, ce n'est pas le bonheur : c'est la patience. Ils savent attendre, voilà tout leur secret, et encore disent-ils leur secret à tout le monde. Ils regardent de sang-froid l'agitation des hommes, il les regardent s'user et se perdre dans les révolutions et dans les batailles, dans le malheur et dans la gloire; et quand la vieille génération est tout à fait usée, quand la génération nouvelle n'est pas encore venue, ces nouveaux arrivés à la vigne du Seigneur profitent de l'interrègne; ils se campent fièrement sur le terrain que les vieillards ont abandonné et que les jeunes gens n'occupent pas encore; là, fidèles à leur système, au lieu d'agir, ils attendent, et chacun les croyant immobiles, personne n'en prend ombrage. Leur apparente modestie les sauve des ambitions rivales. En effet, que demandent-ils? ils ne veulent ni la puissance, ni les honneurs, ni aucune des choses futiles; ils ne demandent qu'à vivre, tout simplement, et rien de plus, les habiles qu'ils sont! Ils savent si bien qu'en dernier résultat la puissance et la gloire et la fortune ne sont que des façons de vivre pleines de dangers, de chagrins, de travaux et de dégoûts!

Tel était l'homme que notre ami Prosper allait rencontrer dans sa route, et auquel il devait se confier tout entier, sous prétexte que cet homme était son oncle. Honoré Rivers, le frère de Clémence Chavigni, fils d'un magistrat mort en défendant les lois, s'appelait à Paris le baron Honoré de la Bertenache. S'il avait su un titre plus modeste que celui de baron, il l'aurait choisi à coup sûr; car il était sans vanité et sans orgueil. Il était donc M. le baron Honoré de la Bertenache, avant d'entrer dans un salon; une fois dans le salon, il était tout simplement M. de la Bertenache; jamais, à aucun prix, il n'était le *cher* la Bertenache.

C'était un grand maître en fait d'ambition; et dans ce siècle d'égalité, personne plus que lui ne se tenait dans l'égalité. Voilà pourquoi il avait laissé la foule d'en bas pour la foule d'en haut; voilà pourquoi aussi, une fois dans la foule d'en haut, il se tint si fort à distance respectueuse de toutes les supériorités et de toutes les grandeurs, qu'on le prit lui aussi pour une supériorité, pour une grandeur. Homme d'esprit s'il en fut, mais qui cachait son esprit comme on cache un crime, il était parvenu, à force de dissimuler tous ses mérites, à n'avoir plus que l'apparence et la réputation d'un homme de goût. Ni flatteur, ni caustique, ni soumis, ni rampant, il s'était fait une loi d'obéir à toutes ses petites passions et d'étouffer toutes les grandes. Il ne méprisait pas assez le vice pour ne pas lui sacrifier sa propre estime ; mais il en faisait trop peu de cas pour lui sacrifier l'estime des autres. Il n'était le complaisant de personne, le bouffon de personne. Il était beau, bien fait, bien mis, net et luisant du haut en bas, et toute sa personne était pleine de magnificence et de goût. Les femmes le trouvaient charmant, et cependant les femmes ne l'aimaient pas, ce qui était un de ses plus grands avantages, puisqu'ainsi il se trouvait libre du côté de l'amour. Il côtoyait toutes les passions tendres sans avoir jamais échoué contre les plus charmants écueils. Il devenait ainsi le confident nécessaire et inévitable de toutes les faiblesses ; et comme jamais il n'abusait du secret qu'on lui laissait deviner, les femmes, tout en l'aimant peu, étaient loin de le haïr. Du reste, le bienvenu partout, parce qu'il n'arrivait jamais avant qu'on ne le désirât, parce qu'il s'en allait toujours un instant avant qu'on n'eût voulu le voir partir. Sans opinion, avec toutes les apparences de la conviction ; sceptique comme Diderot, avec tous les dehors de la croyance ; habile hypocrite qui avouait son hypocrisie, si bien qu'on était prêt à le croire de bonne foi : tel il était. En un mot, cet esprit si souple et si délié, cet homme si fin et si adroit et si incrédule en toutes choses, il était parvenu, l'habile homme ! à faire dire de lui en tout lieu, que *c'était un homme plein de simplicité, de superstition et d'esprit*. Et il s'en tenait là.

Il avait fait plus, il s'était arrangé de manière à ce que personne aussi ne s'inquiétât de sa fortune. Longtemps on s'était demandé : *D'où vient-il ?* et *Qui est-il ?* et d'abord chacun s'était tenu sur ses gardes, tant on avait peur d'avoir quelques services, grands ou petits, à lui rendre; mais lui, de son côté, il s'était mis si fort à l'aise avec ceux qui le pouvaient protéger, il avait fait si à propos de l'opposition à toutes les puissances reconnues, donnant ainsi lui-même, en cas de besoin, à ses meilleurs amis, la plus excellente des excuses pour ne pas le servir, qu'on avait fini par ne plus s'en méfier et qu'on le traitait comme un homme qui n'a rien à demander, comme un égal enfin, tant que soi-même on ne demandait rien.

Donc faisons place un instant à ce nouveau et singulier personnage de notre histoire! Cette fois, que le village cède le pas à la ville, que l'innocence s'efface devant le vice habile! voici venir à nous le terrible baron Honoré de la Bertenache, faisons nos adieux à Prosper Chavigni.

C'est le baron Honoré de la Bertenache, qui, par le plus malheureux des hasards, trouvant à Paris notre Prosper encore revêtu de son écaille villageoise, l'a dépouillé lentement et peu à peu de son dernier vêtement d'innocence et de vertu. A vrai dire, le digne oncle s'est donné beaucoup de peine pour élever son neveu jusqu'à lui. Si donc il n'a pas tout à fait réussi, ne vous en prenez qu'à la bonne et belle nature de cet enfant, qui s'est toujours ressenti, sans le vouloir et sans le savoir, des premières et innocentes impressions de la maison paternelle. Peut-être, quand vous serez entrés dans les secrets du baron Honoré, conviendrez-vous qu'il a déployé à cette éducation toute sa science, et que si son neveu n'a pas tourné tout à fait aussi bien que le voulait son bon oncle, c'est qu'il avait été trop complétement et de trop bonne heure gangrené de vertu par sa mère et par son précepteur.

Ici, il faut que vous reveniez encore quelque peu sur vos pas. Ici, la forme de notre roman change encore. Vous avez lu un récit, ou plutôt une exposition, jusqu'à présent ; à présent, vous lirez, s'il vous plaît, les lettres que Prosper écrivait à son précepteur, à son ami Christophe, pendant que le bon frère, triste et pensif, seul, tout seul, au mélancolique rivage d'Ampuy, autrefois si peuplé quand il était habité par Prosper, versait au-dedans de lui-même ces larmes silencieuses qui font d'autant plus de mal que personne ne les voit couler.

DEUXIÈME PARTIE.

L'Éducation de la Ville.

LETTRES

DE

Prosper Chavigni au Frère Ignorantin Christophe.

I.

Mon frère, mon ami, mon maître, ma providence, mon bon Christophe, on dit que je suis à Paris, je n'en sais rien ; mais ce que je sais, c'est que je suis bien loin de toi et de ma mère. Où es-tu, Christophe, et quel grand poëte lis-tu donc à cette heure? O mon ami, que je souffre, et que j'ai souffert! — si tu savais! Non, je ne serais jamais parti si j'avais cru cela! — J'ai le cœur brisé, Christophe! je ne sais pas encore comment je t'ai quitté; je sais seulement qu'à mon départ je ne voyais plus personne, ni toi, ni mon père, ni ma mère. Après vous avoir embrassés tous sans vous voir, j'ai senti un mouvement brusque et saccadé; c'était le petit cheval blanc de la ferme qui m'emportait hors du village et loin de vous tous.

Loin de mon père; si loin de ma mère! loin de toi, mon bon frère, loin de mon beau Rhône qui gronde, loin de mes saules qui murmurent, de mes petits sentiers si souvent parcourus, et qui m'avaient reçu tout petit, et qui m'avaient enseigné à marcher, comme toi tu m'as enseigné à réciter les vers de Virgile, hélas!

Oh! que j'étais heureux dans notre vieille maison! quelle douce enfance! Te souviens-tu comme chacun me saluait? Quand j'allais par les chemins, chacun me disait : — Bonjour, Prosper! — Bonjour, Prosper, disait la bonne femme sur son âne; bonjour, mon joli enfant Prosper! — Bonjour, monsieur Prosper, me disait la jolie fille qui cheminait; et en même temps, elle me donnait la main avec un sourire. — Viens donc m'aider, Prosper! — s'écriait le fermier au labour. Tout le monde m'aimait, n'est-ce pas? Le vieillard et le jeune homme, le pauvre et le riche, le chien et le mendiant; jusqu'à la vache noire, qui nous a si souvent réchauffés toi et moi, quand nous rentrions bien fatigués et bien mouillés le soir.

Doux souvenirs! amers regrets! Mais il faut que je m'arrête, Christophe; figure-toi que, depuis trois semaines que je vous ai tous quittés, je n'ai pas encore versé une larme! — Je sens les larmes qui viennent à la fin, grâce à toi!

II.

Dieu soit loué! j'ai pleuré; je me suis senti quelque peu soulagé, et pourtant je suis aussi malheureux aujourd'hui que je l'étais hier. Je te disais donc, hier, comment j'étais parti et peut-être comment j'étais arrivé à Paris. Je crois que mon arrivée à Paris m'a fait autant de mal que mon départ. Figure-toi qu'après cinq grands jours de fatigues et d'insomnies, vous vous trouvez tout d'un coup, et sans savoir comment, entre quatre murailles : c'est Paris! La machine qui m'avait traîné s'arrêta brusquement; et, sans savoir où j'étais, et à peine qui j'étais, je restai tout seul au milieu de cette grande cour; moi, sans âme, sans volonté, sans résignation, sans espoir, sans toi!

Alors je me mis à envier les malheureux chevaux qui avaient traîné cette machine; ils avaient un asile et des hommes empressés qui en prenaient soin. Et moi?

L'instant d'après je regrettai même cette horrible voiture et ce mouvement, et ce bruit, et ce cahot qui du moins vous fait heurter des hommes.

Peu à peu, le jour qui était à sa fin s'en alla tout à coup, sans aucune de ces teintes doucement variées qui se marient aux teintes si chaudes de la campagne. A Paris, tout est brusque, la nuit et le jour, le silence et le bruit. A Paris, vois-tu, il n'y a pas de transition entre l'enfance et la jeunesse, entre l'âge mûr et la vieillesse. On est tout de suite un jeune homme, tout de suite un vieillard. De même qu'il n'y a aucun milieu entre la richesse et la misère, entre le vice et la vertu; on est laquais ou grand seigneur, grande dame ou servante, athée ou fanatique. Le jour s'éteint comme s'éteint une lampe sous le souffle d'une vieille femme qui se met au lit; on allume les réverbères, et tout est dit jusqu'à demain. Le jour reviendra demain, on soufflera sur le réverbère, et tout sera dit jusqu'à ce soir; comme aussi le silence tombe tout à coup sur le bruit; vous diriez que la ville est morte. Six heures après, c'est le bruit qui tombe tout à coup sur le silence; on croirait que la ville est prise d'assaut. Tu ne saurais croire comment cela se fait, Christophe : tu as vu quelquefois dans la ferme un pauvre mendiant tomber du haut-mal : à certaines heures du jour, il s'arrête, il grince des dents, il écume, il se tord les bras et les mains; après quoi, il se lève, il reprend son bâton noueux et son chapeau troué, il tend sa main à l'aumône; quand il sera bien repu, il dormira d'un bon sommeil. Le vieillard épileptique, c'est le peuple de Paris. — Personne donc ne songeait à moi dans cette grande ville. J'étais moins que rien, un homme de plus dans la foule. — La nuit me tira de mon apathie et me fit songer à chercher un gîte. Chercher un gîte! moi qui, jusqu'à ce jour, le soir venu, grimpais si lestement l'escalier qui conduit à ma chambre. Ma mère disait souvent qu'elle croyait voir un jeune chat, tant j'étais vif et leste! En un clin d'œil, j'étais déshabillé; je me jetais à genoux au pied de mon lit, je faisais ma prière tout haut, pour que ma mère, m'entendant prier, vînt me dire bonsoir! après quoi, je m'endormais sous le bienveillant regard maternel, et jusqu'au lendemain je reposais; et ma mère s'en allait sans fermer la porte de ma chambre qui donnait dans la sienne; et le lendemain j'avais peur, à mon tour, de réveiller ma mère. C'était là un sommeil! C'était là une chambre digne d'un roi! Un lit plein de calme et de repos! Comme nos murs étaient blanchis à la chaux vive! Comme nous avions pour nos ablutions du matin, ce grand bassin où nous barbotions avec les canards! quelle joie! et quelle oisiveté sans but et sans plan! et quelles chansons de tous côtés! l'âne qui chante tout haut, la poule qui glousse, le coq qui salue le soleil, le porc familier qui dit : *j'ai faim!* en grognant; le chien qui aboie, le petit chat, l'œil à demi ouvert, qui cherche sa proie; le moineau qui piaule, l'alouette qui pousse son petit cri en rasant le ruisseau, le pigeon qui se balance sur la girouette criarde, que sais-je?

la pie familière qui parle dans sa cage, accrochée à la fenêtre; le geai goguenard qui menace l'arbre fruitier : c'était un jovial murmure plein de vie et d'harmonie, et de grâces parfaites. Enfant, enfant que j'étais! je me laissais aller à ces rêves, tout éveillé, sans me douter que c'étaient là des rêves! Et toi, mon frère, que tu étais heureux de mon bonheur! Pauvres jumeaux, on nous a séparés, hélas! Ma vingtième année est venue brusquement les briser, ces liens de fleurs! Plus de basse-cour, plus de sommeil, plus de joies matinales, plus d'air embaumé le soir, plus ton sourire, mon bon Christophe, plus rien que Paris, le triste Paris, qui n'a pas un salut amical pour le pauvre enfant étranger dans ses murs.

Le portefaix à qui je demandai ma route me conduisit dans une hôtellerie, rue Pierre-Lescot. Avant de me conduire, il interrogea mes habits avec soin; me voyant vêtu de gris et un grossier chapeau, et mon paquet sous le bras, il fit choix pour moi de la maison où je suis. C'est une maison d'une apparence équivoque : vous entrez par une chambre, commune à tous les étrangers, où l'on dîne toujours. Comme je n'avais rien mangé du tout de la journée, je priai qu'on me fît servir à dîner.

Une espèce de servante me dit : — Comment voulez-vous dîner, Monsieur?

— Donnez-moi, lui dis-je, une soupe aux choux et un morceau de lard, et un verre de vin, s'il vous plaît.

— J'entends, dit-elle, Monsieur veut dîner au plus bas prix. Et elle me servit du pain trempé dans de l'eau chaude, un morceau de bœuf bouilli et une bouteille de bière. Triste repas!

Après ce repas, je demandai une chambre. On jugea de la chambre que je voulais par le dîner que j'avais mangé; on me conduisit tout au haut de la maison par un escalier étroit et malsain. C'était, à cette heure, dans toute cette maison, un mouvement empressé et plein de confusion. Au premier étage, il y avait des femmes en falbalas et en vieux souliers, qui sortaient à la hâte, oubliant de fermer leur porte, peut-être parce qu'elles portaient toute leur fortune avec elles; au second étage, des jeunes gens sortaient en riant, laissant leurs chambres tout ouvertes, peut-être parce qu'ils n'y devaient plus rentrer; personne ne fermait sa chambre dans cette maison, comme dans l'âge d'or d'Ovide. A travers les portes entr'ouvertes, on pouvait apercevoir l'intérieur de ces chambres en désordre, et dans ce confus pêle-mêle du matin qui est triste à voir, même chez les pauvres gens, où les meubles et les vêtements sont si peu nombreux! A la fin, à force de monter et de monter toujours, j'arrivai au galetas qui m'était destiné.

L'homme qui l'occupait encore, et que je devais remplacer, n'était pas encore parti; cet homme est un original dont je veux te raconter l'histoire. Aussi bien, j'ai le temps de causer avec toi, Christophe, et je suis si triste, que je ne demande qu'un prétexte pour rester là à t'écrire tout un jour, s'il le faut.

Depuis trente-six mois, tout autant, ce malheureux homme sollicitait un emploi qui le fît vivre, dût-il ne manger que du pain noir, et, justement comme j'arrivais, il venait enfin de l'obtenir, ce bienheureux emploi après lequel il avait tant couru; il en était encore tout essoufflé; il ne contenait pas sa joie, il eût été jusqu'à l'insolence s'il avait pu ou s'il avait osé; mais, pendant trente-six mois, ce pauvre diable avait passé à travers toutes les humiliations de l'antichambre; l'insolence était donc pour cet homme un fruit qui n'était pas encore mûr. En attendant, le pauvre diable était affable et bon, et il disait son heureuse fortune à qui voulait l'entendre, à ses voisins, à ses voisines, au domestique de la maison, au chevet de son lit, enfin à moi, le dernier venu, et qui venais, disait-il, tout exprès pour assister à son bonheur.

— Vous voilà! s'est-il écrié, soyez le bienvenu; vous venez prendre ma chambre, enfin; je vous ai attendu bien longtemps, jeune homme! Moi, je pars, je suis enfin à ma place. Le grand ministre me l'a enfin donnée, ma place; j'ai ma place, enfin; vive le ministre! Vous venez sans doute chercher une place à Paris, Monsieur?

Puis, sans attendre ma réponse: — Faites comme moi, et vous arriverez, rien n'est plus facile; soyez intelligent et docile, et attendez un an, deux ans, trois ans, vous aurez votre place, enfin. Il n'y a qu'à aller tous les jours, par la pluie, par le vent, par le froid, par l'orage, par la boue éternelle, au faubourg Saint-Germain, rue de Grenelle, la seconde porte vis-à-vis la cour qui est coupée en deux; vous saluerez poliment monsieur le concierge, et vous irez tout droit dans les bureaux, tout droit devant vous. Allez donc, et demandez; on vous dira: *Non!* c'est bon. Le lendemain, vous allez, on vous dit: *Non!* c'est bon.

Et toujours *non!* toujours *non!* toujours *non!* Oh! s'écriait-il, *non! non! non!* C'est un mot qui n'est plus français pour moi : *Non!* — Et il gambadait comme un fou dans sa chambre, il se vautrait sur son grabat, il parlait à mots entre-coupés. — Dans quatre jours, disait-il, j'irai voir ma femme! Ma femme viendra me saluer, ma fille me saluera; mes voisins diront: — C'est lui! le préfet me dira *bonjour!* car c'est moi, je suis moi, moi, lui-même! Le moi d'aujourd'hui qui a jeté à la porte à coups de pied au derrière le moi d'hier. Vive moi! En même temps il faisait le geste d'un homme qui tient un papier, et qui met sa qualité au-dessous de sa signature. Je suis sûr qu'il est homme à s'être adressé à lui-même quatre lettres par la poste, avec son nouveau titre, depuis qu'il est nommé.

En même temps il faisait sa valise. Il y plaçait une à une chaque chose en son ordre, après en avoir fait la revue attentive. C'était plaisir de lui voir plier ses bas de soie; la pluie, le ruisseau et le temps les avaient rendus jaunes, de noirs qu'ils étaient; plus d'une maille s'était échappée; il les considéra longtemps : c'était la partie de sa toilette qui lui avait donné le plus de peine à tenir présentable; c'était celle à laquelle il tenait le plus.

Il passa dédaigneusement la main sur sa culotte; elle était d'un noir douteux, mais solide encore, et comme elle lui avait donné peu d'inquiétude, il n'avait pas pour elle un seul remerciement, l'ingrat!

Ce qu'il regarda bien longtemps, ce fut son habit; un vieil habit qui avait conservé sa forme en dépit de tous les orages: le collet en était propre encore, le poil en était bien lisse; à tout prendre, c'était un habit présentable; cependant, rien qu'à le voir, vois-tu, Christophe, on sentait qu'on avait froid dans cet habit, et qu'on y devait être misérable. On me donnerait tout au monde pour endosser un pareil vêtement, seulement pendant une heure, que je dirais : non ! J'aimerais mieux embrasser un lépreux sur la joue; cet habit me faisait horreur.

Et il faisait aussi horreur au pauvre homme; car, pendant tout le temps qu'il mit à le plier, le sourire s'effaça de ses lèvres, il fut sérieux, il fut muet; cet habit lui rappelait de si tristes souvenirs!

Il entassa aussi son vieux linge dans son sac de nuit. Moi, de mon côté, que toute cette revue fatiguait, je défis ma valise; j'en tirai ma veste bleue toute neuve, la veste de notre dernier jour de Pâques; je tirai mon beau pantalon blanc de la dernière fête du village, mon gilet rouge à grandes fleurs, mes bons souliers, mes bas de fil que ma mère a tricotés elle-même, mes bonnes chemises neuves un peu rousses, mais qui blanchiront à la lessive; tout cela est neuf et jeune, et plein de vigueur et de probité. Vraiment, j'aurais voulu voir nos deux valises, celle de mon homme et la mienne, s'animer et se battre l'une contre l'autre; la mienne aurait battu celle du bonhomme comme le coq de notre basse-cour bat tous les coqs du village. Je ne croyais pas qu'on pût être si fier de ses hardes que j'ai été fier des miennes en cet instant.

On eût dit que mon homme comprenait ma pensée, car, sans plus languir, il entassa pêle-mêle dans son sac toutes ces guenilles témoins de toutes ses misères, et, son sac fermé, il chercha de côté et d'autre, pour voir s'il n'avait rien oublié.

Alors, au coin de sa chambre, sur le marbre fendu de la commode, il découvrit son chapeau, tremblant et frileux comme son habit. A l'aspect de ce chapeau si humble et si froissé sur les bords, les douleurs de notre homme se réveillèrent de plus belle. — Toute sa vie d'antichambre, de laquais, d'huissiers, de bureaux et de ministres, se réveilla à l'aspect de ce feutre grelottant. Il se rappela que de fois ce vil chapeau avait été à sa main au lieu d'être sur sa tête, et alors sa colère déborda; il lui fallait une victime expiatoire de toutes ses souffrances; il saisit son chapeau, et il le déchira en mille pièces, avec les doigts, avec les dents; il le foula aux pieds, il le couvrit de crachats et d'opprobres. Ainsi, il se vengea tant qu'il put de ses humiliations passées; il fut sublime! Avoue-le, Christophe, c'était venir à temps dans ma chambre pour assister à ce grotesque et utile spectacle; c'était comprendre de bien bonne heure ce que c'est en effet que la carrière des emplois publics, et les juger, par la colère de cet homme, à leur juste valeur!

Mon homme me quitta, un peu honteux des excès auxquels il venait de se livrer, mais sans mot dire. Quand il a été sorti, j'ai mis mes gants, et j'ai ramassé un morceau de son chapeau, que j'ai attaché contre la muraille avec une épingle. Ceci me servira beaucoup mieux que ne ferait un tableau de Raphael; je le regarderai souvent comme une leçon.

Au reste, cet homme, revenu de sa colère et de sa promenade, s'est occupé de moi en bon homme. D'abord, il m'a indiqué le fort et le faible de ma chambre, qu'il a étudiée avec plus de soin que tu n'étudies les explications des vieux commentateurs d'Homère. — Prenez garde, m'a-t-il dit, de tenir votre porte trop longtemps ouverte, vous seriez infecté par le plomb des voisins. Ayez grand soin que votre fenêtre reste fermée de quatre à sept heures du soir, vous seriez asphyxié par les émanations de la cuisine. Quant à votre cheminée, bouchez-la avec soin si vous ne voulez pas avoir toute la fumée de la maison. Puis, après avoir cherché quelles recommandations il pouvait ajouter à celles-là : — Je vous préviens, me disait-il, que la glace vous donnera la jaunisse à coup sûr, c'est à vous à ne pas vous en effrayer. En vain chercheriez-vous à monter la pendule, il y a soixante ans au moins que le grand ressort est cassé. Ayez bien soin de faire remarquer à votre hôtesse que ce carreau de vitre est en papier. Quant à votre lit, il est nécessaire que le chevet du lit reste placé comme il est, du côté de la porte, malgré le vent qui vient de là; autrement vous seriez exposé à être réveillé toutes les nuits, à onze heures et demie, par le garçon, dont la mansarde donne justement au-dessus de vos pieds. Voilà, disait-il, mes principales recommandations; il m'en a coûté six grands mois de longues et douloureuses expériences pour connaître cette chambre comme je la connais; profitez tout d'un coup de cette science, qui m'est venue peu à peu, à force de souffrance et d'insomnies. Moyennant quoi, sauf l'espionnage d'en bas et les conversations d'en haut, sauf la chaleur en été, le froid en hiver, et l'humidité le reste du temps; sauf le manque d'eau, de feu, de luminaire et de linge blanc; sauf l'absence d'un fauteuil et d'un tapis; sauf les rats qui dansent dans la tapisserie décollée; sauf ces horribles gravures *des Quatre Saisons* que vous aurez sans cesse sous les yeux comme une amère ironie des quatre saisons qui sont absentes; sauf cet abominable paravent rouge et bleu, où *le Temps fait passer l'Amour,* même avant que l'amour n'ait fait passer le temps; sauf toutes ces misères et bien d'autres encore, vous serez le jeune homme le plus heureux, le plus tranquille et le plus commodément logé de l'univers!

Disant cela, il se frottait les mains de joie et de bonheur, comme un homme qui échappe à sa prison.

Comme un homme qui reverra bientôt le buffet de sa salle à manger, et la commode en noyer de sa chambre à coucher, et son lit rouge paré avec deux traversins remplis de paille, moi, je l'écoutais, et je me plaisais à l'écouter.

Ayant tout dit, il ajouta à ses recommandations utiles quelques présents non moins utiles; il était si heureux, qu'il me donna, sans me connaître, tout son ménage d'hôtel garni.

Car il y a un ménage d'hôtel garni dont nul ne saurait se passer, pas même moi, qui me passe de tant de choses!

Mon homme me donna donc:

Sa souricière encore garnie d'un morceau de lard;

Son dernier paquet d'allumettes;

Son briquet phosphorique;

Son tire-bottes, meuble de luxe dont il ne s'était pas servi depuis longtemps;

Un porte-manteau en bois, avec lequel il ménageait les plis de son habit.

Il me donna aussi deux clous tout posés, auxquels on pouvait suspendre une montre, quand on avait une montre.

Il me donna un réchaud économique avec lequel on peut faire bouillir une tasse de lait, sans avoir besoin d'autre combustible qu'un morceau de papier.

Que ne me donna-t-il pas, ce brave homme, et que de reconnaissance je dois au gouvernement, qui l'a placé si à propos pour lui et pour moi!

Il me donna le reste d'un cent d'épingles qui dansaient en rond sur la pelote de l'établissement.

Il me donna aussi l'adresse de tous ses marchands fournisseurs, l'adresse de sa ravaudeuse, et l'adresse de sa blanchisseuse hors Paris.

Enfin, il me donna une poignée de main en signe d'adieu, et je crois que, de tous ses dons, ce fut celui auquel j'ai été le plus sensible. On a bien tort de dire que tous les hommes sont ingrats.

III.

Tu penses bien que ma première nuit dans ce hideux séjour a dû être horrible. Cette pauvreté mal dissimulée m'a toujours causé autant de haine que de dégoût. Ces chambres meublées au hasard sont horribles, l'air en est vicié, le silence en est mortel, le bruit en est glaçant comme la déclaration d'amour d'une vieille femme. J'aimerais mieux la prison. Au moins la prison n'est pas de votre choix. C'est une nécessité; plus elle est horrible et plus elle vous honore; elle montre qu'on a peur de vous. En prison, on s'occupe de vous, on vous garde, on fait du bruit autour de vous, pour vous ; pour vous le tambour bat deux ou trois fois par jour, la garde veille l'arme au bras ! vous êtes quelque chose en prison ; vous êtes quelqu'un, vous êtes un prisonnier.

Mais, habiter un hôtel garni à Paris, entrer dans ces froides murailles qui ont tendu leurs bras prostitués à tout le monde, au premier venu, jeune ou vieux, honnête homme ou voleur ! Se coucher dans un lit vénal, vénal sans passion et sans vice, tout simplement vénal ; marcher sur ces carreaux froids et secs où tant d'autres ont marché avant vous sans laisser d'empreinte ; ne se trouver ni chez soi, avec la liberté du chez soi, ni chez un étranger, avec les grâces et les bienfaits de l'hospitalité ; être seul dans cette foule ; ne pas savoir quelle main vous soulève la tête si vous êtes malade, et quelle main rejettera sur vous le drap funèbre si vous mourez ; se fatiguer la mémoire pour retenir le nom de servantes et de valets qui ne sont pas à vous, et qu'il faut commander en suppliant ; chercher le numéro de sa loge comme le forçat retrouve son lit au bagne ; s'ouvrir sa chambre à soi-même, et, quand elle est ouverte, hésiter longtemps avant d'entrer, comme un voleur qui force une porte ; puis entrer au milieu des ténèbres et du silence, et sans entendre aboyer son caniche, sans entendre gazouiller son serin ; puis être seul, tout seul ! n'avoir aucune des joies de l'intérieur, rien, mon Dieu ! Et quand on frappe à la porte de la rue, savoir, à coup sûr, que ce n'est pas pour vous qu'on frappe ; se mettre à la fenêtre, étroite et basse, découvrir les hommes dans la rue tout petits ; les femmes qui courent, les carrosses qui volent, et se dire à chaque instant : — Rien pour moi ! — Cependant, au milieu de vous, monte et descend une foule d'étrangers qui vivent avec vous sous le même toit, sans se douter que vous êtes au monde, et qui vous coudoient sans vous voir ! On arrive et l'on passe, on va et l'on vient, on naît et l'on meurt, au-dessus et au-dessous de vous, à droite et à gauche, de toutes parts, sans que vous en soyez jamais averti que par le hasard ; horreur ! Et le vice est à votre porte, vous entendez frôler sa robe de soie ; et la vertu est à votre porte ; vous entendez siffler sa chaussure usée ; l'intrigue est à votre porte, qui veille ; et rien pour vous, ni le vice, ni la vertu, ni l'intrigue, rien ! Puis il y a des jeunes gens qui descendent en courant l'escalier et qui vous réveillent en sursaut, entraînant avec eux leurs maîtresses à demi nues. Puis vous rencontrez des huissiers qui vous regardent à vous faire peur, et qui vous pressent contre la muraille à vous écraser. Le bruit, le bruit, toujours le bruit ! le bruit aigu et grave, glapissant et sourd, le bruit fou et le bruit sévère ; l'hôte de cette maison, c'est le bruit. Vous entendez à toute heure les bruits les plus discordants et les plus étranges ; on compte de l'argent ici, là-haut on meurt de faim faute d'un écu ! Te figures-tu, Christophe, ton ami, ton élève, plongé dans cet abîme ! et moi, je t'appelle, je te pleure ; moi, je pleure mon joyeux matin d'autrefois, mon grand air du printemps, mes grands vents de l'automne, mon soleil poudroyant, ma grande route sillonnée de pas d'hommes et de chevaux ; je regrette et je pleure notre maison à nous seuls, si vaste, si grande, si belle, si peuplée, si odorante, si pleine de fenaison, de poules, de canards, de grâces champêtres et de liberté ! Christophe ! Christophe ! où est ma mère ? où est mon bonheur ? où est ma fortune ? où sont mes vingt ans ? et toi-même, Christophe, où es-tu ?

IV.

Je t'écris toujours; c'est la seule trêve à mes douleurs. Ma lettre écrite, je la plie lentement, j'y mets ton nom avec soin; le lendemain, j'en écris une autre, jusqu'à ce que je trouve une occasion de te les faire toutes parvenir. Ce sont là mes seules distractions. Une fois que ma lettre est écrite, il me semble que tu l'as reçue, je n'ai plus besoin de te l'envoyer; elles t'arriveront quand elles pourront t'arriver, comme elles sont écrites, au hasard et sans date, pêle-mêle; car c'est pour moi, et non pas pour toi que je t'écris. Cependant, à tout hasard, je veux te raconter par ordre, non pas ce que je sens, mais ce qui m'est arrivé dans cette grande ville d'égoïstes, où je suis égaré depuis un mois.

Tu sais déjà comment je me suis installé dans mon hôtellerie; j'y ai pleuré beaucoup d'abord; puis des pleurs j'ai passé à la philosophie, et de la philosophie me voilà quelque peu dans la vie réelle. Mon cœur une fois dégonflé, je me suis trouvé assez fort pour être de sang-froid; j'ai donc essuyé mes yeux, et, tout seul avec moi, assis à ma fenêtre, à l'instant où le soir venait de tomber, je me suis demandé ce que j'étais venu faire à Paris?

C'est ici le moment, cher Christophe, de te faire un aveu que je ne t'aurais jamais fait au village. J'ai trop souffert pour te rien cacher. D'ailleurs, à présent, ma résolution d'aller en avant est si bien prise, que je puis te raconter, sans danger, par quel accident j'ai demandé à venir à Paris, et à quitter ainsi, de gaieté de cœur, tout le bonheur que j'ai perdu.

Tu sais, mon ami, que toi et moi nous sommes frères; tu es le pauvre enfant trouvé de notre village, et moi je suis l'enfant ignorant que tu as trouvé et enveloppé dans le manteau de la science. Si je ne t'avais pas rencontré en mon chemin, que serais-je devenu, Christophe ? un pauvre et chétif laboureur, ou un bel esprit de village ; un oisif de corps et d'esprit, par faiblesse d'esprit et de corps. Tes études ont été mes études, nous avons partagé le fruit défendu, que tu avais cueilli, d'une main tremblante, sur l'arbre de la science du bien et du mal. Toi, le frère ignorantin, tu te disais que ta vie était faite, que ton pain était gagné jusqu'à ta mort ; tu t'enveloppais dans ton manteau de bure, comme César dans son manteau de pourpre ; tu avais un état — un état ! Moi, cependant, je m'étais figuré que ce mot *vivre !* c'était rester couché mollement sous le hêtre de Virgile, à rêver d'Amaryllis ! La vie, en effet, n'était que cela pour moi, l'heureux enfant : s'éveiller, prier Dieu, se vêtir, manger, aller tout droit devant soi, se parer le dimanche, dormir, et le lendemain recommencer, comme faisait notre ami Claude, le jeune poulain que nous aimions tant. Hélas ! cette facile et douce vie, c'était un rêve pour Claude le poulain et pour moi aussi ! Un matin, on est venu prendre le jeune cheval, on l'a ferré des quatre pieds, et, à présent, il gagne sa vie à porter les postillons de la poste. Pauvre Claude ! si joyeux, si vif, si libre, si alerte, qui aimait tant l'herbe fraîche et l'orge d'un an ! A moi aussi, on a fait comme on a fait à Claude ; on m'a dit : *Gagne ton orge !*

C'est mon père qui me l'a dit lui-même, à moi-même, le dimanche de *Quasimodo*. Je m'en souviens ; il faisait froid, le vent sifflait, et la mare avait été mise à sec pour la pêche. Mon père me plaça sa grosse main sur la tête :

— Mon fils, me dit-il tout bas, j'ai à te parler.

Tu sais bien que mon père ne parle guère ; sa voix me fit moins peur que la solennité de son appel. Je le suivis.

Il marchait devant moi d'un grand pas, comme il marche toujours; ses mains étaient croisées derrière le dos, et il sifflait entre ses dents cette joyeuse chanson à boire qui fait tant de peur aux dogues de la basse-cour.

Il me mena au fond du village, chez M. le curé, notre bon curé, d'une si belle figure. Quand je revis le calme presbytère, quand j'entrai dans cette salle parquetée, dont les murs sont décorés de ces belles cartes de géographie; quand je retrouvai à sa place ce christ d'ivoire sur son velours noir; quand je dis bonjour à la poule familière de la vieille Marguerite, je me sentis mieux et je repris haleine. Mon père salua M. le curé; il s'assit en me faisant signe d'approcher.

— Prosper, me dit-il, je t'ai fait venir chez M. le curé pour te dire que tu auras vingt ans dans six mois.

Je regardais M. le curé, qui tenait ses yeux baissés.

— Oui, vingt ans dans six mois, reprenait mon père, et il est temps que tu prennes un état, Prosper, et cela plutôt aujourd'hui que demain. — Et comme je gardais un silence obstiné, mon père ajoutait : — Autant le pain de l'enfant profite à l'enfant, autant le pain de l'enfant profite peu au jeune homme. N'as-tu pas honte que l'on vienne toujours t'offrir la mamelle? Quelque chose ne te dit-il pas que, si nous suons, nous autres, depuis le lever du soleil jusqu'à son coucher, il est juste que tu aies ta part dans notre peine, toi aussi, à ton tour? Mais dites-lui donc cela, monsieur le curé, afin que Prosper comprenne ce que je veux lui dire; il n'a pas seulement l'air de s'en douter.

Mon père se courba en deux, comme il fait toujours quand il se repose; puis, avec ses grandes mains, il se mit à remuer le pied de la table de chêne, comme s'il eût été tout seul ou chez lui.

Notre ami le curé, qui avait les yeux baissés, les releva

enfin sur moi, et son regard fut plein de bienveillance comme toujours.

— Ne comprends-tu pas ce que te dit ton père, Prosper?
— Mais, monsieur le curé, répondis-je, que faut-il faire? A quoi suis-je bon? Comment gagner ma vie? J'ai voulu apprendre à labourer, j'ai eu la fièvre pendant trois mois; on m'a fait conduire une voiture de bois au village, j'ai brisé la roue dans l'ornière. Quant à moissonner, ou à récolter, ou à rentrer le foin dans la grange, chacun se moque de moi, et me dit : *Va-t'en, Monsieur, tu vas te brûler au soleil!* Mon père sait cela aussi bien que moi, et il est là pour le dire. Comment donc gagner ma vie, monsieur le curé, s'il vous plaît?

Disant ces mots, j'étais prêt à appeler à mon secours toi et ma mère; le curé se leva tout ému; la vieille Marguerite, entendant tout ce bruit, quitta sa poule, ouvrit la porte de la chambre, toute prête à me défendre; il y eut un moment de silence.

Mon père reprit la parole :

Écoute, Prosper, mon enfant, mon cher enfant; si tu étais seul à la maison, bien que je n'aime pas à voir un homme les bras croisés, je te laisserais écrire et lire tes livres tout à l'aise, et encore ce serait un grand chagrin pour moi, mon enfant, car l'oisiveté est la mère de tout vice; mais enfin, par amour pour toi et pour ta mère, je n'aurais pas la force de te dire rudement : *travaille!* et je ne voudrais pas qu'il fût dit, non, pour tout au monde! que je te reproche ton pain. Mais enfin, enfin, Prosper, tu n'es pas seul à la maison; il y a avec toi de grandes sœurs qui ne demandent qu'à grandir. Le travail, c'est le premier devoir de l'honnête homme. Chaque homme apporte avec lui sa tâche en ce monde. Si tu es faible et délicat et tout blanc, si la charrue te fait mal, si le foin nouveau t'incommode, si tu brises les voitures dans les ornières, si tu es délicat comme ta mère, au lieu d'être vigoureux comme ton père, crois-tu donc qu'il n'y ait de peine dans le monde qu'à travailler la terre? Chacun a son lot ici-bas : celui-ci a ses bras, celui-là sa tête; l'un parle, l'autre écrit; l'un pense, l'autre laboure. Je ne veux pas accuser ici ta mère et le frère Christophe, mais il me semble qu'ils pouvaient mieux t'élever, et plus utilement pour nous. Ainsi donc, c'est toi-même que j'en fais juge : ne veux-tu pas aller chercher fortune là-bas, puisque la terre ici ne peut pas te nourrir? Ne veux-tu pas être un monsieur là-bas, comme ton grand-père maternel, puisque tu n'as pas appris à être un paysan comme ton père? A présent, voilà qui est dit, mon garçon; j'ai fait mon devoir. A présent, reste ou pars, je n'ai plus rien à te dire; seulement, ton père te demande cette faveur, c'est que, dans tous les cas, tu ne dises pas un mot de cette conversation à ta mère; tu me le promets, Prosper?

A ces mots, mon père s'en alla visiblement ému et ne voulant pas laisser paraître son émotion; je restai seul avec Marguerite et le bon curé; et, après avoir pris une pause assez longue, pour ne pas pleurer, nous tînmes conseil tous les trois.

Notre curé me parla; son langage fut tout paternel; il me dit que mon père avait raison; que je ne pouvais pas plus longtemps manger, sans travailler, le pain de mes jeunes sœurs. Il me fit sentir la nécessité de vivre par soi-même. Marguerite, qui suivait attentivement ce discours, approuvait en silence tout ce qu'il disait, et le digne homme, en conséquence, allait toujours.

Quand il m'eut bien prouvé qu'il n'y avait dans le monde que quelques privilégiés qui vivaient de leur oisiveté, le curé se mit à me parler plus directement des es-

13

pérances qu'il avait conçues pour moi. — Sans te flatter, me dit-il, tu es un bon jeune homme fait pour arriver, mon ami; tu sais le latin aussi bien qu'on peut le savoir, tu sais autant d'histoire qu'un honnête homme peut en enseigner; quant à la grammaire, tu l'as apprise dans Port-Royal, c'est tout dire. Tu as des mœurs douces et honnêtes; ton enfance a été respectée et respectable; on doit te protéger et t'aimer rien qu'à te voir. Sois donc tranquille, enfant, sur ton avenir. Courage, tu as ta mère qui t'aime comme une mère tendre et faible; tu as ton père qui t'aime comme un père courageux et fort; tu as pour toi ta bonté, ta jeunesse, ta bonne conscience et la bénédiction de ton pasteur. — Disant ces mots, il m'embrassait en sanglotant, le saint vieillard!

Que te dirai-je? nous nous entretînmes ainsi longtemps tous les trois; nous gardâmes ainsi longtemps le silence. Je dînai au presbytère, bien tristement. La nuit venue, il fut convenu entre nous que je partirais aussitôt que mon trousseau serait prêt; il fut surtout convenu que je prendrais sur moi toutes les conséquences de mon départ. C'était le seul moyen que ma mère ne s'y opposât pas.

Voilà, mon ami, comment et pourquoi je suis parti. Crois-tu donc, frère, que si la nécessité cruelle ne m'y eût pas forcé, j'aurais été de mon propre mouvement dire à ma mère : *Adieu, ma mère!* et à la vieille Marguerite : *Adieu, Marguerite!* et à toi : *Adieu, adieu, Christophe!* le crois-tu donc? — Et crois-tu donc que, pour Paris, j'aurais laissé tout le hameau là-bas, au milieu des eaux, des fleurs, des moissons, des vendanges, et des sons éclatants de l'*Angelus?* Tu as cru pourtant cela, Christophe, quand je t'ai quitté — et sans tes larmes, j'aurais vu le reproche dans ton regard!

Mais aussi, autant je suis décidé à te dire toute mon inforlune, autant je suis décidé, mon ami, à poursuivre la route commencée. Je le sens là, mon père et M. le curé avaient raison; il faut qu'un homme soit un homme; il faut que celui qui n'est plus un enfant quitte les lisières et marche tout seul. En avant, donc ! ayons donc du courage chacun de notre côté. Toi, prends soin des enfants du pauvre, apprends-leur à aimer Dieu, reste pauvre et modeste, cache avec soin la science comme un autre cacherait son crime, et ne m'oublie pas dans les prières de chaque soir.

Moi, je vais me livrer en pâture à un monde qui ne voudra pas de moi, même comme sa dupe; j'ai bien à travailler pour arriver à mon jour d'automne.

N'importe, je vais ensemencer le pauvre rocher qu'on me livrera dans ce monde; je veux le cultiver avec la bêche et la charrue, et sous le soleil du midi; je ne veux pas que mon père me reproche encore de n'avoir pas semé et de recueillir; cependant, si tu m'en crois, recueille pour deux de la patience et du courage, mon frère; le terrain dans lequel tu sèmeras est meilleur que le mien.

Je t'écris tout cela en attendant que la grande dame à laquelle tu m'as adressé soit de retour des bains de Dieppe, où elle accompagne S. A. R. madame la duchesse de Berry.

Quant à mon oncle Honoré, le frère de ma mère, je le trouverais peut-être si je savais seulement son nom, sa demeure et son état à Paris.

V.

Je te disais dans ma précédente lettre que ma future protectrice n'était pas à Paris. On l'attendait de jour en jour; sa maison était toute prête à la recevoir. Quand je dis une maison, j'ai tort ; ces vastes demeures s'appellent un hôtel. Tous les grands seigneurs de Paris ont un hôtel à eux tout seuls ; ils logent là-dedans avec leurs domestiques et leurs chevaux, presque aussi à leur aise que mon père dans sa ferme. C'est justement ce qui fait que ma petite chambre est si petite à Paris. Admire le hasard ! J'étais sorti le matin de bonne heure pour faire ma visite. Je m'étais habillé de mon mieux avec mon bel habit des dimanches, quand ma mère me donnait le bras pour aller à la messe. Je marchais sur la pointe du pied pour arriver tout éclatant dans cette maison. J'arrive, je parle au domestique qui est à la porte : « Madame la comtesse de Macla, s'il vous plaît ? — Elle n'y est pas ! — Quand rentrera-t-elle, Monsieur, s'il vous plaît ? — Elle ne rentrera pas ! » Alors je remis mon chapeau sur ma tête, et je fis tous mes efforts, vains efforts ! pour avoir l'air aussi insolent que ce laquais.

J'ignore combien de temps j'aurais mis à me mettre tout à fait en colère, si un domestique de la maison, un cuisinier, ma foi ! en bonnet et en tablier blancs, ne m'eût reconnu à mon air naïf et ne fût venu à moi en me tendant la main. — Eh ! mon Dieu ! s'écria-t-il, c'est monsieur Prosper lui-même ! Bonjour, monsieur Prosper, mon camarade Prosper, quand nous allions à l'école. Et comment se porte le bon frère Christophe ? comment se porte M. le curé ? et la vieille Marguerite ? Mais comme vous voilà grandi et beau garçon, monsieur Prosper ! Mais entrez donc ! entrez, n'ayez pas peur, vous êtes chez moi. — Messieurs, disait-il à ses camarades, je vous présente Prosper, mon pays. Viens donc, Prosper, tu déjeuneras avec nous ! — Ce fut ainsi qu'en un instant mon digne *pays* me faisait passer, en présence de ses associés, par tous les degrés de l'échelle de l'intimité.

Ce digne garçon, si parleur, si bavard et si officieux à

présent, et de manières si distinguées (tu ne le croiras jamais!), ce n'était rien moins que Gaspard Touzon, le grand Gaspard, Gaspard *la bête*, comme on disait chez nous, le quatrième et dernier enfant de Prosper Touzon, le garde-chasse à la Butte-aux-Lapins; t'en souviens-tu?

Tu te rappelles comme il était sournois, mélancolique, butor! à présent, c'est un boute-en-train, il a de l'esprit, et il est vif comme un poisson. Je lui ressemblerai peut-être un jour.

Quel qu'ait été son accueil, son accueil m'a touché. Au milieu de cette foule qui me regardait en dedans et en dehors, j'avais grand besoin d'être reconnu par quelqu'un; mieux encore valait-il être reconnu par Gaspard Touzon que par un autre. Je me laissai donc embrasser par Gaspard tant qu'il voulut m'embrasser, trop heureux de passer cette fois devant le concierge sans lever mon chapeau!

Telle fut ma première visite chez la grande dame qui doit me protéger un jour, et faire quelque chose de si peu.

VI.

Je n'ai pas accepté le déjeuner de Gaspard; mais, en revanche, je l'ai invité à déjeuner. Un repas de trente sous, tout autant! ce qui n'a pas empêché le digne Touzon de me dire à deux reprises : *Nous déjeunons mieux que cela à l'hôtel.*

Toutefois, Gaspard, malgré son esprit et ses succès, est un digne homme encore, la prospérité ne l'a pas trop changé; il est cependant cuisinier en second chez madame la comtesse. Je lui ai dit ce que je venais faire chez sa maîtresse; je lui ai montré ta lettre de recommandation, et je lui ai expliqué en même temps comme quoi je savais le grec et le latin aussi bien que monsieur le curé, ce qui pouvait me conduire à tout.

Gaspard, qui n'était guère occupé par mon déjeuner, m'a écouté attentivement. De temps à autre, il fronçait le sourcil en signe de blâme. Il n'a pas trouvé qu'une lettre de recommandation du frère Christophe fût une lettre de *première qualité*, comme il dit. — Moi qui vous parle, disait-il, je ne suis entré, et subalterne encore, dans les cuisines de l'hôtel, que sur la recommandation expresse de M. le général baron de Talont, officier de la Légion-d'Honneur, et chevalier de Saint-Louis.

Puis il buvait mon mauvais vin à petites gorgées, sans quitter sa grimace de mécontentement.

Alors je l'ai mis sur le compte de sa maîtresse; il a peu parlé de sa maîtresse. Cependant il m'a dit que madame la comtesse était, autant qu'on peut l'être, dévote et grande dame, rien de plus, rien de moins.

Quand je le saurai, si je le sais jamais, je te dirai ce que c'est en effet qu'une grande dame et une dévote.

Cependant, malgré la discrétion ou l'ignorance de mon invité, le déjeuner ne m'a pas ennuyé; je ne sais pas si mon ami Gaspard pourra en dire autant.

Il m'a quitté en me promettant de m'avertir aussitôt que sa maîtresse sera de retour.

VII.

Je ne suis pas fâché d'être à Paris tout seul et libre avant d'entrer sous le joug qu'on appelle *la protection*. J'attends donc patiemment le retour de madame la comtesse. Je viens et je vais. C'est une cohue dans laquelle il est impossible de rien distinguer; cependant, je ne m'ennuie pas. Je suis comme le voyageur qui ferait le tour de la muraille de la Chine : c'est toujours la même pierre, mais la masse impose et occupe. Paris, pour un pauvre jeune homme comme moi, est une muraille sans issue. Tout est fermé pour les gens de ma fortune; les théâtres, les palais, les boutiques, les jardins publics même sont fermés. — L'autre jour, je veux entrer dans le jardin des Tuileries, la sentinelle me barre le passage : — *On ne passe pas!* J'étais en veste. J'ai salué de loin les orangers du jardin, qui sont en fleurs.

Pour le pauvre, c'est un désert, cette immense ville! Chacun passe comme l'éclair, sans se voir. La forêt est cent fois plus vivante. Dans nos forêts, il n'y a pas une place inhabitée ou inconnue; on sait l'âge de tous les arbres; on peut saluer de son nom le moindre insecte! Tout vous sourit, la nuit et le jour; le jour, c'est l'oiseau qui chante là-haut dans l'arbre, là-haut dans le ciel; la nuit, c'est le ver qui jette son âme et son phosphore en sillons lumineux; c'est l'étoile qui file et qui tombe comme une de nos villageoises qui se foule le pied dans un bal. O notre forêt déserte! quelle ville habitée; quelle ville hospitalière, quelle bonne et douce, et populeuse, et bruyante, et hospitalière cité, comparée à Paris! La forêt vous donne pour rien son ombre séculaire, son tapis de mousse et son eau fraîche. Paris vous vend très-cher son ombre pelée, sa chaise de paille, son eau fétide; la forêt étend sous vos pas ses moelleux petits sentiers qui courent au pied de l'arbre comme les poussins autour de la poule; Paris vous enseigne de mauvaise grâce sa rue infecte et sombre que vous cherchez. La forêt, c'est la ville, c'est l'hospitalité, c'est le monde, c'est le bel art, c'est la vie; la ville, c'est le meurtre, c'est le désert, c'est le mensonge, c'est la mort.

Te souviens-tu, Christophe, de la cabane verte que roule le berger çà et là dans les pâturages lointains? C'est une maison sur deux roues qui se mène à bras où l'on veut. Quand le berger a bien placé sa maison sous un bel arbre, sur une pente heureuse, il s'entoure d'un grand parc sinueux aux formes variées. Il fait en petit ce que les autres riches font en grand; il a sa maison, et son enclos tout autour de sa maison. Que de fois, par l'orage, par une pluie battante, nous sommes-nous réfugiés dans cet hôtel du berger!

Te souvient-il encore des huttes de torchis et de bois que le charbonnier se construit dans la forêt? On les prendrait de loin pour les ruches de quelques abeilles malhabiles. Dans ces huttes vivent ensemble le père, l'enfant, la mère; ils y couchent l'hiver et l'été; ils sont entourés de feux recouverts par la cendre, tout comme le berger est entouré de ses agneaux bêlants. Ils vivent seuls, errants et pauvres. D'heure en heure, et quel que soit leur sommeil, ils sortent pour voir si leurs feux couvent toujours sous la cendre. C'est une pénible vie que celle des charbonniers! Ces pauvres sauvages sont tout noirs, ils sont maigres, ils ont faim. Que de fois, cependant, nous ont-ils dit avec un blanc sourire, et en se pressant autour de leur foyer : *Jeunes gens, prenez place, et soupez avec nous!*

Eh bien, cette hutte, cette cabane, Paris est bien grand! bien grand! tu chercherais en vain dans tout Paris vingt pouces de terre où reposer ta hutte ou ta cabane, ne fût-ce qu'une heure!

Souvent, quand je m'arrête dans les places publiques, on me montre au doigt, et l'on se dit tout bas : —*Voilà un paysan!*

Paysan! c'est mieux que si on disait —*Voilà un Cafre!*

Il faut que je te rassure sur mes ressources pécuniaires. Dieu merci, elles sont encore fort grandes. Mon père a vendu deux vaches avant mon départ, souviens-t'en. Souviens-toi aussi que ma mère a filé tout cet hiver. Le curé et Marguerite voulaient acheter un cochon, ils ne l'ont pas acheté.—O cœurs humains! et touchants sacrifices! tout cela, pour me donner le droit de passer quelques jours à Paris sans y mourir de misère et de froid!

P. S. Gaspard m'a prévenu par une lettre que ma future protectrice arrivait après-demain.

VIII.

Cette lettre sera très-longue, si je puis te dire tout ce qui se passe dans mon cœur. Voici trois jours que je suis plongé dans la stupeur la plus profonde. Ce que j'ai vu et ce que j'ai entendu est en même temps si étrange et si simple, que je ne sais plus que penser. Où suis-je? où sommes-nous? Pourquoi donc faire, le ciel m'a-t-il laissé tomber ici, pauvre âme isolée, pour ne me donner ni appui, ni soutien, ni fortune, ni pouvoir, ni état, ni maison; pour faire de moi un paysan trop savant et trop faible pour être un paysan? Pardonne-moi cet emportement, cher Christophe; mais, hélas! contre qui veux-tu que je m'emporte, si je ne m'emporte pas contre toi, mon ami?

Je t'ai raconté que madame de Macla revenait des bains de Dieppe. Gaspard m'avait averti de son retour. Elle arrivait le soir, le surlendemain elle serait visible. J'avais hâte de la voir, cette femme d'où dépendait ma destinée. De sa bonne ou de sa mauvaise volonté allait dépendre mon avenir. Mes faibles ressources s'en allaient chaque jour, je n'avais plus le lin filé par ma mère; les deux vaches de mon père étaient parties; le pourceau du bon curé

me restait ; mais il était si petit quand on voulut l'acheter !
Hélas ! pensai-je en moi-même, il faudra toute une année
à ma bonne mère pour filer autant de chanvre, mon père
n'a plus de vache à vendre, et les pauvres de monsieur le
curé ne s'apercevront que trop tôt, l'hiver prochain, qu'il
n'a pas tué son porc de tous les ans.

Il fallait donc en finir et tenter cette grande dame. Je
pris mon courage à deux mains pour la seconde fois; je me
fis aussi élégant que je pus; puis je cherchai mes lettres
de recommandation. O malheur ! je ne trouvais pas mes
deux lettres. Je m'inquiète, je me tourmente; où sont-
elles ? Je suis perdu si elles sont perdues ! Toute ma vie
est dans ces lettres. Là est mon nom, grand Dieu ! jusqu'à
mon nom que j'ai perdu ! Il me faudra huit jours pour l'envoyer chercher par la poste. J'ai passé ainsi une heure horrible. Je prenais mille résolutions diverses tour à tour. Tout
faire plutôt que d'attendre encore, plutôt que de fatiguer
mon père de nouveau, plutôt que d'inquiéter mes amis de
là-bas ! Je pensais déjà à me faire soldat, si on voulait me
recevoir et me donner trente francs d'avance; quand tout
à coup je retrouvai mes lettres de recommandation dans
une des poches de mon habit.

Je sortis, mal remis de cette secousse, et, après des tours
et des détours sur la pointe du pied, j'arrivai à l'hôtel de
madame la comtesse de Macla. Une voiture m'avait écla-
boussé en passant, je perdis beaucoup de temps à m'essuyer avec mon mouchoir. Oh ! qu'il en coûte pour être
présentable, à celui qui est pauvre ! quel gré on devrait lui
savoir de l'éclat de ses souliers et de la propreté de ses
habits ! Un peu restauré, j'entrai à l'hôtel par les cuisines,
en demandant mon ami et protecteur Gaspard Touzon.

Quand j'entrai, Gaspard était occupé à la cuisine; le
chef était revenu avec sa maîtresse. Gaspard avait repris

son rôle de subalterne; c'était bien le même bonnet, le même tablier; mais ce n'était plus le même visage radieux. Pauvre et humilié Gaspard!

Cependant il me reconnut, mais en toute hâte, à la dérobée, en tournant la broche. Quant à sa protection, elle se bornait, ce jour-là, à ce simple signe de tête; puis il me désigna la porte de l'antichambre, — et il revint à son gibier qui tournait.

Voilà où était tombé mon protecteur, le protégé du général baron de Talont, officier de la Légion-d'Honneur et chevalier de Saint-Louis!

Et moi, j'étais bien plus tombé que lui encore, moi, le protégé du curé de Saint-Nicolas d'Ampuy, de Gaspard Touzon et de frère Christophe l'ignorantin!

J'entre dans l'antichambre; à moins d'entrer à genoux, il est impossible d'entrer plus respectueusement quelque part, même à la chapelle ardente, le vendredi saint.

Il me semble que je demandai quelqu'un, madame la comtesse, par exemple. — Personne ne me répondit. Cependant je tirai de ma poche mes deux lettres sur du gros papier à compter les journées des ouvriers. — Je tendis une de mes lettres. — Personne ne tendit la main pour la recevoir. — Alors ma pauvre lettre retomba dans mon chapeau; mon chapeau la reçut d'un air si timide! Je me pris à prendre en pitié ma lettre de recommandation.

Quelle minute j'ai passée là! quel horrible moment! Épuisé, haletant, honteux, muet, la bouche dévorée par la fièvre, le cœur palpitant, le sang soulevé, pâle, à demi mort, je m'assis sur le banc des domestiques; l'antichambre trouva que j'étais bien hardi!

Cependant on entrait chez Madame, les deux portes s'ouvraient à deux battants, et les personnes qui étaient dans le salon voisin se levaient; on annonçait le nouveau venu; je penchais la tête, je voyais le coin d'un tableau, un fauteuil, une fleur du tapis; puis les deux battants se refermaient, tout était dit.

Combien cela eût-il duré? Je ne sais. J'étais là sans pouls, sans regard, sans âme; — dans un rêve. Tout à coup un grand bruit de carrosse se fait entendre; deux chevaux fringants entrent dans la cour; un homme entre dans l'antichambre :

— Madame la comtesse est-elle visible? dit-il.

Le valet, avec le plus profond respect :—Oui, monsieur le baron !

Ils se lèvent tous. Moi je reste assis, et je regarde.

Il faut que ma figure, à ce moment, ait eu une singulière expression de misère et d'accablement; il faut que mon œil ait révélé quelque peu les souffrances de mon âme, car tout à coup ce monsieur qui allait entrer en toute hâte, cet homme élégant et riche à qui les laquais eux-mêmes portaient tant de respect, il me regarde! il s'arrête! il s'approche de moi! Jamais, non, jamais regard pareil n'a pesé sur ma tête! Cet homme resta ainsi tout un siècle à me regarder. Pour moi, soumis à cette étrange fascination, j'attendais.

Oh! c'est là un cruel supplice auquel je ne voudrais pas revenir, non, pas même pour le trône de France. Moi, courbé en deux sous le regard de cet inconnu! moi, qui souvent avec toi ai regardé le soleil en face! Oh! la misère! la misère! comme elle flétrit un homme, et les plus jeunes et les mieux nés! comme elle ploie leur âme! Mais pourquoi aussi, malheureux que je suis, rester dans l'antichambre? pourquoi ne pas oser frapper à cette porte qui s'ouvre toute seule pour tant de gens? pourquoi me surprendre à être vil pendant deux heures? Vois-tu, Christophe, s'il fallait encore souffrir ce que j'ai souffert en cet instant, j'aimerais mieux mourir !

Je ne sais pas si l'étranger eut pitié de mon violent et muet désespoir, ou bien s'il attendit pour me parler qu'il m'eût assez vu, mais il s'approcha encore de moi, et avec une voix très-douce, le geste le plus poli et l'accent le plus affable : — Monsieur, me dit-il, vous attendez peut-être que votre tour soit venu pour entrer chez madame la comtesse ?

Ce ton poli, cette voix, ce regard bienveillant, toute la grâce de sa personne, me calmèrent tout à coup. Mon cœur, qui bondissait dans ma poitrine, devint plus calme ; j'eus la force de me lever et de répondre, tremblant encore :

— Hélas ! Monsieur, je n'ai pas de tour pour entrer ; j'entrerai quand madame la comtesse le voudra. Cependant, Monsieur, j'aurais grand besoin de lui parler.

Et je me remettais peu à peu en parlant. Pour lui, il me regardait toujours, mais déjà avec moins d'attention et d'un air plus amical :

— Eh bien ! me dit-il, puisque vous êtes ici avant moi, puisque c'est à vous à entrer, je vous demanderai la permission d'entrer avec vous, si vous le voulez bien.

En même temps il ouvrait la porte du premier salon. Le valet de chambre annonce : — *M. le baron de la Bertenache !*

M. le baron s'arrêta sur le seuil de la porte, et, se retournant vers moi : — Passez le premier, je vous prie, me dit-il.

Je passai.

Le premier salon n'était guère qu'une antichambre plus élégante que la première, et mon conducteur ne s'y arrêta pas.

Une porte s'ouvrit; il me prit par la main en disant : — Suivez-moi !

Je le suivis.

Je ne te décrirai pas ce que je vis alors. Tu as lu assez de poëtes pour avoir le droit de ne pas me croire. Mets donc la bride sur le cou de ton imagination, et laisse-moi décrire ce que j'ai vu.

Figure-toi une grande chambre de soie et d'or, un grand lit qui ressemble à un autel recouvert du dais de la Fête-Dieu, cent mille choses inutiles et sans nom éparses çà et là dans le plus merveilleux désordre. Une femme, qui n'était ni vêtue, ni toute nue, était assise nonchalamment dans un grand fauteuil; ses deux pieds se croisaient l'un sur l'autre; elle écoutait, elle parlait, elle regardait, elle voyait tout; elle ne me vit pas.

A la vue de M. le baron, elle se leva à demi de son siége, elle tendit sa petite main en souriant :

— Eh! bonjour! Eh! comment allez-vous? Eh! pourquoi ne vous a-t-on pas vu de toute la saison?

Moi, je me retirai dans le coin de la chambre, et je me fis tout petit. J'étais tout entier à la scène qui se passait.

Outre la comtesse, il y avait encore une dame d'un certain âge, en robe de satin noir; un tout jeune homme en habit d'officier, qui était penché sur le siége de la vieille dame; un peu plus loin, dans un vaste fauteuil à ramages, un monseigneur l'évêque, oui, un évêque véritable, portant sa large croix d'or sur sa poitrine, et qui lisait tranquillement son journal.

A proprement dire, madame la comtesse parlait seule, et M. le baron était seul à l'écouter. Les autres personnages étaient des personnages muets, ou du moins ils se regardaient, ils se parlaient, ils s'écoutaient tout bas.

Moi, retiré dans mon coin, je voyais tout; je suivais le

moindre mouvement de cette noble dame. Elle était blanche et vive, elle avait l'œil noir et net, les dents très-belles, le port très-haut, la voix d'un timbre éclatant.

Après elle, ce qui m'occupait le plus, c'était monseigneur l'évêque. Un évêque, entends-tu, Christophe! un évêque sans rochet, la tête nue, assis sur un fauteuil, dans une chambre, avec des femmes, et lisant un journal! Quel spectacle pour nous qui n'avons vu un évêque que le jour de notre confirmation, à genoux devant lui et recevant le petit soufflet chrétien!

Le reste de la société ne prenait pas garde à monseigneur; on le traitait comme un autre homme. C'était étrange!

La conversation allait toujours. — Et ce qui t'étonnera, c'est que tout en ne perdant aucun geste des interlocuteurs, je ne perdis aucune de leurs paroles. J'étais double! Te rappelles-tu, un jour que j'étais malade, que le médecin, le savant docteur Colonjon, prétendait que nous avions six sens? J'avais trouvé mon sixième sens!

Mais comment te donner une idée de ce jargon, de ce murmure, de ce badinage, de ces bruits, de ces silences? On croirait, au premier abord, que ces gens parlent le français de tout le monde, mais on trouve bientôt que c'est un langage au-dessus de la portée du vulgaire. L'idée, la pensée, le mouvement, la forme de cette parole, tout est inexplicable. Les mots n'ont plus le même sens; c'est une parole coupée, entre-coupée, vagabonde, se repliant sur elle-même sans fin et sans cesse, et revenant à chaque instant à son point de départ par un détour. Te rappelles-tu encore ce jour où tu voulus apprendre l'hébreu, mon ambitieux Christophe? Déjà tu lisais le livre saint dans son magnifique alphabet, mais c'était tout. Tu n'avais pas l'intelligence de ces nobles sons que tu venais de découvrir : ainsi étais-je, moi, entendant tout ce monde parler de politique, de royauté, de religion, de poésie, d'amour, de mille passions étranges et brûlantes dont le nom m'était à peine connu ; et cependant personne n'avait encore daigné me jeter un regard, personne ne savait encore que j'étais là, quand tout à coup madame la comtesse, tournant par hasard ses yeux à demi fermés vers le coin où j'étais resté debout, laissa tomber ces mots avec une négligence et un mépris que nulle parole humaine ne saurait expliquer :

— Que nous veut ce monsieur? En même temps elle était sur le point de faire un geste comme pour me montrer du doigt.

Elle avait, disant cela, les lèvres rapprochées, les yeux écartés, les dents serrées, l'œil à ses pieds; j'entends encore siffler à mes oreilles ce : *Que nous veut ce monsieur?*

J'étais bien bas dans l'antichambre, j'étais encore plus bas dans le salon. Les autres gens me jetèrent un demi-regard; le colonel m'aperçut à travers les cheveux rouges et bouffants de la vieille dame; la vieille dame me regarda dans les yeux du colonel; l'évêque lui-même ne me vit qu'à travers son journal; j'étais muet, accablé, perdu !

Le baron de la Bertenache, tout seul, me regarda avec compassion, avec bonté, et, qui plus est, avec politesse; car il est certaines positions dans la vie où la politesse soulage plus que la pitié; je l'éprouvai pour la seconde fois, et, soit instinct, soit terreur, je laissai le baron répondre à ma place :

— J'ai trouvé Monsieur dans l'antichambre, assis à côté de vos gens, Madame; certainement ce n'était pas là sa place, et j'ai cru servir vos intentions bienveillantes en l'introduisant. De grâce, Madame, faites que je n'aie pas trop présumé de mon crédit auprès de vous; regardez mon protégé d'un œil plus favorable. Regardez-le, de grâce;

c'est un beau jeune homme de vingt ans à peine, un enfant encore, plein d'ingénuité et de tendresse; timide, mais homme de cœur, j'en suis sûr... Regardez comme il tremble, Madame; et que sa pâleur est belle ! c'est absolument le teint que vous avez vous-même après une pénible nuit d'insomnie et de bal.

En même temps il se levait, et, me prenant par la main, il me plaçait justement devant madame la comtesse : j'étais ébloui.

A la voix de mon introducteur, l'attention de la société me devint, sinon plus favorable, du moins plus honorable et plus directe; on me regarda en face, et, qui plus est, la comtesse, toujours hautaine cependant, m'adressa directement la parole :

— Que voulez-vous, Monsieur? — et qui êtes-vous, Monsieur?

Je sentis qu'il fallait faire un effort pour répondre, ou bien qu'il fallait mourir; je tendis mon âme de toutes mes forces, et, d'une voix ferme et qui me rassurait moi-même à mesure que je m'entendais parler, je répondis :

— Madame, je suis le fils d'un fermier, dont le père était le fermier de votre père. Mon père, me trouvant trop faible pour travailler à la terre, m'a envoyé à Paris pour choisir un état. Le frère ignorantin Christophe, mon mentor et mon ami, m'a appris à lire et à écrire, et le grec et le latin; il dit que je suis bon à quelque chose, et, comme vous avez été bonne pour lui, il a osé me donner une lettre pour vous, Madame.

En même temps, je cherchais mes deux lettres dans ma poche; elles étaient restées dans mon chapeau; mon chapeau était par terre, au coin de la cheminée; j'allai prendre une de mes lettres, et je la présentai à la comtesse.

Elle hésitait. Le baron prit la lettre :

— Permettez-moi, Madame, d'être votre lecteur; je m'intéresse à ce jeune homme, et je ne veux pas que vous laissiez sans la lire, la lettre de son ami Christophe.

Alors il ouvrit cette lettre, que j'avais lue à peine et dont je ne t'avais pas remercié, mon ami; mais si tu savais comme elle est belle, et bonne et simple! tu aurais pleuré toi-même si tu avais pu l'entendre lire ainsi! Pour ma part, j'aurais juré que ta cause était gagnée, et que l'on ne pouvait rien refuser à une prière ainsi faite; toute la compagnie paraissait émue à cette lecture, et moi-même, moi, ton Prosper, j'en avais les larmes dans les yeux!

Quand la lettre fut achevée, il y eut un moment de silence, pendant lequel je me grandis de dix coudées, la taille des héros d'Homère, me sentant aimé et protégé par un homme tel que toi!

Après quoi, madame la comtesse, me parlant avec une plus douce voix :

— Et que voulez-vous faire à Paris, mon enfant?

— Madame, lui dis-je, tout encouragé, c'est à vous que je demande un conseil.

— Puisque vous êtes si savant, reprit-elle, puisque M. Christophe vous a si bien élevé, puisque vous savez le latin aussi bien que M. le curé d'Ampuy, ne voulez-vous pas entrer au séminaire? En ce cas, je vous recommanderai à notre saint oncle que voici.

En même temps elle regardait son oncle, à qui la proposition parut fort peu agréable.

— Madame ma nièce, dit monseigneur, en se relevant à demi sur son fauteuil, croyez-vous donc que le séminaire soit ouvert ainsi au premier venu, sans nom, sans patrimoine, sans famille, parce qu'il a été élevé par frère Christophe? Prenez-vous le séminaire pour une caserne, je vous prie? Et encore, quel moment choisit-on pour recommander ce nouveau venu? Le moment où la religion se relève de toutes parts! Croyez-vous donc qu'il en soit aujourd'hui du clergé de France comme sous l'empire, ma nièce? Sous l'empire, le dernier goujat qui avait peur d'aller à l'armée, ou dont l'armée ne voulait pas, était bon pour le sacerdoce; aujourd'hui, le sacerdoce ressuscité se recrute dans ce que la France a de plus noble et de plus grand. Cherchez donc une autre place pour Monsieur, s'il vous plaît. Au lieu de me l'adresser, pourquoi ne le recommandez-vous pas à madame votre cousine que voici, ou à monsieur le colonel? — Et monseigneur se promenait de long en large, tout ému, et sans me regarder. Moi, j'étais confondu de donner tant d'embarras à un évêque.

La vieille dame en robe noire répondit à monseigneur :

— Ce que vous nous demandez, Monseigneur, est bien difficile, pour ne pas dire impossible. Nos bureaux sont remplis de solliciteurs recommandés de si haut! il n'y a pas une place vacante si modeste, qui ne soit demandée pour leurs protégés, même par des princes du sang! Songez donc, Monseigneur, à toute la misère qui entoure la vieille noblesse! elle a tant souffert! elle a tant d'enfants à pourvoir, tant de vieux serviteurs à nourrir, tant de besoins! Tout ce que je puis faire pour M. Prosper, c'est de le recommander de toutes mes forces à monsieur le colonel.

En même temps, la vieille dame faisait un horrible sourire à monsieur le colonel.

Le colonel, qui pensait à tout autre chose, improvisa tout à coup un brusque sourire, pour répondre à celui de la dame. L'effet de ces deux sourires, l'un jeté avec tant d'art, ridé jusqu'aux oreilles, l'autre brusque et subit, et qui se balance à peine au bout des lèvres, me fit horreur, surtout en pensant que ma destinée était placée entre ces deux sourires.

A quoi le colonel répondit nonchalamment :

— Pour moi, je suis tout disposé à signer un engagement à M. Prosper; mais je ne lui conseille guère d'entrer dans l'armée : c'était bon il y a dix ans; il y a dix ans, on pouvait fort bien avoir été soldat et devenir général, c'était la mode; en ce temps-là, quand un conscrit faisait son sac en partant, il y laissait toujours une place vide pour y placer, au besoin, le bâton de maréchal, c'était l'usage; aujourd'hui tout est changé. Vous parlez de réformer le sanctuaire, Monseigneur! et l'armée donc, à qui est-elle livrée encore? quels hommes la commandent? Si l'autel a besoin de grands noms, nous aussi nous en avons grand besoin! L'armée et l'église, ce sont les domaines de la noblesse. Je ne conseille donc pas à Monsieur de se faire soldat; cependant, s'il le veut à toute force, je le recommanderai puissamment à mon sergent-major.

Je voyais bien que la conversation languissait. — Je n'eus pas le courage d'y mettre fin en me retirant. C'était une vengeance bien innocente de tant de mortifications.

Alors madame la comtesse revint à son oncle :

— Monseigneur mon oncle, ce jeune homme ne convient qu'à vous : il est trop faible pour faire un soldat; il est trop innocent pour faire un commis; il sait le latin, il explique Cicéron, mon oncle, Cicéron que vous aimez tant! Donnez-lui une petite place dans un séminaire; cela fera un diacre tout blond, comme vous les aimez. Aidez-nous un peu, mon oncle; ce jeune homme va se perdre, si vous ne lui tendez pas la main, Monseigneur! donnez-lui seulement une bourse, — nous nous chargeons du reste, nous autres; — nous ferons une quête, nous ferons une loterie, nous jouerons son trousseau à l'écarté ce soir, nous ferons tout ce que nous pourrons pour ce jeune homme, n'est-il pas vrai, ma cousine et messieurs?

A ce mot de quête, à l'idée de cette aumône qu'on voulait me faire en jouant aux cartes, je ne me contins plus; je relevai la tête enfin! je me rappelai enfin que j'étais venu à Paris pour être un homme! J'étais si hors de moi, que je parlai avec le plus grand sang-froid; la sueur coule de mon front quand j'y songe à présent.

— Madame... Mesdames... Monseigneur... monsieur le colonel..., dis-je lentement, je n'accepte ni votre aumône, ni votre pitié! Je suis un homme de cœur, et j'aime mieux mourir de faim que de vous voir jouer entre vous à qui me donnera ma première soutane! La nécessité m'a jeté à Paris, mais c'est une nécessité honorable dont vous voulez faire une honte; mes amis m'y ont envoyé, croyant avoir assez de crédit pour demander votre protection pour moi, et non pas votre aumône; donc, je vous remercie de votre pitié, Monseigneur, Mesdames et Messieurs; gardez-la pour d'autres! Je sors!

Je ne te dis pas tout mon discours; j'ai mieux parlé que cela; et puis, il fallait voir tout ce monde d'égoïstes, dérangés dans leur oisiveté du matin. Moi, infime, déconcerter tout d'un coup leur vaniteuse charité! moi déranger leur partie de cartes projetée pour le soir! J'ai eu là un moment de triomphe complet sur l'égoïsme de ces dames et de ces messieurs.

Un instant ma colère les avait surpris, mais ils eurent bientôt repris leur facile et commode attitude de mépris.

— Vraiment, c'est un fou sublime, ce M. Prosper! dit la comtesse.

Ta lettre, que lui avait rendue le baron, lui échappa de la main.

Je ne répondis pas; je ramassai la lettre par terre et je la baisai. — En relevant la tête, je vis le regard du baron, qui ne m'avait pas quitté.

J'allais sortir; le baron se leva, et, se mettant devant la porte, il m'arrêta :

— Monseigneur, dit-il, il est bien convenu que vous ne voulez pas de ce jeune homme?

Madame la baronne, il est bien convenu que vous ne voulez pas de ce jeune homme?

Monsieur le colonel, et vous, madame la comtesse, il est bien convenu que vous ne voulez pas de ce jeune homme?

Disant cela, il jeta sur moi un regard inexprimable de bienveillance et de pitié, un regard plein de regret et de douleur.

— Vous ne voulez pas, reprenait-il, vous ne voulez pas, madame la comtesse, de ce jeune homme, de cet enfant de vos domaines, de ce petit Prosper si bien élevé par le frère Christophe, et qui a mangé le blé de votre grange?

— Vous n'en voulez pas? vous ne voulez pas donner une mère à l'orphelin, un appui au jeune homme isolé; vous ne voulez pas! Vous ne voulez pas faire droit à la prière du vieux curé, qui vous prie à genoux; à la prière de ce bon Christophe, qui vous prie à genoux? Vous voulez à toute force le laisser à lui-même dans tous les vices de cette infâme ville, le pauvre enfant si blond, si innocent, si naïf? Cela est dit entre nous, vous abandonnez cet enfant, et vous me le laissez à moi, Madame?

— A vous! à vous! s'écria la comtesse d'un air effrayé.

— Et pourquoi pas à monsieur le baron? reprit l'évêque. Oui, Monsieur, ajouta monseigneur, cet enfant si plein d'orgueil, nous vous le donnons en toute propriété. Vous êtes riche et puissant, nous vous confions son avenir. Nous avons bien assez de pauvres, nous autres, pour ne pas en refuser à ceux qui nous en demandent. Et maintenant, ma nièce, il me semble qu'il est bien temps d'aller déjeuner.

Et ils se sont tous levés pour aller déjeuner, sans me demander si j'avais faim !

Tout cela te semble étrange ! et à moi donc ! Quand je songe que tout cela m'est arrivé en un jour, en vingt minutes ! quand je songe que moi j'ai heurté, à mon premier pas dans le monde, une comtesse, une baronne, un évêque et un colonel ! les plus grands noms de la vieille France ; car la France se divise aujourd'hui en deux Frances, la France noble et la France roturière, la cour et la ville. La première France est tout, la cour est tout, le reste n'est rien. Cela est bien extraordinaire et bien incompréhensible pour toi, Christophe !

IX.

Où en étais-je donc ? Ah ! m'y voici. J'en étais à l'instant où le baron de la Bertenache venait de s'emparer de ma personne. Il me semblait que je venais de jouer un rôle dans un de ces anciens contrats de vente par lesquels les Romains vendaient leurs esclaves ; on avait fait pis que me vendre, moi, on m'avait donné pour rien, et à qui donné ? Mais enfin j'étais donné ; mon nouveau maître m'entraînait hors de cette maison comme s'il avait eu peur que j'y voulusse rester ; il me fit monter en voiture avec lui, et nous voilà partis au galop.

Oui, parti avec lui, parti avec lui dans sa voiture, sans lui avoir dit : oui ou non ! Parti ! et en chemin, mes pensées se pressaient à flots. Que devenir, grand Dieu ! dans cette grande ville? Que faire ici? C'est alors que je sentais combien elle est sublime cette parole du *Pater : Donnez-nous notre pain de chaque jour!* Plus d'espoir, plus d'avenir, plus rien pour moi! Tout m'est fermé, Paris et mon village. Eh! comment ne me serais-je pas abandonné à la première voix charitable qui me dit : *Venez avec moi, Prosper!*

Quelquefois je me repentais de n'avoir pas accepté l'aumône que voulaient me jeter ces gens-là; je m'en voulais de mon orgueil, et je me disais que c'était par ma faute si j'étais tout à fait perdu.

Mon nouvel ami, me voyant plongé dans ces tristes idées, se mit à regarder dans la rue par la portière de sa voiture; il n'eût pas fait autrement s'il eût été seul. Il comprenait si bien que j'avais besoin de me recueillir!

Nous arrivâmes ainsi à son hôtel dans le faubourg Saint-Honoré; c'est une maison élégante du siècle passé, cachée tout au fond d'une vaste cour, à l'abri de tous les bruits et de tous les regards de Paris.

Nous descendîmes de voiture au bas du péristyle; entrés chez lui, il me pria de lui faire l'honneur de partager son déjeuner. On mit un second couvert, et l'on servit.

Si je te disais tout ce qu'il y avait sur cette table pour ce premier repas de la journée, l'argenterie, le cristal, le linge blanc et fin, les apprêts de tout genre, et comment les mets les plus simples, les œufs frais, par exemple, ne ressemblaient pas aux œufs de notre ferme, tu ne pourrais pas me comprendre. Il y avait des fruits, des fleurs, des recherches en tout genre. L'eau bouillait sur la table pour le thé; nous étions servis par deux domestiques en bas de soie; le vin rouge était clair, limpide, léger, et légèrement chauffé dans l'eau tiède; le vin blanc était à la glace; le pain ressemblait à notre pain bénit le dimanche, quand il est rendu par cette riche dame de la commune de Malleval;

et note bien que c'est là l'apprêt de tous les jours. Moi, cependant, me sentant à mon aise, et déjà remis de ces secousses violentes, je fis honneur à ce bon repas, dont j'avais grand besoin. Mon hôte, me voyant boire et manger, jouissait de mon bon appétit, comme nous-mêmes, Christophe, quand nous donnions notre morceau de lard et notre grand morceau de pain bis au mendiant du grand chemin.

Mais voilà ce qui est plus incroyable, et quel signe de croix tu vas faire quand je t'aurai dit qui est cet homme! Toutefois, il faut encore que je te raconte notre conversation ; je te dirai ensuite qui il est.

— Ainsi donc, me dit-il, enfin vous voilà comme je vous veux, et voici déjà que vous reprenez courage; et vous avez raison, mon enfant, l'avenir est si grand! Ce qui vous arrive aujourd'hui et ce que vous regardez comme un très-grand échec, est peut-être un grand bonheur en effet.

— Je ne vois guère, lui répondis-je, comment c'est un grand bonheur pour moi : être seul dans ce vaste Paris, être privé du seul appui que je pouvais espérer! Hélas! j'ai peut-être été bien imprudent tout à l'heure, et, sans mon mouvement d'orgueil stupide, je serais peut-être prêtre ou soldat à l'heure qu'il est.

— Et c'est justement par ce mouvement d'orgueil que vous valez quelque chose, mon enfant! Moi, qui vous parle, j'ai tressailli de joie quand je vous ai vu, du haut de votre pauvreté et de votre abandon, rejeter dédaigneusement l'insolente aumône de ces messieurs et de ces dames. Bravo, jeune homme! me suis-je écrié tout bas; bravo, jeune homme! crache à la face de ces hypocrites! De ce mouvement d'orgueil date pour vous, dans mon âme, une amitié qui ne finira qu'avec ma vie. Disant cela, il avait l'air pénétré.

Puis il reprenait : — Pauvre enfant, qui voulait aller au séminaire! Mais vous ne savez donc pas ce que c'est que le séminaire? Qu'iriez-vous faire dans ce taudis sacré, vous, jeune homme noble et loyal, qui ne savez même pas faire la différence d'un janséniste et d'un jésuite? vous, enfant, qui croyez que tous les prêtres ressemblent au curé d'Ampuy? vous, enfant, qui vous lavez le visage et les mains chaque matin, qu'iriez-vous faire dans cette crasse abominable? vous, qui avez expliqué Cicéron et qui lisez les beaux livres de Salluste, qu'iriez-vous faire dans cette ignorance?

Pauvre enfant, qui voulait se faire soldat! Mais aujourd'hui, être soldat c'est le métier d'une brute. Ce fut le plus noble métier quand le soldat défendait quelqu'un ou quelque chose; quand toute l'histoire de l'Europe était à la guerre, quand le soldat était toute la force, toute la défense, toute la gloire, toute l'espérance de la nation; quand le petit Caporal de la grande armée disait au soldat : *Mon frère!* Mais, hélas! depuis qu'il est mort, le grand soldat, l'armée est morte et tombée avec lui. Que veux-tu faire à présent, pauvre soldat qui viens trop tard dans tous les champs célèbres de l'Europe, et à qui toute l'Europe tremblante pourrait répondre : *Il n'est plus temps, l'Empereur a passé par là, il n'a rien laissé à glaner.* Êtes-vous donc un portefaix pour marcher au pas, chargé d'un fusil désarmé, d'une giberne vide et d'un sac tout neuf? Vous, soldat! vous, prêtre! Mais cet évêque que vous venez d'entendre, mais cet homme de guerre fait pour le boudoir, tout cela est mensonge. Le peuple ne croit pas à l'Église, le peuple ne croit pas à l'armée; le peuple sait trop bien que tout cela est mort, l'Église sous Voltaire, l'armée sous Bonaparte; l'Église nouvelle et la nouvelle armée, tout cela est affaire de parade, d'étiquette, tout cela est l'affaire d'un jour! Cessez donc de penser au séminaire, jeune homme, cessez donc de vouloir porter les armes aux jeunes colonels. Si vous voulez être quelque chose, faites-vous quelque chose vous-même et par vous-même; pour commencer, faites-vous gentilhomme, c'est la chose la plus facile, la plus utile en ce moment et qui vous compromettra le moins. N'y consentez-vous pas, monsieur le chevalier?

Et comme je l'écoutais en ouvrant de grands yeux et de larges oreilles : — Nous avons un an pour parler de cela, reprit-il. Dès à présent, souvenez-vous d'une chose : à dater de ce jour, je vous adopte. Je fais de vous, non pas mon fils, mais plus que mon fils, mon élève et mon ami; de ce jour ma table est la vôtre... Pas de refus et pas de remercîments. Acceptez comme je vous offre, simplement. Pour commencer, prenez-moi ma bourse, je vous prie; nous vivons dans un temps et dans une ville où il faut absolument qu'un homme ait de l'argent pour être un homme; à compter de ce jour, vous avez la moitié de cinquante mille livres de rente, si vous voulez.

A ce dernier mot sérieusement prononcé, je reculai d'effroi. Je ne sais quelle terreur subite me saisit, mais je sentis mon cœur se serrer dans ma poitrine, et je devins horriblement pâle. Le baron me prit la main :

— Tenez, me dit-il, vous avez peur, et vous avez raison. Vous vous méfiez d'un bienfaiteur inconnu, c'est très-bien fait. Vous avez tous les nobles instincts, Prosper. Je vais vous ramener d'un mot : je suis votre oncle, je suis le frère de ta mère, mon enfant; ma bonne sœur ne t'a-t-elle donc jamais parlé de moi, Prosper?

Et moi, sans lui répondre, je lui remis la lettre de ma mère. Il y jeta à peine un coup d'œil.

— Ainsi, dit-il, tu le vois, ta mère elle-même te confie à moi, ton oncle et ton ami.

Puis, comme j'hésitais encore : — Enfant que tu es, me dit-il, tu es de mon sang, et je t'aime. Je t'ai reconnu dans l'antichambre de cette insolente comtesse; tu ressembles si fort à ta mère, quand ta mère avait vingt ans! Ainsi donc laisse-toi guider par moi, ton guide naturel. Tu allais chercher la protection d'une grande dame inconnue, accepte la protection de ton oncle. Je t'élèverai aussi bien que le frère Christophe, pour le moins, tu verras. Donc, repose-toi sur moi de ta destinée; je la ferai belle et digne du fils de ma sœur. Si ton père est un paysan, ton grand-père était un gentilhomme, souviens-t'en. Du reste, fais à ton plaisir, va, cours, agis, pense comme tu voudras, je ne te demande obéissance qu'en ceci : c'est de ne jamais me parler de ce que je fais pour toi. Cela est bien entendu. Ah! certes, je vais donner une sévère leçon à cet évêque, à ce colonel, à ces deux grandes dames! Je vais apprendre à cette société pédante et impérieuse ce que valent ses mépris! Allons, mon fils, marchons en avant, la tête haute et sans reculer d'un pas. Surtout point de remerciements, point de reconnaissance; la reconnaissance est un lourd bagage pour celui qui veut marcher. Marche donc sans me dire : Merci! — Quand je rencontre un beau cheval à dresser, je le dresse; quand il est bien dressé, ceux qui me voient passer se disent entre eux : — *Voilà un cavalier excellent!* et le cheval ne m'en sait aucun gré.

C'est ainsi qu'il a employé tous les tons pour me convaincre; tu n'as jamais vu, ni entendu, ni rêvé un homme plus éloquent et plus persuasif que mon oncle le baron.

Et comme je sortais sans emporter l'argent qu'il m'avait offert : — Prenez donc votre argent, me dit-il, monsieur mon neveu! Voulez-vous, par une fausse honte, retomber dans la vie misérable que vous avez menée? Si vous ne voulez pas accepter cette bourse, empruntez-la-moi, vous me la rendrez en temps et lieu; dans dix ans s'il le faut, quand vous aurez fait assez de progrès pour avoir beaucoup d'ennemis.

Surtout, ajouta-t-il, point d'avarice, point d'épargne, usez-en largement avec l'argent; tant que vous en aurez, jetez l'argent à la face de l'espèce humaine, elle se courbera devant vous. Pour réussir en quelque chose, il faut toujours avilir les hommes tant qu'on le peut. Après quoi il me tendit la main, et je pris congé de lui.

Bonsoir! je tombe de fatigue, de cette fatigue malheureuse qui n'est pas le sommeil. Bonsoir! Je me suis levé un paysan presque mendiant, je me couche un riche chevalier. — Mon grand ami Christophe, bonsoir!

X.

N'est-ce pas que tu commences à ne rien comprendre à ce qui m'arrive? Et moi donc? Mais un peu de patience, mon ami, ne dépense pas tout ton étonnement en un jour; fais provision de stupeur; fais comme comme moi, rêve tout éveillé. Je ne sais pas ce qui m'arrive, mais je te le raconte comme cela m'arrive; tu ne comprends rien à ce que je te raconte; tu m'écoutes, tu me suis du cœur et du regard, c'est tout ce qu'il me faut; marchons tous les deux en avant, les yeux fermés, nous les ouvrirons plus tard.

Quand je sortis de chez mon oncle, il était deux heures; depuis huit heures du matin que j'étais levé, une révolution s'était déjà opérée dans ma personne. Déjà mon pas était plus léger, ma tête était plus haute, Paris était plus beau déjà; dans la rue, je marchais fièrement. Sais-tu pourquoi j'étais fier, et faut-il donc te le dire? Oui, j'étais lier, parce que je me sentais pénétrer, moi aussi, dans ce monde impénétrable; parce que j'étais sûr que tous les vices, toutes les ambitions, toutes les folies au-dessus de ma portée, allaient se courber d'elles-mêmes jusqu'à moi, comme le rameau d'or dans l'*Enéide*; ou plutôt, je venais de le conquérir, mon rameau d'or; je l'avais à la main, ma puissance enchantée. J'étais riche! riche tout à coup, riche d'un trésor trouvé, comme on le rêve à chaque maison qu'on voit en ruine; riche par enchantement, comme on le devient le soir, au coin du feu, dans les contes de la veillée; j'étais riche!... J'avais de l'or! j'avais de l'or... Je tenais enfin dans ma main, en résumé, mais en entier, ce vaste Paris qui reculait toujours devant mes pas quand j'étais pauvre; j'étais roi à mon tour. A moi Paris! à moi le Paris des spectacles et des fêtes, des bals et des concerts; à moi le Paris du vice, le seul Paris! J'ai de l'or, j'ai beaucoup d'or; un or intarissable... un or que je n'ai pas gagné. J'ai de l'or! je puis le prendre à pleines mains et le répandre; et si je le jette devant moi, l'espèce humaine va se baisser jusqu'à terre pour le ramasser dans la boue; et quand elle sera baissée, je puis lui donner du pied au derrière, et c'est à peine si elle se retournera pour me dire, avec un niais sourire : — *Grand merci, riche!*

XI.

Comme cet argent m'a changé toute la ville... La ville était si hargneuse et si revêche hier, quand je n'avais rien! elle est si obéissante et si souple aujourd'hui que je suis riche! Hier, je passais timidement contre la muraille; je rasais la muraille, et j'aurais volontiers essuyé avec le pan

de mon habit, le pavé que j'avais touché du pied.....
Aujourd'hui, depuis deux heures, c'est moi qui insulte la
muraille. La ville prend son chapeau à deux mains pour
me saluer la première; la ville est mon esclave, soumise,
patiente, obéissante, résignée. A genoux devant moi! elle
est à genoux; arrache de ta bouche la première pêche, ton
meilleur morceau de bœuf! elle me donne son bœuf et sa
pêche. Vive l'hospitalité de l'or! Je demande à la ville tout
ce qu'elle a, elle me le donne; ce qu'elle a de plus cher,
elle me le livre pour les usages les plus abjects. La ville me
livre son fils aîné pour en faire un crocheteur; son vieux
père pour en faire un portier; elle me vend son frère cadet
pour qu'il aille se faire tuer à ma place; elle me prostitue
sa petite fille qui a seize ans! Que disais-je donc, que c'était un gouffre sans issue?.. C'est un lieu de délices dont on
ne peut sortir! J'ai calomnié cet honnête Paris. Voyez
comme il court sur mes pas, la main à ses lèvres et le sourire sur les lèvres; voyez comme il se range pour me faire
place; voyez comme il enlumine chaque soir ses comédiens
pour moi! Il raccourcit la robe de ses danseuses pour moi.
Il charge ses tables de vins et de viandes pour moi. Il prodigue le rouge à ses courtisanes pour moi; l'or à ses maisons de jeu pour moi. Le vice partout pour moi. Tout cela
est à moi, heureux! Tout cela est à toi, Prosper, Édouard,
Georges, Chavigni de Chavigny! A moi la ville! Paris est
bien plus facile à acheter que l'empire romain, et s'achète
bien plus vite, à bien meilleur prix. Viens donc dans ma
capitale, mon Christophe! tant que j'en serai le roi, grâce
à mon or, viens! et, quand tu seras arrivé, nous irons bras
dessus, bras dessous dans la ville, comme deux bons frères, et nous irons nous asseoir à quelque balcon doré
qu'on nous louera comme on loue une fenêtre à la Grève,
un jour d'exécution; et de là nous verrons passer toute ma

ville, tout mon harem, mes sultanes favorites, mes souris échevelées, mon paradis sur la terre; et, du haut de mon balcon, si tu vois passer un beau cheval, tu me diras : — *Je veux ce cheval!* tu l'auras. De même pour une femme, n'importe laquelle, et tu auras la femme comme tu auras le cheval. Viens donc dans mon royaume, que je te fasse le maître de tout ce monde; après nous, ce sera à d'autres à régner tout un jour.

Te rappelles-tu le saint Évangile où il est raconté que Notre Seigneur Jésus-Christ fut transporté par le diable au sommet d'une haute montagne? Le diable dit à Notre Seigneur : — *Tu vois tous les royaumes de ce monde! adore-moi, ils sont à toi.*

Il y a des philosophes qui ont prétendu qu'il n'y a pas de montagnes assez hautes pour qu'on puisse découvrir de leur sommet tous les royaumes de l'univers;

Les imbéciles! à l'heure qu'il est, je vois le plus grand royaume de ce monde renfermé dans ma bourse : — il y a deux cents louis tout au plus.

XII.

Pardonne-moi tous mes excès. Je ne suis pas si perdu que tu le supposes. Ce qui m'a emporté si loin dans ma dernière lettre, c'est la vue de l'or. Il m'eût fallu une âme plus forte pour passer ainsi, sans violence, de la misère à la fortune, du mépris de tous à l'admiration de tous; cependant, les premières heures de ces accès une fois écoulées, et quand je me suis bien assuré que j'avais en effet tout ce que je voulais avoir avec de l'or, je me suis mis à rendre à Paris tout le mépris qu'il m'avait donné. J'ai laissé là toutes les voluptés bâtardes qu'il voulait jeter à ma face, et je suis heureusement rentré dans mon sang-froid et dans mon bon sens.

Une fois mon orgueil apaisé, je suis allé revoir mon bon oncle. Dans mes trois jours de délire, je n'avais pas songé à lui une seule fois. Ce serait ici le lieu d'appliquer la parole que répète si souvent notre digne curé : — *Du porc qui mange le gland sans regarder le chêne d'où le gland est tombé.*

J'ai trouvé mon oncle dans son cabinet ; il était assis dans un coin, sur un tabouret fort bas ; il était tout habillé comme un homme qui va sortir ; il lisait dans un livre élégamment relié ; il lisait avec beaucoup d'attention.

Ah ! Christophe, si tu voyais tous ces volumes entassés dans un si bel ordre, tu te croirais dans le Paradis terrestre. Je ne me serais jamais figuré qu'un seul homme pût avoir à lui seul tant de livres. De grandes armoires de haut en bas occupent les quatre murailles ; les livres y sont rangés avec beaucoup d'ordre et sur trois rangs. Rien n'égale la variété des dorures ; chacun de ces volumes, pris séparément, est un chef-d'œuvre d'élégance, de richesse et de goût.

A la vue de cet homme, qui aurait tous les droits possibles pour être un oisif, plongé si profondément dans l'étude, je devins rouge de honte, moi qui, depuis quinze jours, n'avais pas ouvert un livre ! Mon reste d'enthousiasme s'évanouit tout à fait, et je redevins ce que j'aurais dû être toujours, un jeune homme modeste et simple, qui se sait ignorant et qui sent qu'il a besoin de tout le monde.

Quand mon oncle s'aperçut que j'étais près de lui, il ferma son livre avec soin, il vint à moi, et, avec le même sourire que s'il m'eût vu le matin même :

— Comment allez-vous aujourd'hui, mon cher neveu ?

—C'est moi, lui dis-je, qui devrais être venu bien plus tôt pour vous saluer, Monsieur; mais, depuis que je vous ai quitté, j'ai eu trois jours de délire qui m'ont fait oublier tous mes devoirs; pardonnez-moi!

—Vous n'avez pas de devoirs envers moi, me dit-il; je ne voudrais pas d'une amitié qui vous serait à charge ou à gêne. Vous venez me voir, tant mieux ! c'est que vous y prenez plaisir; vous ne venez pas, tant mieux encore! c'est que vous prenez plaisir ailleurs. Grande et pleine liberté à un enfant de votre âge! Voilà tout mon plan d'éducation ; il n'est pas plus gênant que cela, et il n'en est pas de meilleur.

Moi, cependant, je me mis à regarder tous ses beaux livres.—O les beaux livres! lui dis-je, et comme, au lieu de me prêter votre argent que je ne vous rendrai pas de sitôt, vous auriez bien mieux fait de me prêter quelques volumes que je vous aurais rendus, et qui ne m'auraient pas tourné la tête comme votre argent!

—Il ne faut rien exagérer, répondit le baron; cette bibliothèque est une affaire d'ostentation et de luxe plutôt qu'une chose d'utilité et d'agrément. Sur quatre mille volumes que j'ai entassés ici à grands frais et à grand'peine, il en est à peine cinquante dont la perte me causerait quelques regrets...; et encore, dans ces cinquante, si l'on m'en donnait une demi-douzaine à choisir, n'était ma réputation de bibliophile et ma gloire de propriétaire, je verrais brûler tout le reste avec l'insensibilité d'Omar, quand il brûla la bibliothèque d'Alexandrie.

Il se mit à parler de littérature; il en parla en homme d'esprit et de goût, qui est au courant de tout ce qui s'imprime de son temps et de tout ce qui est resté du vieux temps.—Voyez-vous, me disait-il, littérairement parlant, c'est une époque misérable que la nôtre. Nous sommes tombés dans une littérature improvisée, élevée loin de l'antiquité, qui parle au hasard une langue de hasard. Jusqu'à notre siècle, les siècles littéraires se tenaient en France. Les arts et les lettres allaient d'un progrès à un autre, progrès attendu, désiré et prévu. Malgré les efforts de quelques esprits faux pour faire rétrograder la langue, la langue marchait toujours. Ronsard était bafoué dans son temps, comme Chapelain dans le sien. La poésie et l'histoire marchaient d'un pas égal, celle-ci marchait devant, comme c'est son droit; l'autre venait ensuite, comme c'est son devoir. La poésie suivait toutes les nuances de l'histoire; elles s'aidaient mutuellement à marcher. Le grand Corneille, tout humble qu'il était, s'appuyait sur les larges épaules de Richelieu; Racine était soutenu par Louis XIV; à son tour, Voltaire donnait un coloris sans égal au règne de Louis XV, beau règne et belle époque, à tout prendre. En ce temps-là, l'esprit français, nouvellement émancipé, comptait sur un avenir, parce qu'il avait sous les yeux son beau passé. La révolution de 1789 a brisé le passé littéraire comme elle a brisé le passé politique : ce sont deux rives escarpées qui ont perdu le pont qui les unissait. A présent, qui osera ou qui pourra les joindre l'une à l'autre, ces deux îles escarpées et sans bord? Je doute que ce soit S. M. Louis XVIII, je doute que ce soit M. Casimir Delavigne. Les deux ponts sont brisés, j'imagine, sans retour. En attendant, l'humanité reste assise sur la rive nouvelle, occupée à voir couler l'eau comme le paysan d'Horace. Que ceux qui aiment ces plats rivages y demeurent; pour moi, je laisse la poésie moderne où elle est, je remonte le courant tout là-haut, jusqu'à ce que j'arrive à l'antiquité. A mon sens, l'antiquité seule est belle, seule elle a compris quelque chose aux grandes et chaleureuses passions. Savez-vous quelque chose de plus beau que l'*Iliade*, le savez-vous?

Quels hommes! quels héros! quelles amitiés! je donnerais tout le siècle de Louis XIV pour la colère d'Achille ou la mort de Patrocle. Entendez-vous quel grand cri pousse le bouillant fils des dieux? Ce noble cri retentit dans mon âme, après deux mille ans, comme il a retenti sur les bords du Scamandre. Et puis, comme le poëte rejette au loin la passion vulgaire! La belle Hélène ne paraît qu'une fois dans ce grand poëme dont elle est le prétexte, et encore ne paraît-elle que dans le conseil des vieillards, qui se lève pour la saluer, comme on salue madame la duchesse de Berry quand elle passe. Oh! *l'Iliade! l'Iliade!* — Et qu'Alexandre avait raison de porter le chef-d'œuvre dans une cassette d'or! — Mais ne m'avez-vous pas dit que vous savez le latin?

Je répondis qu'en effet je savais le latin. — Mais, a-t-il ajouté, vous le savez, j'espère, comme on sait une langue qu'on sait bien; vous le lisez comme vous lisez le français; vous en comprenez toutes les merveilleuses licences, de même que vous comprenez, par exemple, ce vers de Racine :

<blockquote>Et de David éteint rallumé le flambeau ?</blockquote>

Avez-vous jamais lu Juvénal? aimez-vous la satire X ?
— J'ai lu Juvénal avec fureur, mais aussi et surtout, j'ai lu tout Virgile, et tout Horace aussi et *les Décades;* je puis dire que je sais bien le latin.

Il reprenait, sans me répondre directement :
— O Virgile! que j'ai aimé ses *Bucoliques!* quelle fraîcheur! quelle admirable naïveté! quels bergers mollement étendus sous l'ombrage des hêtres! quel murmure de ruisseaux et d'abeilles errantes! quelles luttes harmonieuses sur la flûte! Bergers, chantez Daphnis, portez Daphnis jusqu'aux cieux! Honneur à toi, Daphnis! — Puis toutes les joies des campagnes, toutes les anecdotes que cachent

les saules; le repas du soir quand l'ombre descend de la montagne; puis les injures des bergers rivaux ! Quel chef-d'œuvre que *les Bucoliques!* N'est-ce pas, Prosper?

— Mais, lui dis-je, j'aime beaucoup aussi *les Géorgiques* et beaucoup aussi *l'Énéide*, le quatrième livre surtout !

A ces mots, il fit un geste convulsif.

— Oh ! s'écria-t-il, je le vois, vous avez été élevé comme tous les autres; vous sentez le collége, Monsieur, et l'admiration de collége, la plus sotte des admirations. *Les Géorgiques* sur la ligne des *Bucoliques*, grand Dieu ! autant vaudrait dire que M. l'abbé Delille vaut Virgile. Rien n'est vrai comme *les Bucoliques*; rien n'est faux comme *les Géorgiques*. Les bergers de l'Arcadie vivent encore dans *les Bucoliques*, les beaux et jeunes bergers de l'Arcadie, vaniteux, taquins, flâneurs, chanteurs, poëtes, paresseux, Italiens déjà, tout Romains qu'ils sont encore; rien ne vit dans *les Géorgiques*. Le laboureur romain des *Géorgiques* ressemble à faire pitié au soldat laboureur du théâtre des Variétés; c'est un laboureur qui n'a jamais labouré, ce sont des campagnes qui n'ont jamais été cultivées; rien n'est vrai dans ce livre, ni la fable, ni la leçon; où avez-vous jamais vu qu'on fît sortir des abeilles du cadavre d'un taureau?

Relisez donc *les Géorgiques*, mon beau neveu, avant de les tant louer, et, ce qui vaut mieux encore, apprenez les *Bucoliques* par cœur.

Extinctum nymphæ crudeli funere Daphnim
Flebant ! Vos coryli testes !...

Et il alla ainsi jusqu'à la fin, récitant ces beaux vers avec une indéfinissable expression de passion et de regret.

Quand il eut fini : — Je conçois bien, lui dis-je, jusqu'à un certain point votre antipathie pour *les Géorgiques*; ce n'est ni un livre pour l'agriculteur, ni un livre pour l'homme du monde; il est trop savant ou trop peu savant; c'est un grand défaut, j'en conviens; mais n'est-ce pas un aimable délassement des guerres civiles? Quant à *l'Enéide*, ce n'est pas un livre de la vieille république, il est vrai; mais le quatrième livre, je vous le demande à mon tour, que trouvez-vous de plus beau?

Il porta la main à ses yeux : — Je vous ai déjà dit, répondit-il vivement, que *l'Enéide* est un poëme manqué tout autant que *la Henriade*. L'*Enéide*, c'est un écho affaibli et médiocre du seul poëme épique de ce monde, *l'Iliade*. Virgile a mis en récit ce qu'Homère avait mis en action. Virgile a été, pendant ses douze chants, à côté de la poésie épique, sans y pouvoir entrer que rarement. Ajoutez que le sujet de *l'Enéide* est choisi moins par un poëte que par un citoyen romain qui veut flatter un empereur. Comment voulez-vous que je m'intéresse à un peuple qui va naître autant qu'à un vieux peuple qui tombe? Que me fait, à moi, le petit Latium tout en chaume, comparé à la vieille cité troyenne toute en pierre? Comparez-vous Hector à Énée? comparez-vous le pieux Énée au divin Achille? Énée, qui calcule toutes les chances de son voyage; Achille, qui va d'un seul bond d'une rive du Scamandre à l'autre rive, et que rien n'arrête, pas même la voix et les pleurs de ses chevaux? Quant à votre quatrième livre, c'est là justement que je vous attendais, jeune homme, pour vous apprendre à ne pas admirer sur parole. Ce quatrième livre est un mensonge, d'abord parce qu'il est impossible que cette reine de Carthage, occupée à fonder un royaume, et très-malheureuse sous son premier mari Sichée, s'amuse tout de suite à faire l'amour avec un homme comme Énée, froid, ennuyeux, bavard et admiratif! Il est impossible, d'autre part, qu'un homme comme Énée, si pieux, si soumis au Ciel, qui a perdu sa femme dans le sac

de Troie, et qui la pleure, devienne amoureux à la première
vue, et surtout qu'il tombe amoureux d'une femme comme
Didon, emportée, maussade, volontaire, pauvre et ruinée,
avec des mains qui sentent le cuir de taureau; c'est tout au
plus si Énée pouvait devenir amoureux de l'*Anna soror*.
Voici donc cependant que le poëte anime ces deux tristes
héros d'une belle flamme, laquelle flamme jette son plus
grand feu dans une caverne, pendant une nuit d'orage;
laquelle caverne, pour le dire en passant, ne vaut pas le
nuage d'or où Junon enferme Jupiter! Voici donc que Virgile les livre l'un à l'autre, Énée et Didon; puis, quand son
orage est passé, il les sépare au moyen d'un songe; Énée
s'en va sur ses vaisseaux, Didon se brûle sur un bûcher,
sans que ni l'un ni l'autre rencontrent le plus petit obstacle.
Et vous appelez cela de la passion? vous appelez cela de la
poésie? vous comparez ce froid accouplement de deux
amants sur le retour avec la colère d'Achille? Vous êtes
bien jeune ou bien froid, en vérité!

Voulez-vous savoir mon sentiment? De tous les gens qui
tiennent une place dans le quatrième livre, je n'aime que
le jeune Ascagne, qui s'en va dans la campagne à cheval.

At puer Ascanius... Et il récita encore tout le morceau,
car c'est une mémoire infatigable, et il sait par cœur même
les poëmes qu'il aime le moins.

Comme il me vit plongé dans le plus profond étonnement : — Vous devez me trouver bien pédant, me dit-il,
mon enfant; mais c'est un défaut de mon âge qui s'avance;
et puis, de quoi parlerait-on si on n'avait pas à s'entretenir
de ces belles productions du génie humain? Pour moi,
dans mes instants de découragement et de tristesse, je vais
aux anciens poëtes comme je vais à un ami dont les bras
me sont toujours ouverts et dont le sourire est toujours
tout prêt. Je vis avec eux, je les aime, je me bats avec eux

dans la phalange macédonienne; je sais leurs noms à tous, je sais leur gloire et je m'en pare; je parcours l'Attique à pied, je vais de Sparte à Lacédémone, je me lève devant les vieillards, j'assiste à la lutte des jeunes gens frottés d'huile; seulement je ne coupe pas la corde de la lyre, je trouve qu'il n'y a jamais trop de cordes à la lyre quand on la touche bien.

Il se leva. — Je vous prie de croire, mon neveu, me dit-il, que je ne suis pas tous les jours aussi déclamateur. Cependant en voilà bien assez pour aujourd'hui : *Sat prata biberunt.* Adieu donc, mon ami Prosper; allez vous distraire quelque part; employez à la joie ces belles heures de votre jeunesse; il faudra bien, quand vous aurez jeté votre feu au dehors, que vous fassiez vos premiers pas dans le monde. Là aussi, vous aurez bien des opinions à refaire, bien des préjugés à revoir. Il me dit encore une fois : Adieu, mon neveu! et je le quittai, tout étourdi du choc de cet esprit qui marche comme l'ouragan.

XIII.

Cet homme est devenu mon maître en toutes choses; il m'a laissé si libre de faire tout ce que je veux faire et d'aller partout où je veux aller, que je suis toujours près de lui, toujours chez lui, à l'étudier, à l'interroger, à l'écouter. Il m'écoute et il me répond avec la plus grande complaisance. Tu ne saurais croire tout ce que renferment cette tête et ce cœur.

Souvent ses réponses sont d'une solennité cruelle; en général, il voit la nature humaine sous un bien triste aspect; il en a compté toutes les taches et toutes les rides.

C'est un grand anatomiste qui a touché l'âme avec un scalpel et qui l'a disséquée ; cela fait peur !

Et cependant il y a si peu d'objections à lui faire ! il est si difficile de lui répondre ! Mon épouvante redouble, à force de comprendre de plus en plus qu'il a raison. Cet homme depuis longtemps ne croit plus à rien, ni à la loyauté des hommes, ni à la vertu des femmes, ni au ciel, ni à l'enfer. Il verra un enfant sourire à sa mère en lui tendant les bras, il dira que cet enfant a faim ou soif ou envie de quelques jouets ; la femme au chevet de son mari malade, le mari agenouillé au tombeau de sa femme, le prêtre qui prie, le soldat qui se bat, le laboureur qui est aux champs, vains efforts ! Il ne respecte rien, ni la prière, ni la maladie, ni le deuil, ni le courage, ni le travail du laboureur. Il a fait de l'égoïsme le seul Dieu invisible de ce monde. — Vous-même, me dit-il, vous, Prosper, vous, mon neveu, je ne vous aime que parce que cela m'amuse de vous aimer !

Je ne vous aime que parce que je suis heureux de donner un démenti à la philanthropie de madame de Macla et à la charité de Monseigneur. Je ne vous aime que parce que vous serez pour moi quelque jour un beau joyau de plus dans ma philosophie, une éclatante preuve de mes principes, un signe certain de mon mérite personnel, peut-être. Avec le temps et votre bonne nature, de vous, pauvre enfant abandonné, et tremblant dans une antichambre sous le mépris des laquais, je ferai un homme fort, brave, qui ne craindra rien de lui-même, ni des autres, ni de la terre, ni du ciel. Mais pour cela, il faut du temps et du courage, mon enfant.

C'est ainsi qu'il me parle franchement et tout d'une pièce. Avec moi il va droit au fait ; il ne se gêne plus à présent pour me dire toute sa pensée. C'est un homme très-considéré à la cour et à la ville, parce que c'est un homme qui dit très-haut tout ce qu'il pense, et parce qu'on sait généralement que la bienveillance n'est pas le fond de son caractère.

Nous passons ainsi notre vie lui et moi, moi et lui, tant que je peux. Lui se laissant vivre sans ambition, sans chagrin et sans remords, au jour le jour; moi livré au monde extérieur, courant la ville, vivant en dehors, attendant impatiemment qu'il plaise enfin à mon tranquille et tout-puissant ami de m'ouvrir les hautes régions du monde où il m'a promis de me faire entrer.

XIV.

Il m'a dit aujourd'hui : — Pourquoi ne pas mieux vous habiller, Prosper? Qui donc vous a coupé cet habit ou plutôt ce sac si mal fait? Pourrez-vous me dire quelle est la forme ou quelle est la figure de ce chapeau, je vous prie, et quelle nécessité de porter des bottes de cette épaisseur? — Moi, qui me trouvais fort élégant, je ne savais que répondre.

— Voyez-vous, mon neveu, a-t-il repris, il y a deux manières de s'habiller aujourd'hui : c'est de suivre la mode pas à pas, ou bien encore de ne pas la suivre. Vous ne pouvez, pour être décemment vêtu, être trop près ou trop loin de la mode. Labruyère a dit un contre-sens quand il a dit *que l'homme d'esprit se laissait habiller par son tailleur.* L'homme d'esprit commande à son tailleur comme à tout le reste. Si vous étiez un homme célèbre ou un homme considérable, c'est-à-dire que vous eussiez le droit d'échapper au joug de la mode, vous feriez appeler votre tailleur, vous lui commanderiez, une fois pour toutes, un habillement complet et tout à votre convenance ; mais une fois cette mode-là adoptée par vous, vous auriez toute votre vie le même costume, toujours le même. Cela vous vieillirait de dix ans d'abord, cela vous rajeunirait de vingt ans plus tard. Mais, je vous le répète, le monde pardonne ce laisser-aller seulement à quelques hommes privilégiés, à la grande naissance, à la très-grande fortune, au mérite bien reconnu, à tous ceux qui ont le droit de ne pas perdre leur vie en minuties, aux heureux de ce monde, en un mot. Mais à tous ceux qui, comme vous, ont leur chemin à faire, un costume sévèrement à la mode est de rigueur, le monde ne pardonnant rien à ceux qui ne se gênent pas pour lui. Le monde a la vanité et la jalousie d'un parvenu ; il veut qu'on lui sacrifie toutes ses aises ; vous ne serez jamais assez respectueux pour le monde, vous ne lui ferez jamais assez de sacrifices : commencez donc par vous habiller comme il veut qu'on s'habille ; prenez son tailleur, son bottier, tous les ouvriers dont il se sert ; qu'il voie à votre linge, qu'il sente à vos odeurs, qu'il devine à vos vêtements, que vous avez passé par la même route que lui ; sauf à vous à porter vos habits avec toute l'aisance que vous pourrez. Ainsi donc, dès demain, je vous enverrai les fournisseurs dont je me servais autrefois quand j'étais jeune et beau comme vous, quand j'avais besoin comme vous de parvenir.

Tu ne saurais croire jusqu'où s'étend sa sollicitude. Il a voulu assister lui-même à la prise de mes nouveaux habits, et alors, pour la première fois, il est monté à la chambre de mon hôtellerie, qui à présent est au premier étage, cependant. — Mon Dieu ! Prosper, m'a-t-il dit, quel horrible et abominable appartement ! quel escalier infect ! dans quel bouge honteux êtes-vous allé vous nicher ? Je ne voudrais pas pour tout au monde que mon valet de chambre passât seulement une nuit dans ce méchant lit.

Il était en train de me démontrer la nécessité d'habiter une belle maison, lorsque le tailleur arriva. Il a critiqué beaucoup tout ce qui avait été fait. — Cet habit est trop étroit par-devant; il fait un mauvais pli par-derrière. — Ce gilet est deux fois trop long; il vous coupe en deux comme un magister de village. — Et ceci et cela! — Monsieur, a-t-il dit au tailleur, tout ceci est d'un goût détestable! Vous avez bien vieilli depuis moi.

Comme le tailleur s'en allait, mon linge est arrivé. Les dentelles de ma mère ne sont pas plus transparentes et plus blanches. Mon oncle a paru satisfait de la lingère.

— Ceci, a-t-il dit, est une des premières nécessités de l'homme bien mis. C'est à son linge que se reconnaît l'homme comme il faut. L'habit peut être négligé quelquefois, le linge jamais. Il a parlé ainsi pendant une heure, et aussi bien parlé tout au moins qu'à propos de Virgile ou d'Homère l'autre jour.

Ceci fait, il est descendu avec moi; j'ai payé la dernière quinzaine de mon hôtel, et nous avons été du même pas chercher un autre appartement pour moi.

En chemin, il me faisait encore une leçon : — A un homme d'un certain monde, ce qui importe avant tout pour son logement, c'est que la maison qu'il habite soit vaste, honorable et belle. Il faut qu'on voie son habitation du dehors; il faut qu'il y ait dans sa maison un beau portier, un vaste escalier éclairé le soir, beaucoup d'écuries et de remises au-dessous de lui, des chevaux et des domestiques dans sa cour, une fontaine, un jardin, s'il est possible; car pour l'homme qui passe, pour le visiteur distrait, pour le facteur de la poste aux lettres, tout cela, portier, vaste escalier, vestibules, écuries et remises, domestiques et fontaine, cour et jardin, tout cela t'appartiendra un instant; l'opinion te le donne ou te le prête, en tout ou en partie; or, l'homme sage accepte toujours, bon gré mal gré, ce que lui donne l'opinion; quels que soient ses dons, il en reste toujours quelque chose.

Ainsi parlant, nous arrivâmes dans une grande et belle rue qui donne sur les Tuileries. Tout vis-à-vis le noble jardin, et dans une vaste maison, nous trouvâmes un petit logement, composé d'une antichambre et d'une vaste chambre à coucher. — Il faut prendre cela, me dit-il, la maison convient. Quant aux meubles de ton appartement, il n'y a, à vrai dire, que deux meubles dont on ne peut pas se passer, à savoir, un coffre-fort bien fermé et une toilette bien garnie. Avec ces deux meubles-là, coffre-fort et toilette, or et propreté, très-beaux, très-complets, très-parfaits, vous vous passez de tous les autres sans que personne ait rien à redire. En effet, à la rigueur, vous pouvez avoir un méchant lit; on supposera que vous aimez à coucher sur la dure. — On vous pardonne une mauvaise table et de vieux fauteuils; on répondra que vous n'avez pas le luxe. Mais un coffre-fort! c'est mieux que le sommeil ou le repos, c'est la fortune. Je le veux bien garni de clous, de fer, de serrures, de secrets de toutes sortes. Oh! dira-t-on, quelle défiance! et par ce qu'on verra du coffre, on jugera l'argent qu'il contient. Ceci est pour les autres. Mais la toilette et l'eau à grands flots, à chaque heure de la journée, ceci est pour vous, c'est votre affaire personnelle, songez-y. L'homme de la nature ne se lave jamais; l'homme policé se lave tous les jours une fois pendant cinq minutes; l'homme comme il faut se lave tout le jour. Vous autres, jeunes gens, quand vous vous êtes plongés le matin dans l'eau froide comme de jeunes canards, vous croyez avoir fait beaucoup. Vous ne connaissez pas d'autres ablutions que celles des Turcs. Vous êtes des Barbares. Ceci est une longue et difficile science, mais aussi une grande supériorité, un grand bonheur, surtout avec votre figure, mon neveu Prosper, surtout avec vos mains, avec ces longs cheveux si souples! Vous êtes né pour être un cavalier accompli; la nature vous a tout donné, le regard, la voix, la taille, l'esprit, le cœur; il vous manque l'éducation, et je ne vous cache pas qu'en ceci vous êtes bien en retard!

XV.

Trois jours après, j'allai le voir dans tout l'attirail de mon nouveau costume. Qu'aurais-tu dit, mon bon Christophe, si tu avais pu me voir dans mon triomphe? J'étais vraiment un beau cavalier; c'était une seconde métamorphose plus complète encore que la première: tout était nouveau pour moi dans ces nouvelles élégances. Ma poitrine était maintenue sans effort, mes épaules sentaient mon habit sans être gênées, tout le reste était à l'avenant; quand j'entrai chez mon oncle, il ne put retenir un sourire de satisfaction :

— Mon élève se forme, me dit-il, et il sera bientôt aussi avancé que son maître. C'est bien, cela! Voyez donc, Prosper, comme votre taille est plus élancée, comme votre poitrine paraît plus large et votre pied plus petit! Vous n'êtes déjà plus le même homme; et cependant mettez-moi plus d'aisance dans votre démarche, moins de raideur dans votre maintien. Il ne faut pas avoir l'air de savoir que vous portez un habit à la mode; n'y tenez pas le moins du monde, non plus qu'à votre chapeau, qui est encore tout bêtement neuf; brisez tout cela, que tout cela obéisse au lieu de commander. Par exemple, ces gants sont ternes et ne sont pas encore déchirés, c'est une faute; votre cravate est trop empesée ; il faut qu'elle se roule nonchalamment autour de votre cou, sans se terminer par ce nœud ridicule qui rappelle l'Empire. J'insiste sur ce point, parce qu'en effet la cravate est l'article important chez un homme ; selon sa manière de la mettre, elle lui donne l'air d'un niais ou l'air d'un fat, ou, qui pis est, l'air d'un sot, trois airs à redouter également, le dernier plus que le second, le second plus que le premier.

Or, il me dit toutes ces puérilités d'un si grand sang-froid, que moi, je l'écoute avec la plus grande attention ; car, à tout prendre, toutes ces leçons de luxe et de bien-être, qui doivent te paraître, à toi, si futiles, mon Christophe, me paraissent, à cette heure, très-bien calculées. — Si, en effet, me disait-il encore, l'homme ne s'habillait que pour se vêtir, une blouse lui suffirait ; l'hiver, il porterait une blouse en laine, et tout serait dit. Une fois donc que vous admettez que le costume est une distinction sociale, vous en faites par cela même une science très-importante et très-avancée, qui a ses secrets, ses mystères, ses triomphes, ses défaites. Mon oncle possède à fond cette science du costume, et ce n'est guère qu'après l'avoir entendu sur ce sujet, que l'on devine combien sa simplicité est savante, combien son désordre est calculé, combien de recherches et d'études dans ce hasard.

Je ne saurais me rappeler tout ce qu'il m'a dit encore. Il a parlé des odeurs : — Il faut, dit-il, qu'un homme aime les odeurs pour lui seul ; il faut que les autres devinent qu'il les aime, mais ne les sentent pas. A l'homme sensé qui n'aime ni le vin, cet abominable feu à l'usage des brutes, ni le café, ce stupide poison des bonnes femmes et des cuisinières, ni le thé, cette fade décoction chinoise qui vous rend les dents noires, les parfums sont une ressource puissante. Ils pénètrent le corps d'un feu léger et doux ;

ils raniment les esprits sans avoir besoin de passer par l'estomac; ils réjouissent la vue, l'odorat et le toucher, les trois vrais sens, les trois sens dignes d'un homme, sans avoir besoin d'appeler à leur secours le goût, ce sens de la brute, le seul sens de l'animal. J'aime les parfums avec passion; mais, dans les parfums, il y a un choix sévère et très-important. Je les divise en deux classes, le parfum chaud et le parfum acide. Le parfum chaud est une peste. Le camphre, le musc, la vanille, sont autant d'essences huileuses qui vous portent à la tête et au cœur; ce sont des odeurs lourdes et terrestres qui ne vont pas au delà de l'odorat. Parlez-moi du parfum qui s'envole comme le gaz! parlez-moi des odeurs qui s'échappent de leur prison de cristal! Vous ouvrez le flacon, plus d'odeur. — Où est-elle? Elle est là-haut, dans le ciel. Mais ces ineffables bonheurs du sixième sens ont été refusés à l'Europe. L'Orient est le vrai pays des essences; on ne les comprend, on ne les aime que dans l'Orient. Nous autres Visigoths, nous prenons le premier flacon venu, et nous posons notre nez sur cette essence de hasard, et puis advienne que pourra. Quand je passe devant la boutique de ces parfumeurs à la mode, quand je vois ces petites fioles étiquetées, ces crèmes, ces écumes, ces pommades, ces essences pour les cheveux, ces amas infects de compositions horribles, le dégoût me prend comme le dégoût prend le gourmet arrêté devant le comptoir en plomb d'un marchand de vins. Nous sommes un peuple bien mal loti. Dans leurs temples chrétiens, ces Français si dévots, dans sa chapelle royale, ce roi catholique et si riche, au nez de leur Dieu restauré sur son autel, les malheureux! dans des encensoirs d'argent, ils brûlent une ignoble térébenthine, une espèce de colophane volée au saule pleureur, et ils appellent cela *encens!* Oui, mon Dieu! ils le disent, à toi qui as fait l'Arabie, à toi qui as fait le désert : — Cette épaisse et crasse fumée qui brûle sous la main vacillante de l'enfant de chœur : *c'est de l'encens!* C'est de l'encens, mon Dieu! Le roi lui-même te dit : *c'est de l'encens!* Et puis l'archevêque se plaindra qu'on n'aille pas dans le temple! et puis M. de Lamennais écrira un livre *sur l'Indifférence en matière de religion!* Monseigneur le premier aumônier dira que la chapelle est déserte; les courtisans trouveront, même le front tourné vers l'auguste famille et le dos tourné à l'autel, que la messe est trop longue; je le crois bien, par Dieu! que le temple est désert, que la chapelle est abandonnée, et que la messe est longue, sous l'abominable fumée d'un pareil encens!

Par exemple, croiriez-vous qu'à son sacre, où, Dieu merci! il avait fait venir des choses bien étonnantes, — le pape d'abord, — Bonaparte lui-même, Bonaparte empereur, dans la France qu'il avait faite, n'a pas pu trouver quatre prises de pur encens? Et il appelait cela un sacre!

Quand Michel-Ange *le Terrible* élevait vers le ciel le dôme de Saint-Pierre de Rome, il ne savait pas que ce dôme tomberait faute d'un grain d'encens. Ils ont élevé Saint-Pierre de Rome sans songer à faire planter de l'encens pour Saint-Pierre de Rome! les profanes! Voilà pourquoi maître Luther eut si beau jeu.

Retenez bien ceci, mon neveu, un parfum ne peut pas être trop doux, trop léger, trop vaporeux. Le bon parfum est aussi rare que le beau diamant, et bien plus digne d'un homme; c'est une jouissance qui doit être isolée pour être complète.

Surtout, en fait de parfums, méfiez-vous d'une odeur abominable qui est devenue en France, je ne sais comment, une chose de première nécessité : je veux parler de l'admirable *eau de Cologne de Farina*. On mettrait un vaisseau à flot avec l'eau de Cologne qui se dépense chez nous tous les ans; c'est un fluide qui brûle comme l'acide sulfurique et qui est un peu plus infect. La femme de l'épicier, la femme de l'huissier, la femme de chambre, le commis de boutique et le sous-lieutenant de génie en font une effroyable consommation; ils en font une eau virginale pour se rafraîchir le teint, une eau seconde pour se blanchir les dents; ils s'en arrosent les cheveux pour les faire friser; ils s'en appliquent des compresses sous les yeux pour s'empêcher de pleurer; ils en mettent partout; ils en mettent dans leur mouchoir de poche, et quand ils viennent à lever leur mouchoir, il s'exhale une odeur pourrie à vous faire tomber à la renverse. L'eau de Cologne et la térébenthine ont perverti l'odorat national chez nous, comme l'orgue de Barbarie et le tambour de basque ont gâté notre peu d'instinct musical. C'est une infection abominable! Et puis il y a des gens qui vous disent: — Vous êtes de grands poëtes! Si nous avions été poëtes quelque peu, nous aurions commencé par mettre au gibet M. Jean-Marie Farina et ses imitateurs, et tous ceux qui vendent de l'eau admirable à six francs les dix pintes. Vingt sous la pinte de parfums! Il me semble entendre dire à un faussaire: Achetez-moi mon collier de perles cinquante francs!

Disant cela, il tira de sa poche un petit flacon, puis il eut l'air de s'endormir, mollement enfoncé dans son grand fauteuil.

Telle fut à peu près sa dissertation sur les parfums.

Je ne sais pas ce que tu en penses; pour ma part, je l'ai trouvée aussi intéressante que la dissertation de Pline le Naturaliste: *De unguentis*.

XVI.

C'est vraiment un homme plein de science et d'originalité. Il a, sur tout ce qui existe, des aperçus si neufs et si fins, neufs du moins pour moi, que je ne puis assez te dire tout mon étonnement, non plus que tout mon plaisir à l'entendre parler. Il m'a déjà appris plus de choses en quelques mois que je n'aurais pu en deviner en toute ma vie. Quand il me voit, il fait tous ses efforts pour être aimable et gai et pour laisser de côté ce qu'il appelle son enseignement; mais son zèle l'emporte le plus souvent; tout d'un coup il monte en chaire, et il me parle des heures entières sur toute cette science de la vie élégante qu'il sait si bien.

Aujourd'hui, par exemple, nous avons parlé des détails de la toilette; il en a parlé sans façon, sans enthousiasme et sans colère, et il a été très-amusant; car son défaut, s'il en a un, c'est de s'emporter sans raison, et d'entrer dans de grandes fureurs à propos de la moindre chose qui lui déplaît.

— La toilette d'un homme, m'a-t-il dit, comme celle d'une femme, au reste, vit surtout par ses détails. Je ne vous parle pas de la toilette des femmes, que je n'ai jamais comprise; ce que les femmes appellent leur toilette est une chose si bizarre qu'il n'y a rien à en dire : ce sont des couleurs tranchées, des morceaux de ruban et des morceaux de gaze; ce sont des souliers bien faits pour un pied souvent mal fait, ce sont des gants collants sur une main très-maigre, ce sont de longs bras dont on voit le coude rouge, c'est une taille entassée dans un corset écourté, une foule de colifichets sans goût, sans grâce et sans valeur; ou bien ce sont de lourds diamants, plus habitués à être chez l'usurier que sur le cou raboteux de leur maîtresse ; ce sont des robes très-longues pour dissimuler des jambes très-mal faites ; ce sont des oreilles percées où pend de l'or mat, ce sont des cheveux entassés en chignon, pêle-mêle avec de faux cheveux ; c'est du rouge qu'elles mettent sur leurs joues, du noir dont elles teignent leurs sourcils, une large boucle, et une large ceinture qui coupe leur taille en deux ; tout cela est mesquin, d'ailleurs, et de valeur aucune. Prenez dans un bal la femme la plus élégante, déshabillez-la, ou plutôt faites-la déshabiller par votre valet de chambre, et faites vendre sa robe, son fichu, ses souliers, toute sa gaze et tous ses rubans, vous ne trouverez pas de tout cela de quoi lui acheter un pot de fard. *Frivolité est le nom de la femme*, comme Shakspeare l'a très-bien dit.

Au contraire, un homme comme il faut peut faire de chaque objet de sa toilette un très-grand objet de luxe, j'entends un luxe excellent et très-respectable, celui qui échappe à la foule, que la foule ne comprend pas, dont elle n'est aucunement jalouse, et dont même elle ne voudrait pas. L'homme de bon goût n'est occupé qu'à faire oublier sa présence, tout au rebours de la femme, qui cherche toujours, et par tous les moyens, à faire savoir qu'elle est là. Un homme comme il faut sort de son hôtel, il a des chevaux noirs, un harnais noir, une voiture anglaise et d'une couleur terne, des gens en habit, en bas de soie et sans livrée. Dans la ville, il va doucement et sans bruit ; cela ménage ses chevaux et lui concilie la bienveillance des passants. On sait gré de tout à un homme riche, surtout on lui sait gré de faire le moins de bruit possible. Ainsi, quand il s'arrête à la porte d'une maison, il descend en toute hâte, et son laquais referme doucement la portière de la voiture, au lieu de la jeter avec fracas. Un pareil homme a toujours l'air d'arriver à pied, c'est une prévenance pour ceux qui ont des chevaux de louage. Il entre dans un salon, on l'annonce sans son titre, s'il a un titre; chacun, dans son âme, pour l'en récompenser, le fait comte s'il est baron; il salue tout le monde sans relever ses cheveux sur le front; il va se placer à une bonne place peu apparente; et là, si vous le regardez, vous verrez tout de suite quelle supériorité il a sur ses rivaux. Au premier abord, il n'a rien qui se fasse trop remarquer; mais, si vous l'approchez de plus près, vous allez de découvertes en découvertes; sa montre est en argent, il est vrai, mais c'est une montre de Bréguet, qui n'en fait plus; sa chaîne est très-petite, c'est une chaîne vénitienne du bon temps; remarquez son cachet, je vous prie: c'est un camée du temps d'Auguste, un Alcibiade, s'il vous plaît, et il a été monté par quelque grand orfèvre florentin. Il porte à ses doigts des bagues d'un vieux siècle et d'un grand style; sa tabatière n'est pas en or, mais elle est surmontée d'un camée qu'il a porté, d'abord malgré la mode, et qu'il porte encore à présent que la mode en est venue, parce qu'il en a le droit. Il en est de même de tous les détails de cette personne; au jeu, il a de l'or tout neuf, frappé d'hier; et s'il laisse tomber une pièce d'or, il ne la ramasse pas. Il ne dispute jamais au jeu, il ne donne jamais de conseil, et il n'en demande jamais. Il rit peu, il écoute peu, il est plutôt froid qu'affable; il ne cherche nullement à être plaisant ni à amuser, il laisse ce soin-là aux plus pressés. Du reste, poli avec tout le monde, très-empressé auprès des femmes sur le retour, auprès des hommes puissants; indifférent aux célébrités sans fond; estimant la science autant que le pouvoir; tâchant de faire son profit de l'une et de l'autre, et les flattant tous les deux tant qu'il peut, parce qu'il y a toujours, dans cette flatterie, quelque chose à gagner pour lui. Voilà notre homme!

Un pareil homme ne sait jamais une seule anecdote; il ne connaît ni monsieur un tel, pair de France, ni monsieur le duc un tel, dont on parle devant lui avec éloges; il n'avoue jamais avoir vu la pièce nouvelle, et surtout il ne se permet pas de dissertation littéraire, la plus insipide des vanités.

Il ne parle jamais ni des nouvelles du soir, ni du cours de la rente, ni de la maladie régnante, quand il y a une maladie régnante; il parle quelquefois du roi, du dauphin, de la dauphine, de l'archevêque, et toujours avec le plus grand respect et la plus grande réserve, il dit : — Le roi, madame la dauphine, monsieur le dauphin, monseigneur l'archevêque de Paris.

Les autres parleront de leurs terres, de leurs chevaux, de leurs alliances, de leur fortune, de leur vieux père ou de leur jeune sœur; lui, il ne dit jamais un seul mot de ses terres, de sa fortune, de ses chevaux, des cheveux blancs de son père, de sa jeune sœur à marier. Il sait trop bien qu'on ne doit jamais importuner personne ni de sa fortune, ni de son esprit, ni de ses belles actions, ni de ses nobles sentiments.

Qu'on le prenne pour un homme de mœurs sévères ou relâchées, peu lui importe; il lui importe beaucoup de ne pas faire lui-même le prospectus de sa vertu ou de son vice. Ainsi, s'il a passé la nuit à table, ce n'est pas lui qui ira se dénoncer; s'il a entendu la messe de Saint-Germain-l'Auxerrois, il se gardera bien de s'en vanter. Lui parle-t-on d'une femme suspecte, il répond : — Je n'ai pas l'honneur de la connaître! Cela fait plaisir à toutes les femmes, et cela ne coûte rien.

Quand une femme laisse tomber son mouchoir, il ne se précipite pas pour le ramasser; mais il écoute parfois ce qu'elle dit, ou il fait semblant d'écouter avec un geste imperceptible d'approbation; cela suffit.

Il ne porte jamais une seule croix à sa boutonnière, excepté quand il a un habit noir; dans ce cas seulement, il laisse passer un bout imperceptible de ruban rouge, ce qui fait que tout le monde se souvient qu'il est officier de la Légion-d'Honneur et chevalier de cinq ou six ordres étrangers, avec l'approbation de Sa Majesté.

Il s'en va comme il est venu, sans éclat et sans bruit; il a peu parlé, il a peu souri, il a été très-peu galant, il n'a déployé aucun faste, et, quand il est parti, les hommes et les femmes s'accordent à penser qu'il est l'homme le plus aimable, le plus galant, le mieux élevé et le plus riche de la société.

XVII.

Ce matin, il est entré chez moi de bonne heure :

— Déjà levé! m'a-t-il dit; on voit bien que vous ne savez pas encore la valeur d'un instant perdu. Celui qui a inventé cette belle expression : *tuer le temps*, était un grand philosophe. Il n'y a pas d'ennemi plus difficile à tuer que celui-là. Donc je suis venu tuer le temps avec vous.

— A votre aise, mon oncle, lui ai-je dit. Cependant, je vous avouerai que le temps ne me paraît pas si long que vous dites. Il est vrai qu'en ma qualité de nouveau-né dans le bonheur de ce monde, je suis encore, Dieu merci, à l'abri de l'ennui.

— Soyez tranquille, mon neveu, l'ennui vous viendra, et de reste, quand vous n'aurez plus rien à voir de nouveau. Jusqu'à présent, l'avidité de tout voir, de tout comprendre et de tout sentir, vous a tenu les yeux ouverts comme l'esprit; votre bonheur a voulu que vous vinssiez ici pauvre et nu, puis que vous fussiez riche, puis élégant, ce qui est plus difficile que d'être riche; à présent, avant d'arriver à l'ennui, vous avez encore plusieurs degrés à parcourir : — l'ambition, — le plaisir, — l'amour. Une fois à ce dernier degré de l'échelle sociale, l'ennui vous prendra à la gorge, comptez-y.

— Mon oncle, lui dis-je, vous m'avez promis de me faire entrer dans le monde aussitôt que je ferais tout ce que font les gens du monde; je m'y suis appliqué de mon mieux; vous-même vous êtes content de votre élève : qu'attendez-vous pour me lancer?

— Je n'attends plus que deux choses, a-t-il répondu sérieusement, que vous sachiez tuer lestement votre homme et dompter un cheval!

Et encore cette autre chose, que vous sachiez ce que c'est que le vice, ce que c'est que l'amour, ce que c'est que le jeu, ce que c'est que le mensonge et la trahison, et l'hypocrisie et la politique; car il faut savoir tout cela pour entrer dans le monde avec un peu d'honneur.

— Il faut savoir tuer un homme? répondis-je.

— Oui, dit-il; car ce commandement de Dieu : *Tu ne tueras pas*, a été effacé par ce qu'on appelle l'honneur. Le duel, c'est l'égalité des hommes élevés dans le monde; le duel, c'est le despotisme des petits et des faibles. Celui-là est perdu dans ce monde de lâches, qui n'a pas le cœur de se battre, car alors les lâches, qui sont sans nombre, font du courage à ses dépens. Celui-là est perdu dans ce monde où l'opinion est tout, qui ne saura pas acheter l'opinion d'un coup de feu ou d'un coup d'épée; celui-là est perdu dans ce monde d'hypocrites et de calomniateurs, qui ne saura pas se faire raison, l'épée au poing, de la calomnie et du mensonge. La calomnie assassine mieux qu'une épée nue; elle vous brise, à coup sûr, bien mieux que la balle d'un pistolet. Je ne voudrais pas vivre vingt-quatre heures dans la société, telle qu'elle est établie et gouvernée, sans le duel.

Le duel est la seule égalité possible dans ce temps d'égalité; il égalise toutes les conditions; il comble toutes les distances; il réunit les membres épars du corps social; il fait de chacun de nous un pouvoir indépendant et fort; il fait de chaque vie à part la vie de tous; il fait de mon sang ton sang, et de mon cœur ton cœur; il rend la justice à l'instant où la loi ne peut plus la rendre; seul il punit ce que les lois ne peuvent pas punir, le mépris et l'insulte; ceux qui ont parlé contre le duel étaient des poltrons ou des imbéciles; celui qui a parlé pour et contre n'était qu'un sophiste. Les peuples de l'Europe ne sont encore des peuples civilisés aujourd'hui, que parce qu'ils ont conservé le duel.

Il faut donc qu'un homme sache se battre : l'escrime est aussi nécessaire dans une éducation bien faite que la grammaire; j'aimerais autant faire une faute d'orthographe que de manquer à parer tierce. Ainsi donc, je serai votre maître d'escrime, s'il vous plaît, et nous nous battrons tous les deux chaque matin jusqu'à ce que vous m'ayez touché.

En même temps, il envoyait chercher deux fleurets dans sa voiture. — En garde! disait-il. — Et le voilà qui me met en garde. — Le pied plus avancé, — le poignet plus en avant! — Couvrez-vous! couvrez-vous! — Faites-moi bien plus courts ces contre de tierce et ces contre de quarte; — marchez à l'épée à petits pas, mais d'un pas sûr. — La tête immobile, — le regard fixe, — la poitrine effacée; — soyez prompt à la parade, — et qu'une fois l'épée au vent, rien ne vous étonne. — Une! deux! — Que votre pied tienne à la terre! tenez-vous à la terre! — Figurez-vous que vous parez les traits de feu de l'éclair. — Il m'a ainsi donné de très-longues leçons chaque matin pendant plus de trois grands mois.

Si tu savais quel est cet homme quand il tient une arme! la vue du fer lui donne la fièvre; j'ai senti trembler sa main quand il me plaçait en garde, quand il a découvert ma poitrine, quand il m'a mis droit vis-à-vis de lui! On n'a pas l'œil plus rapide! on n'a pas la main plus ferme! Il loue, il blâme, il s'écrie. — Il me dit quelquefois: — Vous présentez le flanc… — Rompez! — Avancez! — c'est bien! — c'est mal! — Puis il se bat comme s'il était en face d'un ennemi; il s'agite, il se démène, il est furieux, il est immobile! Tout ce que je puis faire, à force de sang-froid, c'est d'éviter, dans mes assauts avec lui, de terribles coups de bouton qui me meurtrissent la poitrine et les bras.

Puis, quand nous nous sommes bien battus, il jette son fleuret…. il s'approche de moi…. il découvre mes bras et ma poitrine… il compte les coups…. — Oh! pauvre petit! quels horribles coups! En voici un qui t'aurait percé d'outre en part. — En voici un qui allait droit au poumon…… — En voici un qui te perçait le cœur, grand Dieu! A ces mots, j'ai cru qu'il allait se trouver mal. Il m'aime tant!

XVIII.

Nos leçons d'escrime continuent. J'ai voulu aller dans une salle d'armes faire assaut chez un professeur célèbre; mon oncle est venu avec moi.

Entré dans la salle, j'ai demandé au maître d'escrime de faire deux ou trois passes avec moi; il m'a trouvé déjà très-habile et très-délié; il a dit que je me battais peu dans les règles, mais que j'avais le jeu subtil et embarrassant. —

Mon oncle a voulu nous voir plus animés, alors nous nous sommes porté des bottes plus sérieuses : c'était vif et hardi, c'était nouveau ; je touchais pour le moins aussi souvent que j'étais touché ; on faisait cercle autour de nous. La vue de tant de regards m'anima comme fait une chanson de guerre au départ. Je rompis, je revins ; j'allais vivement ; cela fatiguait mon prévôt ; une fois sorti de ses coups et de ses démonstrations, il perdait la tête ; à mesure que je m'escrimais, il se décourageait ; bref, je l'ai désarmé ; son fleuret a été tomber au bout de la salle. — On m'a applaudi beaucoup ; le prévôt a été sifflé.

Ce maître d'armes est un ancien militaire de la vieille garde impériale. — C'est un de ces vieux grognards de romans et de vaudevilles, toujours sur le point d'honneur ; insupportables rodomonts, à qui l'Empire avait donné de grandes habitudes d'impertinence ; du reste, fort entêté de son art, jaloux de sa renommée, colère, très-aimant le vin, bretteur, et ne craignant guère de voir couler le sang.

Cet homme, se voyant désarmé par moi et entendant les railleries cruelles de la salle d'armes, s'oublia jusqu'à porter la main sur ma joue.

O Christophe ! un soufflet ! tu ne saurais croire, non jamais tu ne pourrais imaginer quelle est cette rage, quelle est cette honte, quel est cet effroi ; — un soufflet !

C'est la dégradation qui tombe sur vous !... Cette chair qui heurte votre chair, vous écrase l'âme... Vous sentez à votre joue du sang qui y pèse comme la fange... Le feu de la honte vous dévore.... une joue ainsi tachée ne se lave qu'avec du sang.

Cependant cette immense colère me trouva calme ! Je frappai mon fleuret à terre et j'arrachai le bouton.

Mon antagoniste en fit autant, ce fut l'affaire d'une seconde; le fleuret fut une épée des deux parts; le fer, innocent jusqu'alors, redevint mortel.

Et nous nous précipitâmes l'un sur l'autre avec une rage inouïe... moi surtout j'étais au ciel! Ce n'était plus l'escrime ordinaire, ce n'était plus le même fer, ce n'était plus la même terre : c'était une terre toute nouvelle, c'était un combat, c'était une boucherie! Ciel et terre! je ne puis dire ce qui se passa dans mon cœur; mais, évidemment, je voyais déjà un grand trou dans le cœur de mon ennemi qui s'escrimait devant moi; à mon premier geste, il avait compris qu'il était mort.

Me vois-tu, moi, en présence de ce vieux spadassin habile, moi, la poitrine toute nue, et le fer à la main, nu devant cet homme qui aurait pu être mon père, moi qui me vengeais d'un affront brutal! C'était le citoyen en garde avec le soldat; c'était le jeune homme disant au vieillard : *Va-t'en!*

Son épée me passa sous le bras; en voulant parer, je glissai, je tombai, il vint frapper du ventre sur mon fer.

— Il est mort, dit mon oncle; je suis content de vous, mon neveu.

Disant ces mots, il jeta sa bourse à la femme de ce pauvre diable. Elle reçut cet argent avec autant de joie que si on lui avait payé un cachet vingt fois sa valeur.

XIX.

Tu ne sais pas ce qui se passe dans l'âme, quand on a tué un homme. C'est une abominable sensation. Voir tomber au bout de son fer cette vive et puissante création! Sentir à peine que votre fer enfonce dans cette vie, et au bout de votre épée trouver une âme! une âme immortelle! Subir ce dernier et vague regard du mort, qui ne sait pas au juste ce que doit chercher son dernier regard! Avoir à ses pieds cette masse inerte, et se dire que tout à l'heure, à l'instant même, ici même, ici, ce grand corps animé s'agitait autour de vous avec du feu dans ses yeux et du feu au bout de son épée, et du feu dans son cœur! — Ce grand silence qui succède à ce grand bruit! Horreur! horreur! — et cependant puissance aussi! et cependant volupté aussi, et cependant joie immense d'avoir échappé à la mort, et cependant estime des hommes et son estime à soi! car les hommes et vous-même vous savez que vous n'avez pas eu peur! Oh! je conçois la guerre, je conçois les mourants et les morts, je conçois les cadavres, je conçois toutes les rages de l'homme, je conçois tout, à présent que j'ai tué un homme! J'ai appris la vie sur ce cadavre, aussi bien que l'homme qui dissèque; j'ai appris le courage sur un homme mort. Merci, pauvre homme, merci de ton injure; merci de ta main sur ma face, merci de ta brutalité des camps! Merci, tu meurs pour moi aujourd'hui! Ta vie va profiter à ma vie, ton âme servira de cuirasse à mon âme, ton corps à mon corps; merci! Quelle que soit ton injure envers moi, je te la pardonne à ce prix-là; je suis chrétien!

XX.

Ce qu'il y a de singulier en ceci, et ce qui donne un horrible démenti à cette loi de Dieu : *Homicide point ne seras!* c'est que la justice des hommes ne s'est pas plus inquiétée de cet homme tué que si j'eusse écrasé un chien enragé au coin de la rue; au contraire, depuis mon duel, tous ceux qui en ont su quelque chose, loin de me regarder comme un monstre taché du sang de son semblable, me saluent avec beaucoup de politesse et de courtoisie; si le mort n'était pas de mon rang, il était passé maître en fait d'armes, ce qui égalise bien des conditions. Que te dirai-je? rien ne se peut comparer à la considération dont je jouis depuis ce malheureux jour.

XXI.

Mon oncle n'est pas le dernier à me complimenter de ce grand triomphe que je viens de remporter sur la mort. C'est un homme très-compétent en ces sortes d'affaires, et dans le monde ses jugements sont sans appel. A le voir si doux, si calme, si poli, si réservé, qui le dirait? c'est pourtant une des épées les plus redoutées de Paris. — Prosper, me disait-il, ne va pas raconter à ta mère que j'ai joué ta vie si vite et avec si peu de façons; j'avais décidé en moi-même que tu ne te battrais qu'un mois plus tard; la brutalité de cet homme a tout fait; heureusement que tu l'as tué. Vois-tu, mon enfant, on ne meurt que lorsqu'on n'a plus rien à faire sur cette terre. Si tu avais été frappé par ce spadassin, je me serais dit : — Cet enfant ne devait pas aller bien loin, puisque la mort l'arrête si vite; je t'aurais donné une belle tombe en marbre, pour me parer de ta mort comme je me pare de ta vie; j'aurais inscrit mon nom dans le cimetière du Père-Lachaise sans avoir besoin de m'y faire porter moi-même; et qui sait? je me serais fait quelques admirateurs de plus, avec un beau morceau de marbre noir orné de lettres d'or. Toutefois, je ne suis pas encore un assez grand égoïste pour ne pas être fort heureux de te voir debout, et tout prêt à me faire honneur, toi vivant ! Maintenant te voilà en bon chemin dans le monde; rien ne vous annonce un homme comme un duel bien fini. Marche donc en avant ! ton premier duel t'en épargnera d'autres; marche ! tu as parfaitement compris que le duel doit être un combat à mort, et qu'après l'opinion, rien n'est cher autant que la vie. C'était, il est vrai, commencer bien vite à mettre mes enseignements en pratique, mais tu t'en es tiré comme un brave et digne jeune homme. La société te doit maintenant tous ses respects, puisqu'elle a mis ses respects au bout d'un fleuret déboutonné. Tu t'es montré homme de cœur, la société n'a plus qu'une chose à te demander à présent, c'est de te montrer homme d'esprit.

Mon Dieu ! que j'aurais été désolé, quand j'y pense, si tu avais été tué par cet homme ! J'aurais perdu à la fois mon neveu, l'enfant de ma sœur, et, qui plus est, j'aurais perdu mon paradoxe. Or, tu sauras plus tard, mon fils, qu'on s'attache autant aux paradoxes qu'on a faits soi-même, qu'aux vérités qu'on a trouvées. Le paradoxe appartient en propre à celui qui l'invente ; la vérité est le domaine de tout le monde. Mon cher paradoxe Prosper, je vous répète que vous vous êtes bien battu !

Bonjour. Hélas ! je donnerais dix ans de ma vie pour pouvoir embrasser ma mère — et t'embrasser !

XXII.

Il a toujours à me faire quelque surprise nouvelle, des surprises incroyables et qui tiennent du prodige pour moi, pauvre et abandonné enfant ! Toutes les fois qu'il me donne quelque chose, ce don nouveau me fait mal, et cependant je l'accepte, parce qu'en acceptant ses premiers présents je me suis tacitement engagé à recevoir tous les autres.

Donc il m'a dit aujourd'hui, au moment où je le quittais, après déjeuner : — Savez-vous monter à cheval?

— Mais, mon oncle, j'ai souvent monté les chevaux les plus fougueux, je suis tombé de cheval bien des fois!

— En ce cas, m'a-t-il dit, si vous êtes souvent tombé de cheval, vous devez être quelque peu un cavalier; il faut donc que vous ayez des chevaux.

— Des chevaux à moi, mon oncle! Mais si vous me donnez des chevaux, il me faut une autre maison, un second domestique, que sais-je? Vous allez donc vous ruiner pour moi?

— Oh! dit-il, sois tranquille, j'ai beaucoup d'argent. — Il te faut un cheval; — ceci est une des conditions d'un certain monde; on n'y entre pas à pied, on y entre encore moins dans ces dégoûtants véhicules remplis de paille et d'ordures qu'on appelle des cabriolets, encore moins dans ce boudoir ambulant des bourgeoises de qualité ou des phrynées de carrefour, qu'on appelle un fiacre. Aujourd'hui, bien que l'honneur soit en grande considération, il vaut mieux être porté en simple tilbury que de porter la croix d'honneur. Tant que tu n'auras pas de chevaux à toi, le café Tortoni te sera fermé le matin; la Bourse, ce grand temple de la fortune publique, te recevra avec mépris et dédain sur le milieu du jour; le bois de Boulogne s'indignera le soir de te voir allant au petit galop sur une rosse de louage. Grâce à ton cheval, tu auras bientôt gagné l'estime des laquais et des femmes, ce qui est beaucoup. Les écuries d'Abraham Aaron, le maquignon, servent d'antichambre au monde de la Chaussée-d'Antin, tout comme l'église de Saint-Sulpice sert d'antichambre au faubourg Saint-Germain. Il te faudra donc passer par l'écurie et par l'église, si tu veux être quelque chose dans ces deux univers du vice et du catholicisme élégants. Passons donc par l'écurie d'abord, nous passerons par l'église ensuite, elles se tiennent. Et il me mena du même pas chez Abraham Aaron.

Mon oncle est tant soit peu maquignon (il prétend qu'il faut se connaître en chevaux quand on est un jeune homme).
— Voici, a-t-il dit au digne Abraham, un jeune étranger de mes amis qui veut acheter deux beaux chevaux; un cheval à deux fins, pour la selle et le tilbury, et un cheval de selle. Traitez-le bien, et, si vous le volez, soyez honnête homme, volez-le sur le prix et non pas sur le cheval.

Pendant qu'on sortait l'un après l'autre tous les chevaux de l'écurie : — Croisez-vous les bras, me dit mon oncle tout bas; tenez-vous ferme sur vos jambes, votre cravache renversée, l'œil tendu, et dans l'attitude du plus profond recueillement... surtout ne dites mot; Aaron, et tous les jeunes gens qui sont ici, imagineront que vous êtes un très-habile connaisseur; or, cela sert toujours dans l'occasion, ne fût-ce qu'à revendre son cheval.

Après bien des essais devant tout ce monde qui nous regardait, rien n'étant amusant pour ceux qui ont des chevaux comme de voir un nouveau venu qui en achète, nous avons retenu deux chevaux de très-belle apparence, vifs, animés, élégants, l'œil superbe, au prix de cinq mille francs les deux.

Oui, cinq mille francs deux chevaux! dix arpents de belles vignes, deux chevaux! la fortune d'un paysan; la dot de ma sœur Cécile; plus d'argent que tu n'en gagneras dans toute ta vie, mon Christophe! J'en ai honte! mais aussi j'en ai grande joie: je les entends qui entrent dans mon écurie, et je descends pour les embrasser... après toi!

XXIII.

Nous sommes dans le fourrage, dans les harnais, dans les voitures jusqu'aux oreilles; l'équitation a remplacé l'escrime. Mon maître ne m'a pas envoyé au manége, plus qu'il ne m'avait envoyé à l'académie. — La meilleure manière de tomber d'un cheval, dit-il, c'est d'apprendre à le monter. L'équitation, c'est comme l'escrime; seulement, au lieu de se battre avec un homme, on se bat avec un cheval. Il faut à peu près le même sang-froid, le même courage et la même habileté; il faut avoir la main aussi légère pour dompter celui-ci que pour tuer celui-là. Je t'ai appris deux ou trois coups d'épée qui sont sûrs; je n'ai pas autre chose à t'apprendre pour ton cheval : tiens-le des genoux avec vigueur, lâche-lui la main; que sa tête soit libre et son flanc captif; surtout, pas plus de ménagement pour le cheval que pour l'homme; une fois en garde, frappe de l'épée, et en avant! une fois à cheval, frappe de l'éperon, et en avant!

Notre première sortie à cheval n'a pas été malheureuse; il m'a laissé le plus beau des deux; il a monté le cheval à deux fins; il a trouvé que j'étais bien en selle pour un provincial. Après les premières ruades, j'ai été le maître de mon cheval; je l'ai mis au pas tant que j'ai voulu; puis je lui ai rendu la main, et nous avons été au petit galop. C'était un samedi..... au bois de Boulogne..... la promenade était arrosée... l'air était frais..... le beau monde était au dehors. Avant d'être à cheval et sur mon cheval, je n'avais jamais vu le monde de niveau; je l'avais toujours vu de bas en haut, m'arrêtant aux armoiries de la calèche et n'allant pas au delà; maintenant que je suis en selle, je vois tout ce qui se passe dans cet univers roulant sur quatre roues. Dans ces frais sentiers sans bruit et sans poussière passent toutes les beautés, toutes les jeunesses, toutes les gloires consacrées, c'est-à-dire toutes les gloires qui vont en voiture. C'est un beau monde, vu ainsi! On n'a pas le temps de l'analyser, il paraît et il s'en va; il montre sa grâce, et il fait comme la Galathée, qui s'enfuit dans les saules aussitôt qu'elle a laissé entrevoir son petit museau rose; il passe et il repasse, ce monde de pouvoir et de luxe, et il n'a que le temps de sourire en silence, le muet qu'il est; il est charmant, il est séduisant; il est si innocent, vu de loin! Vu de loin, l'imagination est pour beaucoup dans cet enchantement d'une heure! C'est le monde tout au rebours de ce qu'il est d'habitude. On craint de se heurter, au bois de Boulogne, on se fait place l'un à l'autre; on s'avertit du moindre cahot; on dirait un peuple de frères. Voyez comme ces jeunes gens se saluent et s'admirent! voyez comme les femmes ont le sourire gracieux et facile! La foule à pied qui passe dans leur poussière et qui se traîne lentement dans leur sillon, n'aperçoit ni ces grâces, ni ces sourires! Moi, à cheval, je vois tout cela, je domine tout cela, j'ai des ailes comme les autres :

>...... *Et album*
>*Mutor in alitem* .....

XXIV.

Mon cher précepteur a fait de l'écurie une science; voici tantôt dix jours qu'il n'est occupé qu'à me démontrer la sellerie et la manière de se connaître en harnais, en voitures, en équipages de toutes sortes :

— Une fois qu'on est dans le luxe, m'a-t-il dit, il faut bien prendre garde de tomber dans le bourgeois, c'est-à-dire dans le commun. En général, l'homme élégant ne saurait avoir trop d'horreur et d'éloignement pour tout ce qui est bourgeois. Le bourgeois n'entend rien à la vie élégante, heureusement pour nous, grands seigneurs, qui ne pouvons nous défendre contre la grande fortune que par notre sincère mépris pour tout ce qui est riche. Le bourgeois achète un cheval; on lui dit que le cheval a eu le feu aux quatre jambes, il répond : — Qu'est-ce que cela me fait, pourvu que le cheval me porte? et il croit avoir fait une excellente affaire en payant son cheval mille francs de moins. Le lendemain, le bourgeois achète une voiture; on l'avertit que la forme de cette voiture date de l'année passée, et que, par conséquent, elle est plus vieille que si elle avait dix ans. Le bourgeois répond : — Que m'importe, pourvu qu'elle me traîne? et il achète la voiture. Le bourgeois est l'égout complaisant où s'en vont nos vieilles voitures, nos vieux chevaux, nos vieux harnais, nos vieilles maîtresses, tout notre luxe de la semaine passée, acheté à crédit; il achète tout cela avidement et au comptant, et à moitié prix... L'idiot!... comme si le cheval que nous lui vendons ne nous avait pas servi tant qu'il pouvait nous servir! comme si nous avions encore à faire quelque chose avec la voiture ou la maîtresse que nous lui cédons! Il faut donc, à propos de toutes nos folies, dont il paie la bonne moitié, compter beaucoup sur le bourgeois; mais, pour cela, il ne faut pas être un bourgeois soi-même, il ne faut pas dire comme lui : Qu'importe? Choisis donc avec le plus grand soin tes maîtresses, tes chevaux et tes voitures; que tes maîtresses soient belles avant tout; peu importe qu'elles soient sans âme et sans cœur, ce serait de l'âme et du cœur pour le bourgeois. Que tes chevaux soient fringants et vifs ; peu importe qu'ils aient du fond, ce serait du fond pour le bourgeois. Que tes voitures soient élégantes ; peu importe qu'elles soient solides, ce serait de la solidité pour le bourgeois. Jouis de tout, flétris tout, gâte tout, fais tout ce qui te plaît, mon enfant ; livre-toi à toutes tes fantaisies ; fais des enfants et prends des maîtresses, sauf ensuite à faire adopter tes bâtards et à faire épouser ta maîtresse par le bourgeois.

Il me donna ainsi toutes les leçons imaginables de prudence et de plaisir. Quel bon maître j'ai trouvé là !

XXV.

Tu sais déjà que c'est un homme souvent très-dur et d'un sarcasme impitoyable ; son mépris pour l'espèce humaine vous rendrait tous les hommes haïssables. Il a tant d'esprit et de finesse quand il parle, la raillerie lui vient si naturellement, qu'il faut céder malgré soi. Maintenant, après avoir combattu quelque temps dans mon âme, j'écoute sans frémir toutes ses cruautés ; bien plus, je les répète, et souvent j'y applaudis ; car, en résumé, toutes ses cruautés sont pour moi, elles sont pour l'homme que renverse ma voiture ou que je tue en duel ; il me couvre comme d'un manteau de son profond égoïsme, et ce n'est pas sa faute si je tremble de terreur et de froid sous cet abominable manteau.

Aussi, malgré son rire forcené, il y a des jours où je l'aime, je crois, presque autant que je t'aime. Je me vois riche, heureux, considéré, grâce à lui. D'abord il m'a donné tout ce qui fait l'aisance ; puis, de l'aisance il m'a jeté dans le luxe, ou plutôt il m'y a porté avec toutes les transitions convenables. Il m'a trouvé un enfant pleureur et craintif, il a fait de moi un homme hardi et brave; sans lui, grand Dieu! que serais-je devenu dans cette odieuse et insensible cité?

En effet, plus j'avance, et plus je comprends à quel dernier et misérable échelon de l'échelle sociale le destin m'avait placé. Plus j'avance, et plus je comprends, aux battements de mon cœur, au bouillonnement de mes sens, au son de ma poitrine, qui est rude et fort, à quels malheurs les passions m'auraient poussé, si les passions qui me viennent m'avaient trouvé dans la misère, pauvre et nu, sans pain, sans asile, sans soutien, tourmenté par mes jeunes et poétiques études, tourmenté par mes beaux rêves de vingt ans! Que serais-je devenu, grand Dieu! si la passion avait saisi mon cœur humilié par la misère? car alors il aurait fallu ajuster ma passion à la taille de ma fortune! — Ou bien encore, que serais-je devenu si les passions m'avaient saisi au corps et à l'âme dans le crasseux séminaire où j'allais être admis par charité? Que serais-je devenu, grand Dieu! et quel abominable hypocrite j'aurais été, et quel emporté vicaire! et quel jésuite dissolu! je frémis, rien que d'y songer.

Mais aujourd'hui, quelle différence! quel beau soleil! quelle oisiveté élégante et jeune! quel avenir chatoyant! Je vais, je viens, je grandis, je me pare et je rêve à l'aise. Je sais par cœur le fort et le faible de cette société dans laquelle je vais entrer; je prête l'oreille, et j'écoute la voix du monde qui est là-bas et qui m'appelle. J'entends le flot qui bourdonne, j'entends la grande mer qui s'agite; moi aussi je vais me lancer dans cette mer, moi aussi j'ai mon pilote, j'ai mon guide, j'ai mon protecteur tout-puissant qui me défendra de l'orage et des autans!

Pardonne-lui donc, Christophe, un peu de dureté pour

les autres, en faveur de la bienveillance qu'il porte à ton ami.

XXVI.

Je t'annonce avec joie — et avec crainte, qu'enfin je vais bientôt le voir de près, cet univers que je n'ai vu encore que de loin. Je l'ai dit à mon maître hier : — A présent que j'ai passé par la salle d'armes et par l'écurie, maître, qu'attendez-vous?

Il m'a répondu en souriant :

— Nous entrerons dans le monde bientôt, mon cavalier; mais, patience encore. Vous avez déjà tué votre homme, c'est bien! vous montez un cheval de deux cents louis, c'est au mieux. Occupons-nous maintenant de trouver les quatre choses que voici : un nom, un vice, une opinion, un état.

— Mon oncle, lui dis-je, vous avez dit là une grande vérité, comme le disait mon père. Oui, vous avez raison, donnez-moi un état pour que je gagne ma vie, pour que je puisse dire à moi-même et aux autres qui je suis. C'est vraiment triste à mener cette vie de mendicité et de hasard.

Disant ces mots, j'étais heureux et fier de savoir que j'allais sortir de cette élégante et misérable oisiveté.

Mais, je le répète, c'est un homme, tout bon qu'il est, qui est ennemi des illusions les plus innocentes. Il m'a laissé dire, et quand j'ai été fatigué, il a pris la parole :

— Enfant que tu es! n'as-tu pas honte? te voilà devenu un bourgeois tout d'un coup. Le bourgeois se sert de son cheval pour ses affaires, tu veux un état pour vivre : c'est un métier que tu veux dire. Enfant! quand je te parle d'un état, moi, ton ami, je ne te parle pas de la quittance de ton boucher ou de ton propriétaire; je te parle d'un titre à prendre, qui explique tout d'un coup ta position sociale. Autrefois, quand c'était le règne des nobles, un titre honorifique suffisait, on était duc ou marquis, la société n'en demandait pas davantage; elle savait que la noblesse donnait le privilége de vivre grandement et sans rien faire. Aujourd'hui, tous les efforts de la vieille cour pour réhabiliter la noblesse ne l'ont pas tellement réhabilitée qu'un gentilhomme puisse se contenter de dire : — *Je suis marquis!* La société, qui est toute composée d'éléments plébéiens, répondrait à ce marquis : Vous êtes marquis, et quoi encore? C'est ce *quoi encore* que je veux te donner. Qui se soustrait aujourd'hui à cette loi générale de la société, risque de passer pour un chevalier d'industrie, et c'est ce qu'il ne faut pas; il faut marcher tout droit devant soi au soleil, la tête levée; il faut que tout le monde sache de quoi vous vivez : on peut avoir une maison murée aujourd'hui, mais il faut que le coffre-fort soit ouvert. Voilà donc, mon ami, ce que j'entends par ce mot, *un état :* c'est la plus grande indépendance possible avec le moins de travail possible. Plus l'indépendance est grande, moins le travail est pénible et plus la profession est belle. Il ne faut donc pas à ce mot, *un état*, sauter de joie, et faire de l'enthousiasme comme s'il s'agissait d'une action héroïque. Ce n'est rien moins qu'un sacrifice que je te demande, rien moins que de la résignation et du travail; en te donnant un état comme je l'entends, je t'applique une loi de la société oisive, une loi comme celle qui t'impose d'avoir un habit propre et un beau cheval, et de bien tuer ton homme dans l'occasion. En même temps, il me développa la grande théorie de l'état, du nom, du vice, et de l'opinion politique. Sa théorie est curieuse et pleine d'intérêt; j'en ai perdu bien des aperçus trop déliés pour moi; je t'en ai gardé le moins que j'ai pu, par pitié et par ménagement pour toi, Christophe!

XXVII.

Le malheur des temps, m'a-t-il dit, a multiplié le nombre des états honorables. Autrefois, quand le mot gentilhomme voulait dire *propriétaire*, il n'y avait qu'un état honorable, c'était d'être un gentilhomme. Le véritable gentilhomme c'est le propriétaire. On ne compte plus par quartiers, mais par arpents de fermes ou de bois; on ne dit plus : il est duc, on dit : c'est un propriétaire de la rue de Rivoli! Toutefois, comme de nos jours on s'amuse à refaire une noblesse, il faut compter la noblesse pour quelque chose; ainsi, le métier par excellence, ce serait de réunir un vieux titre à l'industrie moderne, de tenir au temps passé par les aïeux, à l'heure présente par les affaires. Mais la difficulté est grande jusqu'à ce jour. Les plus habiles combinaisons ont fait de vains efforts pour y parvenir, à cet état bienheureux entre le passé et l'avenir.

Celui-ci s'est fait magistrat pour faire partie de la justice de ce pays; mais à peine assis sur les fleurs de lis, il n'a plus rien trouvé des terreurs, du crédit, des honneurs de la magistrature antique. Son poste lui donne à peine de quoi payer un valet de chambre; les mères de famille défendent à leurs filles de danser avec lui : — il est trop pauvre! L'autre s'est fait maréchal-de-camp : il a pensé que son nom lui compterait pour vingt campagnes; mais le vieux soldat de l'Empereur montre du doigt cet officier de fraîche date, dont la noblesse s'arrête justement à Marengo. — Ceux-ci, riches et vilains, ont imaginé d'épouser des filles bien nées; mais ils ont trouvé qu'ils avaient fait un faux calcul. C'était bon autrefois, quand la noblesse valait l'argent; mais aujourd'hui que la noblesse vaut moins que l'argent, il n'y a plus d'égalité dans ce genre de transactions; une des deux parties est la dupe de l'autre; le plus souvent, dans ces sortes de transactions, il y a deux dupes et deux fripons.

Autre tentative. Il y en a qui ont sollicité des places à la cour, et qui les ont obtenues; bien plus, on les a refaites tout exprès pour eux; même désignation, même privilége, même broderie, rien n'y manque; mais si ces places étaient encore à la cour, le bon public n'y croyait plus. Il y croyait autrefois, parce qu'elles s'achetaient et se vendaient comme une charge d'avoué et de notaire, et qu'elles représentaient un capital. Aujourd'hui, une charge à la cour, c'est beaucoup moins qu'un capital : c'est une stérile faveur; on n'en veut plus.

Tu vois, mon ami, que cette multitude d'états raisonnables est très-embarrassante et très-nombreuse. Et encore ne t'ai-je parlé que des états connus de tout temps; de nos jours, on a inventé quelques états nouveaux qui méritent aussi beaucoup de défiance et d'attention.

Les uns, gens d'esprit et encore plus gens d'audace, se font marchands d'esprit et d'audace. Ils vivent de leurs saillies comme l'oiseau vit de son chant; ils font rire ou ils font pleurer la multitude; ils sont poëtes, dramaturges ou vaudevillistes; ils sont riches, le poëte trois mois sur douze, le faiseur de drames, neuf mois dans l'année, le vaudevilliste, toujours. Avec ton esprit, je te conseillerais ce métier; mais avec tes belles études, avec ta bonne mine, et ta jeunesse encore naïve, je ne te le conseille pas.

Les autres sont les rois de l'opinion, cette reine du monde ; la presse périodique les dévore bouche béante. Ils gaspillent à chaque heure du jour ce que le ciel leur a donné d'âme, d'esprit, de cœur, de pensées, d'amour, de présent et d'avenir. C'est l'histoire des enfants jetés dans les bras dévorants de Saturne. C'est un beau métier, sans doute : imposer son opinion à la masse, diriger les royaumes, contenir la haine de la foule, exciter son amour et lui désigner ses héros ; mener à son gré cette ville populace, qui sait lire tout juste assez pour être trompée ; faire sauter de dépit le roi sur son trône et le ministre dans son lit ; renaître chaque matin plus puissant et plus fort ; — être éternel, — être puissant comme la vieille maîtresse d'un jeune prince ; — bien plus, être le chef de la seule croyance de son temps ; savoir qu'on ne croit plus qu'en vous seul ; savoir que le peuple a brisé ses dieux pour faire de vous son dieu ! — qu'il a chassé ses oracles pour faire de vous son oracle ! — qu'il a déserté le temple et la chaire chrétienne, pour s'attrouper dans votre temple et se presser autour de votre chaire ! savoir tout cela, et chaque jour, à son réveil, imposer à la foule ses tristesses et ses joies, sa louange ou son blâme, sa pitié, sa colère, ses caprices, ses vanités ! — n'être ni roi, ni prince, ni pontife, ni femme perdue, et cependant vivre aussi puissant qu'un roi, aussi estimé qu'un pontife, aussi riche qu'un prince, aussi heureux qu'une femme perdue de mœurs : c'est cela qui est un bel état ! — une grande trouvaille qui fait honneur à ce siècle politique ! Voilà où j'aurais voulu te voir arriver. Mais, si c'est là une profession décevante, c'est aussi là une profession de tous les jours, une passion de toutes les heures, une colère de tous les instants de la vie ; — une suite prolongée de haines, de discordes, de batailles, de calomnies, de grincements de dents. A ce métier, les plus braves pâlissent, les plus infatigables se fatiguent, les plus abondants s'épuisent. La presse est une furie qui se dévore le sein après avoir tout dévoré autour d'elle! Elle a tué le génie en France, elle a épuisé, à son profit, l'esprit, la gaieté, la satire, la chanson, la comédie, le roman, le poëme, le petit et le grand vers, l'ode, tout ce qui était l'orgueil et la préoccupation de la France poétique et littéraire; la presse périodique a tué les livres; elle a remplacé l'ouvrage pensé et fait à loisir, par une facile improvisation d'une heure; le volume consciencieux et durable, par une feuille en l'air qui va et qui vient, ramassant les insectes, comme la chauve-souris le soir, ou comme l'hirondelle le matin. Avec la presse périodique, rien de grand n'est possible, rien de durable n'est possible; c'est l'enfant prodigue qui mange son bien en herbe; c'est la dernière et triste poésie d'une nation qui a tout dit, qui a tout fait, qui a tout pensé, qui a tout rêvé, qui a tout épuisé, même le néant.

Garde donc ta belle vie et ta belle jeunesse pour un travail moins horrible. Enfant, ne livre pas à la foule, qui ne t'en saura aucun gré, tant de précieuses qualités; ne te jette pas à corps perdu dans ce gouffre impitoyable qui te dévorerait tout entier. Oui, certes, j'aimerais mieux encore te savoir colonel, médecin, notaire ou procureur du roi quelque part, mon neveu, que de te voir chaque matin jeter à cette ignorante populace ce qu'un homme a de plus précieux et de plus cher dans l'esprit et dans le cœur.

XXVIII.

J'ai repris haleine. — Revenons à la dissertation de mon oncle :

Je ne veux pas, m'a-t-il dit, oublier dans le nombre des beaux états, l'état politique, la députation. C'est un bel état, et je comprends que s'il était permis aux jeunes gens de l'aborder, ce serait une noble carrière pour un jeune homme; mais attendre que l'on ait quarante ans, c'est trop attendre; à quarante ans l'homme sage a fait sa fortune, l'homme d'esprit en jouit, l'homme inutile est jugé, et l'imbécile est à sa place quelque part, à l'Institut ou au Conseil-d'État.

Si je t'avais rencontré plus jeune, j'aurais fait de toi un savant. La profession de savant est encore une de ces terres inconnues, voisines de l'Eldorado, où les moutons sont habillés de pourpre, où les enfants jouent avec des pavés d'or. Si tu veux arriver à coup sûr à sept à huit mille livres de rentes, rien n'est plus simple : il suffit d'apprendre à épeler quelques-unes de ces langues que personne ne sait et ne parle, l'hébreu, le syriaque, le chinois. Vous êtes seul dans votre partie : pas de jalousie, pas d'intrigue; vous avez dans l'état la valeur d'une de ces médailles d'or ou de billon de la Bibliothèque Royale, auxquelles personne ne touche. Malheureusement, la science que je dis là est devenue un monopole. Les messieurs qui ont obtenu ces sortes de positions les laissent à leurs enfants, comme s'il s'agissait d'un herbage en Normandie.

Il ne faut donc pas aller sur les domaines de ces braves gens, ce sont des domaines substitués.

— Tout bien calculé, me dit-il enfin, quand il eut récapitulé toutes les professions libérales, il n'y a plus qu'un état dans le monde, c'est la finance. Être un financier, ce n'est pas être un marchand, ou plutôt c'est vendre de l'or; et la marchandise est si belle qu'elle ennoblit la profession. L'argent!... l'argent!... c'est la force, c'est la puissance, c'est tout... L'argent a tout fait en Europe; il a été plus loin que la création, il a refait la maison de Bourbon, il a ranimé les morts... L'argent fait la paix et la guerre; il apaise ou bouleverse les villes; il détrône les rois; c'est toujours l'argent du roi de Macédoine chanté par Horace :

> *Aurum per medios ire satellites,*
> *Et perrumpere amat saxa, potentius*
> *Ictu fulmineo.*

L'or brise les citadelles aussi bien que la foudre! il est plus puissant que la *foudre*. Songe à cela!... C'est la seule aristocratie qui soit restée debout. Tout passe, tout pâlit... pouvoir, beauté, grandeur, noblesse...; l'argent reste! Ouvrard a pu acheter à l'encan, pour faire un tapis à ses chiens, les quatre bâtons de bois doré et le morceau de velours rouge qui composaient le trône de Bonaparte. L'argent! c'est la vraie poésie de notre siècle. Regarde passer les frères Rothschild, banquiers des rois et rois des banquiers, ils portent dans leurs sacs de toile la paix ou la guerre, comme les portait le consul romain dans le pli de sa toge; fais attention, et tu verras la terre trembler sous leurs pas!... Fais mourir l'empereur d'Autriche, le lendemain de sa mort, on criera encore comme on criait la veille: *Vive l'empereur!* Mais fais mourir Villèle, le grand agitateur des écus de la France, la mort de Villèle sera suivie par une oraison funèbre plus solennelle et plus vivace à la fois que toutes les oraisons funèbres de Bossuet; il aura l'oraison funèbre de l'argent, cinq francs de baisse! Le cardinal Dubois, que tous les beaux esprits appellent encore un infâme par habitude, n'a pas eu d'autre oraison funèbre que celle-là; mais cette oraison funèbre a sauvé le cardinal. L'argent l'a canonisé beaucoup mieux que n'aurait fait la cour de Rome. L'argent a applaudi à l'entrée des alliés à Paris; on l'a consulté, il a dit : Entrez, et soyez les bienvenus! Ainsi donc, sois à l'argent, Prosper. Il vaut mieux être le valet de l'argent que le courtisan du plus grand monarque. D'ailleurs, gagner de l'argent, c'est le plus simple, le plus facile et le plus commode des métiers. Il ne faut pour cela ni diplômes, ni brevets, ni longues années passées au collége; tous les hommes savent gagner de l'argent en naissant, comme ils savent nager en naissant; le tout est d'oser se jeter à l'eau. Ose donc! sois financier... Le temps est bon, les fortunes se remuent, l'indemnité va circuler de mains en mains, comme circulent toujours toutes les fortunes de hasard; il faut considérer l'indemnité comme un parvenu, comme un officier de fortune, comme un forban qui a fait une prise et qui ne la garde pas, ou qui la gardera mal. Quand l'argent court, il fait bon à être à l'affût de ce gibier-là; gagne de l'argent! *Remplissez bien votre bourse, seigneur Roderigo!* — Nous sommes pour cela sous un bon ministre et sous une bonne cour. Le ministre fait de nouvelles lois d'argent chaque jour; chaque loi nouvelle est une battue générale dans les forêts où l'argent pousse : c'est un bon ministre. L'argent lui obéit comme le cerf obéit au chasseur. Quant à la cour, la cour est toute à l'argent. Le roi a gagné gros sur les rentes, et en sa qualité de roi qui commence, il achète toutes les fidélités qui sont à vendre. En résumé, puisque le temps n'est ni à la noblesse, ni à la magistrature, ni à l'épée, ni à la poésie, ni à la science, ni à l'amour, ni à la guerre, ni aux testaments des vieux oncles, il est à l'argent!... Et tu seras un homme d'argent, si tu m'en crois, Prosper!

XXIX.

Quand il eut repris haleine, il se mit à me définir l'homme de finance :

— Le financier joue avec l'État l'argent des particuliers, avec les particuliers il joue l'argent de l'État : voilà toute l'affaire...; c'est encore un duel... mais un duel à double tranchant. Sur ce terrain de l'argent, comme sur le pré du duel, tu auras besoin de ton coup d'œil et de la légèreté de ta main; à ce duel, il faut tuer ton homme tout d'un coup et dans les règles, si tu peux; c'est ton jeu !

Ton jeu, c'est de jouer toujours du côté qui gagne : l'État gagne, tu es de son côté; la chance tourne, tu suis la chance; autant tu lâches ton or à l'écarté, le soir, à quelques femmes qui croient le gagner, quand tu joues pour ton plaisir, autant tu joues serré et délié le matin, quand tu joues pour les affaires. Jouer pour sa bourse ou pour sa vie, c'est même chose. Bien plus, dans ce duel de bourse dont je te parle, il y a bien des choses qui sont permises, qu'on ne permettrait pas dans le duel où la vie seule est en jeu : tant le duel de la bourse a été jugé plus important et plus solennel !

Ainsi, au duel de la bourse, par préférence à tout autre duel, vous avez des feintes illimitées : vous mentez, vous supposez des nouvelles, vous bouleversez l'Europe, vous égorgez les rois, et mille autres ruses pareilles qui sont l'*a b c* du métier. Ce qui a fait un instant le chef-d'œuvre de cette profession, c'était de donner pour vraies des nouvelles vraies, et pour fausses des nouvelles fausses. On a gagné des sommes énormes à être vrai deux ou trois fois de suite. Ouvrard n'y a jamais manqué. Pour ma part, si je jouais, je jouerais gravement, sans bruit, sans nouvelles autres que les nouvelles certaines, sans passion, sans hâte, sans colère et sans amour. Il est donc décidé que tu seras un financier!... C'est l'affaire d'un diplôme à acheter.

Bien plus, tu seras en même temps un gentilhomme; j'ai trouvé un biais singulier pour t'éviter l'odeur de la boutique et ne te laisser que le parfum du salon. Je ne veux pas que dans le haut monde on puisse dire de toi : — *Il pue l'argent!* Et voici comme : j'achète ta charge sous le nom d'un autre; cet autre jouera à ta place, et les bénéfices t'appartiendront. De cette manière, tu hanteras avec les plus grands, car tu seras oisif comme eux; tu seras en estime avec les plus riches, car tu feras de l'argent comme eux; riches et grands, tu seras en même temps, et à chacun d'eux, leur supérieur et leur égal.

Et quand enfin tu seras riche, car tu le seras, tu seras le maître du monde; tu seras juif si tu veux, et tu seras baron, et tu porteras la croix sur ta poitrine, toi juif! et tu donneras la main au roi très-chrétien, toi juif! Ou bien le roi des Espagnes t'appellera son ami et son sauveur, tu iras dîner chez le grand inquisiteur à Madrid, et le grand inquisiteur te demandera ta bénédiction; et à Paris, si tu veux, tu achèteras, pour les habiter, les maisons des princes, que tu feras démolir comme indignes de toi. — Tu seras toujours le maître, quand tu voudras, de gagner trente millions en restant en prison cinq ans. — Tu pourras aller en vieux chapeau dans la rue et en souliers percés, et faire une rente de trois cents francs à ta sœur infirme; tu pourras chasser ta femme légitime de ta maison, pour y faire entrer vingt prostituées; on dira partout que tu es plus heureux qu'Alcibiade. — Tu laisseras tomber la maison de ton père, pourrir les arbres de tes forêts; tu feras arrêter par tes gardes-chasse le paysan qui t'aura volé un lapin, comme si tu t'appelais M. le duc de Montmorenci. — Tu auras des chevaux superbes qui mourront de faim dans tes galeries de tableaux ; en revanche, tu feras mettre à l'écurie Raphaël et Rubens. — Tu feras tout ce que tu voudras, si tu es riche. — Tu donneras un soufflet à celui qui passe, et il tendra l'autre joue, si tu es riche. Tes voisins te salueront et tu ne leur rendras pas leur salut, et ils diront, en souriant amèrement : — Comme il est original ! — si tu es riche.

Si tu es riche, tu pourras très-bien oublier d'essuyer tes yeux rouges, tu pourras très-bien ne plus te laver les mains ni le visage, ne plus faire ta barbe ni tes ongles, ne plus te rincer la bouche, ou te la rincer en pleine table et cracher au nez de ton voisin qui te donne à dîner.

Si tu es riche, la foule sera à plat ventre chez toi, les femmes surtout. Il n'y aura pas une honte dans la boue, ou une misère dans la poussière, ou une poésie en haillons, ou une virginité en guenilles, ou un grand nom déchu, ou un meurtrier allant à l'échafaud, qui ne te tende humblement la main, si tu es riche. A toi, riche, les délicieuses primeurs de toutes les mendicités, de toutes les hontes, de toutes les infamies, de toutes les misères! à toi les prémices de toutes les prostitutions; à toi la première place à la cour d'assises, à la Grève; à toi les meilleurs chevaux de poste et les plus fidèles valets de chambre; à toi toutes les génuflexions et tous les soupirs! Pour commencer, tu auras le plus grand des priviléges, celui de ne payer tes dettes que lorsqu'il te plaît de les payer et comme il te plaît. Tu feras à tes créanciers des billets à long terme et tu les escompteras toi-même; tu joueras avec les assignations des misérables; tu allumeras ta pipe avec les protêts; tu feras des papillotes avec les jugements sans appel. On lira sur la porte de ta maison une grosse affiche : — *A vendre par autorité de justice*; et tu diras à l'huissier de l'attacher bien

ferme, et à l'huissier qui s'attendait à être payé pour ne pas
la coller à la porte, cette affiche, tu ne lui donneras même
pas les quatre pains à cacheter dont il aura besoin, et tu
riras tout haut en lisant l'inscription — *A vendre par autorité de justice :* car cela t'amuse, la justice, toi qui es riche.
Tu lui échapperas à la justice; elle traque les autres, c'est
toi qui la traques. Surtout ce qui t'amusera beaucoup, ce
sera de voir toutes les consciences à vendre autour de toi et
de ne pas en acheter une seule.

Être riche! c'est-à-dire fouler à ses pieds tout le monde,
cracher à la face de l'espèce humaine, qui n'osera pas essuyer son visage; insulter la misère, insulter la gloire, cette
grande misère; acheter les titres des morts et la virginité
des vierges — à très-bon compte; — dormir tout seul et
vivre tout seul; pouvoir aborder impunément même le
haillon, le seul crime qui ne soit pas impuni dans cette
société telle que nous l'avons faite : — c'est superbe! On
est au-dessus de la morale par ses passions, c'est superbe!
On est au-dessus des lois, c'est superbe! On est au-dessus
de la probité, c'est superbe! On est au-dessus de la vertu,
c'est superbe! On est au-dessus des préjugés, c'est superbe!
On est l'égal de cet abominable Séguin, c'est superbe!...
Je dirais même, si j'osais, que c'est trop beau! — Et il parla
ainsi tant qu'il put aller!

XXX.

Sa dissertation sur le choix d'une opinion, sur l'établissement d'un nom propre et sur la nécessité d'un vice, n'est
pas moins étrange. Mais toutes ces choses incroyables,
comment te les raconter, mon frère? car j'oublie, moi, que

toutes ces lettres que je t'écris depuis si longtemps, et qui sont là amoncelées les unes et les autres, comme des feuilles jaunies par un temps d'orage, tu ne les as pas reçues encore; j'oublie que tu restes dans ton étroit sentier d'innocence et de vertu, pendant que moi j'avance rapidement dans le facile grand chemin de la corruption humaine. Oh! que tu vas être épouvanté, mon frère, quand tu liras tout d'un coup les tristes chimères de ma vie! A peine en croiras-tu tes yeux et ton âme! — Pardonne-moi, pardonne-moi d'affliger ta tendresse, de déchirer le voile qui te cachait ce monde hideux, de t'affliger de ces violents et honteux paradoxes! — Pardonne-moi! j'ai tant besoin de jeter dans une âme amie des pensées qui me brûlent; j'ai tant besoin d'un bienveillant regard qui me rassure et d'un honnête sourire qui me console! O Christophe! ô Christophe! je n'ai que toi au monde à qui je puisse dire que je suis malheureux.

Car, vois-tu, cet homme me fait peur; il ne sait respecter ni estimer personne. Non, certes, la tâche que je t'impose, je ne voudrais pas l'infliger à mon plus mortel ennemi, quand bien même il aurait tué ma mère, ou qu'il l'aurait frappée au visage! Écoute donc :

— Mon neveu, m'a-t-il dit, te voilà un état, te voilà un homme d'argent; à présent il te faut un nom. Figure-toi qu'il n'y a guère en France que cinq ou six noms présentables en fait de grands noms. Les autres noms sont des noms de hasard, que le hasard a illustrés, ennoblis, enrichis, ce que tu voudras. Donc, puisque tu ne peux pas être ni un Montmorenci, ni un Rohan, ni un Coigny, ni un Bourbon, ni un Condé; donc, puisque tu n'as pas même à ton service quelque duché impérial, arrange-toi pour avoir au moins un nom sonore et bien fait, dont la roture soit si cachée qu'elle ressemble à la noblesse. En France, ce pays de la charte et de l'égalité, on tient à cela avant tout. As-tu remarqué que dans les comédies les plus vulgaires, les premiers venus ont toujours un titre quelconque, comte, baron, vicomte, chevalier, ou que tout au moins il s'agit de M. de '", de madame de '", de mademoiselle de '"? Au premier abord, ce sont là des détails de peu d'intérêt, et pourtant on ne peut nier que la comédie ne gagne quelque chose à ces qualifications honorifiques. C'est une transformation élégante qui ne fait pas du bourgeois un gentilhomme, il est vrai, mais qui du moins lui en donne toutes les apparences; le bourgeois et le gentilhomme en savent également gré à l'auteur de la comédie. Cette précaution oratoire que je t'indique a été prise même par Berquin dans ses contes d'enfants, et les enfants eux-mêmes y ont été sensibles; ainsi donc, cherche-toi un nom bien fait. Et, ma foi! j'y pense; le hasard t'a bien servi: tu peux garder le nom de ton père, mon Prosper; Chavigni! ce nom sonne bien, il est doux à prononcer, il a une certaine désinence italienne qui lui donne je ne sais quel vernis étranger; va donc pour Chavigni; seulement, ajoute à ce nom la particule *de*, c'est un second vernis indispensable; il faut enfin que l'iota final de ton nom devienne un bel et bon *y*. Va donc pour Prosper de Chavigny! Prends-moi ensuite un petit titre qui n'engage à rien, qui ne coûte rien, et qu'on peut réaliser d'un jour à l'autre, fût-ce à Rome avec le ruban rouge du Saint-Père, ou au Brésil avec la rose de don Pédro; fais-toi chevalier. — Salut donc à vous, monsieur le chevalier Prosper de Chavigny!

Voici donc que vous avez déjà un état et un nom dans le monde; reste à vous trouver un vice et un amour. Ne riez pas, mon neveu: un vice de bon goût met un homme au grand jour, bien plus que dix vertus obscures. C'est un secret qui était bien connu de nos pères. les grands maltres dans l'art de parvenir. Avez-vous lu La Bruyère? et dans les *Caractères de ce siècle*, vous rappelez-vous ces admirables vicieux représentés avec tant de naturel? Vous êtes-vous jamais promené avec le moraliste au jardin du Luxembourg ou des Tuileries, pour voir passer tous ces gens qui se regardent au visage et qui se désapprouvent les uns les autres? Avez-vous vu les *Crispin* qui se cotisent et qui rassemblent dans leur famille jusqu'à six chevaux pour composer un équipage? les Sannion de la branche aînée et de la branche cadette, qui ont, avec les Bourbons, sur une même couleur un même métal? La race des Sannion et des Crispin n'est pas morte, et, au contraire, depuis un siècle ils ont pullulé, que c'est une bénédiction! Je vous prie, cachez-vous sous le manteau de La Bruyère, vous allez voir passer la cour et la ville. Voici André qui se rend dans sa petite maison où il dissipe incognito son patrimoine; voici Ergaste qui a ses heures de toilette comme une femme, seulement il ne va pas à la messe aussi assidûment; voici l'homme sans nom que vous avez vu partout, et qu'on voit toujours partout en même temps, aux boulevards sur un strapontin, aux Tuileries dans la grande allée, sur le théâtre, à la comédie; vous savez bien, c'est le même homme qui assiste depuis un siècle et demi à toutes les chasses publiques, à tous les carrousels, à toutes les revues, à pied, à cheval, en voiture, partout! Mais qui part là-bas dans cette riche voiture? C'est Théramène. Il était riche et il avait du mérite; il vient d'hériter : il est donc très-riche et il a un très-grand mérite. Salut à Théramène! Toutes les mères le voudraient donner pour époux à leurs filles. Il est non-seulement la terreur des maris, il est encore l'épouvantail de ceux qui ont envie de l'être. —C'est ce Théramène, à qui les femmes tiennent compte des doubles soupentes et des ressorts de son carrosse.

Oui, certes, La Bruyère avait grand tort de se moquer de ces braves gens ; c'étaient des gens d'esprit qui se sont poussés dans le monde par leurs vices mêmes et par leurs ridicules. Çà, venez là et choisissez. Voulez-vous être discret comme Ménalque, recherché comme Phidippe, qui raffine sur la propreté et sur la mollesse ; égoïste comme Gnaton, qui ne vit que pour lui, ou gourmet comme Cliton, qui n'a que deux affaires, qui sont de dîner le matin et de souper le soir? Voulez-vous arriver à la gaieté de Ruffin, qui rit de tout son cœur, qui rit toujours, et qui remet aux autres le soin de pleurer son père qui est mort? Aimez-vous mieux être la terreur des juges, comme Antagoras, ce plaideur acharné, parent de tous et haï de tous? Croyez-moi, tout est utile à qui veut se distinguer dans la ville. Vous ne pouvez pas être un grand militaire ni un grand poëte, soyez un grand fleuriste, passez de l'*orientale* à la *Vénus*, de la *Vénus* au *drap d'or*, du *drap d'or* à l'*agate* ; on dira dans le monde : — c'est un fleuriste ! Ou bien, aimez les médailles, ne parlez que de coin de fruste et de fleur de coin, on dira : — il se connaît en médailles ! Ou bien encore, achetez de belles estampes et complétez votre Callot, on dira : — c'est un connaisseur ! Ou bien encore, faites-vous amateur d'oiseaux, commencez par un oiseau et finissez par mille. En un mot, soyez singulier, soyez remarquable ; unissez-vous à une coterie, soyez l'adepte de quelque passion curieuse, et vous serez soutenu, admiré, protégé, prôné.

Ayez toujours à votre service un honnête chien dont vous puissiez couper la queue à toute heure du jour, pour qu'on ne parle pas trop de vous, ou plutôt pour qu'on en parle toujours, et votre fortune est faite, mon neveu.

Puis, se rapprochant de moi, il ajouta :

— Si tu veux m'en croire, parmi tous les vices innocents qui sont à ta portée, tu choisiras le plus facile et le plus productif de tous les vices aujourd'hui, tu deviendras tout simplement un hypocrite; tu seras hypocrite en tout bien et tout honneur; tu laisseras à M. Orgon sa femme, sa fille et sa cassette; tu seras un hypocrite pour être à ton aise avec toi et avec les autres; hypocrite, tu ne feras de mal à personne, pas même à toi! Ce sera tout simplement un tribut que tu paieras à la révolution nouvelle qui nous régit.

Quant à tes opinions politiques, il n'y a en ce monde qu'une opinion facile à accomplir, en tous temps, en tous lieux, et pour tous les hommes; la seule opinion juste, utile, raisonnable, la seule qui n'ait pas versé de sang, pas creusé de cachots; la seule tolérante, qui vive en paix avec toutes les autres... O la belle opinion, mon neveu! pour te mettre dans cette admirable position du Juste d'Horace, qui attend sans peur la ruine du monde. Je vais te dire tout bas ce secret-là : Prosper, la plus belle des opinions politiques, c'est de n'en pas avoir.

Quant à l'amour, puisqu'il en faut dans la vie, à ce qu'on dit, un mot résumera ma pensée : celui qui n'a pas la force de vivre seul, et qui ne se marie pas aussitôt qu'il peut se marier, est un imbécile!..... Le mariage, c'est un contrat de vente par lequel un homme achète une femme, c'est-à-dire une esclave, sans bourse délier.

Prends garde surtout, prends garde de jamais prendre la femme d'un autre; car j'aimerais mieux te voir aux galères. Oh! le concubinage adultérin, c'est le mot le plus affreux de la langue, mais la chose est encore plus hideuse! Quoi donc! avoir à ses côtés une femme qui ne doit jamais porter votre nom; s'isoler avec elle loin de toutes les joies innocentes; subir les humiliations de tout genre; vivre dans cette honte, dans cette misère, dans cette lâcheté:

dire à tous : — Venez donc assister à mon accouplement !
— Quelle honte! Aussi la femme mariée qui te dira : — *Tu es mon univers!* et qui viendra s'installer dans ta maison, si tu es fort, tu la traîneras par les cheveux jusqu'au seuil de la porte de son mari, et tu frapperas violemment à la porte pour qu'on lui ouvre; ou bien tu iras la dénoncer toi-même au procureur du roi pour qu'il l'enferme, et tu le supplieras de lui faire son procès, ou de l'envoyer à Charenton, la misérable! O le concubinage! quand il le tolère, le magistrat ne fait pas son devoir; quand la loi ne tend pas à le prévenir, la loi est athée. Ainsi se brisent l'avenir, la famille, le bonheur, le talent, le courage, la vertu. Le malheureux attaché à ce joug infâme courbe la tête, et, au milieu des discordes intestines, il attend quelque coup de tonnerre qui le sauve. — Moi qui te parle, j'ai vu les meilleurs naturels succomber sous ce fardeau abominable. Ni la jeunesse, ni la force, ni la fortune, ni la valeur, ni l'estime publique, ne sauraient résister dix jours à ce ménage de réprouvé. — Malédiction sur l'amour, comme ils l'ont arrangé aujourd'hui! — Ce que je te dis là de la femme mariée à un autre, je le dis aussi de toute autre femme sans mari ou sans amant, qui, te voyant jeune et beau, va s'attacher à toi, comme fait l'affreux lichen aux beaux convolvulus de la prairie. — Méfie-toi, méfie-toi de ces amours de Bohémiens, de ces mariages cyniques, de ces unions réprouvées! — Méfie-toi de la femme incessamment flottante d'un amour à un autre amour, — qui a moins de probité que la plus vile prostituée, car la prostituée se cache dans l'ombre, et celle-ci s'affiche au grand jour; la prostituée te reçoit dans son antre, et celle-ci vient dans ta maison; la prostituée te met à la porte, et celle-ci s'installe insolemment chez toi — pour toujours! pour toujours! — en effaçant de ta vie ces mots

si doux : — *l'ordre et l'espérance !* — Certes, c'est là le plus grand écueil de la vie d'un jeune homme, — c'est là sa plus grande misère, — j'ai presque dit son plus grand crime. — Et pourtant! oh! les malheureux jeunes gens! dans ce précipice signalé par tant de misères, ils tombent presque tous!

Ainsi donc, je me résume : — Une fortune brillante, un nom sonore, un vice élégant auquel tu puisses renoncer d'un jour à l'autre, pas d'opinion politique et pas de maîtresse avouée, et ton chemin est fait dans ce monde, même quand tu serais un honnête homme, un homme de mérite, un homme utile! — Passons le marché.....

O Christophe! que dis-tu de cette morale?

Adieu, Christophe, oui, certes, pour longtemps, adieu! A présent, je n'ai plus rien à te dire, ou plutôt je n'ose plus te parler. Me voilà fait homme du monde, moi l'enfant de notre cher Ampuy. Me voilà, te dis-je, l'élève du baron Honoré de la Bertenache, moi l'élève du frère ignorantin Christophe! Adieu!

Que de fois j'ai été sur le point de jeter au feu toutes ces lettres écrites dans ces moments de découragement ou de triomphe!

Mais non, ces lettres écrites pour toi, elles t'appartiennent; c'est à toi à les jeter au feu, Christophe, et tu les anéantiras, en effet, si tu as pitié de ton ami.

Un jeune prêtre du séminaire de Lyon, qui retourne dans nos montagnes, a bien voulu se charger de toutes ces lettres amoncelées; il m'a promis de te les faire parvenir par une voie sûre, et j'ai foi en sa loyauté. — C'est un tout jeune homme. — Encore adieu!

TROISIÈME PARTIE.

La Ligne droite.

I.

Le Départ du Frère Christophe.

Le frère Christophe ne pouvait se consoler du départ de Prosper. Dans sa douleur, il appelait en vain à son aide les grands poëtes et les beaux vers, naguère sa consolation et son orgueil; le souvenir du noble jeune homme, qui était parti ainsi tout d'un coup, et qu'il avait perdu, peut-être pour ne plus le revoir, venait s'interposer à chaque instant entre le pauvre frère ignorantin et son Virgile, et son Homère. Pour lui, Virgile n'avait plus de bergers, le vieil Homère n'avait plus de héros. Pour lui, la pauvre âme dédoublée, le village n'avait plus ni printemps, ni été, ni automne, ni fleurs, ni fruits, ni fêtes joyeuses, ni espérances; il était seul à présent; personne ne l'aimait plus, personne n'était plus là pour se laisser aimer, mon Dieu!

Chaque jour il se promenait aux mêmes lieux où ils se promenaient jadis lui et Prosper; mais, hélas! maintenant il était seul à parcourir le rivage bruyant; on ne voyait plus si doux : — *l'ordre et l'espérance !* — Certes, c'est là le plus grand écueil de la vie d'un jeune homme, — c'est là sa plus grande misère, — j'ai presque dit son plus grand crime. — Et pourtant ! oh ! les malheureux jeunes gens ! dans ce précipice signalé par tant de misères, ils tombent presque tous !

Ainsi donc, je me résume : — Une fortune brillante, un nom sonore, un vice élégant auquel tu puisses renoncer d'un jour à l'autre, pas d'opinion politique et pas de maîtresse avouée, et ton chemin est fait dans ce monde, même quand tu serais un honnête homme, un homme de mérite, un homme utile! — Passons le marché.....

O Christophe ! que dis-tu de cette morale?

Adieu, Christophe, oui, certes, pour longtemps, adieu ! A présent, je n'ai plus rien à te dire, ou plutôt je n'ose plus te parler. Me voilà fait homme du monde, moi l'enfant de notre cher Ampuy. Me voilà, te dis-je, l'élève du baron Honoré de la Bertenache, moi l'élève du frère ignorantin Christophe ! Adieu !

Que de fois j'ai été sur le point de jeter au feu toutes ces lettres écrites dans ces moments de découragement ou de triomphe !

Mais non, ces lettres écrites pour toi, elles t'appartiennent ; c'est à toi à les jeter au feu, Christophe, et tu les anéantiras, en effet, si tu as pitié de ton ami.

Un jeune prêtre du séminaire de Lyon, qui retourne dans nos montagnes, a bien voulu se charger de toutes ces lettres amoncelées ; il m'a promis de te les faire parvenir par une voie sûre, et j'ai foi en sa loyauté. — C'est un tout jeune homme. — Encore adieu !

TROISIÈME PARTIE.

La Ligne droite.

I.

Le Départ du Frère Christophe.

Le frère Christophe ne pouvait se consoler du départ de Prosper. Dans sa douleur, il appelait en vain à son aide les grands poëtes et les beaux vers, naguère sa consolation et son orgueil; le souvenir du noble jeune homme, qui était parti ainsi tout d'un coup, et qu'il avait perdu, peut-être pour ne plus le revoir, venait s'interposer à chaque instant entre le pauvre frère ignorantin et son Virgile, et son Homère. Pour lui, Virgile n'avait plus de bergers, le vieil Homère n'avait plus de héros. Pour lui, la pauvre âme dédoublée, le village n'avait plus ni printemps, ni été, ni automne, ni fleurs, ni fruits, ni fêtes joyeuses, ni espérances; il était seul à présent; personne ne l'aimait plus, personne n'était plus là pour se laisser aimer, mon Dieu!

Chaque jour il se promenait aux mêmes lieux où ils se promenaient jadis lui et Prosper; mais, hélas! maintenant il était seul à parcourir le rivage bruyant; on ne voyait plus qu'un pas dans le sable; le pas léger de l'aimable enfant Prosper avait disparu. Chaque jour Christophe murmurait tout bas les vers qu'aimait Prosper; mais, hélas! il n'était plus là l'écho vivant, passionné, qui répétait chacun de ces beaux vers avec une noble confiance, les jetant au ciel d'un regard assuré. Pauvre frère! que de fois il se prit à maudire (non pas à maudire, il n'a jamais maudit de sa vie), mais que de fois il se prit à pleurer, en pensant qu'il ne lui était pas permis d'aller rejoindre là-bas, dans l'immense ville où il était perdu, son compagnon, qui peut-être l'attendait! Mais, dans l'âme du frère Christophe, le sentiment du devoir était gravé si profondément, que l'idée ne lui vint pas une seule fois qu'il pouvait être libre, lui aussi, libre comme on est libre quand on n'a rien, quand on n'est rien, et qu'on n'a besoin pour vivre que d'un morceau de pain chaque jour.

Il se soumettait ainsi à la nécessité... Il allait parfois voir la mère de Prosper. Alors c'étaient de belles heures!... Ils parlaient entre eux, elle et lui, de leur enfant, et ils se disaient, l'un l'autre, combien c'était un enfant d'esprit, de gaieté et de bonnes grâces.—Et comme il était savant, Madame!—Et comme il était bon, mon pauvre Christophe! Et c'était des deux parts une immense douleur.

Cependant les lettres de Prosper, écrites au jour le jour, n'arrivaient pas à leur adresse. Ces lettres, vous le savez, restaient sur la table de l'exilé à mesure qu'elles étaient écrites. Un an se passa ainsi; à peine Prosper envoya-t-il une lettre à sa mère pour lui dire qu'il était à Paris, heureux et plein d'espoir; mensonge filial qui ne put tromper Christophe. Vous jugez des ennuis du bon frère. Attendre si longtemps! attendre toujours! Il en serait mort, sans un événement que nul ne pouvait prévoir, et qui le jeta malgré lui dans la liberté.

Un lundi matin, le frère Christophe se rendait à son œuvre de chaque jour, quand, à la porte de son école, il fut arrêté par un ordre venu de ses supérieurs de Lyon. Dans cette missive, il était enjoint au frère Christophe de partir sur-le-champ, pour venir rendre compte de sa conduite à monsieur le supérieur du petit séminaire. — Et on ajoutait : *Le frère Christophe doit s'attendre à ne jamais reparaître dans la commune d'Ampuy.*

Tel était l'ordre ; il fallait partir. Aussitôt le pauvre frère dit adieu à sa petite école. Alors, parmi ces enfants confiés à ses soins, enfants objets de tant de soins, et qui croyaient aimer leur maître, ce fut à qui battrait des mains à ce départ, car ils gagnaient au moins deux ou trois jours de congé. Le bon frère ne vit pas la gaieté de ces ingrats. Il prit à la hâte son manteau troué et quelques vieux livres tout usés, avec lesquels il remplit ses deux poches. Plusieurs de ces livres portaient le nom de Prosper.

Quand on sut dans le village que le frère Christophe allait partir, il y eut peu d'étonnement et pas de chagrin. Le frère Christophe déplaisait au village sans que le village sût pourquoi. Que voulez-vous ? cet homme était toujours à rêver ou à lire ; il se promenait toujours seul sur le rivage ; il se cachait dans la foule le dimanche ; il ne chantait pas au lutrin ; il n'était le flatteur ni le parasite de personne ; il vivait comme une ombre ; il apprenait aux enfants tout ce qu'il devait leur apprendre, sans distinction d'enfant, et le plus riche n'était pas mieux traité que le plus pauvre. Les mieux disposés pour ce pauvre homme ne pouvaient s'empêcher de reconnaître qu'il était fier.

Race ingrate de paysans ! Cet homme qui s'en allait à moitié vêtu, sans un morceau de pain dans sa main, sans une pièce de monnaie dans sa poche, il était depuis dix ans l'humble esclave de ce village ; il en était le paria ! Il s'était chargé bénévolement de la partie la plus pénible de ces pénibles travaux rustiques. Pendant que les autres manœuvres attachés à la glèbe suivaient la charrue dans le sillon, au chant des oiseaux du ciel, le frère Christophe, enfermé dans les ténèbres de sa classe, usait sa vie à dégrossir, tant bien que mal, l'intelligence bâtarde de ces petits rustres de sept ans. Pendant qu'au dehors tous les travaux se faisaient en commun, les semailles et la moisson, Christophe accomplissait au-dedans et tout seul sa tâche aride, et toujours il en était réduit à ensemencer cette terre ingrate, et jamais le jour de la moisson ne venait pour lui. Appelé le premier à cette vigne rebelle, après avoir supporté toutes les ardeurs du jour, il n'était pas payé de son labeur, même le dernier; le père de famille n'avait pas pour lui un seul regard ou une consolation. Les enfants qu'il élevait, et qu'il appelait ses enfants toute l'année, une fois sortis de sa tutelle, l'oubliaient, comme fait le moineau franc qui a pris son vol. Donc, nul ne se rencontra à son départ pour lui tendre une main amie, et pour lui dire : — *Adieu, frère!*

Seulement, arrivé au bas du village, sur le bord du ruisseau qui va se jeter dans le Rhône en murmurant sa complainte inarticulée — à l'ombre des cinq noyers qui servent de confins à cette simple commune, Christophe trouva une femme qui était venue l'attendre en ce lieu, pour le voir une dernière fois. Cette femme, faut-il le dire? c'était la mère de Prosper. Pendant que chaque habitant du village s'enfermait ou courait aux champs, pour ne pas rencontrer le digne frère, la mère de Prosper était sortie de sa maison, et sur la route elle avait été attendre Christophe. Au moment où celui-ci allait franchir, en toute sûreté de conscience, ce Rubicon villageois qui le séparait encore du nouveau monde dans lequel il entrait, la mère de Prosper l'arrêta, et elle lui dit adieu d'un mot, d'un regard, d'un geste. Cela voulait dire : — Parlez de moi à mon fils, si jamais vous le retrouvez, Christophe !—Et le regard de Christophe voulait dire aussi : — Madame, je reverrai votre enfant, à coup sûr. Après quoi, elle remit à Christophe les provisions du voyage : un pain blanc, du veau froid, une bouteille bien remplie, quelques vieux écus de six francs tout neufs qu'elle avait conservés pour son fils. Le bon Christophe n'avait jamais vu tant d'argent; aussi l'idée ne lui vint pas que cet argent était pour lui; il pensa que tous ces gros écus étaient destinés à Prosper, et il les serra bien précieusement dans le recoin le plus caché de ses vieux habits.

— Adieu, mon fils! disait la mère de Prosper à Christophe. — Mon fils! jamais Christophe n'avait découvert dans ses plus beaux livres une plus enivrante parole. C'était tout un poëme d'espérance, de charité et d'amour qui tombait sur son cœur : Adieu, mon fils! Alors Christophe devint hardi.— Adieu, ma mère! dit-il à la mère de Prosper. Puis, se mettant à genoux, et courbant la tête avec un saint respect : —Vous qui êtes la mère de Prosper, ma mère! bénissez-moi, lui dit-il.

Et il fut béni, en effet, sur la terre et dans le ciel.

II.

Le Guet-apens.

Ma mère! ma mère! disait Christophe. C'était la première fois de sa vie qu'il prononçait ce mot-là : Ma mère!

Cependant, à mesure qu'il marchait, la bénédiction de cette noble femme marchait devant lui, le protégeant de son ombre, comme la nue de Dieu protégeait les Hébreux dans le désert. A chaque instant son pas devenait plus léger, comme son esprit. Ce noble esprit sortait enfin de sa prison; il s'épanouissait au grand air, il prenait ses belles ailes de printemps. Christophe voyait enfin, non pas encore d'autres hommes, mais déjà d'autres troupeaux et d'autres arbres; il côtoyait le Rhône, et il lui semblait que déjà le Rhône prenait un air plus imposant; il allait voir une grande ville, enfin, il allait voir son supérieur, enfin!

Il marcha ainsi tout le jour dans le plus beau pays qui verdoie sous le soleil: riches vallées, opulentes campagnes, sources limpides, grande route animée, frais sentiers; dix belles lieues à parcourir quand on est jeune et tout chargé de poésie! —Si bien qu'arrivé à Lyon il se dit à lui-même: *Déjà!*

Il était tard lorsqu'il entra dans la ville, et au premier coup d'œil qu'il jeta dans ce vaste gouffre, il eut peur. Ce bruit, ce mouvement, cette poussière, ce nuage là-haut et là-bas, ces deux fleuves qu'il trouvait tout d'un coup sous ses pas, à la place du fleuve unique qu'il avait quitté, quelle épouvante! Il resta longtemps sur le pont, à voir ces deux eaux se heurter, s'attaquer, tourbillonner ensemble, prendre enfin leur parti, et se mêler au loin en grondant. Plus il avançait, et plus il était témoin d'incroyables merveilles: des voitures, des chevaux de luxe, des cris de joie, des femmes parées, des rumeurs sans fin et sans cause; il prêtait l'oreille, il ouvrait son cœur, il relevait la tête pour tout voir. Bientôt, le bruit de cette ville qui le surprenait ainsi tout d'un coup lui fit oublier toute la fatigue de la journée. Il avançait dans ces mystères d'un pas sûr et ferme. Il eut bientôt arpenté toute cette longue allée de Perrache qui mène de la campagne lyonnaise à la ville. C'était le soir ; le ciel était calme et pur, la lune jetait un grand éclat. Le soleil avait été chaud tout le jour. C'était partout du repos, de la promenade ; c'étaient des éclats de joie, des chansons dans les rues, mille concerts dans les airs. Christophe, tout ému, se demanda en lui-même quelle était la fête qu'on célébrait.

Il arriva ainsi, tout en suivant la foule, au milieu de cette petite place des Célestins, entourée et parée et fêtée chaque soir comme une courtisane à la mode. Elle sent le vice et les fleurs, elle marie le son de la guitare au son de l'or, elle est entourée de joie et d'arbres verts ; la fontaine murmure l'amour, le théâtre se remplit, les cafés étincellent, les femmes glissent en ce lieu légèrement vêtues et dans un lointain vaporeux qui les fait paraître charmantes ; ce sont des voix qui chantent, des ivrognes qui rient ; ce sont mille sévères et joyeux propos d'argent ou d'amour. A Venise, cet endroit-là s'appelle la place Saint-Marc ; à Paris, cela s'appelle le Palais-Royal.

Que devint Christophe par cette belle nuit et dans cette chaude atmosphère ? Vous savez déjà que le vice glissait sur cette belle âme comme l'eau glisse sur le marbre de Paros, sans jamais le ternir. Christophe ignorait ce que c'est que le vice ; il a vécu en l'ignorant. Quand donc il se vit arrêté, sans le savoir et sans le vouloir, dans ce beau lieu d'harmonie et de parfums, quand il se sentit vivre au milieu de toute cette vie à la fois calme et bruyante, passionnée et joyeuse ; quand il entendit tous ces hommes qui se tendaient leurs mains, leurs âmes, leurs femmes et leurs verres, il fut sur le point de s'écrier, comme dans l'Évangile : — *Seigneur, nous sommes bien ici, dressons-y, s'il vous plaît, trois tentes !* En cet instant, il eut soif, il eut faim, et il voulut se reposer.

Il alla donc s'asseoir sur la dernière marche de la fontaine et dans l'angle le plus obscur. Là, tout en bénissant le ciel, il tira de son panier la bouteille de vin d'Ampuy, qu'il n'avait pas encore débouchée; il plongea sa bouteille dans le bassin de la fontaine, en souriant lui-même de sa sensualité; puis il étendit sur la dalle, fraîche plutôt qu'humide, tous les trésors de sa corbeille : son pain blanc, son veau froid, son grain de sel, et il soupa avec l'appétit d'un jeune voyageur qui a marché tout le jour. En même temps, la fontaine chantait doucement à ses côtés; des voix de femmes chantaient au loin; — murmure et poésie, fraîcheur et repos, doux ombrages et beau soir! De temps à autre des femmes passaient, et leurs robes neuves frôlaient le pauvre dîneur; mais ces femmes ne le voyaient pas, tant elles devinaient qu'il était pauvre! De temps en temps aussi il prenait sa bouteille et il aspirait lentement cette douce chaleur, en se disant à lui-même : *Bacchum in remotis carmina fontibus*, et de temps à autre il se prenait à soupirer en pensant à Prosper.

Peu à peu cependant la nuit tombait; les oisifs s'en allaient, les chants s'arrêtaient, les lumières disparaissaient l'une après l'autre, la ville entière faisait silence. Christophe, quand il eut dîné, se demandait en quel lieu il passerait cette nuit, dans une ville où il n'avait pas même un élève. Dormir à la belle étoile, il n'eût pas mieux demandé; mais son manteau était si clair et si fragile! Cependant, il renfermait dans son panier les débris de son repas, et il murmurait, avec la reconnaissance des bons cœurs : — *Gratias agimus tibi, Domine!* douce prière, faite tout exprès pour le pauvre, qui, dans sa reconnaissance, demande chaque jour son pain de chaque jour, et qui ne l'a pas tous les jours.

A la fin, le bon Christophe se souvint qu'il était un frère

de la doctrine chrétienne, qu'il voyageait par ordre de ses supérieurs, et qu'ainsi il avait le droit de demander à ses frères de Lyon une place en leur lit, ou tout au moins une botte de leur paille. Restait seulement à savoir en quel lieu et dans quelle maison demeuraient ses frères de Lyon.

Justement, plusieurs jeunes gens, échauffés par le vin, sortaient à l'instant même d'une maison voisine. Mais, pour l'intelligence de la cruauté qui va suivre, il faut se rappeler que ceci se passait en pleine restauration. En ce temps-là, la réaction anti-royaliste et catholique était partout. La France n'en était plus à défendre la liberté de 1789 ou la gloire de 1815; elle se défendait contre la maison de Bourbon tout entière. Dans cette lutte entre le roi et le peuple, entre l'autel et la nation, chacun apportait les armes qu'il jugeait les meilleures, ou plutôt chaque parti apportait toutes ses armes, car des deux côtés on voulait en finir. Ainsi le roi apportait son obstination, sa noblesse, son clergé, sa force au dehors, ses alliés tout prêts à repasser le Rhin... et qui ne l'ont pas repassé; le peuple apportait son esprit, son courage, sa faiblesse, son sarcasme, ses orateurs, son vieux Voltaire; mieux que cela, il apportait sa patience, cette arme de Dieu et des peuples, et grâce à laquelle il n'y a que Dieu et les peuples qui soient éternels.

Quand donc ces jeunes gens de Lyon, espèces de Méridionaux goguenards et mal élevés, qui savaient toutes les chansons de Béranger par cœur, et qui avaient fait leurs études catholiques dans les livres de Benjamin Constant, découvrirent au milieu de cette place de joies et de fêtes, en ce lieu, à cette heure, un panier sous le bras (de ce panier sortait la bienveillante bouteille qui n'eût pas mieux demandé que d'aller se reposer aux lèvres d'un pauvre homme): quand donc ces jeunes gens aperçurent notre frère Christophe en longue soutane noire, en long rabat, la tête couverte du chapeau déshonoré de Basile, ils ne surent d'abord que penser. D'ailleurs, ce qui les rend quelque peu excusables, c'est que le pauvre Christophe s'offrit à eux dans la nuit sombre; ils ne virent ni sa figure ni son regard, ils ne virent que son habit et son ombre. Aussitôt ils pensèrent entre eux qu'ils allaient être les témoins acharnés, impitoyables et bienheureux de quelques-unes de ces énormités du clergé catholique, dont le journal d'opposition faisait ses délices chaque matin. Ils s'apprêtaient donc à aborder *M. l'abbé*, ne sachant pas encore quelle *vengeance* ils allaient en tirer, quand le frère Christophe, dans toute sa naïveté et dans toute l'innocence de son cœur, alla le premier au-devant de ce piége cruel.

— Pardonnez-moi mon indiscrétion, leur dit-il; je suis un pauvre frère ignorantin, Messieurs, j'arrive à pied du village d'Ampuy; la nuit m'a surpris sous ces ombrages. De grâce, indiquez-moi la maison des frères de l'école chrétienne, que j'aille leur demander un asile pour cette nuit.

Ainsi il parla, et, sans nul doute, ce simple langage aurait apaisé de jeunes et innocents libéraux de sang-froid; mais ceux-ci n'étaient pas de sang-froid, et d'ailleurs, il se trouvait dans le nombre une de ces fortes têtes pour lesquelles on dirait que le *Dictionnaire philosophique* a été imprimé tout exprès à l'envers. Ces gens-là, après avoir été, dans leur ville natale, l'orgueil de leur famille et la terreur de leur commissaire de police, finissent toujours, d'ordinaire, par être d'excellents commis-voyageurs quelque part.

Ce fut donc l'homme d'esprit de la bande qui répondit au frère Christophe :

— Mon frère, lui dit-il très-poliment, vous ne pouviez

pas mieux vous adresser et plus à propos : la maison que vous demandez est voisine; elle est pleine de frères et de sœurs qui seront trop heureux et trop heureuses de donner l'hospitalité à vous, à votre bouteille et à votre panier. Je serai donc très-flatté, mon frère, de vous servir de guide, s'il vous plaît.

En même temps il marchait devant Christophe, et celui-ci, simple et bon, qui plus d'une fois avait fait à pied des lieues entières pour remettre dans sa route un voyageur égaré, suivait ce jeune homme. Après quelques détours, ils arrivèrent à la porte d'une maison qui eût paru d'assez triste apparence pour tout autre que pour le frère Christophe. Au premier coup de marteau, une vieille femme vint ouvrir.

— Ma sœur, dit le loustic de la bande, je vous amène un pauvre frère ignorantin qui demande à passer la nuit dans votre maison.

Christophe, arrivé au bout de ses peines, prit congé de ses nouveaux amis, et ceux-ci, en se retirant, lui disaient tout haut :

— Bonne nuit, monsieur l'abbé! bonne nuit, monsieur l'abbé!

La vieille femme, qui avait ouvert la porte de cette maison au frère Christophe, le fit entrer sans mot dire dans une fort petite chambre, assez mal meublée en velours d'Utrecht tout passé; ce velours recouvrait tant bien que mal deux ou trois fauteuils et un vieux canapé vermoulu qui à coup sûr avait servi, dans un jour d'orgie et de sang, à Dubois de Crancé, l'infâme terroriste, et sur lequel s'étendit dans toute son innocence le frère Christophe, non sans avoir fait sa prière, à genoux devant je ne sais quelle horrible nudité rouge et violette, que le bon frère avait prise pour quelque madone de l'Italie. Sa prière fut calme et longue : il remercia le ciel, qui l'avait protégé dans tout ce voyage. En effet, n'avait-il pas trouvé sur le bord du ruisseau la mère de Prosper qui lui avait donné son pain et sa bénédiction? N'avait-il pas rencontré, tout le long de son chemin, des oiseaux qui chantaient, et des hommes qui labouraient, et des fontaines jaillissantes, et de l'ombre sous les vieux arbres? — de si beaux tapis de verdure à sa gauche et à sa droite; et au-dessus de sa tête un beau soleil tout joyeux qui le regardait? Et une fois arrivé dans cette grande ville dont il n'avait aucune idée et qui de loin lui rappelait Babylone et Ninive, les deux cités anéanties sous le souffle de Dieu, n'avait-il pas trouvé que tout était calme et bienveillant autour de lui? n'avait-il pas retrouvé le Rhône, son beau fleuve? Et qui donc, sinon la Providence, l'avait conduit, comme par la main, dans cet Élysée d'harmonie et de joies, et de chansons avec accompagnement de lyres célestes, sous ces ombrages frais où il s'était assis, où il avait pris son repas du soir? Et qui donc lui avait amené tout exprès ces bons jeunes gens pour lui indiquer cette maison hospitalière, la maison de ses frères? Et maintenant ils dorment, ajoutait-il, mais leur maison est restée ouverte pour moi, et ils m'ont reçu dans leur plus riche intérieur, les bons frères! Demain nous dirons en commun la prière du matin.

Ainsi priant, ainsi rêvant, frère Christophe s'arrangea de son mieux sur le canapé souillé, qu'il recouvrit de son manteau. Bientôt il s'endormit comme s'endort toute conscience honnête, tout noble cœur, toute pensée pure et bienveillante à vingt-cinq ans.

III.

La Mort de la Fille de joie.

Il dormait à peine depuis un quart d'heure, le noble et chaste jeune homme, quand il fut réveillé en sursaut par une étrange vision : il lui sembla que dans sa chambre était entrée — une femme! Oui, par Satan! une impudique femme toute nue! toute nue, les cheveux épars sur tout son corps, excepté sur sa gorge; elle tenait à la main un flambeau qui jetait sur son visage tout rouge l'épais nuage d'une fumée infecte. Cette créature de l'autre monde essayait en vain de sourire, le sommeil fermait ses yeux. Je ne sais quoi de blanc et d'huileux lui servait de robe entr'ouverte. C'était un démon, à coup sûr, c'était un fantôme, pour le moins. Jamais Christophe, le simple et naïf Christophe, n'avait vu, même dans les plus obscènes pages de l'antiquité, qu'il avait lues avec tant d'innocence, quelque chose de plus affreux et de plus immonde. Cette masse horrible n'était d'aucun sexe et d'aucun pays et d'aucun âge; c'étaient des chairs mal taillées, mal nourries et pantelantes; c'était, sur son visage, un fard crasseux et sans éclat; c'était, sur toute cette créature anéantie, une misère si profonde et une saleté si abominable, qu'il eût fallu un œil beaucoup plus exercé pour découvrir d'un seul regard le vice primitif que recouvrait ce tuf de hideuse et crasseuse pauvreté. Oh! l'horreur! oh! l'épouvante! Lui, cependant, il s'était dressé sur son grabat de velours, et il était là, ébahi, stupéfait, confondu; — il regardait, il attendait!

Quand il fut ou quand il parut être tout à fait réveillé, il entendit ce fantôme livide qui semblait lui parler; mais c'étaient des paroles aussi étranges que la bouche qui les proférait. Évidemment, ces paroles et cette bouche étaient faites l'une pour l'autre; car toute autre bouche qui les eût prononcées se fût flétrie à l'instant même. Alors le pauvre frère, ne pouvant pas regarder et écouter à la fois ce fantôme crapuleux qui le regardait et qui lui parlait, ferma les yeux.—Quand il eut fermé les yeux, il s'aperçut qu'on lui tenait un langage inintelligible, et il cherchait en lui-même à quelle langue d'enfer pouvait appartenir ce dialecte. A tout ceci, il ne voyait plus que fange, ordure, blasphème, infection, malédiction, la lèpre étendue sur la prostitution de carrefour!

Déjà cependant, en dehors de cette caverne, une certaine rumeur se faisait entendre. Les jeunes gens de la ville qui avaient servi de guides au bon frère, très-heureux du succès présumé de leur bonne plaisanterie, avaient été en faire part à leurs amis de café et d'estaminet; l'agréable nouvelle avait bientôt volé de bouche en bouche: *un prêtre! un prêtre!* un prêtre à surprendre en flagrant délit de débauche! un prêtre à charger de boue! quelle fête! Pour assister à cet heureux spectacle, on sortait de son lit en toute hâte, on s'habillait au hasard.—Ohé! ohé! un prêtre! un prêtre! mangeons du prêtre! Les lâches! l'ennemi aurait été à leur porte, le tocsin aurait sonné pour l'invasion ou pour l'incendie, que chacun d'eux se fût renfermé dans son lit et dans son sommeil.

A la fin, Christophe, sans trop s'inquiéter de ces rumeurs, comprit confusément ce que voulait lui dire ce monstre nu, qui, de débauche lasse, avait fini par s'asseoir et par s'endormir sur le bord de ce pauvre, misérable et royal manteau de vertu et d'innocence. Il en était là, quand il entendit très-distinctement, et dans la chambre voisine, un cri terrible et des plaintes, des plaintes lamentables, des gémissements, des sanglots, qui lui firent oublier tout à fait la rumeur croissante de la rue et le monstre féminin qui était à ses côtés, endormi comme un serpent qui n'a plus de venin.

Car cette fois, par le ciel! ce cri qui arrivait aux oreilles et au cœur du frère Christophe, c'était le cri redoutable et solennel d'une agonisante; c'était le sanglot d'une femme qui va mourir, et qui meurt sans espoir. Horrible cri! ne dirait-on pas d'une menace? Horrible moment, quand une main avilie et jeune encore soulève à grand' peine le fatal rideau derrière lequel est caché à tout regard mortel le fatal *Peut-être* d'Hamlet! Cette mourante, dans l'alcôve voisine, hurlait et se démenait dans la mort; son dernier instant descendait sombre et menaçant de ces lambris de débauche sur ce grabat de débauche, qui allait devenir un linceul cette nuit, pour abriter demain les mêmes crimes. Dans cette maison, quand le dernier râle de cette femme perdue secouait les murailles lézardées, tout dormait; le vice repu dormait, le vice à repaître dormait — le vice se reposait du travail de la journée; il avait étendu ses vieux membres dans ses draps troués, et, sans pitié comme est le vice, il laissait mourir tout à côté cette esclave qu'il avait exploitée corps et âme, sauf à faire jeter demain son cadavre à la voirie! Par quelle puissance du cœur, Christophe, cet innocent, comprit-il tout d'un coup toutes ces choses? Toujours est-il qu'il les comprit. Et alors, détachant son manteau pour ne pas déranger le repos et le sommeil de cette prostituée qu'on lui avait adressée, immonde complément d'une immonde hospitalité, il ouvrit violemment la porte de ce boudoir infect, et aussitôt, quel miracle! le boudoir devint hôpital. Une odeur nauséabonde de fièvre et de mort, longtemps comprimée dans ces murailles, s'éleva de partout; à la lueur d'une misérable chandelle qui se mourait aussi dans son infection, Christophe découvrit une malheureuse créature sur laquelle la mort jetait lentement son plus affreux linceul. Cette femme, que la mort et la souffrance avaient enfin arrachée au vice (la douleur, purification d'une heure), était redevenue, à son heure dernière, presque une créature faite par Dieu, à son image. La mort, qui consacre tout ce qu'elle touche, avait ouvert ces yeux fermés par la débauche; la mort liait cette langue déliée par la débauche; la mort faisait battre chastement, sous sa main de fer, ce cœur de pervertie; elle avait touché de son doigt impitoyable, mais sacré, ces oreilles souillées, ces lèvres infâmes, ce sein prostitué, ces mains vénales, ces pieds fangeux, cette tête couronnée de roses : — la mort avait lavé tout ce cadavre; elle en avait ôté le pus et les cicatrices, les soufflets et les baisers, les guenilles et les dentelles, la boue et le musc; elle en avait fait tout simplement un cadavre, c'est-à-dire quelque chose que la main la plus pure peut toucher sans se souiller, quelque chose dont on peut fermer les yeux sans remords, dont on peut entendre la voix sans rougir, en un mot, quelque chose de sacré et de solennel. Car ce sont là des caprices de la mort; elle fait de toutes choses la même poussière qui s'envole soudain au divin et terrible tribunal. La mort était donc la seule garde-malade qui veillait au chevet de cette malheureuse fille de joie, quand le frère Christophe s'avança près de son lit.

Hélas! depuis bientôt quarante-huit heures que le froid mortel avait saisi cette femme, pas une voix humaine, pas même la voix enrouée et vineuse de ses compagnes, ne s'était fait entendre à son chevet. C'était bien assez qu'on lui permît, à cette malheureuse, de mourir sur ce grabat qui lui avait été prêté pour un autre usage. On lui avait donné

vingt-quatre heures pour mourir, et on pensait lui avoir
fait une très-grande charité. En effet, cette femme appar‑
tenait au vice, car le vice l'avait achetée à sa mère. Le vice
avait payé un droit au gouvernement du roi très-chrétien,
pour exploiter en toute liberté cette femme; or, ce trépas
dérangeait toutes les terribles habitudes du vice, habitant de
ces demeures; il embarrassait cette débauche réglée; ce
cadavre immobile gênait les autres cadavres mobiles dont
il faisait partie. Aussi avait-on dit à cette fille : Meurs ici,
puisque tu le veux, mais c'est à condition que tu mourras
vite, et surtout que tu mourras en silence. Ainsi faisait-
elle; elle savait trop bien toutes les exigences de sa pro‑
fession, pour n'y pas demeurer fidèle jusqu'à la fin. Aussi bien
elle avait contenu ses cris d'angoisse, pour ne pas arrêter les
cris de joie de cette demeure, où elle n'avait plus de rôle
à jouer; elle avait contenu sa prière, pour ne pas troubler
les soupirs de l'amour lascif; elle s'était faite morte avant
le temps, par respect pour cette débauche de toutes les
heures, dont elle savait la fragilité et le caprice; elle expi‑
rait ainsi, sans se plaindre, au milieu de ces joies vineuses
et de ces fêtes brutales. Pendant qu'elle appelait en vain
sur sa lèvre livide la goutte d'eau que demande le damné
dans son enfer, elle entendait l'orgie qui hurlait au-
dessus et au-dessous de sa tête, la malheureuse! A sa voix
brûlante répondait l'ivresse hurlante...; à ses plaintes étouf‑
fées répondaient des éclats de rire! Et si elle venait à penser
que pas une main amie ne lui serait tendue pour lui fermer
les yeux ou pour recueillir son dernier soupir, elle enten‑
dait le bruit des baisers qui se donnaient presque à son
chevet, baisers vendus et achetés à vil prix; et elle, qui en
avait tant vendu, voici qu'à son lit de mort elle ne pouvait
pas en acheter un seul, un seul baiser d'adieu, un seul
baiser humain, un seul baiser innocent au prix de sa vie

éternelle! Quelle vie — et quelle mort digne d'une telle vie!
Même le grand cri qu'elle venait de jeter enfin, n'en pouvant plus de remords et de douleur, elle l'avait contenu tout le jour dans sa poitrine en feu; mais, à ce cri, il lui sembla qu'elle était morte, et que ses propriétaires irrités allaient venir prendre son cadavre pour le jeter, comme un tas d'immondices, au coin de la borne funeste où elle s'étalait le soir, dans ses jours de jeunesse et de beauté!

Mais lorsqu'en ouvrant les yeux, la malheureuse put comprendre quel était le bienveillant regard tout plein de pitié qui se posait sur elle; quand elle se sentit à l'abri de ce chaste jeune homme dont elle n'avait jamais vu le pareil, même dans ses rêves de quinze ans, la veille de sa première communion; quand elle sentit battre pour la première fois, à côté d'elle, un cœur qui ne battait que pour la vertu; quand elle comprit confusément la sainte et bienveillante protection d'un regard chrétien, d'une pitié chrétienne, et aussi d'un pardon chrétien, le calme, après vingt ans d'angoisses purulentes, revint à sa tête et à son cœur; elle se montra, en un mot, telle que l'avait faite la mort, une femme qui voit face à face, et déjà avec espérance, l'éternité qui va s'ouvrir.

— Mon père, dit-elle en joignant ses deux mains amaigries, mon père, je crois en Dieu, bénissez-moi! Pardon! pardon! je n'ai pas besoin de confession; vous savez qui je suis! Regardez-moi, si vous osez, et voyez où je meurs! Heureuses celles qui ont quelque chose à apprendre au prêtre qui vient les voir à leur lit de mort! Ô mon Dieu! ô sainte Vierge! ô ma patronne! pitié! pitié! pitié!

Christophe, cependant, prenant les deux mains de cette misérable, lui parlait du Dieu de l'Évangile, de ce Dieu qui est le pardon; et, en échange de toutes les souillures, de toutes les hontes, de tous les mépris, de toutes les douleurs de l'âme et du corps que cette pauvre, repentante et humiliée créature humaine tirait de sa fange immonde pour les déposer aux pieds du Christ, le frère Christophe lui promettait le ciel.

En même temps, ce jeune homme si simple, si bon, et qui ne songeait guère aux dangers qui l'attendaient au dehors, s'acquittait envers cette malheureuse femme de toutes les fonctions d'une véritable sœur de charité. Il humectait d'une eau fraîche ces lèvres brûlantes; il relevait ce lit défait; il donnait de l'air à cette chambre infecte, et même ce fut en ouvrant la fenêtre étroite et basse de ce triste réduit, que le bon frère aperçut, dans l'ombre de la rue, cette foule bourdonnante autour de la maison.

— Monsieur l'abbé! monsieur l'abbé! disait la foule, dormez-vous déjà, monsieur l'abbé?

Et partout, dans la rue, dans les rues voisines, sur les quais, sur les toits, aux fenêtres entr'ouvertes, au seuil des portes, en sursaut réveillées, on n'entendait que ce cri de guerre : — L'abbé! l'abbé! l'abbé!

— Mon père, disait la mourante, croyez-vous que le Ciel me pardonne? et, mon Dieu! mon bon Dieu! au sortir de cet enfer, mon âme passera-t-elle dans un autre enfer?

— Ma fille, disait Christophe, la miséricorde de Dieu est infinie! Notre-Seigneur a bien pardonné à la Madeleine, qui n'a pas souffert autant que vous!

Et toujours la foule, dans la rue, répétait en chœur : — Monsieur l'abbé! monsieur l'abbé! dormez-vous, monsieur l'abbé?

Mais lui, tout entier à son œuvre, préparait à la mort cette pauvre âme, qui tremblait et qui le bénissait. Tout à coup, cependant, la porte de cette maison est enfoncée; la foule se précipite pour chercher le prêtre incestueux qu'on a dénoncé à ses colères, à ses mépris, à ses vengeances. A ce bruit affreux, toute la maison sort de son sommeil de fange; on arrive, on accourt, on entre... et que voit-on? Christophe, agenouillé à ce chevet de douleur, répétant, les mains jointes, la prière des agonisants!

A ce spectacle inattendu, ce même peuple, qui venait pour maltraiter ce prêtre, s'arrête! Il a trouvé un saint, il cherchait un infâme! Tous ces hommes accourus dans cette maison abominable, comme des chiens à la curée, toutes ces malheureuses femmes damnées réveillées en sursaut, à peine vêtues, et dans leur infâme désordre de la nuit, ils admirent, ils sont émus, ils font silence en présence de ce jeune homme qui prie et de cette femme qui va mourir. Alors cette femme mourante, qu'avaient ranimée la prière et l'air du soir, s'appuyant sur l'épaule de Christophe, se releva à demi sur son séant; son œil, creusé par le désespoir, jetait un sombre éclat; ses deux mains, déjà froides et convulsives, se croisaient sur son sein flétri; ses cheveux, sans couleur et tout d'une pièce, tombaient sur son front. Ainsi inanimée, cette femme était belle encore.

— Respect, dit-elle à tous les assistants, mâles et femelles, respect à l'agonie de votre semblable! Respect à l'homme qui prie à genoux pour celle que vous avez perdue! respect à celui qui ferme les yeux de celle que vous avez souillée, à celui qui a pris en pitié la mourante, dont vous avez dévoré la jeunesse et la vie!

A ces mots, elle retomba sur sa couche.

— Un prêtre! un prêtre! s'écria Christophe; un prêtre, mes frères, par pitié, un prêtre!

La mourante regarda son sauveur pour la dernière fois :

— Vous êtes mon prêtre, dit-elle, vous êtes mon confesseur, vous êtes mon Dieu, après Dieu! Adieu donc, et que votre main bénie me ferme les yeux!

Elle expira. Ses compagnes, muettes d'effroi et de respect, se mirent à genoux, cherchant quelques prières effacées dans leur mémoire; les jeunes gens de la ville se retirèrent en faisant le signe de la croix, honteux et confus de ce guet-apens dont la honte retombait sur eux. Christophe fermait les yeux de cette malheureuse créature de Dieu, qui n'était plus; après quoi il acheva la prière des agonisants : *Ame chrétienne, partez! Proficiscere, anima christiana!*

L'aurore le surprit encore à genoux.

IV.

fourvières.

C'est ainsi que le monde civilisé fut dévoilé pour la première fois au frère Christophe, dans ses misères, dans ses hontes et dans ses désespoirs. Cette nuit d'horreurs l'initia bien plus complétement et bien plus vite aux plus abominables infirmités de la nature humaine, que n'aurait pu le faire toute une vie passée même dans les rangs les plus infâmes, de la préfecture de police. Il vit tout d'un coup, en une seule nuit, l'abaissement des femmes et la lâcheté des hommes dans ce qu'ils ont de plus triste et de plus affreux.

Quand tout son devoir funèbre fut accompli, le bon Christophe reprit son manteau; il sortit de cette maison, sans honte et sans peur, la tête levée, et comme il y était entré. C'était la première fois peut-être qu'un homme de sang-froid franchissait ce seuil abominable, en plein jour, sans se couvrir la face de ses deux mains et sans précipiter ses pas dans la rue. A peine si le bon frère secoua son manteau; après quoi il s'achemina sur les hauteurs de Fourvières, où l'attendait ce maître souverain de sa destinée, qui l'avait fait venir en toute hâte à Lyon.

Les hauteurs de Fourvières sont simples et belles. La sainte montagne domine un des plus beaux paysages qui se déploient sous le soleil : à ses pieds s'étend la ville comme un entrelacement de petits nids de corbeaux qui attendent leur proie; tout au loin se déroulent, dans leurs mille détours, les vastes plaines et les montagnes, et les grands arbres parmi lesquels circule le grand fleuve, et les petits villages tout vêtus de pampres verts. Aussi, à mesure qu'il gravissait la montagne, notre naïf aventurier sentait son cœur battre plus vite; son regard s'animait d'un enthousiasme inconnu; il devinait confusément quelque chose de surnaturel; ce quelque chose qui s'éveillait en lui, c'était l'espérance.

Arrivé au sommet de la montagne de Fourvières, Christophe entra dans la chapelle placée là comme un lieu de repos, de protection et de prières. C'est un lieu tout rempli d'*ex-voto* et d'indulgences plénières. Bien des âmes pieuses, mais aussi bien des piétés mondaines viennent chaque jour se confier à Notre-Dame de Fourvières. Heureusement l'humble chapelle est placée à une si grande hauteur, que toutes les faiblesses humaines s'y purifient et y prennent je ne sais quel air de mystère et de grandeur qui les rend presque respectables. Il n'y a pas de temples sans respects sur les lieux hauts.

Dans l'église de Fourvières, le frère Christophe s'agenouilla au coin d'une petite chapelle sombre et déserte, sans *ex voto* somptueux et sans renommée. Cette chapelle, dont nul ne voulait, avait été abandonnée par les desservants de l'église à un vieux prêtre qui venait y dire, chaque jour, une messe obscure, une prière isolée. Humble était l'autel, humble était le prêtre; l'autel était à peine couvert, et aussi le prêtre. Ce fut à cette modeste chapelle que son humble esprit saint guida Christophe. Il était donc à genoux sur la pierre, quand le vieux prêtre entra tout seul dans la chapelle et sans avoir trouvé personne, ce qui ne l'étonnait pas, pour servir son humble messe. Il venait donc à l'autel, résigné et prêt à répondre lui-même à sa propre prière, et prêt à verser lui-même l'eau sainte sur ses mains nettes et tremblantes; mais à peine eut-il vu Christophe à genoux, et dans cette attitude recueillie, qu'il lui fit signe de venir prier Dieu avec lui sur les degrés de l'autel. Christophe servit la messe du pauvre vieillard. Ces deux hommes, qui ne s'étaient jamais rencontrés, accomplirent ensemble le redoutable sacrifice; ils prièrent seuls, sans autre témoin que le Dieu qui voit tout. Ces deux pauvres, si modestes de cœur, agenouillés dans cette pauvre chapelle, s'entendirent sans se parler. Sans doute le vieillard pria pour ce jeune homme qui savait prier loin du regard des hommes, et qui cherchait, pour s'y agenouiller, l'autel le plus désert; Christophe pria pour l'âme de cette femme misérable à laquelle il venait de fermer les yeux.

Après l'*ite missa est*, Christophe accompagna le vieux prêtre jusqu'à la porte de la sacristie, qui se referma sur lui; puis il sortit de l'église, et, descendant à droite une avenue de petits arbres chétifs et battus par le vent, il se trouva devant une maison sévère et triste; il frappa, la porte s'ouvrit, et Christophe se trouva dans une cour étroite, fermée de hautes murailles. Cette cour servait d'antichambre à une vingtaine de jeunes gens en rabats, en soutanes, en longs manteaux, en chapeaux à trois cornes; ces jeunes gens avaient pour la plupart d'assez laids et tristes visages, dans lesquels il eût été facile à un œil exercé de découvrir les traces déjà profondes de bien des passions mauvaises : l'envie, l'avarice, l'ambition, l'hypocrisie, et quoi de plus?

Dans cette cour le silence était grand. Chaque homme enfermé là murmurait une prière, s'agenouillait sur la pierre, ou disait tout haut le *mea culpâ* éternel. Ces inquiets séminaristes, se sachant espionnés par le maître, baissaient la tête; tout leur corps était courbé comme leur cœur, leurs mains étaient jointes humblement sur leur poitrine, le lourd chapelet pendait et clapotait à leurs mains; ils avaient sous le bras un épais bréviaire revêtu de son enveloppe de velours noir; les plus habiles étaient à genoux contre la muraille, dans une humiliation plus que chrétienne. A peine si quelques regards furtifs furent jetés de côté et d'autre sur Christophe quand il entra dans cette cour, et même on trouva notre bon frère bien insolent d'entrer ainsi la tête haute. Hardi et insolent Christophe!

Lui cependant, à peine entré, il voulut expliquer qu'il était appelé par l'autorité du supérieur; mais bien que sa voix fût naturellement douce et pure comme la voix d'un enfant de seize ans, toute cette basse-cour trouva que celui-là était bien hardi de parler si haut. On ne daigna ni le regarder, ni lui répondre. Il y en eut plus d'un qui fit un détour pour ne pas passer à côté de cet homme effronté; cependant, comme de temps à autre un homme noir sortait de cette maison, et comme un autre homme noir y entrait, le bon Christophe comprit qu'avant de pénétrer dans ce formidable intérieur, il devait attendre, lui aussi, que son tour fût venu.

Or, c'était la première fois de sa vie qu'il était enfermé ainsi entre quatre murailles, et la chose lui parut triste à subir. Déjà, et depuis vingt-quatre heures, Christophe, sans le savoir, avait goûté de la liberté, ce noble fruit si doux aux âmes bien faites; il se trouvait donc bien mal à l'aise dans cette cour remplie d'un silence tout noir. Après en avoir fait le tour deux ou trois fois, il alla s'asseoir sur un vieux banc de pierre adossé contre la muraille; sur ce vieux banc étaient assis deux jeunes prêtres qui, en apparence, lisaient leur bréviaire; mais le bréviaire leur servait tout simplement de contenance, car, les yeux fixés sur le gros livre, ces deux hommes se tenaient l'un à l'autre une longue conversation en mauvais latin, mais pas en si mauvais latin que Christophe, l'ignorantin, n'entendît très-bien ce qu'ils se disaient.

— *Cave!* prends garde à cet homme qui écoute! disait l'un.

— Cet homme, répondait l'autre, c'est un frère ignorantin : *Homo omnium stultissimus.*

— *Recte*, bien dit. Nous disions donc que tu voudrais avoir la cure de Saint-Galmier?

— *Optime.* Si tu me pousses, je te donne la cure de Saint-Jean-le-Château : douze pièces de vin par an, du blé à revendre, des poules, un cheval, une maison toute blanche, et le reste : *Innuptæque puellæ.*

— *Ut libet.* Mais si tu vois le premier monseigneur, raconte-lui combien j'ai fait brûler de Voltaire, et de Rousseau, et de Benjamin Constant.

— Et toi, *Quæso*, n'oublie pas de lui dire combien j'ai refusé de sépultures chrétiennes, et combien d'âmes j'ai envoyées en enfer.

— *O frater!* quelle triste vie!

— *O frater!* j'aimerais mieux être soldat.

Christophe se leva de ce banc, épouvanté de cette conversation en si triste morale et en si mauvais latin.

Il se mit à se promener de long en large; et, tout en se promenant, il pénétrait dans ces tortueux mystères de l'orgueil, de la vanité et de l'hypocrisie; il voyait tous ces pauvres hères courbés sous l'ambition et sous la peur; puis, enfin, à force de les trouver si misérables, il finit par les prendre tous en pitié les uns et les autres, prêtres et frères ignorantins, car il était bon, modeste et simple de cœur.

En moins d'une heure, Christophe les avait tous jugés; mais bientôt cette triste étude le fatigua, lui, le naïf savant, qui n'aimait à étudier que les beaux livres sur le bord du beau fleuve; alors il se rappela qu'il avait dans sa poche des trésors, et il tira de sa poche, non pas un bréviaire, mais l'*Iliade*. N'êtes-vous pas de mon avis? Il en est des livres comme des hommes : avec un peu d'habitude, vous pouvez les juger tous, rien qu'à leur physionomie extérieure. Parmi les livres comme parmi les hommes, l'un est riche et vide, l'autre est savant et sévère; il y a le livre de la petite maîtresse, tout doré, mais sans cervelle; il y a le livre de louage infect et sali; enfin, il y a encore le livre que tenait le frère Christophe, le livre pauvre, mais décent; un lambeau au dehors, une perle au dedans; les nobles pages dévorées nuit et jour, que le doigt n'a pas souillées, que le souffle n'a pas ternies.

Nos jeunes gens d'église, tout ignorants qu'ils étaient dans le fond de leur esprit, comprenaient confusément cette grande ressemblance d'un livre et d'un homme. Aussi, quand le bon Christophe fut bien plongé dans la lecture de son poëte et quand sa belle figure fut bien rayonnante de ce poétique enthousiasme, voilà nos renards tonsurés qui s'approchent à pas de loup de cet homme et de ce livre, ne comprenant rien à la tranquille béatitude de cet homme, et voulant savoir quel était ce livre qu'on osait lire en ce lieu et qui donnait tant de bonheur. En effet, Christophe relisait en ce moment, pour la centième fois peut-être depuis le départ de Prosper, les tendres plaintes d'Achille quand il apprend la mort de Patrocle. Touchante poésie si remplie de terreurs! Et plus il sentait retentir dans son âme les nobles accents de la muse antique, plus aussi il était observé de près par ses compagnons de sacerdoce, jaloux qu'ils étaient du calme et du bonheur de ce frère ignorantin dans un lieu pareil.

Les choses en étaient là, et les psautiers et les bréviaires s'indignaient en silence de ne pas reconnaître *l'Iliade* (je le crois bien!), quand une sourde rumeur se répandit dans cette cour, ou, si vous aimez mieux, dans ce séminaire. De la part du supérieur, on appela : — *M. Christophe?* Qui était M. Christophe? Où est M. Christophe? Christophe cependant était bien loin de ces rumeurs; il assistait à la vengeance d'Achille, et déjà il se rassurait sur la cruauté de son héros, en pensant que tout à l'heure le vieux Priam va venir baiser la poussière des pieds d'Achille, et que la prière du noble vieillard ne sera pas rejetée. Cependant, après avoir murmuré tout bas : —M. Christophe? M. Christophe? on commençait à murmurer tout haut : —M. Christophe? M. Christophe? Ma foi! attendez, s'il vous plaît, que notre héros revienne de la bataille. Christophe était couvert des armes d'Achille; il était emporté par Xanthe, son beau cheval. A la fin, une grosse main de sacristain tomba sur ses épaules, et une dure voix lui dit :

— On vous demande là-haut, Monsieur.

Lui, pauvre et résigné, acheva son vers commencé; c'était le dernier vers de la strophe homérique. Il ferma son livre avec soin, il le remit dans sa poche, après quoi il se disposa à suivre tranquillement l'homme violet qui l'avait interrompu. Les autres cependant s'étonnaient du sang-froid de Christophe et du peu d'empressement qu'il mettait à obéir à un ordre venu de si haut. Il est vrai qu'à la place de frère Christophe, ils auraient brisé en deux leur prière la plus fervente, pour obéir plus tôt à leur maître tout-puissant qui était là-haut, — *in excelsis!*

V.

La Délivrance.

Le frère Christophe suivit le sacristain, son introducteur; il traversa silencieusement deux grandes salles humides, qui exhalaient l'encens; dans une de ces salles il rencontra le petit curé de Saint-Galmier, le même dont il avait entendu le latin doublement corrompu; le curé de Saint-Galmier était radieux.

Christophe ne put s'empêcher de lui jeter tout bas un regard de mépris, avec ces mots : — *Sic itur ad astra!* Mais le curé de Saint-Galmier ne comprenait que le latin du curé de Saint-Jean-le-Château; et puis le curé de Saint-Galmier était si heureux cette fois! Monseigneur avait rendu si complète justice à ses pieux incendies et à son zèle! Comment donc se serait-il inquiété de l'interjection d'un vil frère ignorantin?

Cependant une dernière porte s'ouvrit devant Christophe : il entra la tête haute, car il avait naturellement la tête haute, et alors il se trouva en présence d'un homme singulier et étrange, dont il me serait bien impossible de vous donner une description.

C'était un petit homme sec, ridé, ardent et contrefait; sa tête était plus grosse que son corps; son œil, à force de tout observer, s'était si fort enfoncé dans sa tête, que d'abord on ne voyait à la place du regard qu'une cavité profonde. Le seul besoin de cet homme, sa seule passion, sa seule vertu, son génie, c'était la volonté; la volonté, c'était aussi sa grande force. Dès sa jeunesse, et même avant qu'il fût sérieusement question de l'Église dans le monde réel, cet homme avait compris qu'avec toute la volonté possible, il n'y a qu'une chose à vouloir, l'autorité ! L'exemple de cette grande volonté qu'on appelait l'Empereur, avait porté à la tête de cet homme, tout comme il a porté aux plus pauvres têtes de ce siècle. Comme il n'avait d'ordinaire qu'à manier les cires molles de l'Église, il n'avait guère trouvé de résistance jusqu'à ce jour; on lui obéissait à genoux; il n'avait pas encore dit : *Je veux !* qu'il était obéi; on lui obéissait avec tremblement; il était le maître absolu de toutes ces croyances en soutane; il faisait battre à son gré tous ces cœurs sous la bure; il arrangeait, il dérangeait, il gaspillait, selon son caprice, toutes ces existences éphémères qui recevaient de lui, et de lui seul, la vie, le mouvement et la pensée; il était si entièrement le maître de l'Église lyonnaise, que le curé de paroisse tremblait à son nom, que l'évêque le redoutait, que l'archevêque de Lyon lui-même, le primat des Gaules, ce Bonaparte tonsuré et exilé, n'osait pas lui envoyer sa bénédiction de Rome, son exil : tel était cet homme; d'une activité infatigable, d'une persévérance incroyable; un homme qui commandait pour commander, qui voulait pour vouloir, qui aimait l'autorité, non pas comme moyen, mais parce que c'était l'autorité, et comme on aime la vertu; en un mot, un homme qui, dans ces circonstances difficiles et dans cette haute position, n'était ni un hypocrite, ni un ambitieux.

Voilà l'homme sur lequel tomba Christophe et qui devait fléchir sous Christophe. Quand notre humble ami l'ignorantin entra chez l'arbitre suprême de son sort, il le trouva assis, ou plutôt perdu dans un immense fauteuil recouvert en cuir; ses deux mains nerveuses et crochues étaient posées sur une table chargée de papiers; sa petite taille, courbée en deux, l'aurait fait prendre au premier abord pour quelque enfant myope et mal élevé; il parlait tout bas, et sa voix était claire et criarde; ses cheveux étaient noirs et très-épais, et descendaient tout hérissés et tout poudreux sur son cou maigre, dont on pouvait entrevoir les tendons. Vous jugez si Christophe dominait cet homme de toute sa hauteur.

— Vous êtes M. Christophe? dit cet homme, sans lever ni la tête ni les yeux, mais d'une voix assez calme et de l'accent le plus naturel.

— Oui, Monsieur, répondit Christophe.

A ce mot : monsieur! monsieur! l'homme releva la tête. Cette grosse tête était à peine au niveau du cœur de Christophe; ces deux yeux enfoncés et recouverts de leurs épais sourcils, qui erraient vaguement sur le papier, s'arrêtèrent sur les yeux de Christophe, qu'ils ne firent pas baisser. L'habile prêtre comprit tout de suite que son attitude nonchalante avait donné sur lui une supériorité marquée à ce grand jeune homme qui osait ainsi le regarder en face. Il crut pouvoir réparer cette faute en disant au bon frère : — Asseyez-vous!

Christophe, sans comprendre encore qu'il y eût lutte entre lui et cet homme, prit un fauteuil; c'était, depuis le commencement du monde, le premier frère ignorantin qui se fût assis devant son supérieur.

Mais quand le frère fut assis dans ce fauteuil, le vieux prêtre fut bien étonné de le voir encore plus grand que lorsqu'il était debout. Ce prêtre était si peu habitué à perdre à peine un coup d'œil sur ses tristes recrues! Il était si habitué à leur parler de haut en bas, ou, ce qui revient au même, de bas en haut, que, se voyant tête à tête et face à face avec ce jeune homme qui le regardait simplement et silencieusement, sans haine comme sans amour, sans effroi ni étonnement, il sentit un instant qu'il allait rougir lui-même.—Lui rougir!

Heureusement il comprit aussi que le jeune homme qui était devant lui ne savait rien de ses angoisses, et, quelque peu rassuré, il reprit la conversation en ces termes :

—Vous êtes le frère Christophe?

—Oui, mon père.

—Vous étiez le frère de l'école d'Ampuy?

—Oui, mon père.

—En ce cas, frère Christophe, me direz-vous si c'est bien à vous, le frère ignorantin de l'école d'Ampuy, que ces lettres sont adressées?

Et en même temps il montrait à Christophe la collection complète des lettres de Prosper.

Vous vous souvenez peut-être que Prosper Chavigni, arrivé à la fin de sa correspondance, avait remis ses lettres à un jeune prêtre du séminaire de Lyon, qui avait promis de les faire passer au frère Christophe. Le jeune prêtre n'avait rien trouvé de mieux que de faire sa cour avec ces lettres à monseigneur le supérieur. Il les avait donc apportées bien précieusement à son maître, qui, en revanche, lui avait donné sa bénédiction, en attendant la cure de Saint-Galmier. Voilà comment les lettres de Prosper à Christophe étaient tombées entre ces mains redoutables et inflexibles. Ce prêtre, usant de son autorité ecclésiastique, avait porté un œil impitoyable dans cette naïve et chaude correspondance. Et vous jugez de l'étonnement de ce fanatique despote, quand il découvrit qu'il y avait, dans le nombre des frères ignorantins, un frère ignorantin qui avait un élève comme M. le chevalier Prosper de Chavigny.

Voilà pourquoi aussi frère Christophe avait été appelé en toute hâte pour venir rendre compte de sa conduite à qui de droit.

Mais lui, Christophe, à la vue de ces lettres, et quand il reconnut l'écriture de son ami, de son élève bien-aimé, de son frère, de son enfant, il sentit son cœur se briser de joie, il sentit ses yeux se mouiller de larmes.

— Prosper! dit-il, Prosper..., mon enfant..., mon ami!... Des lettres de lui!... Il ne m'a donc pas oublié, Prosper?

En même temps, tout entier à sa surprise, à sa joie, il se précipitait pour s'emparer de ses lettres; mais le vieux prêtre l'arrêta d'un regard, et, cette fois, c'était bien un regard d'homme tout-puissant: — Et savez-vous ce qu'il y a dans ces lettres? lui dit-il.

Et savez-vous ce qu'il est devenu, votre élève? savez-vous qu'il a déjà tué un homme? savez-vous qu'il a donné tête baissée dans tous les vices et dans toutes les corruptions de tout genre? savez-vous qu'il s'est damné cent fois par jour? savez-vous que, de vos mains impies, il a passé dans d'autres mains impies, et qu'un damné comme vous lui a appris le mensonge, le parricide, l'athéisme, les voluptés de toutes sortes et le blasphème? savez-vous qu'il est perdu tout entier de corps et d'âme, ce Prosper que vous appelez votre enfant? Et c'est vous, malheureux! que cet enfant a choisi pour son complice! Et c'est à vous qu'il raconte sans frémir toutes ces horreurs! Et c'est vous qui avez élevé ainsi ce jeune homme, qui l'avez préparé à toutes les détestables maximes de ce monde de vices et de corruption! Et vous ne rougissez pas! Et vous venez ici aussi calme que l'enfant à son jour de baptême! Et vous entrez dans ces murs avec le front de la vertu, et vous osez vous asseoir devant moi dans un fauteuil! Et même à présent, c'est à peine si vous êtes ému, quand je vous dis.

quand je vous répète que l'Église n'a pas assez de foudres, l'enfer pas assez de flammes, pour expier tous les péchés mortels que contiennent ces lettres! En vérité, malheureux que vous êtes! vous voilà aussi audacieux que votre ami M. Prosper!

En même temps, cet homme, hors de lui-même, et qui peut-être ne s'était pas mis dans sa vie une seule fois en colère, se promenait de long en large, étonné de n'être le maître de personne, de n'être pas même le maître de sa fureur.

Quand il eut tout dit, Christophe, qui l'écoutait à peine, qui ne pensait qu'à Prosper, et qui n'avait compris dans tout ceci que le malheur de Prosper, se mit à penser que peut-être le pauvre enfant avait besoin de ses secours dans cette grande ville où il était abîmé, et qu'il était proscrit, malheureux, perdu! Alors il se retourna vers le prêtre :

— Monsieur, lui dit-il, vous avez raison, il est peut-être en grand danger, mon Prosper; mais, de grâce, où est-il? que fait-il?

— Et que m'importe? dit le prêtre, il ne s'agit pas ici d'un perdu, d'un damné, d'un vicieux; qu'il aille en paix, il n'est pas des nôtres. Mais il s'agit de vous, malheureux! il s'agit de vous, qui avez déchiré votre robe nuptiale, qui avez violé votre mandat, qui avez trahi vos vœux. Il s'agit de votre châtiment en ce monde, si vous voulez éviter le châtiment dans l'éternité.

— Mon père, dit Christophe, je n'ai pas violé mes vœux; j'ai fait vœu de pauvreté et d'humilité chrétiennes; je n'ai pas trahi mon mandat, j'ai élevé les enfants du pauvre dans la crainte de Dieu; je n'ai pas déchiré ma robe, c'est la misère qui l'a déchirée. J'ai eu faim, j'ai eu froid, j'ai prié, j'ai été seul; quand j'ai eu du pain, j'ai partagé mon pain avec le pauvre : ma conscience ne me reproche rien, mon père ; ne parlez donc pas de châtiment ici-bas. Quel châtiment mortel trouverez-vous pour qui n'a rien à espérer, rien à craindre ? Quant aux châtiments du ciel, vous n'y pouvez rien, Dieu merci ! C'est à Dieu, qui est le maître, à récompenser et à punir.

— Mais, reprit l'inflexible et impitoyable despote, vous aviez juré aussi, ce me semble, obéissance et ignorance, et pourtant, au mépris de votre serment, vous avez étudié les lettres profanes. Les sciences qui vous étaient défendues, vous les avez apprises et vous les avez enseignées. Vous avez commis le péché d'orgueil avec tous les poëtes du paganisme. Vous avez rougi de n'être qu'un frère ignorantin, et vous vous êtes fait un docteur. Que répondrez-vous à cela, Monsieur ?

Le frère Christophe baissa la tête.

— Il est vrai, dit-il, que je n'ai pas pu fermer mes faibles yeux à la poésie, qui est la seconde lumière venue d'en haut. En vain j'ai voulu obéir, mon serment était au-dessus de mes forces. Ordonnez donc à celui qui a soif et qui est brûlé du soleil de ne pas tremper ses lèvres dans la fontaine ! J'ai donc pris la science qui m'est venue comme un bienfait du ciel ; mais, je vous prie, quel mal, après tout, cela faisait-il, que je fusse initié aux mystères de l'antiquité, qui a fait saint Augustin, saint Jean Chrysostome et Bossuet ? Et faut-il donc tout vous dire, mon père ? mon esprit était trop faible pour résister à ces poëtes, à ces orateurs, à ces grands hommes qui me tendaient leurs mains vénérables. Ils venaient à moi du fond de leur gloire, à moi si pauvre, si abandonné ! Ils m'appelaient, en me disant : Viens à nous ! et moi, je leur ai dit : Me voici ! Encore une fois, où est le crime ? où est le péché ?

Ainsi parla-t-il. Et en même temps son jeune front resplendissait d'une si noble auréole, que le prêtre en fut comme ébloui. Sa volonté fut ébranlée pour la première fois peut-être ; sa colère tomba ; il venait de comprendre que c'était une colère inutile. Alors, vous auriez vu cet homme, à moitié vaincu, fermer les yeux pour ne pas voir et les oreilles pour ne pas entendre. Il tenait sa tête à deux mains, dans l'attitude de la méditation ; il eût voulu, au prix même de sa propre défaite, conquérir à l'Église cette merveilleuse intelligence, ce grand courage et ce grand cœur. Il cherchait en lui-même le moyen de tirer parti de cette intelligence rebelle, et de dompter cette indomptable volonté, d'autant plus indomptable, que lui, qui s'y connaissait, il ne retrouvait dans ce jeune homme aucun des signes de l'orgueil, ce grand péché qui a perdu les hommes.

—Mon fils, dit-il enfin à Christophe, votre confession m'a touché, et vous me voyez tout disposé à venir à votre aide, si vous voulez, non pas m'obéir, mais tout simplement obéir. Vous ne pouvez plus être à présent ce que vous aviez juré d'être toujours, un simple frère ignorantin ; je ne veux pas cependant que vous soyez perdu pour l'Église. Voici donc ce qui peut encore vous sauver : vous allez entrer au séminaire, et au séminaire vous recommencerez vos études ; vous en oublierez le côté profane, pour n'en plus voir que le côté chrétien. Je vous le dis, pour un prêtre de Jésus-Christ, il s'agit moins d'être savant que d'être humble d'esprit. Ainsi, une fois au séminaire, vous recueillerez tant que vous pourrez votre esprit, et aussi bas que vous pourrez la courber, vous courberez votre tête. Le jour où l'Église vous trouvera assez docile, elle vous pardonnera, elle vous donnera place dans le sacerdoce ou dans la chaire évangélique ; alors enfin vous pourrez relever la tête, et marcher tout droit votre chemin dans Notre-Seigneur.

—Mon père, dit Christophe, votre bonté me touche plus

que ne m'a épouvanté votre colère; mais tout pauvre et mendiant que vous me voyez, je n'ai jamais aspiré aux redoutables honneurs du sacerdoce, aujourd'hui moins que jamais. Quand je n'étais qu'un frère de la doctrine chrétienne, je me disais parfois que je n'appartenais qu'à Dieu et à ma conscience; c'était assez pour moi de ces deux maîtres. Ce troisième maître, que vous appelez l'Église, me fait trop peur depuis que j'ai vu l'esclavage, dans votre cour, prier Dieu des lèvres, non du cœur. Depuis que je les ai entendus qui se parlaient entre eux et qui complotaient mille trahisons dans un mauvais latin du Bas-Empire, non, je ne veux pas être le prêtre d'une Église qui reconnaît pour siens de pareils enfants. Ainsi, si, en effet, vous voulez être bon pour moi, mon père, pardonnez-moi ces douces études qui sont ma vie, dont je n'ai jamais tiré aucun orgueil, et dont le monde ne saura rien, je vous le jure. Permettez que je reprenne le chemin de mon village, que je rentre dans mon humble école, et surtout, mon père, rendez-moi les lettres de mon ami Prosper.

— Ceci est votre dernière réponse? dit l'abbé.

— C'est ma dernière réponse, répondit Christophe.

— Maintenant donc, écoutez en silence, Monsieur, ce que je dois vous dire : — Frère Christophe, vous n'avez plus de frères! —Vous ne faites plus partie de la communauté; — vous n'êtes plus membre de la doctrine chrétienne; — vous n'avez plus ni le pain, ni l'eau, ni le toit, ni l'habit : *victum et vestitum*, comme dit saint Paul.—Vous n'avez plus le droit d'enseigner la jeunesse; — vous n'êtes plus rien que le dernier des hommes.—Allez donc, et vivez en paix!

En même temps, il montrait la porte à Christophe d'un geste impératif et d'un regard plein d'effroi.

— Monsieur, dit Christophe, j'accepte; je renonce au

toit, au pain, à l'eau, à l'habit et à l'enseignement ; mais le ciel m'est témoin que tout ce que je perds aujourd'hui m'est arraché par la violence ! Ainsi donc, je vais chercher loin de vous le pain et l'habit que Dieu accorde à toute créature qui sait travailler et prier.

En même temps le jeune homme se retirait, et déjà la terrible porte allait se refermer sur lui pour jamais, quand tout d'un coup il revint sur ses pas.

— Au moins, dit-il à l'inflexible abbé, qui le suivait du regard, les lettres de Prosper, les lettres de mon enfant m'appartiennent ; je les ai bien payées, Dieu merci ! Et avant que personne pût s'y opposer, il s'empara, sur le bureau où elle était exposée, de cette correspondance à laquelle il sacrifiait ainsi son travail, son toit et son pain de chaque jour. Et il sortit.

L'abbé, que l'action de Christophe avait épouvanté, un peu remis de son désordre, se précipita à la fenêtre qui donnait sur la cour, et, le corps à demi penché, les mains étendues pour désigner sa victime, il s'écria : *Raca ! raca !*

Au même instant celui-ci traversait la cour, emportant sous son bras et dans son manteau les lettres de Prosper.

— *Raca ! raca !* A ce cri, à ce signal, à cette malédiction du maître, toutes les soutanes dressent leurs oreilles ; elles accourent enflammées de colère autour de Christophe ; et c'étaient mille voix aiguës qui criaient autour de lui : *Raca ! raca !*

Lui, Christophe, arrivé sur le seuil de la maison, fit volte-face ; et, lançant à cette émeute de têtes rasées un sublime regard de pardon, il leur dit d'une voix douce et calme : — Il est écrit dans l'Évangile : — Tu ne diras pas à ton frère : *Raca !*

Et maintenant il était libre ; la porte de cet enfer venait de se refermer sur lui.

VI.

La Prise d'habit.

Christophe ne comprit pas tout d'un coup dans quelle liberté il venait d'entrer. Ce fut d'abord dans son esprit quelque chose de vague et de confus, comme est un rêve. Il savait seulement qu'il venait de soutenir une pénible lutte contre une volonté de fer. Il savait qu'il était sorti triomphant de cette lutte, mais qu'il y avait laissé son pain de chaque jour. Il savait encore qu'il venait de conquérir les lettres de son ami Prosper, et qu'enfin il allait apprendre, grâce à ces lettres, ce qu'était devenue cette autre moitié de son esprit et de son cœur. Cependant il descendait lentement les hauteurs de Fourvières. Déjà il se faisait tard, il était cinq heures de l'après-midi, lorsque notre jeune homme, s'arrêtant presque au bas de la montagne, se souvint, pour la première fois, qu'il n'avait encore rien pris de tout le jour. Ses provisions de la veille, sa corbeille encore si bien garnie, son morceau de pain, son veau froid et son sel, et cette bouteille à peine entamée, tous ces biens, Christophe les avait oubliés dans le lieu misérable où il avait passé cette nuit d'angoisses, de douleur et de charité chrétienne. Pourtant le bon frère était sans inquiétude, il attendait le secours qui vient d'en haut.

La Providence ne manque jamais à ceux qui croient en elle. A l'instant même où il se faisait humblement cette question : Qui donc me donnera aujourd'hui mon pain de chaque jour, frère Christophe fut retiré de sa méditation par une main qui prenait la sienne. Cette main était celle d'un bon vieillard à cheveux blancs et d'une belle physionomie. — Mon jeune ami, dit le vieillard à Christophe; c'est vous qui, ce matin, n'avez pas refusé de servir la messe d'un vieux prêtre? Le vieux prêtre vous en remercie. D'où êtes-vous? d'où venez-vous? qui êtes-vous? Si j'en crois votre habit, vous êtes un frère de la doctrine chrétienne; vous en avez l'habit et l'humble pauvreté; mais, si j'ose le dire, vous n'en avez ni la tournure ni le regard. Ce matin même, au pied de l'autel, j'ai été frappé de la voix si religieuse et si intelligente qui me répondait. A coup sûr, ce n'était pas la psalmodie monotone d'un homme qui prononce de saintes paroles sans les comprendre; à coup sûr, vous saviez, aussi bien que moi, ce que notre prière disait au Ciel. Mais pourquoi êtes-vous parti si vite? A peine eus-je fini ma prière d'actions de grâces, que je me mis à votre recherche; vous étiez déjà loin. Béni soit donc le Ciel qui me fait vous rencontrer à la porte de ma maison! Ne me ferez-vous pas bien la faveur d'y entrer, s'il vous plaît?

A ces paroles, Christophe, tournant la tête à droite et à gauche : — Mon père, dit-il, je ne vois pas le seuil de votre porte. — Baissez la tête, mon fils, dit le prêtre en souriant; et, en effet, Christophe découvrit à sa gauche plusieurs marches taillées grossièrement dans le roc; ces marches conduisaient à la porte d'une masure étroite, cachée, humblement adossée à la montagne. — Voici mon toit, mon fils, dit le vieillard; *hæc mea rota!* En même temps il descendait l'escalier d'un pas aisé; Christophe le suivit.

Une table de chêne, un crucifix sur la muraille blanchie, deux vieux fauteuils en bois de chêne, un petit lit dans un petit coin de cette petite cellule, deux grands coffres, quelques livres sur une tablette, une belle vierge dans son cadre d'or, telle était la maison du vieux prêtre. C'était une pauvreté douce et tranquille, honorable et sainte. Quand la porte était fermée, le prêtre était séparé des hommes, comme s'il eût été plongé dans la solitude de saint Jérôme; seulement, par la fenêtre ouverte, le regard enchanté se reposait magnifiquement sur le même panorama dont vous jouiriez au sommet de Fourvières. Ces bois, ces eaux, ces fleuves, ces mille clochers, ces prairies qui se perdent au loin, cette immensité lumineuse, ces fleurs, ces troupeaux, ces hommes, ce bruit qu'on entend là-bas dans le silence, ce silence à vos pieds qui représente tant de bruit, tel était le spectacle immense, inépuisable, qui à chaque instant du jour et de la nuit, à la clarté du soleil, à la douce lumière de la lune, à la furtive lueur des étoiles, récréait les yeux, l'âme et l'esprit du solitaire. Cette échappée si grande, si inattendue et si belle dans le monde extérieur, donnait à cette humble cellule je ne sais quelle magnificence incroyable. Cette solitude était remplie. Ce silence était éloquent. Ce désert était peuplé. Le vieillard habitait ce lieu depuis longtemps, tout seul avec son Dieu. Ainsi placé entre la terre et le ciel, entre la ville et le temple, il était également loin du volcan et de la foudre; il était à l'abri des passions et du fanatisme; il était à égale distance des incrédules d'en bas et des prêtres d'en haut. C'était une pensée saine, un esprit calme, une conscience honnête, une piété raisonnable, une vertu sincère, un cœur élevé, un bon vieux noble et indulgent serviteur de Jésus-Christ.

Quand ils furent entrés dans l'humble cellule et que la porte se fut refermée sur eux : — Mon enfant, dit le vieillard à Christophe, voici l'heure du repas; la ville est loin encore, partagez, je vous prie, le dîner d'un solitaire; laissez-moi vous servir ce soir à mon tour, comme vous m'avez servi ce matin. A tout autre jeune homme ma prière serait sans doute importune : partager le dîner d'un vieillard, c'est jeûner avec lui ; mais vous me paraissez si simple et si bon, que j'ai toute confiance. Ainsi donc, vous acceptez?

En même temps il tirait d'une petite armoire cachée dans le mur, des œufs durs, cuits de la veille, une salade cueillie le matin, un pain blanc qu'il avait acheté lui-même en descendant de la montagne, des olives de la Provence que de pauvres marins avaient apportées à Notre-Dame de Fourvières, un petit fromage qui venait d'Ampuy, comme Christophe, et enfin, pour compléter cette fête, un morceau de pain bénit que lui avait donné son riche ami le chanoine Bérichon ; — c'étaient là ses trésors. Une eau claire remplissait la cruche de grès. Quand toute cette opulence fut bien étalée sur une belle serviette blanche, les deux amis se mirent à table, non pas vis-à-vis l'un de l'autre, mais à côté l'un de l'autre, et face à face avec le soleil, qui jetait au loin ses dernières et transparentes clartés. Le vieillard dit les grâces, le jeune homme répondit : *Amen*. Et les voilà dînant de compagnie, avec la belle humeur de deux consciences honnêtes qui s'épanchent l'une dans l'autre. Naturellement, le frère Christophe raconta son histoire au vieux prêtre. Il lui dit comment il était, lui Christophe, un enfant trouvé qui n'avait jamais connu ni son père ni sa mère ; élevé par indifférence encore plus que par charité dans un pauvre village du Rhône ; comment il était devenu un frère ignorantin ; comment, malgré sa robe et son état, il avait trouvé pour ami un jeune homme à peu près de son âge, Prosper Chavigni, et comment ils étaient entrés l'un et l'autre dans toutes les études permises à tous les hommes, et qui lui étaient défendues à lui l'ignorantin! Il dit encore à son nouvel ami comment il avait perdu son enfant Prosper ; comment il avait été si longtemps sans avoir de ses nouvelles, et enfin comment et pourquoi il venait d'être chassé du séminaire, et privé de son titre et de son grade, de son habit, de son asile et de son pain !

— Parce que je n'ai pas voulu abandonner ce pauvre enfant !

Ce simple récit parut toucher vivement le vieux prêtre. Il se demandait, de son côté, pourquoi tant de rigueurs envers cet honnête jeune homme ? Puis, après y avoir songé quelque temps :

— Mon fils, lui dit-il, rien n'arrive aux honnêtes gens sans un décret de la Providence. Si Dieu vous a tiré violemment de l'humble état où vous étiez plongé, c'est qu'il voulait sans doute que les nobles facultés de votre esprit ne fussent pas perdues dans une école de village. Si Dieu a permis que votre supérieur fût injuste et cruel, c'est que vous n'étiez pas fait pour le sacerdoce. Ah ! mon fils, le sacerdoce, aujourd'hui, quelle tâche ! Se faire prêtre au moment où l'Église est toute-puissante, au moment où il n'y a plus pour les prêtres de Dieu ni persécutions, ni outrages, ni injures, ni injustices, ni supplices ; mais, au contraire, tous les encouragements, toutes les fortunes et toutes les faveurs ; quelle tâche ! quelle tâche ! Et comment ne pas se laisser enivrer par ces prospérités inattendues ? Comment rester humble d'esprit, humble de cœur, au milieu de ce triomphe inespéré ? Bénissez donc, mon enfant, la Providence qui ne veut pas que vous entriez dans l'Église triomphante. Allez donc, soyez un homme ; pénétrez sans peur dans cet univers, qui a besoin de tous les hommes de cœur. Entrez-y par la grande porte et par la belle route ; allez, le monde ne vous demandera ni d'où vous venez, ni qui vous êtes, mais il vous demandera de l'honorer par vos vertus, et de le servir par vos lumières. Allez, allez au secours de votre jeune Chavigni, qui sans doute a grand besoin de son ami et de son guide. Aidez-le à se sauver, vous, mon fils; et quand enfin, par votre travail et vos vertus, vous aurez conquis votre place sur la terre, rappelez-vous les jours de votre mauvaise fortune, tendez à votre tour une main secourable aux plus petits que vous.

Çà, mon jeune homme, ajouta le vieillard, voyant le bon frère tout ému, puisqu'il vous est défendu à l'avenir de porter cette longue robe noire, et ce rabat blanc, et ce chapeau à trois cornes, voulez-vous, sans façon, changer avec moi ces habits contre d'autres habits qui sont enfermés dans ce coffre et qui ne me sont plus d'aucun service ? Ce sont mes habits mondains d'autrefois, quand j'étais grand et droit comme vous, et quand j'étais plus jeune. A dire vrai, ces habits-là sentent encore un peu le prélat et la sacristie, mais cependant ils ne vous exposeront pas, comme la nuit passée, aux cruelles plaisanteries des beaux esprits de la province.

Ce disant, le saint vieillard, heureux de cette belle idée, tirait du fond d'un vieux bahut un habillement complet. Ce n'était plus l'habit d'un prêtre, ce n'étaient pas encore les vêtements d'un laïque, mais enfin c'était à peu près le costume de tout le monde, un habit, un gilet, et qui plus est, ô bonté du Ciel ! un chapeau rond.

— Je fais mes adieux à mes vanités d'autrefois, disait le vieillard.

Enfin, il n'y eut pas jusqu'à une honorable paire de bas de laine et une paire de gros souliers, dont le vieux prêtre ne gratifiât Christophe :

— Vous avez beaucoup à marcher, mon fils.

Puis, voyant l'embarras reconnaissant du bon frère : — Soyez en paix, lui disait-il, il ne vous arrive ici que ce qui est arrivé au prince Charles-Édouard. Vous aussi, mon enfant, gagnez votre royaume; moi je conserve vos vieux habits, je vous les rapporterai dans *votre palais de la Grande-Bretagne !*

Quand sa prise d'habit fut achevée, Christophe se trouva tout à fait un autre homme. La misère glissait sur lui, il est vrai, sans atteindre son âme, mais non pas sans laisser sur ce noble corps je ne sais quel triste reflet. Dans son nouvel habit, le frère Christophe avait un air de force et de liberté qu'il ne s'était jamais senti. Cette subite transition de la robe noire qu'il faut relever d'une main, à un costume plus net et plus simple, lui parut, sans qu'il pût s'en rendre compte, une révolution charmante. Déjà son corps était plus à l'aise, et partant, son âme était plus à l'aise dans son corps. Il avait enfin des bras et des jambes, et une poitrine; il venait même de conquérir son *os sublime*, courbé si longtemps sous son chapeau équivoque. Son cou qui sortait si tristement de son rabat, maintenant captif dans sa cravate noire, avait pris je ne sais quelle grâce et quelle aisance inaccoutumées. En un mot, cette fois, et pour la première fois de sa vie, frère Christophe sortait triomphant de ses langes ecclésiastiques; cette fois, frère Christophe redevenait foule et peuple; rien ne le signalait plus, dans son costume, ni à l'attention ni à la haine publiques; il était un jeune homme pauvre et modeste, timide et fort. Il marchait, il se retournait, il s'arrêtait. S'il y avait eu une glace dans la modeste cellule, je crois bien que mondit sieur Christophe s'y serait regardé.

Le vieux prêtre jouissait en silence de son ouvrage. — Voici, dit-il, qui va bien. Maintenant, mon jeune homme, vous n'appartenez plus qu'à vous et à Dieu. Faites en sorte d'obéir surtout et toujours à ce dernier maître. On vous avait défendu de porter jamais ce chapeau, ce rabat et cette robe; vous avez obéi en toute hâte, c'est bien. Reprenez donc votre argent (les gros écus de la mère de Prosper), vos beaux livres et votre manteau fidèle; si vous n'avez rien de mieux à faire, nous irons nous promener ensemble autour de la ville. Quand vous serez vieux comme moi, vous saurez combien c'est là un grand plaisir pour le vieillard, un beau soir, une longue promenade et un jeune bras sur lequel on peut s'appuyer.

Ils sortirent ensemble de la cellule, le prêtre et Christophe; ils descendirent ensemble le versant de la montagne de Fourvières, et causant familièrement comme de vieux amis. Arrivé au bas de la montagne, le vieillard, se tournant vers le jeune homme avec un doux sourire, et désignant du doigt les deux fleuves : — Je sais bien où vous porte votre instinct, lui dit-il. Cette ville est moitié Saône et moitié Rhône, et vous, enfant du Rhône, vous ne demandez pas mieux que de porter vos pas sur ce bruyant rivage dont vous avez entendu le doux murmure à votre berceau? Cependant, si vous voulez y mettre un peu de bonté pour moi, nous laisserons ce soir cette eau fougueuse pour cette eau limpide qui a nom la Saône. Moi qui suis vieux, je préfère au flot qui gronde toujours, cette onde toujours calme et transparente. J'aime cette lenteur, ces longs circuits; j'aime tout ce rivage si tranquille. C'est là tout à fait la promenade d'un vieillard et d'un sage. Laissons le Rhône, le bruit, le flot violent, à la jeunesse violente et emportée. Cette eau qui court en bouillonnant, c'est la folle jeunesse. Cette onde qui s'en va doucement et par le plus long chemin à son but, c'est la vieillesse. Venez donc sur mon rivage, mon enfant, marchez sur mon sable, et profitons des derniers rayons du soleil.

Les rives de la Saône sont en effet d'un doux aspect et d'une grande simplicité. Ces belles eaux coulent doucement à travers les plus belles campagnes. De vieux arbres s'élèvent à votre droite ; chaque rocher de la rive porte, à son flanc dompté, une riante maison entourée de verdure et de silence ; sur le fleuve, lentement poussées par un zéphyr invisible, mille barques se croisent. Ici, c'est une famille entière qui quitte la ville pour retourner aux champs ; la barque est remplie ; femmes, enfants, jeunesse riante, vieillesse conteuse, le présent, l'avenir et le passé de la famille, sont portés sur le même flot. Plus loin, ce sont des barques qui descendent l'onde paisible, chargées de fruits et de fleurs ; vous diriez le coin le plus fleuri de la campagne qui s'est détaché de la rive. Ainsi chaque fleuve a son lot. Le Rhône, c'est le bracelet d'or de cette ville superbe ; c'est le bruit, c'est la fête ; la Saône, c'est le silence, c'est le travail, c'est aussi le repos. Demandez à la ville lequel de ses deux fleuves elle voudrait perdre ? —Elle dira adieu en pleurant à son Rhône : adieu, mon orgueil ! adieu, ma beauté ! adieu, ma parure ! adieu, mon cheval de guerre et de bataille ! Mais enfin la ville, si elle est sage et prévoyante, comme elle l'est en effet, dira adieu à son Rhône, et la ville aura raison.

Tels étaient à peu près les discours du bon vieillard à son jeune compagnon : sa parole était un peu lente, un peu solennelle, comme est le cours de la Saône ; il savait toutes les histoires de la douce rivière dont il s'était constitué le gardien. Arrivé à une certaine distance, le vieillard s'arrêta, et, s'asseyant sur une pierre du rivage :

— Voyez-vous, dit-il à son jeune compagnon, voyez-vous, tout au sommet de la montagne, cette voûte entr'ouverte ? *Aspice ut antrum*, comme dit Virgile. Un vieux lierre en tapisse l'entrée, *labrusca racemis* ; le sol est recouvert d'une mousse douce et sèche. Remarquez-vous comment le bel astre de la nuit, qui s'élève doucement au-dessus des nuages, allume peu à peu sa lampe d'argent au plafond de cette grotte paisible? Comme en ces lieux tout est calme, fraîcheur, repos, silence, heureux sommeil! Or, savez-vous, mon cher fils, qui donc a découvert, le premier, ce beau petit monde de ténèbres et de lumières, de bruit et de silence, de sable et de mousse, suspendu ainsi entre la terre et le ciel? Il s'appelait Jean-Jacques Rousseau!

A ce grand nom de Jean-Jacques Rousseau, qui lui paraissait d'autant plus grand qu'il ne l'avait jamais entendu prononcer qu'avec des imprécations et des blasphèmes, Christophe regarda le vieux prêtre, et ne trouvant sur ce doux visage ni indignation ni colère, mais au contraire tout plein de sympathies et de respects, Christophe prit place aux côtés du vieillard; il regardait de toute son âme cet antre fatal d'où sont sortis plus de vérités et plus de sophismes qu'il n'en sortit jamais de l'antre de la pythonisse de Delphes ou de la prophétesse d'Endor.

— Oui, reprenait le vieillard, c'est dans ce trou, dont sa présence a fait une rare merveille, que Jean-Jacques Rousseau, jeune encore, mais à la veille de se révéler enfin à lui-même et aux autres, est venu dormir toute une nuit, faute d'un abri meilleur dans cette immense ville qui reposait tranquillement à ses pieds, sans se douter quel grand révolutionnaire était logé là-haut! De ces sommets escarpés, l'auteur de l'*Émile* rêva pour la première fois, et tout à son aise, à l'inégalité des conditions parmi les hommes, et se demanda tout haut dans son cœur, pourquoi en effet il était ainsi couché sur le sable et à la belle étoile, comme un vagabond ou comme un proscrit, pendant que tant d'autres, autour de lui, dormaient dans le duvet et dans la soie. Oh! quelle nuit féconde en révoltes dans cette âme ulcérée par l'injustice! quelle nuit remplie de dédain, de coloris et de vigueur, pour cette parole de dévastation et de ravages, qui allait éclater dans le monde ! Quelle nuit, pour cet autre Luther qui s'en allait, pauvre et nu, par les chemins, sans une hôtellerie qui s'ouvrît à sa voix, sans une table où s'asseoir le matin, sans un lit pour se coucher le soir, à la destruction d'un trône et d'une croyance, du trône le plus solide et de la croyance la plus sainte ! Quelle nuit de misère et d'humiliation pour ce citoyen de Genève, qui pouvait mourir dans cette caverne de faim et de froid, et y rester mort des mois entiers, sans sépulture. Et cependant, mon cher Christophe, quelle nuit de triomphe aussi ! N'était-il pas, en effet, le plus grand, le plus éloquent et le plus jeune de tous ceux qui étaient étendus à ses pieds ? Voyez-vous, mon ami, cela est si beau, la jeunesse ; c'est une si grande force, le génie ; on est si fort au-dessus des autres hommes quand on espère !... L'espérance ! l'espérance ! le grand but, le seul but, le but éternel, parce que toujours il recule et que jamais il n'est atteint. L'espérance ! quel plus doux oreiller pour reposer une tête bien faite ? Quelle demeure plus brillante ? quel lit de pourpre plus somptueux ? Aussi m'a-t-il semblé plus d'une fois, quand la lune se couvrait de ses longs voiles flottants, que le timide jeune homme grimpait encore une fois par les broussailles. Voyez ! il s'avance d'un pas timide, il marche comme un voleur ; il a peur d'être découvert et d'être encore chassé de cet asile avant demain. Le moindre vent qui agite la feuille le fait frémir ; alors il s'arrête, il se blottit derrière le vieux lierre, il disparaît. Puis, peu à peu, le voilà qui se montre encore et qui glisse sur ses deux mains, comme le lézard qui rentre dans son trou ; puis enfin, à la faveur d'un léger nuage, il se tapit tout à fait dans son nid de mousse ; à présent, grâce à Dieu, il est le maître de sa maison jusqu'à demain.

Et cependant, à peine étendu là, il voit la ville entrer peu à peu dans le repos. Alors lui reviennent, en même temps et en foule, tous ses rêves du grand chemin, toutes les riantes visions qui l'ont soutenu, qui l'ont entouré, qui l'ont encouragé dans sa marche; il entend à ses oreilles mille préludes d'éloquence et de poésie; son cœur bat plus vite dans sa poitrine émue. Déjà il entrevoit, lui misérable, du fond de sa mousse et de son sable, ce grand Paris de luxe et d'orgueil, de puissance et d'esprit, où il va jouer un si grand rôle. Déjà Louis XV, ce roi si fier, demande à l'entendre et à le voir, et, lui, il s'enfuit devant Louis XV pour ne pas le voir; déjà la maîtresse royale, plus que reine par la naissance, reine par le vice, lui tend la main, et cette main, que des rois voudraient toucher de leurs lèvres, il la repousse avec mépris et pitié. Songez-y bien, mon fils, dans ce rocher Jean-Jacques Rousseau a creusé le nid profond de son orgueil; il est sorti de cette grotte plus fier et plus superbe qu'il n'y était monté; il en est descendu tout prêt à se méfier des hommes et à les haïr, tout armé de ces paradoxes hardis avec lesquels il a brisé la vieille société, le vieux trône, le vieil autel! Et que de larmes de regrets on se prend à répandre quand on songe que si, par hasard, un vieux bonhomme comme moi, au milieu de sa promenade du soir, rencontrant ce simple jeune homme sans souper et sans gîte, lui eût ouvert ses bras et sa demeure; si cette ville stupide et ignorante n'eût pas laissé dans ce roc, sans souper et sans manteau, ce voyageur inconnu, peut-être, à l'heure qu'il est, l'Église et la royauté de France auraient-elles eu à combattre un implacable ennemi de moins, et quel ennemi, juste ciel! un sophiste convaincu!

Et comme son jeune compagnon gardait le silence : — J'ai tort peut-être, reprit le bon prêtre, de vous parler avec cet enthousiasme d'un écrivain que proscrit l'Église; mais j'ai beaucoup vécu, et j'ai appris de bonne heure que toutes les proscriptions sont injustes et inutiles, surtout les proscriptions contre le génie. J'ai donc toujours parlé avec respect des deux choses les plus respectables en ce monde après la vertu, l'éloquence et le génie. Bien plus, quand j'ai vu s'égarer et se perdre une de ces raisons impérieuses qui sont à bon droit l'orgueil et l'effroi de l'humanité, sans les maudire, j'ai cherché à m'expliquer ces tristes égarements. Que de grands hommes égarés qui pourraient dire comme le Sylla de Montesquieu : — *C'est la faute des événements, et non la mienne!* Mais il se fait tard; rentrons chez nous, s'il vous plaît.

Justement, pour revenir à leur honnête caverne, ils parcoururent ces mêmes bords, témoins silencieux du terrible voyage du cardinal de Richelieu, quand l'inflexible homme rouge s'en vint en personne à Lyon pour remorquer à sa suite M. de Thou et M. de Cinq-Mars. C'était le même chemin, c'étaient les mêmes rivages, et dans l'onde c'était le même murmure mélancolique et plaintif. Tristes souvenirs! mais bientôt effacés à l'aspect de ce vieux prêtre, si humble et si intelligent de toutes choses, s'appuyant sur le bras de ce jeune homme, le regardant avec bonté, et l'encourageant de toute sa simple éloquence à ne jamais désespérer ni des hommes ni de Dieu.

Quand ils eurent remonté à mi-côte la montagne de Fourvières : — Voici mon toit, dit le vieillard à Christophe; entrez donc, et dormez cette nuit à mes côtés.

— Mon père, dit Christophe, j'ai un asile assuré pour cette nuit. D'ailleurs, je dois partir demain avant l'aurore. Ainsi, mon père, recevez les adieux de votre enfant, et bénissez-le.

— Adieu, Christophe, dit le vieillard; adieu, mon fils!

marche dans ce monde d'un pas ferme et sûr; marche toujours en suivant la ligne droite, quel que soit le chemin que prendront tes rivaux et tes émules. Adieu, Christophe! souviens-toi du vieillard dans tes disgrâces, et souviens-t'en dans tes prières, il ne t'oubliera pas dans les siennes. Adieu, noble enfant que je n'ai vu qu'un jour, et que j'aimerai toute ma vie!

VII.

La Grotte de Jean-Jacques Rousseau.

Vous savez déjà quel était l'asile que notre héros s'était assuré pour la nuit. Il s'était promis à lui-même qu'il n'abuserait pas de l'hospitalité de son vieil ami, dont la couche était trop étroite pour eux deux. N'avait-il pas, lui Christophe, sur le bord de l'eau et sous le ciel étoilé, cette admirable alcôve de Jean-Jacques? Pour la seconde fois, il descendit la montagne. Grâce à la lune, il eut bientôt retrouvé le petit sentier qui conduit à la grotte. La grotte était tapissée de lierre, de fougère et de mousse; c'était le plus joli petit nid qui eût jamais abrité un être humain. Christophe, s'enveloppant de son manteau, s'étendit au fond de cet antre favorable, et bientôt il s'endormit au murmure du fleuve. — Quel doux sommeil! quel honnête repos! Vous savez si notre ami en avait besoin! Son voyage à pied le premier jour, cette terrible nuit passée au chevet d'une mourante, et de quelle mourante! cette lutte acharnée soutenue avec tant de modestie et de sang-froid contre la volonté de ce prêtre inflexible; cette liberté retrouvée ou plutôt trouvée tout d'un coup; et enfin, et surtout, et toujours, ces nouvelles qu'il allait apprendre enfin de son ami Prosper, demain, à son réveil, après sa prière! Toutes ces émotions douces et pénibles, toutes ces révolutions soudaines et inespérées dans sa fortune, certes, c'étaient là de grandes fatigues pour ce jeune esprit et pour ce jeune corps.

Toutefois, son sommeil fut doux et calme; il n'y a que les passions mauvaises qui vous empêchent longtemps de dormir. Le bonheur vous prend dans ses bras et vous berce, en vous chantant à l'âme ses plus douces chansons. Ainsi dormait Christophe. Les heures de la nuit glissaient lentement sur son front et le couvraient de leur vacillante clarté comme d'une gaze diaphane. L'étoile du berger jeta sur ce jeune homme endormi son plus doux sourire; la grande Ourse le regarda sans colère; Vénus déposa près de lui le plus brillant rayon de sa couronne; la voie lactée, ce chemin du ciel, sema sur ce lit de mousse ses diamants et ses fleurs; toute l'armée céleste, dans son plus brillant attirail, défila ainsi devant Christophe. Il entendit la moindre note de ce sublime cantique que les séraphins chantent dans les cieux, au bruit des mondes qui tournent et des harpes d'or qui résonnent. Toutes les nymphes du ciel mythologique et tous les anges des cieux chrétiens secouèrent en son honneur leurs brillantes écharpes de pourpre et d'azur. L'Aurore elle-même n'osa pas toucher de son doigt de rose les paupières de ce jeune homme, qui dormait sur cette mousse du sommeil des justes, se confiant aux astres du ciel, aux eaux du fleuve, aux arbres du rivage; les astres, les flots, les arbres, les fleurs — ces astres d'ici-bas, les astres — ces fleurs d'en haut, protégèrent à l'envi ce limpide sommeil.

Il était grand jour lorsqu'enfin Christophe ouvrit les yeux; le soleil jetait déjà sur tout ce frais paysage quelques-uns de ces chauds rayons qui sont la vie de l'univers. A peine réveillé, le digne frère, déjà fort instruit, se mit à penser qu'il avait peut-être trop dormi, et que les enfants du village l'attendaient à l'école; mais quand il se retrouva lui-même tel qu'il s'était endormi la veille, quand il comprit qu'il était bien en effet, non plus le frère ignorantin Christophe, mais lui-même, monsieur Christophe comme tout le monde, le sujet du roi de France, parmi les trente-deux millions de sujets du roi; quand il sentit toutes chaudes encore, et portant encore l'empreinte de son sommeil, les lettres de Prosper, il sentit un magnifique tressaillement dans son cœur; aussi bien commença-t-il sa prière par ces trois mots favoris de l'Empereur : *Te Deum laudamus!*

Sa prière achevée, il descendit sur le rivage, et, penché sur l'eau, il commença ses ablutions du matin. L'eau était si douce, le soleil était déjà si chaud, le vent retenait si bien sa douce haleine, il y avait tant de silence, tant de calme et de solitude partout sur ces bords, que notre ami, ayant jeté bas ses vêtements, prit son bain du matin, comme c'était son habitude, dans le Rhône. Mais, cette fois, quelle différence! Dans l'onde calme et lente de la Saône, il allait et il venait à son gré; il était le maître du flot qui le portait. Ses bras nerveux remontaient légèrement ce courant peu rapide. Ainsi il s'épanouissait à ce soleil levant, et il te rendait grâces, ô mon Dieu! à toi qui lui avais donné de l'eau ici, du soleil là-haut, et, sur le rivage, des habits, les vers d'Homère, et surtout les lettres de Prosper!

En ce moment passa sur la Saône le lourd bateau qui, en ce temps-là, quand on niait encore la vapeur, servait à transporter voyageurs et marchandises de Lyon à Châlons. Ce même voyage, qui est aujourd'hui une promenade à vol d'oiseau, un bateau qui marche sur un chemin qui marche, composait autrefois une lente traversée. Tous les quarts d'heure on avait à craindre un écueil. Le bateau marchait à tâtons et pas à pas; il avait peur des sables; il avait peur de l'eau trop haute; il avait peur des vents trop vifs; il avait peur de tout. Justement, ce jour-là, le pilote du coche avait bu plus que de coutume, et le sang-froid lui manquait tout à fait.

— Holà! cria une voix à Christophe, l'eau est-elle haute, camarade, à cet endroit?

Christophe, enfant du Rhône :

— Prends garde, cria-t-il, tu vas toucher!

Il répondit ainsi avec l'accent d'un vrai marinier; mais il était trop tard, le bateau toucha, et alors ce fut toute une confusion sur ce pauvre coche embourbé. Les matelots juraient, les passagers criaient, les femmes arrangeaient leurs cheveux, le pilote demandait à boire, et Christophe d'accourir en nageant autour du malheureux navire.

— Hohé, l'ami! cria le patron Jean à Christophe, aide-nous, sonde combien d'eau :

Et Christophe d'indiquer la droite, et de guider cette innocente manœuvre nautique comme il avait souvent fait dans le Rhône par de plus grands périls. La manœuvre de Christophe réussit, le bateau soulagé se releva, l'eau le prit. Cependant Christophe, oubliant sa chaste nudité de vingt-cinq ans, sautait à bord, et, voyant le gouvernail inoccupé, il s'en empare d'une main forte; voilà donc mon vaisseau tout à fait rendu à sa libre allure, grâce à ce pauvre frère ignorantin qui se baignait.

Vous dire la joie du navire, qui se croyait arrêté pour vingt-quatre heures au moins, vous dire l'empressement des hommes et la curiosité des femmes pour savoir qui était ce triton aux cheveux noirs et à la peau blanche, sorti tout exprès du sein des mers pour les remettre à flot, je ne saurais; mais ce fut surtout le patron Jean qui fut bien heureux.

—Pardieu! jeune homme, dit-il, tu es un brave marin! pardieu! sans toi nous couchions sur le banc de sable; pardieu! si tu voulais, tu serais mon pilote à la place de cet ivrogne qui a pensé nous perdre. Sois notre pilote, veux-tu? et tope là!

—Avant tout, dit Christophe, où allez-vous?

—A Châlons, dit le patron, où nous arriverons demain, si tu veux nous piloter.

—Mais, dit Christophe, je vais à Paris de ce pas.

—Châlons, c'est le chemin de Paris, dit le pilote.

—Eh bien, soit! reprit Christophe; je serai ton timonier jusqu'à Châlons; mais laisse-moi aller chercher mes habits, qui sont là-bas.

—Holà! Pierre, cria le patron Jean à un petit mousse, prends le bachot, et va-t'en chercher les habits qui sont là-bas, et n'oublie rien. Après quoi il ajouta : En route!

Ainsi fit Pierre; mais, ô douleur! pendant que Pierre, du fond de sa barquette, jetait à Christophe, le nouveau pilote, ses vêtements l'un après l'autre, le premier vêtement d'abord, puis le second, puis son chapeau, puis son manteau, et enfin son habit,

De la poche entr'ouverte de cet habit, un paquet tomba dans l'eau profonde!

Hélas! c'étaient les lettres de Prosper, que l'eau emportait dans ses profondeurs, sans que le pauvre Christophe en eût pu lire même une ligne! Vous jugez de son désespoir. Il appelait Prosper à haute voix, il se penchait sur la rivière, il cherchait à repêcher son trésor; il voulait se jeter de nouveau à la nage et plonger après ces lettres, qui étaient tout son bien; mais le bateau avait marché, le courant s'était enfui, les lettres de Prosper étaient perdues à jamais pour Christophe! ô douleur!

Cependant là encore se montrait le doigt de la Providence; pour que Prosper fût sauvé, il fallait que ces lettres fussent perdues. Si, en effet, mon frère Christophe, vous eussiez pu lire tout d'un coup, dans cette correspondance, toute l'histoire de Prosper; si votre honnête regard eût plongé sans avertissement dans cet abîme; si, tout d'abord, vous aviez touché de vos mains si pures l'ambition et l'égoïsme des hommes, ces saignantes plaies, ô mon frère! votre raison aurait succombé à cette horrible lecture, on vous eût ramassé fou de peur et de chagrin, sur la grande route de Lyon à Paris.

— Mais pourquoi donc as-tu tant de chagrin? disait le patron Jean à Christophe. Si c'est ton passe-port que tu as perdu, sois tranquille, nous en aurons un autre; si c'est ta bourse, voici la mienne, prends. A moins, cependant, que ce ne soit une fortune en billets de banque; mais je ne le pense pas, mon pauvre garçon.

— Hélas! disait Christophe, si ce n'était qu'une fortune! mais ce sont les lettres de mon ami Prosper! A présent, qui me dira où je le retrouverai, et ce qu'il est devenu?

— Tu n'as perdu que des lettres? disait le patron Jean; tope là, tu es un brave! Quant à l'ami Prosper, figure-toi bien que, si le bon Dieu veut que tu le retrouves, tu le retrouveras tôt ou tard. — En avant donc! et tiens ferme le gouvernail.

Christophe n'avait jamais prononcé en vain le nom de Dieu. Il se résigna, et, debout au gouvernail, il murmura les vers de Virgile : *Palinurus in undâ.*

VIII.

Plus vite à pied qu'en voiture.

Le voyage de Lyon à Châlons fut pour Christophe une fête perpétuelle. Il n'avait jamais vécu qu'avec des enfants, dont il était le pédadogue, c'est-à-dire qui étaient son fléau; à présent, il vivait avec des hommes, avec des égaux, c'est-à-dire avec des amis. Jusqu'à ce jour il s'était à peine douté de toute la joie que donne la société des hommes : douces causeries, railleries sans fiel, chansons joyeuses, mille propos de bonne humeur, et puis surtout le pain qu'on brise ensemble, et les verres qui s'entrechoquent! bonheurs inaperçus pour nous tous, les heureux du monde; bonheurs inconnus pour Christophe. Il arriva donc à Châlons mollement porté sur la vague, et si heureux dans son apprentissage de pilote, que le bateau ne toucha pas une seule fois. Le patron Jean était ravi.

—Camarade, dit-il à Christophe le lendemain de leur arrivée, je ne suis qu'un marin d'eau douce et un honnête marchand, mais j'ai bien compris que vous n'étiez pas fait pour être longtemps des nôtres, quoique vous soyez un bon jeune homme. Vous avez quelque chose là sur le front et dans les yeux qui me dit que vous n'êtes pas destiné à aller sans fin et sans cesse de Lyon à Châlons et de Châlons à Lyon, pour voir toujours la même eau et le même sable. Je ne vous conseille donc pas mon service. Cependant, vive Dieu! s'il ne vous faut qu'un bon maître et une bonne barque, le patron Jean et son navire l'*Aimable Agathe*, qui est le nom de ma femme, ne vous manqueront pas.

— Patron Jean, dit Christophe, je serais heureux d'avoir un patron comme vous. Vous m'avez tendu la main au milieu de l'eau, vous m'avez confié votre barque, vous m'avez passé, vous m'avez nourri, et maintenant vous m'offrez plus que je n'ai eu dans toute ma vie, un maître et des compagnons! Merci, patron Jean. Ne croyez pas que cela me fasse peur d'aller sans fin et sans cesse de Lyon à Châlons et de Châlons à Lyon, bien qu'à vrai dire, j'aime mieux le Rhône. Mon Dieu! on fait aussi bien son salut d'ici là et de là ici, qu'à courir le monde; et, tel que vous me voyez, je n'aurais jamais eu tant d'espace, de liberté et de soleil. Mais, tenez, patron Jean, vous avez raison : à présent que me voilà sur la route, il faut que je marche devant moi. Je ne sais ce qui me pousse, mais quelque chose me pousse en effet. Il faut d'ailleurs que j'aille au secours de mon ami, qui est à Paris, et qui, dit-on, a déjà tué un homme. En avant donc! et à la grâce de Dieu!

Le patron Jean, tendant alors une main vigoureuse à son nouvel ami, le força d'accepter quelques petits écus. En même temps, tous les marins de la barque accoururent pour donner l'accolade à leur nouveau compagnon, qu'ils allaient déjà perdre. — Adieu, Christophe! adieu, Christophe! — Tiens, disait l'un, voici ma gourde pleine d'eau-de-vie. — Tiens! disait l'autre, voici mon bâton d'épine. — Tiens! disait un troisième, prends aussi cette besace qui est bien remplie. En même temps, on remplissait les verres; les verres remplis se vidaient à la santé de Christophe. On le reconduisit jusqu'au bout de la ville, et bien au loin sur la route. Puis on se dit adieu encore, on s'embrassa une dernière fois; jamais notre ami n'avait rencontré tant d'amis pour les embrasser. Son cœur était plein de joie et d'orgueil.

Mais, dans sa joie reconnaissante sans amertume, il ne

songea pas un seul instant, le pauvre jeune homme, à comparer les paysans d'Ampuy aux bateliers de la Saône ; ces paysans qu'il avait aimés si longtemps, et qui s'étaient cachés pour ne pas le voir partir ; ces bateliers avec lesquels il n'avait vécu qu'un seul jour, et qui se dépouillaient pour leur nouveau camarade. Avant de les quitter tout à fait, Christophe leur avait demandé le chemin de Paris, et ils avaient répondu à Christophe comme cette voix de Bossuet, mais avec moins de solennité : — *Marche! marche!* et tout droit ton chemin.

Donc il marcha tout droit son chemin. L'espérance le conduisait par la main, et avec un pareil guide, la route est belle. Il avait pour ses gardes-du-corps la jeunesse et les beaux rêves qu'elle sème autour d'elle d'une main si libérale. Il portait son bâton noueux sur une épaule, il n'avait pas besoin de bâton pour assurer sa marche ; sa gourde remplie à son côté restait remplie, il n'avait pas besoin d'eau-de-vie pour se donner du cœur. Sa marche fut comme un triomphe. Il allait, il allait, tantôt rêvant, tantôt se parlant tout haut, tantôt déclamant de beaux vers, et à chaque instant rendant grâces au ciel qui l'avait fait si heureux !

A ses côtés passait tout un monde dans des appareils bien divers et pour des causes bien différentes : la calèche rapide, qui porte dans son flanc tant de passions ennuyées, tant d'ambitions déçues ; la lourde diligence remplie d'affaires, d'intrigues, de calculs et de vices bourgeois ; le cheval de poste qui galope, portant en croupe tous les ennuis, toutes les jalousies, toutes les intrigues, toutes les vanités des grandes routes (*sedet atra cura*, avait dit Christophe) ; le forçat qu'on traîne au bagne la chaîne au cou ; le soldat qu'on mène à la gloire, le fusil sur l'épaule ; les troupeaux qu'on pousse à l'abattoir ; les rouliers qui parcourent la route, pas à pas, chargés de gros bagages; mais, calèche rapide ou voiture publique, cheval de poste ou cheval de roulier, mais soldat ou forçat, mais Perrette elle-même qui ne se sent pas d'aise, portant sur sa tête le fragile pot au lait de sa fortune, personne n'allait comme Christophe, du même pas, ni de la même espérance, ni de la même confiance au ciel; c'est qu'en effet Christophe avait cet avantage sur tous les passants de la grande route : il ne savait pas où il allait.

Il allait donc tout de son chemin, au jour le jour, dînant sur l'herbe et couchant dans le foin. Trouvait-il sur sa route un laboureur fatigué? il labourait à sa place, et le laboureur lui ouvrait sa grange pour la nuit. Partout autour de lui Christophe répandait mille petits bienfaits qu'on lui payait par mille grandes bénédictions. Dans sa misère, il avait un morceau de pain pour tous les pauvres; les pauvres, bien souvent, hésitaient à recevoir cette noble aumône.

Cependant il n'avançait guère. Le chemin semblait s'allonger devant ses pas. Il faut dire aussi qu'à mesure qu'il avançait, il se trouvait saisi d'un certain malaise qu'il ne pouvait guère définir. — Quand tu seras à Paris, se demandait-il à lui-même, que feras-tu? — Paris, c'est l'*urbem antiquam Romæ* des Bucoliques; et comment trouveras-tu à vivre, ou seulement à respirer là-dedans, mon pauvre Christophe? Arrivé à ce point d'interrogation, il n'avait pas d'autre manière de se tirer de cette difficulté que par une citation :

O Melibæe, Deus nobis hæc otia fecit.

Comme il se déclamait à lui-même toutes les *Bucoliques*, Christophe fut retiré de sa méditation à haute voix par un grand bruit de chiens et de cors dans la forêt qu'il traversait.

En ce moment il traversait une belle et grande forêt toute remplie d'arbres séculaires : le vieux feuillage s'agitait sur sa tête; à ses pieds, çà et là se dressaient d'énormes quartiers de roche, qu'on eût dit apportés en ces lieux par les géants. Paris était loin encore, et les ressources de notre voyageur étaient entièrement épuisées : il avait donné aux pauvres du chemin son pain et ses pièces de monnaie; il avait prêté son manteau noir à un comédien ambulant, pour jouer Basile, et le comédien avait gardé le manteau; il avait vendu son Homère, son Horace et son Virgile, pour venir au secours d'une pauvre femme à pied, qui portait son enfant sur ses bras; il avait payé la place de cette femme dans la diligence, et il en avait été récompensé par un sourire de son enfant; sans compter que son chapeau, ses habits, ses souliers neufs, étaient plus fatigués du voyageur que le voyageur lui-même. Arrivé là, Christophe était trop pauvre et trop nu pour être sauvé par les hommes; le tour de la Providence était venu.

Donc, les chiens aboient au loin, le cor sonne de tout son cuivre, la chasse traverse la vieille forêt, le cerf fuit à travers la plaine, les chevaux vont au galop. A ce bruit tout nouveau pour lui, Christophe prêtait l'oreille; il s'était arrêté, et il attendait ce qui devait venir. Tout à coup il voit passer le cerf, comme le cerf du jeune Ascagne, au quatrième livre; aussi rapide qu'une flèche, le cerf passa près de Christophe sans le voir, ou plutôt sans le craindre; Christophe le suivait encore des yeux, quand, tout à coup, voici les chiens qui se précipitent à leur tour. Déjà la meute avait dépassé le jeune voyageur, lorsque soudain elle s'arrête, elle hésite; c'en est fait, la trace de la bête est perdue. Il fallait les voir, tous ces chiens dévorants, le nez tendu, éperdus, appelant la curée qui fuyait. En même temps, après la meute des chiens, accourait la meute des chasseurs, bouillants jeunes gens, ivres de joie. A leur gré, leurs chevaux rapides n'allaient pas assez vite ; ils auraient voulu être montés sur autant de cerfs pour poursuivre, pour atteindre, pour mettre à mort, ce cerf dix-cors qui s'enfuyait. Les chevaux hennissaient, les chasseurs criaient, les chiens hurlaient, les cors retentissaient ; Christophe regardait toutes choses, calme dans tout ce bruit, laissant à peine échapper ce léger et charmant sourire qu'excitaient en lui les passions futiles des hommes, ces passions qu'il ne connaissait pas.

— Où est le cerf ? où a passé le cerf ? dis-moi où est le cerf ? se mit à crier, parmi les chasseurs, un jeune homme, en habit rouge, plus pétulant que les autres. C'était un petit jeune homme tout blond et tout animé ; son ardeur l'emportait comme son cheval ; enfant de ce siècle qui commence à 1804, ce jeune homme avait grandi au milieu du bruit des armes, comme un enfant vulgaire destiné à vivre un jour et à mourir le lendemain, soldat de l'Empereur ; seulement un beau matin, quand revint tout d'un coup la vieille royauté nous arracher à cette gloire payée si cher, ce jeune homme s'était souvenu qu'il était né gentilhomme ; ce noble sang qu'il avait dans les veines, destiné à être répandu sans façon, mais non pas sans gloire, sur un champ de bataille, était devenu tout d'un coup le seul espoir d'un des plus vieux noms de la monarchie. Que de vieillards, que l'exil nous a rendus, se sont estimés heureux de retrouver un enfant de leur race au milieu de cette plébéienne nation française qu'ils avaient oubliée dans l'exil !

Ainsi était le jeune Ernest de Chabriant : longtemps il avait été un jeune homme sans façon, sans fortune et sans autre espoir qu'une épaulette de lieutenant ; une révolution en avait fait un gentilhomme ; tout d'un coup il s'était trouvé l'unique espoir d'une grande famille exilée et presque éteinte. Ce nouvel état, cette fortune inespérée, n'avaient pas étonné le jeune Ernest. De quoi s'étonner dans ce siècle? Il eut donc bientôt pris son parti de ses nouvelles grandeurs; seulement, pour ne laisser échapper aucun de ses avantages, il avait attaché l'un à l'autre, et tant bien que mal, son oncle le duc de Chabriant et son père le citoyen Chabriant. Ainsi composé de tant d'éléments contraires, ce jeune homme était doublement fougueux et doublement volontaire, doublement goguenard et doublement sceptique; ou plutôt il était à la fois et tour à tour, selon sa passion présente, peuple et marquis, sceptique et chrétien, Ernest Chabriant et M. Ernest de Chabriant. Ce jour-là, malheureusement pour Christophe, c'était M. Ernest de Chabriant qui était à cheval à la poursuite du cerf.

—Où est le cerf? répéta insolemment M. Ernest; en même temps, s'approchant de Christophe : — Me diras-tu, manant, où est le cerf? Ce disant, il frappait de l'éperon son cheval, et il le retenait par la bride; l'animal se cabrait, écumait, était furieux.

—Je ne vous dirai pas où est le cerf, répondit Christophe, la tête haute et l'air assuré; je ne suis pas un des chiens de votre meute, Monsieur !

Je ne sais ce qui arriva alors et quelle fureur s'empara de l'âme ardente du jeune et nouveau marquis, toujours est-il qu'il leva sa cravache, et qu'en un clin d'œil notre pauvre Christophe tombait, foulé aux pieds de ce cheval.

—Le cerf est sauvé! se disait Christophe en tombant.

Il arriva ensuite que le jeune Ernest fut emporté par son cheval; cavalier et remords, le cheval emporta tout dans la forêt ; chiens et chasseurs suivirent en aboyant ; on fit lever un autre cerf, et tout fut dit.

Mais le ciel ne voulut pas que notre héros mourût ainsi, sans pitié et sans secours, au milieu d'un bois, comme une bête malfaisante qu'on ne daigne même pas ramasser quand elle est écrasée. A la suite de ces parvenus de la veille, il y avait bien aussi quelques belles âmes de vieille date dans de jeunes corps. Ce jour-là, grâce à Dieu, si M. le marquis de Chabriant était à cheval, sa belle et jeune cousine, Louise de Chabriant, était en calèche, qui venait après lui.

Qu'il me soit permis de ne dire qu'un mot de mademoiselle Louise de Chabriant : elle ressemblait à votre second amour, mon noble jeune homme qui me lisez ; mais elle était encore plus belle ! Grande âme, grande intelligence, grand courage, la tête et le regard à l'avenant : voilà Louise ! Par le passé de sa famille, elle appartenait aux vieux temps de la France ; mais en effet elle était née sous les abeilles d'or de l'Empire, entre une abeille et une fleur de lis, si bien qu'elle était à la fois noble et plébéienne, noble cœur, mais courage plébéien, et comprenant d'autant mieux l'égalité, qu'elle avait le droit de n'avoir pas d'égaux ; jeune fille par l'âge, mais jeune femme par le sang-froid ; elle avait tant vu de misères subites et tant de grandeurs subites, qu'il n'y avait plus une seule grandeur qui ne lui causât de l'effroi, plus une seule misère qui ne lui laissât de l'espérance. La bonté de son cœur était donc chez Louise le double résultat de la nature et de l'éducation ; si bien que cette bonté inépuisable, dans toute une longue carrière de beauté et d'esprit, ne devait jamais se démentir.

Ce fut mademoiselle Louise de Chabriant qui recueillit, ou plutôt qui ramassa au pied de l'arbre où il était tombé, foulé aux pieds des chevaux et tout sanglant, notre humble et malheureux ami Christophe. Cet homme, écrasé si indignement, c'était la proie de mademoiselle Louise de Chabriant, c'était son cerf dix-cors, c'était son halali de chaque jour ; elle était à la piste des misères, comme son cousin était à la piste des vieux cerfs ; donc elle plaça Christophe, son butin, dans sa calèche, et elle le ramena au château. Le cerf et Christophe entrèrent en même temps dans la grande cour d'honneur, aux mêmes sons du cor, et blessés tous deux par le même chasseur ; seulement le cerf était blessé à mort.

Mademoiselle de Chabriant ne fit aucun reproche à son cousin : elle ne l'aimait ni ne l'estimait assez pour lui adresser une plainte. Par les ordres de sa protectrice, Christophe fut transporté dans la meilleure chambre, sinon dans la plus belle chambre du château ; et là, cette jeune et belle personne prodigua tous ses soins à ce pauvre inconnu, qui pouvait bien n'être en effet qu'un mendiant de grand chemin. Christophe avait été violemment blessé, mais sa jeunesse le sauva. Il y a des corps si jeunes et si forts, que la vie y jette ses racines les plus profondes : ni le fer ni le feu ne sauraient entamer ces chairs honnêtes et vigoureuses que l'âme enveloppe comme d'une sainte armure. La fièvre voulut en vain saisir à deux mains ce jeune homme, la fièvre s'avoua bientôt vaincue ; en vain le délire monta à ce jeune cerveau, le délire fit bientôt place à ce bon sens si net et si droit, le bon sens de la vertu ; en vain le mal voulut agiter ce noble cœur, ce cœur resta calme comme cette conscience ; sous les pieds de ce cheval furieux dix hommes vulgaires seraient morts, mais Christophe en sortit intact. Vingt jours après cet accident, il se promenait lentement dans le jardin du château.

Mais quel fut l'étonnement de mademoiselle de Chabriant, quand elle découvrit quelle noble intelligence elle avait ramassée dans cette mare sanglante, sous les pieds du cheval de son cousin? Que devint-elle quand, au lieu d'un mendiant de grand chemin qu'elle croyait avoir relevé, elle trouva en effet le beau jeune homme? Et que devint-elle aussi quand elle découvrit un à un tous les trésors de cette science qui s'ignorait elle-même? — L'ignorance d'un enfant et la connaissance pratique d'un vieillard; — un frère ignorantin et un savant du premier ordre; — une éloquence naïve, simple, inspirée; — les plus beaux élans de la vertu; — une grande modération de jugement et de pensée : tel était Christophe. En même temps, je vous laisse à croire quel respect Christophe avait pour elle; c'était une admiration si profonde et si entière, qu'à peine osait-il s'appuyer sur le bras qu'on lui prêtait en disant : — *Appuyez-vous!*

Ici je dois vous avertir que cette partie de mon récit sera aussi brusque et heurtée que l'autre partie a été lente et solennelle. Je n'écris pas l'histoire de Christophe, j'écris l'histoire de Prosper. Nous sommes attendus par une autre femme qui est bien plus dans le roman, c'est-à-dire dans la nature. Mademoiselle de Chabriant n'appartient qu'à vos rêves, si vous êtes un honnête et chaste amoureux. C'est déjà trop de vous avoir montré un coin de son voile, de sa grâce et de son sourire. Christophe et moi nous serions trop malheureux et trop jaloux, si le monde en voyait davantage. Sachez seulement que de ce jour Louise de Chabriant adopta Christophe comme son frère, ou plutôt comme son enfant; et bien plus, elle le fit adopter par son père, le duc de Chabriant, et quand son père se fut assuré à quel homme il avait affaire, il se prit à bénir le malheur ou le hasard qui lui avait donné ce jeune homme.

M. de Chabriant n'avait pas tellement suivi les chances de la royauté d'Hartwel, qu'il n'eût mis à profit les enseignements de l'exil. Gentilhomme de vieille date, il avait beaucoup perdu de son estime pour les arbres généalogiques depuis qu'il avait vu que, sous les plus vieux arbres, on n'est pas à l'abri de la foudre. Il s'était donc mis à remuer les hommes, les intérêts et les consciences, au lieu de déployer ses vieux parchemins et d'étaler au grand jour ses vanités et ses titres. Il se disait à lui-même qu'il serait toujours temps de mettre à neuf son vieux blason, une fois qu'il aurait bien prouvé à la France et au roi, son maître, qu'il avait le droit, au besoin, de n'être pas un gentilhomme, et qu'il était un homme utile, tout comme il était duc et pair de France. Voilà comment M. de Chabriant tenait de son neveu Ernest par son mépris pour la foule, de sa fille Louise par son estime pour les hommes de mérite; il appartenait à la vieille génération par ses titres, à la génération nouvelle par ses travaux. Pour lui, son neveu c'était le passé, c'était l'espoir de sa maison reblanchie à neuf; sa fille, c'était le présent, c'était la sympathie de la multitude, et le dévouement de la foule. Ainsi placé entre ces deux penchants opposés, il était aussi prompt à féliciter le jeune marquis de Chabriant de quelque trait d'insolence seigneuriale, qu'à pleurer d'attendrissement sur les mains bienfaisantes de sa fille Louise après une belle et bonne action.

Le vieux duc ne fut donc pas longtemps à adopter le frère Christophe, et à lui donner une bonne place dans son amitié et dans son estime. Il avait mille raisons pour chérir ce nouveau-venu de tant de mérite. En effet, Christophe n'était-il pas à la fois le crime de son neveu Ernest et la belle action de sa fille Louise? Christophe n'était-il pas à la fois un monument brisé et rétabli de l'insolence de celui-ci et de la bienfaisance de celle-là?

Mais, encore une fois, êtes-vous donc assez loin de votre jeunesse pour ne pas comprendre à demi-mot le cœur de Christophe et son étonnement muet, quand il se vit le commensal de Louise, et bientôt le confident de son père? Ne voyez-vous pas d'ici le noble esprit de Louise, qui regarde Christophe comme sa créature, comme son ouvrage, comme l'enfant de génie qu'elle a trouvé au milieu de la forêt, et faut-il donc tout vous dire, mon cher lecteur?

Une autre scène nous réclame; nous allons entrer enfin dans ce monde parisien, autour duquel nous tournons depuis si longtemps, Prosper Chavigni, le frère Christophe, mademoiselle de Chabriant, et moi, leur honnête historien.

IX.

L'Entrée dans le Monde.

Par une soirée d'hiver, quand tout Paris est livré à la pluie qui tombe et au bruit des voitures, quand toute fenêtre s'illumine pour le bal, pour le jeu, pour les mille causeries du soir, madame la comtesse de Macla attendait, dans son salon, ses hôtes nombreux de chaque semaine. Dans cette importante maison, le rendez-vous de la politique parisienne, se réunissaient, comme dans un centre commun d'esprit et de bon goût, sinon de bienveillance et d'amitié, tous les hommes vieux ou jeunes qui avaient un amour ou une affaire à mener à bonne fin. Un grand nom, une grande fortune, ou tout au moins beaucoup de réserve, d'élégance et d'esprit, ne suffisaient pas toujours à vous ouvrir les portes de ce dédaigneux sanctuaire. Puis, enfin, à force d'énergie, d'audace ou de bonheur, une fois étiez-vous entré là, difficile était cette maison pour qui n'avait pas une immense réserve ou une profonde connaissance des hommes et des affaires de ce temps-là.

Madame de Macla avait l'habitude, en ses jours de réception, de descendre au salon de fort bonne heure, pour recevoir ses amis les plus intimes quelques instants avant la foule des visiteurs. Ce jour-là, par le plus grand des hasards, ou plutôt par le plus simple des hasards, car c'était une maison très-correcte et très-réglée, madame de Macla, cette fois encore, était seule avec les mêmes personnes qui avaient accueilli si durement l'enfant Prosper Chavigni, il y avait à peine deux années. Depuis la première apparition de Prosper dans cette orgueilleuse maison, toutes choses avaient réussi à ces heureux du monde. Plus que jamais le peuple paraissait soumis et dompté; la nation paraissait croyante et dévouée. Les maîtres de la société moderne n'en étaient plus à l'espérance, ils avaient touché le but, ou peu s'en fallait, disaient-ils. (Ce peu-là, c'était toute une révolution!) Ils n'en étaient plus à avoir peur des instincts populaires ou à les flatter en tremblant, ils leur avaient imposé silence pour jamais, croyaient-ils. Ainsi cet évêque, cette comtesse, ce colonel, c'est-à-dire l'Église, la cour et la ville, représentées par ces trois-là depuis tantôt deux ans, avaient fait une fois plus de progrès en se laissant aller tout simplement au fil de l'eau, que n'en avait fait, à force de sophismes, de paradoxes, de scandale et d'orgueil révolté, le petit Prosper Chavigni, devenu, grâce à son oncle, M. le chevalier Prosper de Chavigny.

Un domestique vint annoncer à madame la comtesse M. le baron de la Bertenache.

— Toujours cet homme! dit l'évêque; et quel besoin ma nièce a-t-elle donc de recevoir de pareilles gens?

— *Il* dit aussi, ajouta le même domestique, qui n'était autre que Gaspard Touzon, *la Bête*, passé de la cuisine à l'écurie, et de l'écurie à l'antichambre, faute de génie, qu'il faut annoncer à Madame M. le chevalier Prosper de Chavigny; mais Madame sait bien ce que je veux dire : M. Prosper de Chavigny, c'est le petit Chavigni d'Ampuy, le fils de Jean Chavigni, le vigneron.

— Faites entrer M. le baron de la Bertenache et M. le chevalier Prosper de Chavigny, dit gravement madame de Macla.

Et ils entrèrent dans le salon, l'oncle et le neveu. Le baron Honoré savait toujours prendre, au besoin, un air de modestie et d'assurance derrière lequel il était inexpugnable. Mais le jeune homme, mais Prosper, ne s'était-il pas imaginé qu'il allait tout d'un coup, et par sa seule présence, se venger de ces gens-là et de tous leurs mépris passés? Il ne trouva rien de mieux, pour se donner un maintien, que d'entrer dans ce salon comme s'il fût entré à la place d'armes. Le baron Honoré présenta Prosper à madame la comtesse et à monseigneur, comme son neveu, comme un jeune homme pour lequel il implorait un peu de leur bienveillance et de leur protection. Prosper salua monseigneur et madame la comtesse en vrai jeune homme mal élevé, qui n'a besoin de la protection et de la bienveillance de personne.

— Nous avons déjà beaucoup entendu parler de Monsieur, dit madame de Macla au baron Honoré; n'est-ce pas lui qui a tué un maître d'armes d'un coup de fleuret?

Vous jugez du sourire de Monseigneur.

L'ironie de ces quatre personnages, cette ironie cachée, imperceptible, qu'on devine dans un geste du petit doigt; cette moquerie qui voltige sur les lèvres, si bas qu'on ne voit même pas son souffle; ce quelque chose sans nom qui venait de le frapper au visage, lui, Prosper de Chavigny, si habile à tuer un homme et à dompter un cheval; cette froide politesse qui voulait dire : Entrez donc, Monsieur, puisque la porte est ouverte; et : — Prenez un siége, puisqu'il y a des siéges! — ce fut un terrible moment pour Prosper, plus terrible, grand Dieu! que lorsqu'il était entré, il y avait deux ans, dans cette même chambre, un matin, pauvre et nu, sans appui, sans nom, et sans autre protection que celle de ce même Gaspard Touzon, qu'il avait reconnu dans l'antichambre. Il est vrai de dire que la société le trouva beau; monsieur l'évêque pensa tout bas qu'il en aurait fait un beau diacre; monsieur le colonel, qu'il n'avait pas de plus beau sergent-major; madame de Wascanson elle-même eut regret de n'avoir pas deviné tout d'abord le grand parti qu'elle eût pu tirer de ce jeune homme......; mais ce fut tout au plus un regret d'un instant.

M. le baron de la Bertenache partagea la disgrâce de son neveu; lui qu'on recevait si bien d'ordinaire, il fut reçu froidement; on oublia de lui tendre la main; jamais on n'avait eu à parler, à voix basse, d'affaires plus intéressantes et plus secrètes. Le baron, qui savait aussi bien se taire que parler, se taisait avec un merveilleux sang-froid; mais Prosper, qui ne savait ni parler ni se taire, se demandait en lui-même si ce mépris si amer, cette impolitesse si polie, c'était là en effet le monde, ce monde qu'il avait appelé de tous ses vœux.

Cependant, à chaque instant arrivaient les amis de madame la comtesse. Les noms les plus sonores de la cour et de la ville, quelques beaux esprits, aristocratie qui marche l'égale de toutes les autres, de nobles dames à la noble démarche, des gens qui tous se connaissaient, se parlaient et se saluaient cordialement, prenaient place dans ce cercle brillant, où peu à peu, par la force, et non pas par sa propre modestie, relégué au dernier rang, à chaque nouveau venu, Prosper s'éloignait du point central où il était entré;

si bien qu'au bout d'un quart d'heure, il était parfaitement oublié de tous.

Déjà la conversation, de générale qu'elle était d'abord, devenait particulière; Prosper avait beau prêter à tous et à chacun une oreille attentive, il ne savait pas un mot de tout ce qui se disait autour de lui; ces grands noms, qu'il avait entendus retentir dans l'histoire passée, qu'il croyait éteints depuis des siècles, et qui maintenant sonnaient tout vivants à son oreille, le confondaient de stupeur et d'effroi; cette langue du monde qu'il croyait avoir apprise avec son oncle, il se trouvait qu'il en savait à peine le jargon. Et d'ailleurs, de qui et de quoi parlait-on? A quel langage humain pouvaient appartenir ces mots entrecoupés, ces demi-sourires, ces interjections, ces admirations, ces regards qui se baissent, ces épaules qui se lèvent? Prosper Chavigni n'en savait rien. Oh! comme en lui-même il maudissait son oncle de l'avoir jeté si brusquement dans cette phalange d'êtres civilisés dont il ne savait pas le mot d'ordre! il était appliqué à une torture morale mille fois plus terrible que l'autre torture; bien plus, il allait quitter brusquement la partie, quand le même Gaspard Touzon, reparaissant pour la vingtième fois au moins, annonça *M. le duc de Chabriant!* Dans la voix de Gaspard il y avait cette inflexion de respect qu'impose toujours un grand nom, même au laquais qui l'annonce. M. le duc de Chabriant n'était pas seul. Il tenait par la main une jeune et belle personne de dix-huit ans à peu près, d'un si noble maintien et d'un si intelligent regard, que tous les yeux se portèrent sur elle. Mademoiselle de Chabriant portait une robe blanche qui laissait voir son beau cou et les précieux commencements de deux blanches épaules, chastement, entièrement voilées. Sa taille mince, élancée, svelte, était la taille d'une jeune fille qui va être une femme. Elle marchait comme une personne habituée à tous les hommages et à tous les respects, et cependant, dans son salut et dans son sourire il y avait tant de modestie, de bonne grâce et de réserve, qu'on lui pardonnait facilement cet air naturel de grandeur. Sa tête était haute ; son front était élevé et presque embarrassé de ses épais cheveux noirs ; elle avait ce beau teint brun et coloré qui est un signe de force et d'intelligence ; on ne pouvait pas se lasser de la voir, et ceux qui pouvaient saluer son passage étaient fiers de la saluer.

Aussitôt qu'elle aperçut mademoiselle de Chabriant, la comtesse de Macla accourut au-devant d'elle avec l'honorable empressement d'une belle femme qui comprend très-bien qu'il y a de si grandes beautés, réunies à tant de jeunesse, qu'elles sont hors de toute rivalité.

— Eh! bonjour, ma Louise! lui dit-elle; et quelle joie de vous voir! et qu'êtes-vous donc devenue, chère enfant! Et avez-vous enfin abandonné vos grands bois? Mais, dites-moi, quel est ce grand jeune homme qui vous suit comme votre ombre et qui a l'air si interdit?

A cette question, le beau visage de Louise pâlit quelque peu; mais c'était une si innocente pâleur que personne n'y prit garde, pas même les femmes.

— Madame, répondit le duc de Chabriant en présentant Christophe à la comtesse, permettez-moi de vous présenter l'inséparable de ma fille ; je vous réponds de lui corps pour corps, et je puis vous assurer que c'est un noble jeune homme.

Comme M. de Chabriant parlait ainsi, sa fille se retira un peu en arrière de son père, pour faire place à son protégé et pour le montrer dans son jour le plus favorable. A cette recommandation si nette et si entière, partie de si haut, toute la société tourna la tête; elle découvrit alors un beau jeune homme si simple et si tranquille, d'une physionomie si franche et si ouverte, qu'il eût été le bienvenu partout, même sans les recommandations de M. le duc de Chabriant.

Quand elle vit son protégé si favorablement accueilli, mademoiselle de Chabriant reprit sa belle et gracieuse humeur. En même temps, les salons se remplissaient et la soirée commençait à devenir plus bruyante, lorsqu'un incident inattendu pensa donner à cette soirée un intérêt presque dramatique, mais qui, heureusement pour Prosper, passa inaperçu.

Voici le fait : à peine Christophe, car c'était lui, était-il entré dans ces riches salons, conduit en laisse, pour ainsi dire, par son sauveur, mademoiselle de Chabriant, qu'il avait découvert, avec le regard de l'amitié, un jeune homme assis tout au bout de l'appartement, et à qui personne ne prenait garde. Le cœur de Christophe, qui était toujours le cœur du frère Christophe, avait tressailli à cette vue. La vie de château et sa familiarité dans cette noble maison dont il était devenu le commensal, n'avaient fait oublier au bon jeune homme ni ses amitiés, ni son village. A peine était-il entré dans Paris, à la suite de mademoiselle de Chabriant, son auguste souveraine, qu'il s'était mis en quête de son ami, Prosper Chavigny. Mais où le prendre? où le trouver? Vous savez que les lettres de Prosper étaient tombées dans la Saône avant qu'il en pût lire une seule ligne. Toutes ses recherches pour retrouver le rustique enfant avaient été vaines. Pour plaire à son ami, mademoiselle de Chabriant s'était mise en quête d'un beau villageois nommé Prosper, tout blond, mal vêtu, simple, modeste et rougissant. — M. le chevalier Prosper de Chavigny avait mis bon ordre à ce signalement. Jugez donc de l'étonnement, de la stupeur et de l'admiration de

Christophe, quand il découvrit son ami dans ce noble salon !
Mais cet élégant jeune homme, ce gentilhomme aux belles
manières, était-ce bien Prosper ? Et pourtant c'était son
visage, un peu pâli, il est vrai ; c'étaient ses beaux cheveux
blonds et bouclés, déjà moins touffus, il est vrai ; c'était
son même sourire, mais moins naïf ; c'était son même
regard, mais plus assuré ; c'était sa jeune taille, mais
moins droite ; c'était sa main plus blanche ; c'était son pied
plus petit ; et Christophe le regardait avec des yeux humides, et il eût donné tout au monde, même un ordre ou un
regard de mademoiselle de Chabriant, pour se jeter dans les
bras de son ami. Il hésitait, il tremblait ! — A la fin, n'en
pouvant plus, il alla tout droit à Prosper, et avec un regard
comme en ont les anges, il lui dit :

— Est-ce toi, Prosper ? Je suis Christophe !

Et alors le cœur revint à Prosper ; l'enfant d'Ampuy se
retrouva sous les habits du dandy parisien ; les larmes re-
vinrent à ses yeux qui n'avaient plus de larmes ; ses bras
raidis se détendirent ; Prosper et Christophe s'embrassèrent
avec effusion dans le coin de ce salon où personne ne les vit
s'embrasser ; quand je dis personne, j'oublie mademoiselle
de Chabriant.

Assise sur un vaste sofa et tout entière en apparence aux
hommages et aux respects qui l'entouraient, Louise suivait
du regard et de l'âme cette touchante reconnaissance de
deux amis partis de si bas, et se retrouvant tout d'un coup
au milieu de ce grand monde de la fortune, du luxe et du
pouvoir. Quand le frère Christophe se fut bien assuré que
c'était bien là son Prosper, et quand Prosper se fut bien
assuré que c'était bien là Christophe, ces deux hommes,
qui avaient déjà l'instinct de toutes les convenances, se
perdirent dans la foule, pour ne pas donner leur émotion
en spectacle. Plus tard, dans la soirée, quand chacun fut à

son jeu ou à sa conversation, Christophe présenta son ami Prosper à mademoiselle de Chabriant.

— Si tu savais ! lui disait-il devant sa bienfaitrice, voilà mon sauveur.

En même temps, il voulait savoir l'histoire de Prosper, et mademoiselle de Chabriant voulait l'entendre. Et ce fut alors, ô douleur ! seulement alors, et pour la première fois, que Prosper vint à découvrir qu'il n'avait rien à dire de sa vie présente, pas une explication à donner de sa fortune ! Il se troubla, il rougit, il avait peur de mademoiselle de Chabriant.

Dans le flux et le reflux d'une conversation parisienne, quand tant d'intérêts sont en présence, il arrive souvent que la curiosité se porte de côté et d'autre, qu'elle va d'une femme à une femme, d'un homme à un autre homme; plus d'une fois, dans le cours de cette soirée, l'intérêt revint à Christophe. Le duc de Chabriant le désigna du geste au président du conseil, et le ministre le suivit d'un regard bienveillant; plus d'une femme passa devant le groupe où il était, pour le mieux voir; la comtesse de Macla elle-même le prit à part et lui parla longtemps, pendant que Prosper, immobile, muet, cherchait en vain une contenance; mais quelle contenance pouvait-il avoir dans ce salon, où il était à peine un meuble de plus ?

A la fin, le baron Honoré le prit en pitié et l'entraîna hors de cette maison. Comme l'oncle et le neveu descendaient l'escalier, mademoiselle de Chabriant le descendait aussi avec son père; elle s'appuyait sur le bras de Christophe, et elle répondit par un gracieux regard au salut de Prosper et de son oncle; seulement Prosper entendit M. le duc de Chabriant qui disait à sa fille : — Quel dommage!

Une fois dans la voiture de son oncle :

— Ça, mon oncle, lui dit Prosper, est-ce bien là le

monde? Que de peines je me suis données! et pourquoi, juste ciel!

— Mon neveu, répondit le baron avec le plus complet laisser-aller, je ne vous cache pas qu'en effet votre début n'a pas été heureux. Vous avez trompé toutes mes espérances; vous n'avez été ni un jeune homme naïf, ni un homme comme il faut; point d'aplomb, point d'assurance, quelque chose de gauche et d'empesé, ou bien trop d'assurance: ce n'est pas ainsi que je l'entendais. Que diable! vous rougissez, vous pâlissez, vous êtes triste. Vous avez été, comme tous les jeunes gens, futile avec les vieillards. Au lieu de vous pousser tout simplement auprès de quelque femme sur le retour, qui se serait intéressée à vous comme à sa conquête, qui vous eût demandé votre nom et qui vous eût donné une contenance, vous allez de prime abord, en véritable étourdi, vous mettre en contemplation devant la plus élégante fille du monde, qui porte le plus grand nom; vous débutez tout d'un coup par mademoiselle Louise de Chabriant, et vous la regardez avec de grands yeux ébahis qui voulaient dire: — Mademoiselle, je n'ai jamais rien vu d'aussi beau que vous! Mademoiselle, aucune des femmes qui sont là si parées et si bien posées, ne vaut seulement votre petit doigt! Et vous dites, mon neveu, que le monde vous paraît triste; je le crois bien, par le ciel! le monde est triste pour celui qui ne se mêle ni aux passions, ni aux intérêts du monde. Regarder de tous vos yeux mademoiselle de Chabriant, la belle occupation que voilà! Autant vaudrait vous amuser à regarder, du haut des tours de Notre-Dame, l'abîme qui est à vos pieds. Encore si, ne pouvant pas être un homme aimable, vous aviez prouvé à ces gens-là que vous pouviez vous faire haïr, j'aurais dit: Tout n'est pas perdu. Oui, j'aimerais mieux encore la haine et le mépris du monde que son indifférence; c'est cette indifférence qui vous pèse et qui vous fait honte, à l'heure qu'il est. Enfin, voyez le malheur! vous avez débuté le même soir avec un concurrent redoutable qui a pris pour lui toute la curiosité, tout l'intérêt et toute la sympathie. Mon neveu, je vous jure que voilà un rude jouteur. Sans doute vous avez remarqué ce beau jeune homme que menait à sa suite mademoiselle de Chabriant? Quel air simple et modeste, quelle profonde réserve, et quel beau patronage il a choisi! comme il a trouvé moyen de se faire présenter aux plus grands seigneurs, par cette belle personne qu'on eût prise pour sa marraine! Ou je ne me connais pas en ambition, ou, certes, voilà un jeune homme qui est en train de faire un beau chemin. A peine est-il entré qu'on est allé au-devant de lui; à peine a-t-il parlé qu'on l'a écouté. Il a souri deux ou trois fois, on a approuvé son sourire; on a tout approuvé de lui. Et comme il avait l'art de ne pas quitter un seul instant l'ombre de sa protectrice, sans pourtant la compromettre! Comme il sait se faire petit, si petit, que mademoiselle de Chabriant a pu le protéger toujours, en toute sûreté de conscience! et comme cela nous a paru naturel, une si jeune fille, présentant un si beau jeune homme! Et, avec tout cela, il n'a pas l'air d'un hypocrite, d'un charlatan ou d'un menteur. Par le ciel! c'est un habile homme! et je voudrais savoir son nom; dans tous les cas, mon neveu, je vous propose cet intrigant comme le modèle d'ambitieux le plus simple, le plus naïf, le plus parfait que j'aie jamais rencontré de ma vie et de mes jours.

— Voilà bien de vos jugements, mon oncle, reprit Prosper. Cet ambitieux, cet intrigant comme vous dites, c'est tout simplement Christophe, le frère Ignorantin!

— C'est là Christophe! s'écria le baron. En ce cas, mon neveu, je commence à croire que souvent la géométrie a raison, et que le chemin le plus court pour aller d'un point à un autre, c'est la ligne droite. Christophe, tu dis? En effet, il faudrait que ce fût là un grand scélérat, pour avoir si bien et si vite attrapé tous les dehors de la probité et de la candeur. Christophe! cet homme arrivera à tout. Christophe! souviens-toi de ce que je te dis, mon neveu, marche avec lui si tu veux parvenir; quitte-moi, va-t'en avec ton ami, prends-le par la main, et il te mènera avec lui partout où le mènera mademoiselle de Chabriant. Mais encore une fois, ce Christophe, cet ignorantin, où donc a-t-il pris ce ferme regard, ce digne maintien, ce noble front, cette voix douce et ferme? Mon neveu, vous avez eu grand tort de quitter ce maître-là et de me prendre pour votre maître. Je le vois bien, je suis de la vieille école de l'ambition. Les succès de ce jeune homme me font peur en me faisant douter de moi-même. Christophe! Arriver tout simplement, tout naïvement, tout bêtement dans le monde, et réussir! c'est étrange! Et toi, si bien élevé, si habile, si brave, si bonne lame, passer à grand'peine le seuil de cette maison, dont je t'ouvrais les portes depuis deux ans! Toi, mon élève, toi, mon idéal, toi, mon chef-d'œuvre! — Je m'y perds. Christophe! Christophe!

Maintenant, mon neveu, voulez-vous que je vous donne sérieusement un conseil, un dernier conseil? C'en est fait, le grand monde vous rejette, il ne veut pas de vous. Vous y êtes mal entré. Que le monde ait tort ou qu'il ait raison, peu importe; il est plus fort que vous, il est plus fort que moi; il est tout, nous ne sommes rien. Il veut, il ne veut pas; il accepte, il rejette; il élève, il renverse; il glorifie, il humilie; il fait à sa volonté, il est le maître, nul n'a le droit de lui demander compte de ses arrêts, car il juge, il condamne, il brise, il approuve, il sauve et il tue, toujours en dernier ressort et sans appel. Donc, ce qu'il y a de sûr, c'est que le monde ne veut pas de vous. Maintenant, puisque vous ne pouvez pas vous produire au grand jour, puisque la société d'en haut vous est fermée, produisez-vous dans la société d'en bas ; c'est une ressource qui vous reste et qui est sûre. Croyez-moi, l'homme habile ne désespère jamais de rien ; où il ne peut pas entrer la tête haute, il entre en rampant. Il y a dans la civilisation parisienne certaines clartés douteuses qui valent mieux que le soleil. Ainsi, dès demain, si vous voulez, je vous ferai pénétrer dans une autre société que vous ne connaissez pas, et dans laquelle je vous assure que vous serez le bienvenu. Vous avez entendu parler du Tunnel, sous la Tamise ; c'est un pont creusé sous les flots. Eh bien ! je vous ferai passer demain sous le Tunnel social, je serai votre ingénieur Brunel. Laissez les autres voguer à pleines voiles sur ces flots semés d'écueils ; sous notre pont souterrain, vous irez sans danger et plus vite. L'orage est en haut, le calme est en bas ; le soleil éclaire, mais il brûle ; le demi-jour vous cache et vous protége. Ainsi donc, ayez bon courage ! le monde ne veut pas de vous tel que vous êtes, il ne veut pas vous ouvrir une seule porte : je vous ferai entrer, moi, par une porte inconnue ; ce n'est pas tout à fait un arc de triomphe, mais c'est une brèche faite si habilement, qu'il n'y a que les plus habiles et les plus hardis qui y puissent entrer. Voilà qui est dit, vous me suivrez demain dans ma voie souterraine.

X.

Le Cabinet noir.

Comment vous dire l'horrible nuit que passa Prosper? quelle était la nouvelle destinée que lui faisait son oncle, et dans quel nouveau mystère d'iniquité allait-il pénétrer? Il se sentait emporté, malgré lui, par un funeste courant qu'il avait soupçonné plus d'une fois, même en nageant dans l'eau tranquille de la prospérité. Le jour venu, il se leva à la hâte, et il se rendit chez le baron Honoré, pour attendre son réveil. Le baron dormait du paisible sommeil d'un homme qui n'a plus rien à faire avec le remords. Sa maison était calme comme la conscience d'un honnête homme. Aucun des signes du désordre ou de la mauvaise conscience ne se retrouvait dans cette demeure. Des valets empressés et silencieux au dedans, pas un créancier au dehors. Ce grand calme rassura quelque peu Prosper; il descendit dans le jardin, et le temps lui parut moins long qu'il ne l'aurait cru.

Quand le baron se réveilla, il parut étonné de voir son neveu chez lui de si bonne heure. Il se souvenait à peine de la conversation de la veille, et quand Prosper vint à la lui rappeler : — Ah! dit-il, je le vois, tu tiens à entrer enfin dans les affaires sérieuses. Cela te déplaît de n'avoir pas autre chose à faire qu'à jouir doucement de la vie, et à circuler au bois de Boulogne sur ton cheval. Au fait, vous avez là une belle impatience, mon neveu; mais, bon gré mal gré, il faut pourtant que vous attendiez encore. Il est beaucoup trop matin pour que nous nous mettions à l'œuvre; notre heure n'est pas encore venue, rien n'est prêt pour votre réception. C'est à peine si, à l'heure qu'il est, la ville a eu le temps de retrouver ses passions de la veille. Or, ce sont justement les passions de la veille qui nous taillent notre besogne de chaque jour. A l'heure qu'il est, l'ambition se réveille à peine, l'adultère vient de s'endormir, l'amour est tout entier à ses rêves, le politique ronfle comme un manœuvre; nul ne pense à mal encore; la femme embrasse son mari en sursaut, le mari dit bonjour à sa femme, le jeune homme demande la bénédiction de son père, la jeune fille fait sa prière sous les yeux de sa mère; on sort du lit, on s'habille, on ne se pare pas encore; les hommes sont éveillés, il est vrai, mais leurs passions sommeillent pour ne se réveiller que dans deux ou trois heures, après le repas du matin. Donc nous n'avons rien à faire tant que cette femme sera sous le regard de son mari, tant que ce mari sera sous la surveillance de sa femme, tant que la jeune fille n'aura pas fait ses ablutions et sa toilette. Ainsi, modère ton impatience; attends, pour te mettre à l'œuvre, que toutes les intrigues sortent de leur lit, que toutes les ambitions s'éveillent obscurément; notre tâche se compose de toutes les pensées cachées, de tous les desseins secrets, de toutes les passions voilées, de toutes les trahisons mystérieuses, de toutes les paroles mensongères, de tous les rapts, de toutes les misères, de toutes les fourberies, de toutes les séductions parisiennes; tu vas m'aider à lever le masque vénitien dont se couvre Paris chaque jour; mais encore, pour soulever le masque de la vie parisienne, faut-il que Paris ait mis son masque; à l'heure qu'il est, le Paris qui aime et qui pense, qui ment et qui intrigue, qui vole et qui blasphème, qui trahit et qui mendie, le Paris qui va être la proie des vautours, est encore chastement étendu entre deux draps.

Et plus son oncle parlait ainsi, et moins Prosper comprenait ce langage; jamais l'ironie insatiable de cet homme ne lui avait paru plus inquiétante; à présent, elle lui était odieuse. Que la journée parut longue à Prosper! Il allait, il venait, il revenait; son oncle lisait dans un de ses beaux livres, mollement enfoncé dans son fauteuil. Trois heures sonnées, le baron remit son livre à sa place, il prit son chapeau et sa canne, puis il dit à son neveu : — Vous le voulez? vous allez me suivre; mais, cette fois, suivez-moi à distance et comme un homme qui n'est pas de ma suite. Il ne faut pas qu'on nous remarque dans la rue, vous et moi; nous ne sommes plus, vous et moi, que deux êtres sans nom et sans forme, deux ombres qui glissent. Mettez donc votre chapeau sur vos yeux, cachez-moi ce gilet blanc sous votre habit boutonné, laissez là cette élégante cravache, ôtez ces éperons; vous n'êtes plus un élégant qui va à la parade; maintenant marchons, Monsieur, et, quoi que vous me voyiez faire, souvenez-vous que vous entrez dans une des nécessités de la vie, que le monde n'a pas voulu de vous hier, et qu'enfin si vous me suivez dans ma route, ce crime n'est pas votre crime, c'est le monde qui l'a voulu.

A chacune de ces tristes énigmes, Prosper sentait ses forces l'abandonner : qu'allait-il donc lui arriver de si épouvantable? Cependant il fit un effort de courage ou plutôt de désespoir, et il suivit son oncle. Celui-ci marchait dans la rue de l'air le plus aisé et le plus naturel. Il s'arrêtait comme un homme qui prend le plus long chemin, qui ne demande pas mieux que d'arriver tard, et qui s'amuse de tous les hasards si divers des rues de Paris. Il souriait aux jeunes filles, il écoutait les chansons de l'orgue, il s'arrêtait à tous les magasins bien achalandés; il allait ainsi de rue en rue, de passage en passage, du Palais-Royal à la Halleau-Blé; puis, tout d'un coup il prit sa course, et tout d'une haleine il s'arrêta dans une ruelle presque déserte. Dans le coin le plus obscur d'une haute muraille était pratiquée une porte étroite et basse, qui s'ouvrit et se referma sans bruit sur le baron et sur Prosper.

Prosper vit alors qu'il s'était glissé furtivement dans une grande maison, dont l'entrée principale devait donner sur une autre rue. Entré là, le baron s'engagea sans hésiter dans mille passages obscurs, mille détours inattendus. Ils montèrent ainsi l'un et l'autre, et sans se parler, jusqu'au sommet de l'édifice. Après avoir traversé un certain grenier encombré de vieux papiers et de meubles de rebut, ils se mirent à descendre un autre escalier, ils descendirent encore plus d'étages qu'ils n'en avaient monté, et enfin, après cette course fatigante entre ces quatre murailles silencieuses et inhabitées, ils entrèrent dans une vaste cave éclairée par des lampes. Cet antre de ténèbres contenait pour tout ameublement une immense table recouverte d'un tapis; autour de cette table, quatre ou cinq hommes étaient assis.

En un mot, ils étaient dans le cabinet noir !

Car c'est là une des lâchetés inutiles de la Restauration poussée à bout, d'avoir violé le secret des lettres, d'avoir brisé les sceaux fragiles de ces mystères confiés à l'honneur de l'administration publique. Le baron de la Bertenache, qui toute sa vie avait été honoré de la même confiance, était le digne président de cette dictature occulte.

D'abord Prosper ne comprit pas ce que cela voulait dire et quel métier faisait son oncle. Celui-ci lui fit signe de s'asseoir à ses côtés; il obéit sans répondre. Cependant on apportait à chaque instant, sur cette table délatrice, d'immenses monceaux de lettres toutes cachetées. Dans cet amas de papiers, chacun des hommes silencieux qui étaient les aides du baron, faisait son choix; pour lui, il prenait à peu près une lettre sur mille. La lettre choisie était ouverte avec une horrible habileté. Si c'était un simple cachet, la vapeur avait bien vite détaché le papier de son lien fragile; si c'était une cire armoriée, une autre cire prenait les empreintes de ces armes, le feu faisait le reste; la cire cédait à la chaleur traîtresse, le papier livrait ses confidences; après quoi tout se remettait à sa place, le simple cachet à l'épître bourgeoise, ses armes et sa couronne à la noble missive; l'instant d'après, on enlevait ce paquet de lettres suspectes pour en rapporter d'autres. Cela se faisait avec ordre, avec sang-froid. On lisait tout haut; un copiste copiait les passages désignés, et soudain l'on passait à une autre délation.

En même temps le baron Honoré, sans vouloir remarquer sur le visage de Prosper la rougeur de la honte et de l'effroi:

— Monsieur, lui disait-il, pas d'épouvante. Notre tâche est des plus faciles. Nous n'en voulons qu'aux gens très-habiles; or, les gens très-habiles ne sont pas de ceux qui mettent toute leur pensée dans leurs lettres. J'avoue qu'au premier coup d'œil ce papier en monceau est effrayant, mais je parie que nous n'avons pas trois lignes à y reprendre. Figurez-vous que vous êtes au milieu d'une foule bourdonnante où vous prêtez l'oreille à toutes les conversations qui s'y tiennent. Cet amas confus et diffus de niaiseries épistolaires, vous représente à merveille les différentes conversations qui ont lieu parmi les hommes. Que de bavardages misérables et inutiles, pour un mot qui porte! Ainsi vous voyez que les mystères convenus du public ne risquent rien avec nous. Toutes ces lettres seraient naturellement tout ouvertes que nous ne daignerions pas y jeter un coup d'œil. Moi, qui vous parle, je sais, sans les ouvrir, ce que contiennent ces chiffons de papier satiné, tout comme je sais, à un mot près, ce que se disent deux portières sur leurs portes, ou deux bourgeoises dans les six pieds de parquet chargé de quatre fauteuils, qu'elles appellent leur salon. Et tenez, il me semble que j'entends sortir de cet amas insipide cent mille murmures confus qui sont en effet le murmure de l'humanité civilisée, des vœux d'amour, des serments de fidélité, des prières, des trahisons, des menaces, des rendez-vous nocturnes, des cris : *Ah, mon ami! Ah, monstre! Ah, monsieur! Ah, madame! Ah, monseigneur!* Ce sont des marchands qui vendent, des acheteurs qui achètent, des gens qui changent de la soie contre du coton, de la renommée contre de l'argent. Dans ce tas de papier mal écrit, vous feriez à coup sûr les mêmes découvertes et vous liriez les mêmes paroles chaque jour, toujours les mêmes, jusqu'à la consommation définitive de l'humanité écrivante. Ce sont des malades qui tendent la main de leur lit de misère, des enfants qui ruinent leurs parents en leur parlant de l'honneur, des femmes qui déshonorent tranquillement leurs maris en copiant des fragments de lettres de madame de Sévigné; il y a là dedans des petites filles qui s'amusent à faire l'amour avec des officiers qui leur écrivent : *Moi, t'oublier, mon ange!* Il y a des écoliers qui essaient l'amour avec de vieilles duchesses, à qui ils écrivent : *Chère et belle maman!* Il y a des pauvres diables d'esprit qui, faute d'argent, adressent de beaux vers à des filles entretenues qui ne savent pas lire; il y a des vieillards qui achètent, *franche de port*, l'eau qui teint les cheveux en noir et qui blanchit les dents; il y a des malades honteux qui écrivent par la poste, au charlatan de la rue, la description pleine et entière de leurs maladies honteuses, et le charlatan leur adresse à tous la même bouteille; ceci est le menu fretin de cet océan épistolaire. Laissons passer tout cela, Messieurs; liberté à toutes ces passions comme à toutes ces phrases stéréotypées; liberté à tout ce prosaïsme misérable, à tous ces vers couleur de rose qu'on s'envoie d'un bout du monde à l'autre; liberté à la lettre de change et à la lettre adultère, qui sont les deux plus grands bénéfices de la poste aux lettres; liberté à tout ce qui est murmure, prière, menace, maladie honteuse; liberté aussi à la lettre anonyme, cette lâcheté qui est la plus lâche des lâchetés, et qui est, à mon sens, le plus grand déshonneur des espèces civilisées; liberté aux petits, aux faibles, aux lâches, aux braves, aux ambitieux de pacotille; liberté à l'opposition de café; d'estaminet et du cabinet de lecture; liberté même à nos propres femmes quand elles accordent de galants rendez-vous à nos voisins, n'est-ce pas, monsieur Domangeot? et liberté à tout le monde, puisque ainsi le veut la Charte! Seulement, si quelque ennemi de la tranquillité publique se glissait parmi ces innocents parleurs qui confient leurs innocents secrets à ces innocents papiers, qui donc oserait dire que nous ne sommes pas dans notre droit en jetant un sage et prudent coup d'œil dans ces âmes dissimulées? Il est défendu d'écouter aux portes, je le sais bien; mais qui de nous aurait la force de ne pas prêter l'oreille à une conversation où il serait mis sur le tapis? Or, Messieurs, voici à cette heure toute la bonne ville de Paris, et toute la France, et toute l'Europe, qui mettent leur conversation sur ce tapis; et nous ne prêterions pas l'oreille à ce qui se dit de toutes les affaires de ce monde? Et dans ces trente-deux millions d'hommes que nous sommes appelés à gouverner et que nous gouvernons de notre mieux, nous n'aurions pas la curiosité de savoir qui donc est notre ami et qui donc est notre ennemi? Mais les meilleurs princes ont tenu à honneur de connaître les vœux, les inquiétudes et les espérances de leurs sujets; on cite encore avec respect le nom du grand calife qui s'en allait par les rues, enveloppé dans son manteau couleur de muraille ; or, en fait d'incognito royal, savez-vous un incognito plus facile, plus commode, plus quotidien que le nôtre? Quoi donc ! nous avons un déguisement toujours tout prêt, et nous aurions la force d'y renoncer? Mais cela ne serait ni logique, ni sage, ni politique ; n'est-ce pas, mon neveu?

Notre malheureux Prosper, immobile, éperdu, le rouge au front, gardait le silence d'un homme qui est mort ou qui rêve tout bas. En même temps le baron, tout entier à son œuvre, faisait un nouveau choix dans le premier choix de ses dignes collègues. Il ne se trompait ni sur la forme, ni sur le fond de la lettre, ni sur le nom de celui qui l'avait écrite. Il savait tous les noms connus et à connaître de tous les politiques et de tous les faiseurs d'affaires de l'Europe. De la première lettre venue il vous aurait dit, sans l'ouvrir, les parents, les amis, les ennemis, les serviteurs, les débiteurs, les créanciers ; huit jours après, et à coup sûr, il trouvait avec le même bonheur la réponse faite à cette même lettre d'un bout du monde à l'autre ; c'était là son orgueil ! Il savait lire tous les chiffres, et comprendre toutes les allusions, et compléter toutes les initiales. On eût dit qu'il s'était assis à tous les chevets, le matin et le soir ; qu'il avait vu ouvrir et refermer tous les coffres-forts. Cette honnête science l'amusait comme une comédie bien jouée. Il était ravi de tenir l'un après l'autre, dans sa main droite, tous les grands hommes du jour, et de les surprendre dans l'affreux déshabillé de leur égoïsme. Comme il s'amusait des hommes, et comme il les trouvait petits, ridicules, misérables et menteurs ! Et comme il riait tout bas, en lui-même, de les voir ainsi se contredire et renfermer deux mensonges opposés dans deux enveloppes différentes, que le même courrier devait emporter sur le dos de son cheval ! Comme il voyait les hommes fourbes, lâches, menteurs, traîtres à leurs amitiés, parjures à leurs amours, mendiants, vicieux, poltrons, hypocrites, flatteurs et rampants, voleurs, idiots et vils anonymes! C'était son heure de triomphe, c'était la belle heure de sa vie; ainsi cet homme; cet homme qui avait dépensé en pure perte tant d'esprit, tant d'intelligence, tant de courage, tant d'ironie, tant de désintéressement, tant de nobles et étonnantes qualités, qui en faisaient un homme vraiment supérieur, en mettant à nu les plaies cachées de la société, se vengeait de cette même société qui l'avait forcé à n'être qu'un vil espion!

A la fin, Prosper se pencha vers son oncle, et lui dit tout bas:

— Mais, Monsieur, le métier que vous faites est infâme!

Il y avait sur le visage de ce jeune homme tant d'indignation et d'épouvante, qu'il fut impossible que le baron ne les vît pas. Mais, toujours avec le même sang-froid, le baron répondit à son neveu et sans qu'on pût l'entendre:

— Silence! vous avez voulu venir ici, vous y êtes. Quant à faire de l'indignation, Monsieur, je vous donnerai à lire un célèbre discours de Mirabeau sur le même sujet, qui vous épargnera beaucoup d'invention d'éloquence. En attendant, si vous m'en croyez, vous ferez votre coup d'essai sur cette petite lettre que voici.

En même temps le baron Honoré plaçait sous les yeux de Prosper une honnête et douce petite enveloppe sans parfum, sans recherche; on lisait sur l'adresse: — *A mademoiselle Fanny de Chabriant, à Londres, rue du Régent.*

A ce nom de Chabriant, le nom de cette jeune et belle fille à qui il avait rêvé la nuit passée dans ses courts instants de sommeil, Prosper parut sortir de ce rêve pénible, mais pour entrer dans une horrible réalité. C'était mademoiselle Louise de Chabriant, à coup sûr, qui écrivait cette lettre, et peut-être y était-il question de Prosper. Eh quoi ! il allait, en brisant ce morceau de cire, la connaître telle qu'elle était, cette transparente jeune fille dont il était séparé par un abîme ! Il pouvait être le maître de ses pensées les plus intimes, de ses confidences les plus familières, lui l'inconnu d'avant-hier, si méprisé, si perdu dans la foule des grands du monde, qui n'avait eu pour lui ni une pensée ni un regard ! Telles étaient les pensées de Prosper. Pensées de l'enfer ! Ses mains tremblaient, la sueur coulait de son front, son cœur se gonflait dans sa poitrine ; il tenait cette lettre dans ses deux mains, et il se disait en frémissant :

— Oh ! c'est une chose horrible et contagieuse, le crime !

Oui, certes, une chose bien contagieuse, car déjà Prosper eût donné sa vie pour pouvoir lire au travers de l'enveloppe légère seulement le nom de Louise, et pour ne pas y lire le nom de Christophe. Telles étaient les angoisses de ce malheureux jeune homme ; son oncle les voyait sans le regarder. Il suivait peu à peu les progrès de la passion qui entraînait Prosper ; il décachetait, recachetait les lettres de son choix ; et comme Prosper venait de laisser retomber sur la table la lettre de mademoiselle de Chabriant sans l'ouvrir, le baron prit cette lettre, il l'exposa à la vapeur du vase délateur ; l'enveloppe céda, le baron déplia la chaste épître, et il la plaça tout ouverte devant Prosper.

Cette fois Prosper fut vaincu. Pendant que son oncle passait à un nouveau triage, Prosper prit cette lettre toute grande ouverte, et il lut ou plutôt il crut lire les plus simples et les plus naïves confidences d'une jeune personne bien élevée à une jeune personne de son âge :

— « Chère Fanny, disait mademoiselle de Chabriant à sa cousine germaine, je recommande à tes bons soins un homnête jeune homme, ami de notre famille, que M. le duc envoie en Angleterre, et qui est chargé d'une mission importante. — M. de Chabriant veut savoir, dit-il, une fois pour toutes, si, par hasard, dans les affaires de ce monde, la plus grande probité et le talent le plus vrai ne vaudraient pas autant que la ruse et l'intrigue; c'est pourquoi il a choisi M. Christophe. »

La lettre était longue ; mademoiselle de Chabriant racontait à sa cousine comment ce jeune homme, qu'elle avait trouvé foulé aux pieds des chevaux, avait été jugé par son père comme un savant et galant homme. — Elle disait aussi comme il était bon, simple, naïf, honnête : — « Et comme il faut l'encourager, ma bonne Fanny ! car il ne ressemble en rien aux jeunes gens qui nous entourent; figure-toi que, pas plus tard que hier soir, chez madame de Macla, où mon père l'a présenté, il a obtenu le plus grand succès. On l'a trouvé noble et beau. Il a peu parlé ; mais il a si bien parlé ! Le ministre a fait compliment à mon père de son protégé. — Il part demain, entends-tu ? demain ! Ainsi, il arrivera à Londres un jour après ma lettre. — J'ai passé cette nuit à l'écrire pour que tu fusses bien avertie. — Mon Dieu ! s'il allait ne pas réussir ! et pourtant je le connais, il est brave et ferme. »

Elle ajoutait plus bas :

— « Il y avait aussi à cette soirée un jeune homme assez bien tourné, qui s'est trouvé être un ami de M. Christophe. Ils ne s'étaient pas vus depuis deux ans; ils se sont embrassés de tout leur cœur, et ils ont eu une grande joie de se revoir. Ce bon Christophe, il aime ce jeune homme comme un frère !
— Il est seulement fâcheux que cet ami de Christophe n'ait pas gardé son bon naturel. Après le premier instant d'effusion, il est redevenu raide et guindé comme un homme sans état dans le monde. Au fait, c'est grand dommage, comme dit mon père, qu'il soit le neveu et l'élève d'un

certain baron de la Bertenache, que tout le monde reçoit et que personne n'estime. Christophe nous a pourtant bien assurés de la rare probité et de la sincérité de son ami Prosper; mais, au fait, que nous importe? »

Quand il eut lu cette lettre, Prosper baissa la tête comme un homme qui vient de s'entendre condamner à être exposé au gibet et marqué d'un fer chaud. Son oncle reprit la lettre et la replaça dans son enveloppe, puis, tout en remettant le cachet avec la douce et chaste initiale L., il donna un petit coup d'épaule à son neveu :

— *Je tiens mon infâme!* lui dit-il.

La séance fut levée; un instant de plus, et Prosper serait mort d'un coup de sang.

XI.

La Maison de Jeu.

A peine sorti de cet antre infâme, notre héros prit sa course comme un meurtrier. Le baron ne fit rien pour le retenir; il se croyait sûr de son neveu, à présent. Arrivé chez lui, Prosper voulut pleurer, il n'eut pas une larme. Il était interdit, éperdu, mourant; il voulait fuir, mais où fuir? dans quel abîme retomber? Certes, c'est un terrible moment dans la vie d'un homme, quand il se trouve entre la misère et le crime, entre la fausse honte et le déshonneur!

Il était plongé dans cet immense désespoir, quand il entendit sa porte s'ouvrir d'une façon si douce et si amicale qu'il lui sembla que l'espérance en personne ne serait pas entrée chez lui d'un pas plus honnête et plus calme. C'était l'espérance, en effet, c'était Christophe qui venait dire adieu à son ami.

A la vue de ce cher compagnon de son enfance heureuse et sainte, Prosper avait repris courage. Il était sorti tout d'un coup de cet abattement funeste, et tout en écrivant quelques mots sur sa table :

— Tu vas en Angleterre? disait-il à Christophe.

— Comment le sais-tu, Prosper?

— Et tu as une lettre de mademoiselle de Chabriant à sa cousine, Fanny de Chabriant?

— J'avais l'ordre, répondit Christophe, de ne dire à personne où j'allais, pas même à toi. J'ignore qui t'a si bien instruit; mais puisqu'il en est ainsi, je dois avertir qui m'envoie de ne pas compter sur le secret.

En même temps, Christophe allait pour sortir.

— Arrête! s'écria Prosper. Que vas-tu faire? Tu vas te perdre et tu vas me perdre! Je te jure sur l'honneur que ton secret sera gardé, et que personne ne le sait sinon moi!

Et en même temps Prosper appelait son valet de chambre :

— Jean, lui dit-il, demain matin, entendez-vous? demain, pas plus tôt, vous irez chez M. le baron Honoré de la Bertenache, et vous lui direz que j'ai laissé sur ma table une lettre pour lui, que tout ce qui est ici lui appartient, et que je pars.

Il sortit en toute hâte, sans rien emporter, même sa bourse. Une fois dans la rue, Christophe arrêta Prosper :

— Que se passe-t-il dans ton âme? lui dit-il; d'où te vient cette colère? où vas-tu? qu'as-tu? que veux-tu?

— Oh! Christophe! s'écria le pauvre enfant, je brise à l'instant même un lien de fer. Je ne sais plus qui je suis, ni ce que je veux, ni même où je vais. Tu me vois à présent seul, ruiné, sans espoir, sans famille, sans toit et sans pain, plus pauvre que le plus pauvre mendiant de la rue : voilà à quelle misère les bontés de mon oncle m'ont réduit !

— Non, Prosper, disait Christophe, il n'en sera pas ainsi ; je n'ai rien, je ne suis rien, mais j'ai une protectrice qui te tendra la main comme elle me l'a tendue. Elle est si bonne ! Allons, allons, du courage, mon enfant ! la Providence est grande. Tiens d'abord, voici, pour commencer, l'argent que t'envoyait ta mère et que je t'ai gardé bien fidèlement, parmi les dangers et les misères de la grande route.

En même temps, l'innocent Christophe tirait de sa poche les trois ou quatre écus de six livres tout neufs que lui avait remis madame Chavigni le jour de son départ. A la vue de ce pauvre et noble argent maternel, qui représentait tant de travail et d'économie, à la vue de ces pièces d'une monnaie passée de mode, dont Paris voulait à peine et qu'il eût rougi de donner même à un pauvre, hier encore, Prosper se sentit ému jusqu'aux larmes ; encore un pas, et peut-être le malheureux se retrouvait sur le grand chemin de la vertu. Il pouvait suivre Christophe ; il pouvait aller implorer le secours de mademoiselle de Chabriant, cet ange sauveur... je ne sais quelle mauvaise honte l'arrêta. L'infortuné ! il avait été si mal dressé par son oncle, le sophisme était déjà entré si avant dans son cœur, qu'il avait peur des fortunes qui se font lentement et qui demandent du labeur. Il voulait une fortune rapide, soudaine, et cependant une fortune honnête, mais honnête dans les idées du monde. S'il ne consentait pas à être infâme pour parvenir, il ne voulait pas non plus se fier uniquement à son propre mérite et à son travail. Bref, à l'instant même où il allait se rendre à son ange gardien Christophe, l'idée lui vint qu'entre l'infamie et le travail il y avait un moyen terme de faire sa fortune, et que ce moyen c'était le hasard. Triste idée! mais elle devait venir à ce jeune homme, à défaut d'une idée plus funeste. Le hasard, roc mouvant auquel s'accrochent toutes les ambitions misérables, marée décevante au-dessus de laquelle peu surnagent, est, en effet, le moyen terme que la société a trouvé entre le vice et le travail. Justement, à force d'avoir marché sans savoir où ils allaient, ils se trouvaient, Christophe et Prosper, au coin de la rue Richelieu, à la porte d'une maison habitée par le plus horrible suppôt du hasard. Déjà la maison était éclatante de lumières; tout se préparait là dedans pour la ruine et pour le suicide de chaque jour. L'horrible habitant de cette demeure s'appelle le Jeu.

— Christophe! dit Prosper à son ami, si tu m'aimes en effet, et si en effet tu veux me sauver, montons là dedans.

Et ils entrèrent dans la maison de jeu.

A la porte de l'hôtel splendide où il a choisi son domicile, le Jeu examine de la tête aux pieds tous ceux qui entrent chez lui; il regarde surtout la poche des hommes et la toilette des femmes; il faut à cet aimable seigneur une bourse bien garnie et une toilette bien décente. Entrez, riches et belles! la femme excite l'or, l'or s'échappe à la voix de la femme; quand la femme agite son éventail, tire son mouchoir brodé ou fait crier la soie de son soulier, l'or ne se contient pas, il se remue, il se démène. Aussi bien, vous êtes sûr de trouver de l'or partout où il y a des femmes jeunes et belles, et, réciproquement, de trouver des femmes partout où il y a de l'or.

Arrivés dans le salon principal, les deux amis se regardèrent interdits. Qu'allaient-ils faire? Prosper le savait à peine; mais il comprit sur-le-champ qu'il fallait apprendre à Christophe de quoi il s'agissait:

— Écoute, lui dit-il, tu es un homme innocent et simple, Christophe, le ciel sera pour toi. Ton âme est calme et paisible, le Jeu aura peur de toi. Tu n'as que des intérêts honnêtes, tu déconcerteras le hasard. Tu tiens entre tes mains ma fortune ou ma misère, c'est-à-dire ma vie ou ma mort! Écoute donc, voici l'argent de ma mère, ma noble mère; prends cet argent. — Tu vas voir là-bas des couleurs sur une table rouge et noire; chaque couleur prend votre argent ou elle le double : ce n'est pas cela qu'il nous faut. Il ne s'agit pas de doubler notre argent. Que ferions-nous de deux fois quatre-vingt-seize livres? Il faut que tu ailles, les yeux fermés, sur ce tapis vert; tu verras des numéros sur ce tapis, trente-six numéros, entends-tu? trente-six chances sur une, pour être tout-à-fait un mendiant de la rue. N'importe, il le faut, c'est mon sort; si tu ne joues pas pour moi, je joue et je perds!

Allons, as-tu du cœur? Veux-tu bien jouer ce jeu-là pour moi et pour toi? le veux-tu? le veux-tu? le veux-tu?

— Je le veux, dit Christophe. Tu dis donc qu'il n'y a qu'à mettre cet argent au hasard sur un des numéros de cette table?

Ce soir-là il y avait bal et grande fête à Frascati. Le maître du logis, le Jeu, avait invité à prix d'or l'Opéra et ses danseuses les plus hardies à venir prendre leurs ébats autour de la roulette : c'était une ronde infernale. L'or sonnait sous les râteaux; le violon chantait sous l'archet. Les femmes montraient leur gorge nue; les hommes se meurtrissaient le sein. On ne regardait pas les femmes parées et à demi nues : on regardait l'hôte du logis, le Jeu. On ne regardait pas ces fleurs, cette gaze, cet or, ces diamants, ces bas à jour, où la jambe lascive ne se voile que pour être mieux vue : on regardait le Jeu tout sec, on courtisait le Jeu, on baisait le bas de sa robe fangeuse; on contemplait avidement sa poitrine étique et son œil cave, à côté de ces femmes si belles et de ces seins si frais. Les femmes elles-mêmes ne regardaient pas les plus beaux jeunes gens de la ville : elles regardaient le Jeu ! Le Jeu, hideux sultan, s'étalait nonchalamment dans son sérail, jetant son mouchoir à la première venue. C'était, à voir, hideux et sublime ! La corruption s'oubliait, le vice s'oubliait, tout s'oubliait pour plaire au maître ; le Jeu, silencieux vieillard, ne daignait pas même témoigner un désir, pas même sourire, pas même voir ; le Jeu était aussi préoccupé que les autres ; il regardait, le Jeu !

Quand donc Christophe entra dans cette vaste salle, aussi simple et aussi calme que s'il fût entré dans sa petite classe d'Ampuy, personne ne vit Christophe. Les rangs étaient serrés autour de la table chargée d'or. Christophe prit son argent, et, par-dessus les fraîches épaules d'une danseuse qui jouait une dernière pièce d'or empruntée sur le crédit chancelant de son sourire, il jeta tous ses gros écus sur le premier chiffre qui se rencontra sous sa main. Il lui eût été bien difficile de répondre si on lui eût demandé ce qui allait arriver.

Cependant ces écus de six livres, jetés avec tant de sang-froid, attirèrent quelque attention sur Christophe. Il avait l'air si peu ému, que le Jeu pensa que c'était un honnête garçon qui voulait, avant de sortir de céans, se débarrasser de cette monnaie ridicule.

Christophe franchit d'un seul coup ces trente-six chances, — il gagna..... trente-six fois quatre-vingt-seize francs !

La danseuse, qui avait perdu sa pièce d'or, calcula si bien et si vite, qu'elle se retourna sur Christophe, et qu'elle lui fit un très-agréable sourire ; mais l'innocent Christophe ne prêtait pas sur un pareil gage.

Quand le Jeu vit que le nouveau venu était en fonds, il

lui fit apporter un fauteuil pour qu'il pût se ruiner plus à l'aise. Christophe prit place au tapis vert, et, quand il fut assis dans ce fauteuil, commença entre lui et le Jeu une lutte singulière, la lutte du hasard contre le hasard. Le Jeu avait changé en or l'argent de Christophe; Christophe, toujours aussi calme, jeta son or sur la table de jeu comme il avait jeté son argent. Bientôt après, le Jeu changea l'or de Christophe contre des billets de banque. Le sang-froid de Christophe redoubla, et il jeta son papier comme il avait jeté son or; même il ne comprenait guère à quoi pouvait être bon ce papier, au bas duquel on lit en noir : *Peine de mort!* Horribles mots, qu'on dirait être écrits par le Jeu en personne sur la pierre d'un tombeau de Clamart. Ainsi, à chaque minute grandissait cette fortune; dans une inondation subite, l'eau ne va pas plus vite. Lui, cependant, notre ami Christophe, beau joueur comme on ne l'est pas, également insensible à ce gain furieux et à l'admiration qui l'entourait, ne laissait rien voir sur son visage, sinon l'ennui et le dégoût.

— Que va dire mademoiselle de Chabriant? pensait Christophe.

Mais le Jeu, voyant ce jeune homme qui se mettait si peu en peine de ses faveurs, s'amusait à l'en accabler.

Ce vieillard, qu'on appelle le Jeu, a de si étranges caprices! Une fois que le Jeu, cet avare usurier, est devenu prodigue, sauve qui peut! Tout à l'heure il a fait vendre à l'encan le berceau de l'enfant; il a forcé le père de famille à porter au Mont-de-Piété les instruments de son travail; il a jeté la misère et le désespoir dans deux ou trois générations passées, présentes ou à venir; il a vu d'un œil sec ces grincements de dents, et ces pleurs, et ce pain tout sec. — C'est un misérable si avide et si ignoble, le Jeu! c'est un stoïcien si épouvantable et si cruel! Il rit en silence, il se passionne en silence, il vole en silence. Amenez-lui une belle femme ou un vieillard ignoble, il prendra avec le même sang-froid la dépouille du vieillard et la dépouille de la belle femme; il arrachera au vieillard ses faux cheveux, son faux râtelier, son habit, son épée inutile et rouillée—jusqu'au gant qui recouvre sa main de bois. Il arrachera à la belle femme son cachemire, sa blanche dentelle; il détachera son collier de perles de son cou de perles; il brisera la boucle d'or à sa fragile oreille pour en avoir le rubis; il meurtrira ses doigts effilés et délicats, chargés de gages d'amour, pour fondre au creuset ces gages d'amour; et une fois le vieillard tout nu et la belle femme toute nue : — A la porte, le vieillard! dira le Jeu; à la porte, la belle femme — et le vieillard tremblotant! Oh! c'est un impitoyable scélérat! Vous aurez beau le supplier, pauvre belle femme toute nue, vous aurez beau vous mettre à genoux devant lui et lui tendre vos bras dépouillés de leurs bracelets, et vos mains dépouillées de leurs bagues, et votre sein privé de parure, et lui demander asile pour la nuit, ou seulement le manteau de son cocher pour vous couvrir!... asile, manteau de livrée, et même la pitié, cette chose qui ne coûte rien, le vieillard vous refusera tout : il s'appelle le Jeu!

Et cependant, comme je le disais tout à l'heure, le Jeu, ce vieillard toujours jeune, a de singuliers caprices. Cette nuit même, il a dépouillé tout le monde tant qu'il a pu, le diplomate et la danseuse, ces deux extrémités sociales qui se donnent la main sans rougir, ni l'un ni l'autre, de leur égalité d'une heure. A présent, le voilà qui entasse l'or devant notre jeune homme. — Tu en veux? prends-en à ton aise! Tu n'en veux pas? que je t'en accable! Puise à pleines mains dans mes réserves, je veux te noyer dans l'or. Ainsi parlait le Jeu à Christophe. Christophe entassait l'or devant lui, sans choix, sans plan ; comme autrefois, quand il était enfant, il ramassait, sur les bords du Rhône, les petits cailloux.

A l'heure qu'il est, Christophe jouerait encore, si Prosper ne lui eût frappé sur l'épaule, en lui disant : — C'est assez!

— Tu as bien fait, disait Christophe, car voici déjà dix heures ; j'ai sommeil, et il faut que je sois levé demain avant le jour.

Il remit à Prosper dix ou douze poignées de ces billets et de cet or, après quoi il se secoua les mains, comme un homme qui a touché de la vile poussière, et qui peut donner, ce soir même, la main à mademoiselle de Chabriant.

Les femmes et les joueurs, entendant cet homme si riche qui parlait d'aller dormir, se regardèrent entre eux, épouvantés.

Christophe et Prosper reprirent leur chapeau, et ils descendirent l'escalier.

Prosper ramena Christophe jusqu'à l'hôtel Chabriant.

— Et maintenant, que vas-tu devenir? disait Christophe.

— A présent, malheur à moi! honte sur moi, si je m'égare encore! car je suis le maître de ma destinée, répondait Prosper.

XII.

De Charybde en Scylla.

Prosper, à peine sorti de cette maison, resta épouvanté de lui-même. Cette fortune inattendue, qui était tombée sur lui comme une averse un jour d'automne, lui donnait à penser. Maintenant, que devenir, et par quels moyens pourra-t-il forcer ce monde, qui n'a pas voulu de lui, à l'accepter enfin?

Ceci fut le sujet d'un long dialogue que Prosper tint avec lui-même, en se promenant pas à pas sur les boulevards:

— Véritablement, se disait-il, il ne s'agit pas ici de déclamer contre la société, qui ne te devait rien, contre ton oncle, qui ne t'a enseigné que ce qu'il savait lui-même. De quel droit, en effet, voudrais-tu qu'un espion, un briseur de cachets, eût fait de toi un galant homme? De quel droit aussi voulais-tu que les hommes fissent quelque chose pour toi, qui ne pouvais rien pour eux? Tes plaintes contre l'état social sont injustes; elles sont plus qu'injustes, elles sont inutiles. Ne te plains donc pas de ce que tu appelles ta mauvaise fortune, c'est une chose juste et nécessaire; seulement, fais en sorte que ta mauvaise fortune présente te soit une sauvegarde pour ta bonne fortune à venir.

— Tu as gagné, poursuivait le même Prosper, 150,000 francs, cette nuit, avec l'argent de ta mère; garde-les comme si c'était l'héritage de ta mère; retourne à Ampuy, Prosper, retourne à ce village où chacun te connaît et te salue; va te reposer de ces deux longues années de jeunesse à jamais perdues, sous les vieux pins avec lesquels on a fait ton berceau, avec lesquels on fera ta bière; marie les 150,000 francs avec 50,000 que t'apportera la fille du médecin ou du maire de ton village; vous serez riches et heureux autant qu'un ménage peut être riche et heureux à Ampuy, où vous êtes nés; vous aurez des enfants qui prendront après vous les 150,000 francs de leur père, les 30,000 francs de leur mère; vous aurez tous les plaisirs, toutes les inquiétudes, toutes les joies de ce paradis terrestre qu'on appelle un mariage bourgeois. Tu marieras tes sœurs, et ta mère te bénira. Ce projet n'est-il pas bien sage et bien heureux, Prosper?

A quoi l'autre Prosper, le Prosper parisien, répondait en toute hâte : — Le village! le village! suis-je donc fait pour le village? Eh! de quel droit m'imposer cette vie bourgeoise que j'ai rejetée une fois déjà, et qui ne peut plus me réussir? Retourner à Ampuy, après avoir passé par Frascati, c'est impossible! Relever les murs de ma maison paternelle avec l'argent des joueurs, marier cet infâme argent à la chaste dot d'une innocente fiancée, c'est impossible! Ce serait un accouplement horrible; ce serait un grand crime et une grande honte! Non, non, pas de calme, pas de repos, pas d'innocente vie! Non, non, je ne veux pas regretter ces nuits étincelantes de mille feux et de cent mille vices, pendant les obscures nuits de douze heures de mon village; non, non, je ne veux pas regretter toute ma vie les rugissements furibonds des passions parisiennes, plongé que je serai dans le monotone silence de ma maison recouverte d'ardoises et revêtue d'un cep de vigne. Il y a deux jours encore, quelque honnête homme serait venu et m'aurait donné le quart seulement de cette fortune, il me l'aurait donné innocent et pur, que je serais parti, avec joie et bonheur, loin, bien loin de la ville, pour y jouir en paix, jusqu'au dernier jour, de mon humble opulence; mais à présent que je ne puis plus être heureux dans une position médiocre, il faut que je sois le maître d'une grande fortune, il faut que je me mette à la tête d'un vice; donc, va pour le vice! puisque aussi bien la vertu ne me réussit pas.

Ainsi il se parla longtemps à lui-même, mais déjà sa raison était obscurcie par les passions mauvaises. L'ambition fut la plus forte.

L'ambition! quand elle a pris un homme à l'âme et au cœur, dites-vous que cet homme est perdu. De toutes les passions mauvaises, celle-ci est la plus durable, plus durable même que l'avarice. On veut aller toujours; on n'a pas une heure de repos; on se tourmente et l'on s'agite jusqu'à ce que la mort vienne vous dire : « Il faut partir! » L'ambitieux est un homme sans résignation, sans courage, souvent sans prudence; il est imprévoyant, car il ne voit pas les obstacles. Pour lui, pas de sommeil, pas de douces joies, pas une fantaisie, pas une passion, sinon sa passion principale; pour lui, rien n'est fait, tant qu'il lui reste à faire. Or, qui peut dire avoir jamais touché le dernier échelon de cette échelle de Jacob, qui conduit à la fortune et aux honneurs? Triste marchepied encombré de toutes les misères! Ici, les jeunes gens qui passent sur le corps des vieillards; plus loin, les vieillards écrasant du pied tout ce qui est la candeur et la jeunesse; le soldat heurtant l'homme d'église; la fille de joie coudoyant la duchesse; le magistrat relevant sa robe noire pour grimper plus vite. Quelle confusion! que de haines amoncelées sur ce marchepied funeste! — Cependant, tout au sommet de l'échelle, vous voyez resplendir toutes sortes de misérables hochets à l'usage des grands du monde : des couronnes, des sceptres, des croix d'honneur de toutes les dimensions, des rubans de toutes les couleurs; la tiare et l'épée vous apparaissent flamboyantes; la mitre et la crosse, l'hermine et la cuirasse, se balancent dans ce merveilleux pêle-mêle, — et toutes les mains sont tendues vers la récompense promise, tous les regards, toutes les âmes. On ne voit que le but, on grimpe toujours. Mais, malheureux, arrête! arrête! tu vas passer sur l'honneur de ton père, sur l'honneur de ta sœur, sur le nom de tes aïeux, sur l'avenir de ton jeune fils! Arrête, malheureux! il y va du bonheur de la fille unique dans ce monde et dans l'autre ! Vains efforts ! l'homme monte et grimpe toujours ; il se tient à deux mains sur ces échelons souillés, jusqu'à ce qu'enfin, ô désespoir ! ô misère ! arrivé au dernier échelon, il ne rencontre que les plus vils jouets de l'ambition : un sceptre en bois doré, une couronne en carton, une croix d'honneur sans honneur ; mensonges, vanités, néant ! Et, cependant, ceux qui sont en bas disent, voyant ceux-ci sur leur tête : — *Qu'ils sont heureux !*

Ainsi Prosper montait et descendait tour à tour l'échelle de l'ambition, sans savoir à quel échelon se tenir.

— Allons, se dit-il, si je sais bien user de ma bonne fortune, le monde ne m'est pas encore tout à fait fermé. Voici deux fois que le monde me rejette : d'abord j'étais trop innocent et trop naïf ; j'ai été ensuite trop habile et trop rusé ; essayons d'une autre voie. — Pauvre jeune homme, que dis-tu ? Une autre voie ! Il n'y en a qu'une, mais celle-là est obstruée par les ronces et les épines de ton cœur.

QUATRIÈME PARTIE.

I.

L'Italie.

Le lendemain de ce jour mémorable, Christophe et Prosper sortirent de Paris, presque à la même heure et par la même porte, mais par deux chemins différents. L'un quittait la ville tout rempli de force, de charité, d'espérance; l'autre entraînait avec lui le doute, le désespoir, le remords déjà, tristes compagnons de voyage! L'un s'était senti bénir dès le matin par une main bienveillante, adorée; l'autre, aux portes de la ville, ne songeait qu'à laisser, sur cette ville infâme, tomber sa malédiction.

Où il allait chercher sa vengeance? Je vais vous le dire tout de suite : il allait en Italie.

Il s'était dit en quittant Paris que, puisque la société française était ainsi faite, qu'on pouvait y réussir par tous les moyens extraordinaires, ce moyen fût-il un vice, il saurait, lui aussi, trouver son vice triomphal. En général, le vice qui réussit, tout difficile qu'il est à rencontrer, est plus facile encore à découvrir que la vertu qui réussit. Ajoutez que c'est un moyen de succès plus éclatant, le vice. Il se montre, et tout à coup, flatteurs et courtisans d'arriver en foule; il commande, et la nation obéit; il passe, et le peuple se range. La foule est faite pour le vice; elle le connaît, elle le sent, elle l'apprécie, surtout elle l'aime; heureux qui peut commander en maître au maître souverain de la foule! Tel était le plan secret de Prosper.

Mais cependant et malgré les plus grandes précautions, comment faire pour ne pas tomber sur un vice vulgaire? comment en imposer à la foule, qui se connaît si bien en supériorités de ce genre? Ces sortes de calculs sont les plus dangereux de tous. Le vice qui réussit, c'est du succès; le vice qui se trompe, c'est de l'infamie. Comment réussir?

Je vous ai dit que Prosper y allait de sang-froid. Il voulait réussir à tout prix : aussi fut-il attentif à outrance. Cette molle société italienne, cette poésie, légère comme l'éther; cette langue tout habillée de satin et d'or, chargée de perles, et qui chante en dansant; ces chefs-d'œuvre sous le soleil et sous la terre, tout vivants, tout imprégnés de la lumière d'en haut; ces vieux siècles imberbes encore, grâce à la pureté de l'air; ce calme officiel au milieu de cette Europe qui s'agite; ces passions si jeunes dans ce monde si vieux; cet assemblage inouï de prestiges et de réalités; toute l'Italie telle qu'elle se comporte : la Rome catholique, Naples l'endormie, Florence, qui est un palais, Pise, qui est un cimetière, Milan, qui est une prison, Venise, une ruine, Turin, la riche marquise; ni les poëtes, ni les conspirateurs, ni les philosophes, ni les artistes, rien ne put distraire Prosper de son étude ni le détourner de son but. Il voulait trouver un vice auquel tous les hommes fussent forcés de rendre hommage, il le trouva. Ce fut un beau jour.

Il avait été longtemps à cette recherche. Il avait fouillé avec soin la haute et la basse société italienne sans faire lever l'animal qu'il suivait à la trace. Il trouvait bien, il est vrai, à chaque pas, des vices séducteurs au premier abord ; mais, vus de près, il se trouva que c'étaient des vices trop abandonnés à l'heure présente, des vices sans ambition, sans prévoyance, sans souci, sans courage, des vices italiens véritablement. Que faire avec de pareils auxiliaires ? Comment les amener à un but éloigné quelque peu ? Quelles ressources précaires devaient offrir à notre ambitieux, ces cires molles qui ne veulent être pétries que par le plaisir d'aujourd'hui, sans jamais songer au triomphe du lendemain ?·Le vice de l'Italie est comme ses poëmes improvisés sur les places publiques, disait Chavigni ; il est éclatant, il est jeune, il est spontané, il ne dure qu'un jour.

Or, il voulait un vice qui pût durer longtemps, qui pût résister à la furie française ; il voulait un vice de sang-froid surtout et prévoyant. — Je vous ai déjà dit qu'il le trouva.

Qui peut dire comme elle était belle la femme qui consentit à échanger son Italie contre les intrigues de la vie parisienne, à suivre Prosper sans demander : *Où allons-nous ?* et à lui servir dans sa course nouvelle comme ces beaux fruits d'or avaient servi l'amoureux de la belle Atalante ? En effet, c'était une belle femme de discorde à jeter aux hommes, cette Italienne ! L'œil est noir, le cheveu est noir, la peau blanche, le cil très-long ; la dent éclate, la lèvre aussi ; le sein bat, l'épaule est ronde et glissante, veloutée à l'œil, rude, je crois, au toucher, brûlante à coup sûr. Vous avez vu sur le sable un souffle ? c'est son pied ! Sa main est petite et vive ; on la voit, on ne la voit plus : c'est comme son regard. Et puis si frêle, et si pliante, et si nerveuse, et si immobile quand elle veut !

Chose étrange, et qui cependant peut seule expliquer ce traité d'alliance entre un pareil jeune homme et une pareille femme, ce fut là une association toute de sang-froid. Ils arrangèrent entre eux une espèce de maison de commerce dont la passion fut exclue. Il lui expliqua donc de son mieux ce qu'il attendait d'elle et ce qu'elle devait espérer de lui. Elle allait venir avec lui à Paris, dans la foule, puis au milieu de la foule, puis bientôt au-dessus de la foule. Elle allait être belle et jeune, séduisante et jolie de toutes ses forces. Elle allait faire bonne et longue provision d'ironie amère, d'esprit sceptique et de coquetteries de tous genres ; ce sera là sa pacotille, sauf à lui à l'exploiter. Surtout elle allait se mettre à mépriser de toutes ses forces les grands seigneurs, les courtisans, les puissants du monde. Bref, Prosper dressa cette femme à cracher au nez de l'espèce humaine, à peu près comme le chevalier de Rhodes, vainqueur du dragon, avait dressé ses chiens à dévorer le ventre du monstre qu'il allait combattre.

Quand elle eut jeté son dernier regard sur l'Italie, quand elle eut comparé en silence les biens qu'elle abandonnait, pour les luttes qu'elle allait chercher : ici l'amour, la musique, le soir, le lac, les rêves ; là-bas l'hiver, le froid, l'ambition, toutes les fourberies, toute la force ; ici des hommes si facilement heureux ! là-bas des hommes ennuyés et si difficiles à tromper ! la vie à Naples, la lutte à Paris ! elle se sentit tout animée à la seule idée de ces grands combats qu'elle allait soutenir, n'ayant pour second qu'un faible jeune homme. — La tâche lui parut belle, et elle n'hésita plus ; elle partit, et les voilà tous deux en chemin pour la France, elle et Prosper.

Jamais, depuis que la conquête française était venue à Rome pour ravir au Musée du Vatican les chefs-d'œuvre de l'art antique, on n'avait pris autant de soins que s'en donna Prosper pour le chef-d'œuvre italien qu'il emportait. Prosper l'abritait contre le grand jour, sa belle Italienne, pour qu'elle arrivât plus éclatante à Paris. Il lui permit de marcher à peine, même dans l'ombre des montagnes, de peur que son pied ne se déformât. A peine souffrait-il qu'elle ôtât son gant, par respect pour la blancheur de sa main ; et puis, en chemin, il parait ce naïf esprit de toutes les grâces qu'on pouvait lui donner encore; il lui enseignait les mille et un détours de la langue française, cet italien bâtard à l'usage des intrigues politiques; il lui apprenait les mœurs, les habitudes et les amours dans lesquels elle allait entrer. Elle, de son côté, pleine d'attention, comprenait vivement parce qu'elle sentait vivement; elle était tout esprit déjà, comme elle était tout cœur à Venise; elle saisissait si bien toutes les nuances sociales !

Le soir venu, car ils allaient à petites journées, quand ils étaient arrivés à la cabane de quelque villageois, Prosper s'inquiétait des moindres détails du repas du soir et du repos de la nuit; il disposait la table et la chambre à coucher avec l'attention d'un jeune époux qui soupçonne que sa jeune femme est enceinte. L'heure venue, la belle Italienne se mettait à table avec son guide; elle s'enivrait à force d'eau fraîche et de vives saillies. Elle était si sûre de la retenue de son compagnon de voyage, qu'elle se mettait à l'aise avec lui, jetant çà et là son voile et son mouchoir, et son pied mignon, et son sourire, et ses bouderies charmantes, à tout hasard, tant pis pour qui regarde ! — et partout où cela pouvait aller.

A la fin du repas, au moment le plus tendre, au moment où l'eau qu'elle buvait devenait vin de Champagne, pétillante comme la passion, alors l'Italienne causait moitié italien, moitié français; langage plus français qu'italien d'abord, plus italien que français ensuite, à mesure qu'elle était mieux comprise et plus tendre. Elle était charmante ainsi, et il l'admirait pour son propre compte, lui qui ne l'avait regardée que pour les autres ! Que de fois il fut tenté de lui ouvrir les bras et de lui dire : — Je t'aime ! sois à moi, à moi seul, à moi toujours, Lœtitia ! — et de déchirer son traité de commerce au milieu de la route, et de renoncer à être puissant dix années pour être heureux un jour!

Mais il tenait à lui rendre honte pour honte à ce monde parisien qui l'avait humilié; mais il tenait à lui prouver ce que c'est que son estime, son admiration, sa faveur, — et comment il place d'ordinaire son obéissance et ses respects.

Féroce volonté ! — mais pourtant volonté si forte, qu'elle l'emportait sur cette belle jeune fille à demi nue qui se penchait languissamment sur Prosper.

Rien ne fut changé à ce fatal itinéraire. Il resta froid comme une statue de marbre à côté de cette tête brûlante et brûlée. — Cependant il se faisait temps que son voyage eût un terme, lorsqu'enfin ils arrivèrent à Paris, au commencement de l'hiver.

Ce même jour aussi rentrait à Paris, par la belle porte, notre simple et habile Christophe. Il revenait de Londres, après avoir rempli, en honnête homme, une mission difficile, qu'aucun diplomate par métier n'eût entreprise. Sa chaise de poste suivait celle de Prosper, quand l'un et l'autre ils furent arrêtés à la barrière par les commis de l'octroi. Au nom de Christophe, la barrière ouvrit respectueusement ses deux portes; Christophe entra avant Prosper, mais sans le voir. Prosper, déjà mécontent, se disait à lui-même : — Qui est donc celui-là, venu après moi, qui entre ainsi le premier, pendant que moi j'attends le bon plaisir de l'octroi?

En effet, il y avait une affluence considérable de nouveaux venus aux portes de la ville, et l'octroi était fort occupé à examiner ces figures et à reconnaître ce bagage. C'étaient des marchands qui payaient les droits;

c'était un petit Savoyard, pauvre enfant de Chambéry, qui apportait une marmotte de ses montagnes, modeste et dormante marchandise pour son hiver; c'étaient des contrebandiers qui passaient en fraude quelques livres de tabac ou quelques litres d'eau-de-vie, aussi heureux que Louis XVIII quand il reprit sa capitale d'un jour; c'était tout ce qu'on trouve en tout temps aux barrières de Paris, des postillons, des solliciteurs, des curieux, des marchands, des oisifs, des escrocs, des chanteurs italiens, des comédiens, des poëtes de province, des assassins, tout ce qu'il y a dans la ville. Prosper, qui avait la tête à la portière de sa voiture, voyait tout cela sans rien voir; il ne s'intéressait qu'au petit Savoyard et à sa marmotte, que le pauvre enfant ramenait de si loin.

— Pourvu que ta marmotte soit vivace, enfant, pourvu qu'elle ait le jarret assez souple pour te faire vivre! Disant ces mots, Prosper jetait un regard inquiet sur la belle Italienne qui était à ses côtés.

Elle, l'Italienne, tranquille et calme comme un héros qui emporte une ville d'assaut, attendait patiemment qu'on lui apportât les clefs de sa ville. A la voir de bien près, au fond de l'âme, cette femme si complétement jolie, on eût pu deviner qu'elle était sûre de son triomphe. Elle restait au fond de la voiture, sans daigner regarder la ville qui allait tomber à ses pieds. Pour tout ce Paris, pas un regard! Oh! pensait Prosper, quelle différence entre cette femme qui entre à Paris pour la première fois, et moi-même quand j'y entrai pour la première fois! Comme elle est calme, et comme j'étais ému! Comme elle est peu inquiète de son sort, et comme j'étais tremblant pour le mien! C'est qu'elle est femme, c'est qu'elle est belle et jeune, c'est qu'elle a une valeur réelle, cette femme, ma Vénitienne, dans cette ville où toutes les valeurs s'escomptent. En même temps, Prosper jetait un regard de mépris sur toutes les marchandises qui entraient avec lui dans la ville. — Voilà, par Dieu! des concurrents peu redoutables! J'ai mieux que cela, et plus beau, et d'un plus sûr débit, pensait-il.

A la fin, vint leur tour d'être examinés par l'octroi. L'octroi, en veste courte, en casquette de loutre, et avec un très-niais sourire, ouvrit la portière; il demanda à Prosper s'il n'avait pas dans sa voiture quelque chose qui fût sujet aux droits.

Stupide octroi, qui ne sait pas un mot de son métier! Il s'avise de faire payer le droit au vin rouge, au bois à brûler, à l'huile à quinquet, au bœuf, au mouton, au veau, qui entrent! Imbécile! voici une Italienne de dix-neuf ans, blanche, à l'œil noir, la plus précieuse marchandise qu'on puisse exploiter dans cette immense ville, et il la laisse passer sans droit! Imbécile! il met un timbre sur un couvert d'argent, un plomb sur un cachemire; — ce sont, dit-il, des marchandises de luxe! et il ne prend pas même le signalement de cette femme! Imbécile, imbécile et cruel! il fait payer au pauvre une prise de méchant tabac, ce vice qui est un besoin pour le pauvre — et il laisse entrer librement le vice du riche! Et, en ceci, le gendarme est comme l'octroi : voyez le gendarme, il va demander son passe-port à ce pauvre escroc qui passe, qu'il inquiétera toute sa vie jusqu'à ce qu'il l'ait envoyé aux bagnes pour cent et un ans; et à cette belle et dangereuse dame qui entre à Paris, à cette femme qui doit soulever tant de passions mauvaises, exciter tant de désirs funestes, bouleverser autour d'elle tant d'existences, aiguiser tant de glaives — à cette femme, le gendarme, aussi poli que l'octroi, ne dira même pas : *Où allez-vous?*

Prosper triomphait déjà des portes de Paris. Sa voiture

entra dans la ville au grand galop. Paris est à lui à présent !

Après les premiers jours de repos, et quand il eut bien préparé sa victoire, Chavigni prit une maison à lui. Toute difficulté fut aplanie, grâce à ce diamant d'une si belle eau qu'il apportait avec lui. — Cependant on n'avait vu encore que le coin de son voile, sa main gantée, son pied dans la pantoufle verte; moins que cela, on avait à peine entendu sa voix et son élégant patois presque toscan; à peine avait-elle jeté autour d'elle quelques-uns des parfums de sa chevelure. N'importe; le charme opérait déjà. Ce fut bientôt, dans la maison de Chavigni et de sa femme, une affluence inouïe du commerce parisien, qui venait prendre, à sa manière, une action dans cette tontine d'un nouveau genre. Tous ces gens d'affaires se comprirent sans se rien dire. La compagnie des Indes ne s'est pas établie plus facilement ni plus vite. Les marchands eurent confiance à cette nouvelle Louisiane. Chacun apporta à cette nouvelle rue Quincampoix ce qu'il avait d'argent et de crédit; chacun prêta tout ce qu'il put prêter à l'Italienne : l'un son or, l'autre son écrin, celui-ci ses châles de Cachemire, le troisième sa voiture, l'autre ses meubles. Elle était si belle que la spéculation devait être bonne. Ainsi raisonnaient-ils en spéculateurs habiles, et il se trouva, en effet, qu'ils avaient bien raisonné. Pour elle, elle les laissait faire, comme une belle reine laisse faire des tributaires qui paient le droit de joyeux avénement; elle est sûre de les dédommager avec un sourire ou par un regard, quand elle aura le temps.

Lorsque rien ne lui manqua plus, quand il trouva son Italienne assez belle et assez parée; quand elle eut atteint, à force de dépenses, cette simplicité de bon goût et de bon ton dont quelques femmes d'élite ont seules le secret, même parmi nous; quand elle se fut faite assez une Française pour qu'on vît bien qu'elle ne restait une Italienne que par vanité, Chavigni songea alors à la produire dans le monde et à se produire dans ce monde avec elle, lui, le paysan méprisé, lui, Prosper Chavigni, redevenu Prosper de Chavigny; car, du jour où il eut sa fortune à son bras, il se refit noble, tant il était sûr qu'en la voyant sourire, qu'en l'entendant parler, la belle Italienne, les plus nobles ne le démentiraient pas.

Il pensa donc cette fois à entrer dans cet univers de la Restauration par la belle porte, par la plus belle : il voulut y entrer, non plus par la porte d'un salon occupé par une coterie, mais il y voulut entrer par l'Église. En ce temps-là l'église de Saint-Roch ou de Notre-Dame de Paris était la véritable antichambre de la cour. C'était une si belle chose, l'Église, en ce temps-là ! Elle se relevait doucement, sans effort, comme se relevaient en même temps toutes les superfluités élégantes et correctes du dix-septième siècle; elle redevenait une puissance à son tour, aussi bien que si elle avait vécu dans l'émigration avec le roi de Hartwel. La Restauration redorait en même temps ses prélats et ses gentilshommes, ses armoiries et ses autels. Hors de l'Église, en ce temps-là, bien plus qu'en aucun temps de l'Église, il n'y avait pas de salut.

Voilà par quelle suite de projets et d'ambitieuses méditations, M. le vicomte et madame la vicomtesse de Chavigny, par un beau dimanche d'hiver, descendirent de leur voiture au parvis de l'église de Saint-Roch. Ce jour-là, l'église était plus superbe encore que de coutume. Elle était entourée d'équipages et de livrées; ses escaliers de pierre étaient chargés de beau monde; l'intérieur étincelait de mille feux. Aussi eût-il fallu voir, ce même jour, Prosper de Chavigny donnant la main à sa femme la vicomtesse de Chavigny, et montant avec elle les marches de pierre foulées par tant de grandeurs! Lætitia venait de s'élever tout d'un coup, à force de beauté, de simplicité et de grâce naturelle, au niveau des plus grandes dames. A cette heure, au milieu de cette illustre foule et à la porte de cette royale église, Lætitia se trouvait flattée dans sa double dévotion, dans sa dévotion de femme et dans sa dévotion de chrétienne. Jamais, dans les plus grands triomphes de sa vanité et de son orgueil, elle n'avait été flattée et heureuse comme elle l'était à cette heure et tout à la fois. Elle entrait dans le monde français par la même porte par laquelle elle était entrée dans le monde italien, l'Église (bonheur inespéré!); si bien que toutes les craintes qui pouvaient l'inquiéter encore pour son avénement dans cet univers inconnu qu'il fallait dompter et soumettre, s'évanouirent entièrement à ces chants d'église, à cette odeur d'encens, à l'aspect de ces puissants du jour, agenouillés devant Dieu et devant elle. Elle comprit tout d'abord qu'elle ne serait nullement étrangère dans ce Paris si bon catholique; elle comprit qu'elle n'aurait presque rien à refaire à ses mœurs, elle, Italienne et chrétienne, au milieu de ces mœurs galantes et chrétiennes, tant elle se sentait bien pourvue du côté de la croyance et de la beauté!

Aussi n'eut-elle aucune hésitation, aucune peur. Elle monta les degrés de l'église, appuyée sur son mari, avec autant d'assurance qu'une jeune dame d'honneur de madame la duchesse d'Angoulême, s'appuyant sur le bras de sa mère, vieille duchesse d'ancien régime. Les hommes, voyant la belle inconnue marcher à l'église avec tant d'assurance, se demandèrent quelle était cette femme si au fait de leur religion de vingt-quatre heures? Les femmes, la voyant les yeux baissés et si belle, cherchaient d'un regard inquiet quelles étaient donc la puissance et la fortune de cette femme si bien apprise. Le prêtre lui-même, la voyant de l'autel, au moment où il disait le *Dominus vobiscum!* s'arrêta, les mains à demi tendues vers les assistants. Il eût bien voulu savoir, lui aussi, quelle était la nouvelle dame qui, sans être de la cour, daignait ainsi, en plein midi, visiter la demeure de notre humble Seigneur Jésus-Christ.

Sans doute, vous aussi, mais sans ambition et sans hypocrisie, j'espère, vous êtes quelquefois allé à la messe sous la Restauration. La messe, c'était le cri de joie des vainqueurs, c'était le cri de haine des vaincus, c'était l'orgueil des uns et le désespoir des autres, c'était une lutte de chaque matin, où toutes les passions se donnaient rendez-vous, excepté la croyance. En ce temps-là, s'agenouiller à l'autel, frapper sa poitrine au *Confiteor*, c'était faire œuvre de courtisan et non pas action de chrétien. La messe était plus qu'un devoir dans ce temps-là ; c'était une mode, c'était la conquête la plus visible de la maison de Bourbon recrépie, c'était sa bataille d'Austerlitz. Aussi comme les courtisans se pressaient dans la vieille église, comme ils étaient attentifs à l'acte de foi du prêtre, comme ils chantaient le *Domine salvum fac regem!* afin que l'écho en vînt jusqu'à la chapelle royale, flatterie passée à l'eau bénite et à l'encens. Chavigni faisait donc preuve de grande habileté en menant sa femme tout d'abord à la messe de Saint-Roch. Il savait qu'aux pieds de ces autels privilégiés, il attirerait à coup sûr l'attention des hommes les mieux placés à la nouvelle cour. Quant à l'Italienne, superstitieuse comme elle était, elle ne demanda pas mieux, même ambition à part, que de faire acte de catholicisme, avant de faire autre chose dans ce Paris monarchique et religieux qu'elle était venue chercher de si loin.

Elle se mit donc à genoux et à prier avec autant de ferveur que si elle eût été du sang royal ; elle seule peut-être, en ce lieu, elle s'abandonna avec une véritable ferveur à la prière, tant c'était une femme sûre, au fond de l'âme, de reprendre tous ses avantages mondains aussitôt qu'elle le voudrait. Son mari, jeune et beau comme il était, s'était placé derrière sa femme, assez près d'elle pour faire voir à tous les assistants que cette femme était à lui. De toutes les parties de l'église, les regards se demandaient quelle était cette femme, et tous les regards se répondaient entre eux : Cette femme est belle !

Il faut vous dire qu'à cette messe solennelle, la quête pour les pauvres était faite par la maîtresse du roi régnant, cette Octavie de la Restauration, belle personne chargée d'ennuis qui jouait le rôle antidaté d'une Maintenon constitutionnelle, assistant aux dernières amours, aux regrets inutiles et aux dernières ambitions d'un vieux roi. Louis XVIII, blasé et sceptique comme il l'était, en se donnant une maîtresse et un confesseur, avait fait acte de double flatterie pour la galanterie et pour la religion de son aïeul le grand roi. Cette femme était donc à cette cour un besoin d'étiquette, à peu près comme le prêtre officiant ; cette femme et ce prêtre, l'une maîtresse royale, l'autre chrétien royal, tenaient l'un à l'autre par un lien d'étiquette qui unissait leurs destinées à leur insu. Voilà pourquoi cette femme faisait la quête à la messe de ce prêtre ; voilà pourquoi celui-ci et celle-là ils devaient disparaître le même jour, lorsque la royauté nouvelle eut perdu, elle aussi, mais d'une façon si lamentable, sa bataille de Waterloo.

Lorsque Lætitia (Lætitia Laferti, les deux plus excellentes consonnances italiennes, Lætitia, ce nom ennobli par la mère de l'empereur Napoléon), ou, si vous aimez mieux, lorsque madame la vicomtesse Prosper de Chavigny vit cette grande dame de la cour de Louis XVIII, précédée par deux hallebardes, qui tendait sa main blanche à l'opulente aumône de ces chrétiens en habits dorés, Lætitia se sentit un moment de violente jalousie ; elle comprit d'un seul

coup d'œil quelle distance elle avait à franchir avant de venir, elle aussi, hors de ligne et sur les limites les plus reculées du christianisme officiel, au nom de la religion de l'État et du roi, demander l'aumône pour le culte catholique dans une église catholique. Cette supériorité de position entre elle-même et cette femme qui faisait la quête donna beaucoup à réfléchir à Lætitia Laferti. Quoi donc! marcher seule dans l'église, au milieu des courtisans à genoux, quelle gloire! Quelle gloire, écraser par son aumône l'aumône de cette femme! et quelle joie! Déjà Lætitia relevait la tête avec orgueil, tant son désir était immense! mais Prosper, qui était de sang-froid, se penchant vers sa femme :
— Lætitia, lui dit-il tout bas et comme s'il lui eût demandé quelque prière de la liturgie; Lætitia, dit-il, prenez garde, baissez les yeux; votre heure n'est pas encore venue de lever si haut la tête, Madame! Ainsi fit-elle. Or, il était temps que Lætitia reprît son sang-froid et lui sa prière, car la quêteuse royale s'avançait de leur côté.

Quand la quêteuse passa devant Prosper, elle le regarda, à cause de sa femme. Elle jugea tout de suite qu'un homme qui était le maître d'une si belle personne valait au moins un sourire. L'argent que coûta ce sourire aurait suffi à soulager une pauvre famille pendant tout l'hiver. La quêteuse prit le billet de banque de Prosper et passa outre.

Alors elle se trouva vis-à-vis de Lætitia; pour l'une et pour l'autre de ces femmes la position était difficile. Que faire? La fière Octavie avait bien pu sourire à ce jeune chrétien et obéir ainsi aux lois de la charité et à l'intérêt des pauvres; mais sourire la première à cette femme inconnue et si belle, n'était-ce pas hasarder doublement ses deux qualités de femme belle et de favorite du roi? De son côté, l'Italienne, qui savait toute sa valeur, se sentait bien résolue à ne pas faire l'avance de son aumône. Elle se savait la main assez blanche, et le regard assez beau, et le cœur assez haut placé, pour savoir que son aumône valait au moins l'honneur d'être demandée. Il y eut donc un instant de lutte très-critique entre ces deux femmes, ni l'une ni l'autre ne voulant tendre la main la première, celle-ci pour donner, celle-là pour recevoir. Cependant la belle et puissante quêteuse sentait que tous les regards étaient fixés sur elle; elle comprenait que passer outre, c'était bien plus que de manquer de charité, c'était manquer de politesse; elle savait aussi que c'était s'avouer vaincue par cette femme en plein théâtre..... je veux dire en pleine église; quant à Lætitia, l'œil baissé et le cœur triomphant, elle attendait.

A la fin, la belle quêteuse fut vaincue, par la seule raison qu'elle était sur un mauvais terrain, comme cela peut arriver au duelliste le plus habile, quand il a le soleil dans les yeux. Une fois son parti pris, elle s'avança vers l'étrangère, et elle lui tendit sèchement la main, avec la formule accoutumée : *Pour les pauvres, s'il vous plaît!*

Lætitia, qui, les yeux baissés, la regardait depuis trois secondes pour le moins, et qui suivait ses moindres mouvements dans son âme, releva la tête. Son visage était fort beau à cet instant, il était coloré comme se colore tout beau visage à l'approche d'une rivale dangereuse. A ce moment, Lætitia, tête levée, et en femme qui sentait bien son avantage, rendit à la belle quêteuse défi pour défi, hésitation pour hésitation.

Ce serait un tableau à faire, en vérité.

Elles étaient en présence l'une et l'autre : celle-ci tendant la main avec l'arrogance du mendiant à escopette dans *Gil Blas*; celle-là regardant la quêteuse face à face, d'égale à égale, d'un regard irrité, et qui disait comme le regard de Louis XIV : *Je crois que j'attends!*

Il était impossible de se méprendre, de s'admirer et de

s'insulter plus que ne faisaient ces deux femmes en ce moment.

Lætitia, sans perdre l'avantage de son regard tombé d'aplomb sur la quêteuse, et qui la tenait en arrêt, tendit sa main par-derrière à Prosper, demandant une pièce à donner.

Prosper, lui, plein d'anxiété, n'avait de regard et d'attention que pour le drame qui se passait sous ses yeux; il sentait que sa destinée était pendante entre ces deux femmes; si sa femme était vaincue, il était, lui aussi, vaincu avec elle; il ne vit donc pas la main que Lætitia lui tendait.

Par grand bonheur, ou, comme vous l'entendrez, par grand hasard, M. le duc de Chabriant lui-même était à la droite de l'Italienne, un peu derrière elle; et pendant toute la messe, qui avait été longue, il s'était amusé à étudier les grâces de cette femme, ses poses pleines de décence et de charme; il était tout à elle, en vieux galant seigneur d'autrefois qui fait bonne fortune de tout ce qu'il rencontre en son chemin. Il vit donc tout de suite cette petite main tendue par-derrière, implorant une aumône avec le geste rapide et animé de l'impatience, et, sans hésiter, il tendit sa main pleine d'or; Lætitia, sans se retourner, prit une pièce d'or dans la main de son voisin, et elle la donna poliment à la quêteuse. Ici finit cette lutte si bizarrement longue, dans laquelle l'étrangère eut tout à fait le dessus, grâce au vieux duc.

Cette pièce d'or ayant décidé la question comme à pile ou face, la noble quêteuse fut forcée de continuer sa quête et d'abaisser la première son regard et sa fierté. L'Italienne triomphait; elle était si heureuse qu'elle voulut juger de l'effet de son triomphe sur son mari; — alors elle aperçut M. le duc de Chabriant, la main tendue encore, et qui souriait à l'étrangère comme un homme qui est bien heureux !

II.

Le Bal de Madame la Duchesse de Berry.

Cette première journée d'ambition avança grandement les affaires de Prosper de Chavigny. D'abord elle mit en vue madame la vicomtesse de Chavigny, elle lui apprit la toute-puissance de son regard, et enfin elle attacha au char de la belle étrangère un homme d'un grand nom, d'un sage esprit et d'une haute position, M. le duc de Chabriant, à qui elle avait emprunté de l'argent sans le savoir, c'est-à-dire avec qui elle s'était liée par le nœud le plus fort de la société moderne, l'argent.

Prosper profita de tous ses avantages en homme d'esprit et en homme qui sait vivre. Quand la messe fut finie, il se mit sur le passage de la quêteuse royale et il la salua humblement, comme s'il eût eu en effet une faute à réparer envers elle. Le voilà donc tout d'un coup l'obligé d'un grand seigneur et le pardonné d'une grande dame ; humilié deux fois, par elle et par lui, c'est-à-dire dans la plus excellente position pour demander quelque chose, et surtout pour l'obtenir.

A ce sujet, il n'est pas besoin que j'entre avec vous dans les détails du roman, ou dans le dialogue de la comédie. Qu'ai-je besoin de tant tourner autour du fait principal ? Je n'arrange pas cette histoire, je la raconte. Donc vous concevez sans peine que Lætitia, cette belle personne tout éclatante, tout épanouie, toute nouvelle, eut mis bientôt le monde sur les traces de ce jeune homme. Chavigni, cette fois, se sentant soutenu et compris, se montra à sa juste valeur; il fut ce qu'il n'avait jamais pu être jusqu'alors, il fut lui-même. Il fut éloquent parce qu'il osait parler, il fut habile parce qu'il osait agir. Il perdit toute méfiance de lui-même au milieu de cette tourbe élégante qui venait à lui les mains tendues. Une fois lancé dans ce monde de la Restauration, Chavigni eut bientôt découvert que ce monde-là manquait surtout des deux conditions de la durée : la patience et la prévoyance. Il le vit comme l'a dit l'Empereur, aussi loin d'avoir rien appris que d'avoir rien oublié. Race vieillie dans la licence, et qui était revenue de son exil dans ce pays de France comme les canards qui sortent de l'œuf et qui vont se jeter dans l'eau la tête la première, sans savoir si l'eau est profonde ou le courant rapide; race entêtée d'une foule de vieux chiffons sans nom et sans cours sur la place; vieux parchemins, vieux cordons bleus, vieux drapeaux blancs, vieilles croix de Saint-Louis, vieille étiquette, vieux trône vermoulu; ombre édentée et chauve d'un passé qu'ils pouvaient échanger contre le présent. Les insensés! il n'y avait qu'à dire au temps présent : Donne-moi ton intelligence, donne-moi ta force, donne-moi ta science, donne-moi tes jeunes gens, donne-moi ton drapeau, donne-moi ta science des faits et des hommes, donne-moi ta gloire! et le présent leur eût tout donné à ces vieillards, son intelligence, sa force, sa science, ses jeunes gens, sa gloire même, sa poésie, son éloquence, et jusqu'au drapeau de son grand Empereur! Mais la Restauration a voulu vivre par elle-même et de son propre fonds, ou, pour mieux dire, sur ses propres ruines; elle n'a pas voulu que le temps présent lui vînt en aide. Il est donc arrivé que les jeunes gens se sont passés des vieillards, qu'ils ont marché sans eux, et qu'ils ont battu des mains quand ils ont vu toutes ces caducités se perdre et disparaître dans la même misère, le même abîme, le même exil.

Une fois qu'il vit sa femme adoptée par chacun et par tous, Chavigny profita à merveille des avantages de sa position. Toute la société parisienne, dans ce qu'elle avait de plus puissant et de plus noble, passa sous le joug de madame de Chavigny. Elle, en femme habile, traitait en vraie parvenue ces frivoles courtisans de sa beauté; elle était la Dubarry de ce monde de hasard et de noblesse, elle l'accablait de ses caprices et de ses prévenances. Tantôt polie jusqu'à l'humilité, tantôt insolente jusqu'au sarcasme; caressante, revêche, mauvaise et bonne tour à tour, toujours femme. Cette société oisive, et qui ne demandait pas mieux que de se passionner pour quelque chose, blasée qu'elle était sur les prospérités et sur les revers, s'estima heureuse de se passionner pour cette femme. Lætitia partagea toutes les admirations contemporaines; elle fut aussi fêtée que la comédie de M. Scribe, le roman de Walter Scott ou la musique de Rossini. Cette pauvre Restauration était ainsi faite, elle allait en avant, tête baissée, cherchant des distractions à toute heure de sa vie, comme si elle eût été fondée sur des bases immortelles. Elle voulait à tout prix de l'art et de la gloire, de l'argent et de la poésie, de la puissance, des amours, de l'esprit et de la croyance. Elle a voulu trop de choses, l'ambition l'a perdue; elle est partie on ne sait où..... Aussi, depuis ce temps, personne, en France, n'a plus voulu ni art, ni poésie, ni religion, ni amour. De toutes les ambitions du pouvoir passé, il ne reste chez nous que l'ambition de l'argent : nous sommes un peuple bien malheureux !

Comme un homme qui sait à fond le métier de l'ambition, Prosper eut bientôt compris que, pour être un homme important, il fallait être un homme riche : la richesse est le commencement de toute fortune aujourd'hui. Donc il commença sa fortune comme tous les hommes sensés la commencent, au hasard. Il y a toujours à Paris un moyen certain de gagner beaucoup d'argent : c'est de beaucoup agir, d'être prêt à toute heure, de peu dormir, de saluer tout le monde, et pourtant de n'être pas un homme d'intrigue. Il y a encore ce moyen-là : savoir les secrets des ministères, et, quand on sait bien ces grands secrets, jouer à la hausse et à la baisse, en ayant soin le plus souvent de jouer à la hausse quand le ministère est à la baisse, et à la baisse quand le ministère est à la hausse. Or, M. de Chavigny s'était posé de manière à savoir un des premiers toutes les affaires; sa femme était l'amie intime du duc de Chabriant; elle savait vingt-quatre heures avant le roi les lois qu'on devait proposer, et pourtant c'étaient de formidables lois, des lois qui changeaient le taux de l'argent, qui prélevaient un milliard d'indemnité, qui parlaient de rétablir le droit d'aînesse, des lois contre les blasphémateurs; c'était, en un mot, le bon temps des secrets d'état. Comme toute la machine sociale était en jeu, ceux qui pouvaient à propos appliquer leur oreille contre ces rouages compliqués, pour comprendre à l'avance quelques-uns de ces bruits étranges, étaient sûrs d'être les bienvenus de la fortune. Ainsi fit Chavigny; il dressa sa femme à épier le moindre bruit qui pourrait lui servir. Aussi fut-il riche en vingt-quatre heures. — Un seul jour ou cinquante ans pour faire sa fortune, ce sont les seules fortunes permises de nos jours!

Mais alors, enfin, quand il se vit riche, quand il eut éprouvé cette sensation nouvelle d'un homme qui foule sa terre, qui se couche à l'ombre de son arbre; quand il se fut bien posé à deux pieds dans son parc, et qu'il se fut dit, en étendant ses bras entre deux mille arpents de terre : « Tout ce que je foule à mes pieds jusqu'au fond de l'abîme, tout ce qui est ici entre le ciel et la terre, jusqu'au soleil, est à moi, c'est mon bien ; l'air et les abîmes, et le ciel intermédiaire entre l'abîme et l'air, tout cela c'est mon bien ; » oh ! quand il eut réuni ce piédestal, la fortune, à cet autre piédestal, sa femme, qu'il eut de joie ! — comme il bondit d'orgueil ! — Comme cela lui plut de se dire : « Il y a des hommes, à présent, qui, tout exprès pour me donner de l'argent tous les trois mois, bêchent la terre et mangent du pain noir ; tout exprès pour moi ils sèvrent leurs enfants du lait de leur mère, afin que leur femme nourrisse à prix d'argent l'enfant d'une étrangère ; et cet argent est pour moi ! J'use et j'abuse ! je suis le maître, et je règne ! Et pour m'assurer ma propriété jusqu'à ce que je sois mort, et encore au delà de ma mort, pour que mon caprice soit encore une loi, les prêtres ont déclaré que le roi était légitime ; et tout exprès pour moi, propriétaire, le roi s'est déclaré roi par la volonté de Dieu ! et, tout exprès pour moi, la pairie est héréditaire. » Oh ! quelles vives sensations éprouvait son orgueil ! Et il se demandait parfois si c'était bien lui en effet, lui Prosper Chavigni, du village d'Ampuy, le fils du vigneron Chavigni, le voyageur de la voiture Laffitte et Caillard, l'élève soumis et tremblant de M. le baron Honoré de la Bertenache, l'hôte de la maison de jeu, le cornac de Lætitia ? et il était très-heureux et très-fier quand il se répondait à chacune de ces questions : « Vraiment, c'est moi ! »

Notez bien que tout ce bonheur n'avait pas effacé en lui ces germes précieux de probité et d'honneur qu'il avait apportés en venant au monde. Seulement, à force de réussir, il avait pris son propre sophisme pour la probité et pour la vertu. Il s'était figuré que, pourvu que Lætitia ne lui appartînt jamais, il pouvait la laisser prendre par les autres. Il se figurait qu'il pouvait, sans déshonneur, tendre ce piège à tout venant, pourvu que lui-même il ne se laissât pas prendre au piège qu'il avait tendu. Il s'était défendu d'aimer cette femme qu'il avait destinée à être aimée de quiconque le pouvait servir. Il la trouvait belle, en effet; mais plus elle était belle, plus son ambition lui disait qu'il ne devait pas succomber à cette tentation qui lui avait rapporté déjà tant de fortune et tant d'honneurs.

Les rapports de Prosper et de Lætitia furent donc les mêmes à Paris que dans leur voyage d'Italie en France. Dans le monde, Prosper et Lætitia, c'étaient le mari et la femme; une fois rentrés chez eux, c'était Lætitia, c'était Prosper; c'étaient deux étrangers sous le même toit, séparés par un vaste salon; ce n'étaient même pas deux associés, car Prosper n'eût pas voulu s'avouer à lui-même qu'il était l'associé de cette femme. A son sens, elle était son instrument, rien de plus. Elle était le dé pipé avec lequel il avait joué contre le monde comme on joue de fripon à escroc. Du reste, un jeune époux bien épris, un amoureux dans les huit premiers jours de sa passion nouvelle, n'eût pas été plus empressé auprès de ses amours que Prosper auprès de madame de Chavigny. Il l'entourait de mille prévenances d'esclave; il eût voulu, pour elle, réchauffer l'air du printemps, épanouir la fleur vingt-quatre heures à l'avance, afin que la jeune femme eût un bouquet plus beau le soir; pour elle il ne trouvait pas de tissus assez fins, de diamants assez brillants, de chevaux assez anglais; il ne trouvait rien d'assez beau et d'assez éclatant pour elle; il l'environnait de plaisirs, et de fêtes et d'hommages; il était attentif à son sommeil, au moindre enrouement de sa voix, au moindre voile qui s'étendait sur son regard; il était en peine de ses rêves, il était tout entier à elle. Jamais la passion n'étendit sous les pieds d'une femme un plus beau tapis de fleurs; mais à ces soins minutieux de l'amour s'arrêtait Prosper. Il pouvait, il voulait pour cette femme tout ce que pouvait, tout ce que voulait l'amour; il pouvait tout, il voulait tout, hors l'amour. Ce qui se passait en leur âme, Dieu le sait; moi je l'ignore. Pensait-elle à lui? pourquoi pas? il était si beau et si tendre! Pensait-il à elle? c'est bien possible! Peut-on savoir où cela finit, où cela commence? Peut-on savoir comment bat le cœur? Force est donc de s'en rapporter aux apparences. Lui, près d'elle, il semblait calme, sérieux, respectueux et attentif; elle avait tant de jeunesse, de beauté et de grâce! Elle, près de lui, elle était immobile; elle s'abandonnait en aveugle à la pensée qui la guidait; elle passait, tête baissée, à travers toutes ces fortunes et tous ces honneurs, frayant le chemin à Prosper, lui jetant de côté et d'autre les fruits dorés qu'elle recueillait pour lui à l'arbre de l'ambition. Qu'en pensez-vous? Allons, dites-le vite; ce qu'il y avait au fond de ce dévouement silencieux, c'était de l'amour, mais un amour si bien caché, que M. le duc de Chabriant lui-même, ce vieux débris de l'ancienne cour amoureuse et galante, ne découvrit dans la belle Lætitia Laferti qu'une nonchalante indifférence, dont il espérait profiter, l'habile vieillard!

On disait donc, dans les meilleurs endroits de la ville, que madame de Chavigny était, avec le consentement même de son mari, la maîtresse du duc de Chabriant, mais la ville ne le croyait pas tout à fait; quant à Chavigny, il espérait en être sûr. Ainsi, M. de Chabriant obéissait à madame de Chavigny, qui elle-même obéissait à son mari. C'était là, pour un ambitieux, une belle entrée de jeu. Et d'ailleurs, Prosper n'avait-il pas tout ce qu'il faut pour réussir? Il était à la fois courtisan actif, chrétien zélé et spéculateur habile. Ajoutez à tant de zèle et de dévouement, à cette foi si grande, à cette femme si belle, à ce protecteur si haut placé, un grand fonds de mérite et d'esprit, et vous aurez le secret en entier de cette fortune. En effet, ce que nous avons gagné surtout à la révolution de 89, c'est que, grâce à cette révolution, il faut beaucoup de talent, de conduite et d'esprit, même pour n'être qu'un intrigant heureux.

Aussi l'attention générale fut bientôt du côté de M. de Chavigny; chacun semblait lui dire avec un décevant sourire : Vous êtes heureux, seigneur! Il eut bientôt tous les priviléges des plus grands seigneurs : le Gymnase, l'Opéra, les livres nouveaux, le portrait de sa femme en plein Louvre, par M. Gérard, à côté du portrait du roi, le père Chaussier pour médecin, et le curé de l'Assomption pour confesseur, l'athée et le jésuite à son chevet. Que vous dirai-je, enfin? Prosper eut encore le bonheur d'être vivement attaqué par les petits journaux de l'époque; son nom fut inscrit dans les pamphlets de chaque jour sur la même ligne que le nom des Montmorency, des Rohan, des Villèle, de la duchesse de Berry, de tout ce qui avait un nom illustre et vanté à juste titre. A dater de ce jour-là, rien ne manqua plus à sa faveur; il marcha, dans l'opinion, l'égal des plus puissants et des plus nobles; il partagea avec eux les sarcasmes de la petite presse, il eut la croix d'honneur, et il fut invité au jeu du roi!

A cette époque, si loin de nous en si peu de temps, qui n'était pas une époque d'égalité comme est la nôtre, il faut vous dire que les moindres distinctions étaient grandes et enviées. Être invité au jeu du roi, ou à la messe du roi, ou à la chasse du roi, c'était recevoir un brevet de gentilhomme; aujourd'hui que le premier venu, quel que soit son rang, s'en va donner une poignée de main au souverain qui passe, vous ne concevriez guère la joie de M. de Chavigny à chaque distinction qu'il recevait de la cour, et peut-être auriez-vous raison aujourd'hui.

Cependant, à chacune de ces faveurs nouvelles, il semblait que Lætitia, l'innocente moitié de notre ambitieux, devait perdre quelque chose de son importance auprès de lui. Eh bien, nous osons le dire à la louange de Chavigny, cette haute fortune n'avait rien diminué de ses hommages publics, de ses respects extérieurs, de ses petits soins de chaque jour; au contraire, il rendait à Lætitia les mêmes honneurs et les mêmes respects. Arrivé au faîte du crédit, il la traitait comme il l'avait traitée le premier jour. Une fois en public avec elle, il lui appartenait tout entier : soumission, flatterie, obéissance; en public, il était amoureux de sa femme comme un grand seigneur très-bien élevé, très-ambitieux, qui tient à plaire aux femmes des autres, et qui commence par plaire à la sienne, en homme qui sait son métier.

Du reste, toujours aussi réservé quand il était tête à tête avec elle, il ne lui parlait jamais que d'ambition ou de plaisirs, et vous savez que, dans son plan, les plaisirs étaient encore de l'ambition.

Un jour (vous allez croire que je parle d'un siècle), M. et madame de Chavigny avaient reçu une invitation longtemps sollicitée, et que Prosper, malgré tout son crédit, avait désespéré bien longtemps d'obtenir. Madame la duchesse de Berry, cette jeune femme si vraie et si bonne, — tant de courage et tant de malheur! princesse italienne et française, poésie italienne et grâce française, cette élégante et bienveillante protectrice de l'art secondaire parmi nous, cette femme qui a fait M. Scribe et M. Auber, qui aurait fait M. Gérard au besoin, madame la duchesse de Berry donnait un bal à toute la cour.

Hélas! à l'heure où j'écris ces lignes, elle est captive. La salle de bal des Tuileries a fait place à la citadelle de Blaye, les appartements apprêtés pour la fête se sont abaissés de vingt pieds sur la tête de cette héroïne, les fleurs en guirlandes ont été remplacées par des barreaux de fer, les courtisans brodés se sont évanouis devant le commissaire de police en écharpe tricolore; tout s'en est allé de ce monde royal éclatant sous les bougies, musique, amour, rêverie, dévotion, mensonge, flatteurs. Elle est restée seule entre un vieillard et une femme—toute seule! De ces musiciens nombreux à ses fêtes, elle n'a pas même gardé le Blondel aveugle au pied de sa tour! Quoi qu'il en soit, la duchesse de Berry donnait un bal.

Or, c'étaient des fêtes immenses, des joies à tout briser, autel et trône,—un éclat féodal! c'étaient des saturnales au delà de la Charte constitutionnelle, tout autant que les cantiques de Saint-Roch. Les imprudents! au plus fort de toutes ces magnificences, ni les uns ni les autres ne pouvaient lire le terrible *mane*, *tekel*, *phares!* écrit sur toutes les murailles. C'étaient là des fêtes véritablement napolitaines; on dansait sur des fleurs, le Vésuve était au-dessous. Encore une fois, les insensés! ils ne conservaient même pas les habits de leur temps; ils donnaient à l'heure présente les plus brusques démentis; ils effaçaient tout le dix-neuvième siècle pour aller tout là-haut, à Louis XIV, à Henri III, à François Iᵉʳ, à la soie, à la broderie, aux atours, aux plumes flottantes, que sais-je encore? à toutes les époques de puissances souveraines, auxquelles ils revenaient tant qu'ils pouvaient, dans leurs fêtes.—Innocente rêverie qui n'était pas sans danger! déguisements trop somptueux pour cette royauté d'une heure, et qu'elle a payés par une nudité de toute la vie! Mais cela était ainsi; il fallait, à ces prodigues de l'avenir, toutes les révoltes possibles contre le temps présent. Ils se plaisaient à remonter de nouveau le courant rapide qui avait entraîné si loin les rois d'autrefois. Mais cela paraissait beau à cette jeune femme et à ses flatteurs, pendant que le roi dormait, pendant que madame la Dauphine était en prières, de jouer à pile ou face toute cette puissance; et contre quel enjeu, juste ciel! Mais aussi, quand on n'est qu'une monarchie restaurée, pourquoi donc jouer contre le peuple, le plus rude des joueurs, car il est éternel?

Ils se couvraient donc, aux bals de madame la duchesse de Berry, de toutes sortes d'habits d'emprunt. Confiants dans leurs vieux noms,—vieux comme la monarchie, mais aussi usés qu'elle,—ils allaient d'un pas superbe et imprudent jusqu'aux règnes d'autrefois, mêlant et confondant toutes choses au gré de leur envie et de leur caprice. Par exemple, ils voulaient à toute force que le roi de ces fêtes nocturnes s'appelât Louis XIII, et que leur reine se nommât Marie Stuart! Les insensés! ils jouent avec des royautés vaincues, ils ressuscitent des pouvoirs détruits, ils rendent à l'écho de la vieille histoire des noms devenus ridicules, de formidables qu'ils étaient. L'écho, plus sage qu'eux, ne trouve pas de sons pour les répéter, ces noms dépouillés de tout prestige. Les insensés! ne dirait-on pas, à les voir jouer à la légère les rôles de ces majestés d'autrefois, que leur majesté présente est à l'abri de tout orage, et que c'est pour eux que le paratonnerre a été inventé? Mais cela était écrit là-haut : la vieille royauté touchait à sa fin pour la troisième fois; le peuple était aux portes du Louvre, ne demandant qu'un prétexte pour entrer... et cependant madame la duchesse de Berry donnait des bals!

N'importe, cela plaisait à madame la duchesse de Berry, et cela ne déplaisait point au roi. Il y avait donc bal à la cour. Le vicomte de Chavigny fut invité à ce bal, grâce à sa femme encore et à M. le duc de Chabriant. Croyez bien que c'était enfin la dernière fois que Prosper, pour arriver à son but, se servait de son piédestal. Après avoir introduit son mari à l'église, et par l'église, après l'avoir fait monter au pouvoir, Lætitia lui ouvrit la cour. Cette femme le faisait duc et pair de France pour toute la nuit. Pour toute une nuit de bal, Prosper s'appelait Montmorency; il allait vivre de compagnie avec les plus vieux noms de la noblesse dans les plus vieux temps de la monarchie. Il allait marcher de pair avec tout ce que l'histoire de France, présente et passée, avait de plus illustre et de plus grand. Le voyez-vous, la dague au côté, le pourpoint brodé en or, le manteau fleurdelisé, Dieu me pardonne! et donnant la main à sa femme, qui est madame la duchesse de Mantoue ou de Valentinois? Le voyez-vous, prince du sang dans cette nuit royale, presque aussi longtemps prince qu'Henri de Valois et Henri II, plus longtemps prince que tant de rois de ce monde, qui n'ont pas régné toute une nuit? Il allait donc tranquillement dans ce bal, l'orgueil au front et la joie dans le cœur.

On eût dit que l'Italienne se sentait à sa dernière heure de puissance, car elle n'avait jamais été plus hautaine et plus belle. Encore une fois elle traînait Prosper à la remorque, encore une fois elle venait de le faire quelque chose; mais comme, en même temps, Lætitia comprenait fort bien que sa dernière heure d'autorité et de toute-puissance était sonnée, elle se livrait à tout son orgueil légitime et naturel; elle s'enveloppait royalement dans son noble manteau de drap d'or, doublé d'hermine; elle fut reconnue reine par des battements de main et des *vivats!* Toute la cour vint au-devant d'elle. Vous dirai-je tous les noms de cette fantaisie royale, tout le brillant pêle-mêle de cette folle? Ninon de Lenclos, la joyeuse fille, donnant la main à madame de Maintenon; Diane de Poitiers, appuyée sur madame de Tencin; la reine Blanche, donnant le bras à Marie Stuart, suivie de son page. Or, c'était la duchesse de Berry qui jouait, ce soir-là, le rôle de Marie Stuart; celui qui était le roi n'était alors que le jeune duc de Chartres; le rôle du page était échu à celui qui fut le roi Henri V, et qui n'est plus même le duc de Bordeaux, — page exilé d'une Marie Stuart captive et chargée de fers! Et dites donc que les présages sont menteurs!

L'attitude de Prosper, dans cette noble foule, fut moins assurée que celle de sa femme. Prosper, arrivé à pouvoir se passer de Lætitia Laferti, jusqu'alors son associée et sa compagne, commençait à rougir du rôle qu'il s'était imposé dans cette ignoble comédie. Maintenant toute son ambition, c'était de briser la chaîne d'opprobre qu'il s'était faite. L'ingrat! il ne voyait donc pas que l'orgueil de cette femme lui venait de son profond désespoir, tant elle sentait au fond de l'âme qu'elle devenait inutile à Prosper? J'avais besoin de vous expliquer avec soin toutes ces nuances de vanité intérieure, pour vous faire comprendre la scène suivante, très-périlleuse à raconter.

III.

La Dague au poing!

En effet, à ce dernier bal de madame la duchesse de Berry, entre autres parvenus (or, il n'y avait en ce lieu que des parvenus, à commencer par le roi Charles X), il faut compter Christophe. Christophe s'appelait ce soir-là M. le président Mathieu Molé; mademoiselle de Chabriant avait nom Isabeau de Bavière, et elle n'avait pas voulu pour la conduire d'autre main que la main de Mathieu Molé. Depuis qu'ils étaient de retour à Paris l'un et l'autre, Christophe et Prosper s'étaient vus rarement. La prospérité de Chavigni était trop soudaine pour Christophe; d'ailleurs mademoiselle de Chabriant eût rougi d'adresser la parole au mari de Lætitia. De son côté, Prosper évitait Christophe, qui était pour lui comme un remords vivant. Partout l'estime et le respect suivaient ce jeune homme; tout comme lui, Chavigni, il était poursuivi par le bruit et par les acclamations de la foule. Le soir dont je parle, Chavigni, à l'écart, regardait figurer dans le même quadrille cette jeune et royale Isabeau de Bavière et ce formidable magistrat Mathieu Molé; il n'y avait que l'innocence de celle-ci qui pût servir de pendant à la vertu de celui-là. L'un et l'autre ils étaient aussi à leur aise dans ces nobles habits d'emprunt que dans leurs vêtements de chaque jour. C'était des deux parts la même beauté sans apprêts, la même passion innocente, le même bonheur calme et chaste de se parler et de se voir. On les regardait avec admiration, avec respect, sans envie. Prosper eût donné sa vie entière pour être regardé ainsi, ne fût-ce qu'un instant.

Cependant ces sortes de joies de toute une foule parée s'en vont bien vite. Cet éclat est l'éclat d'une heure. Quand le roi n'est pas là, la fête ne compte guère; elle ne compte plus dès qu'il est parti. Ce bal attendu, rêvé, espéré pendant trois mois, après avoir accompli tous ses adultères, toutes ses intrigues, toutes ses ambitions, et peut-être deux ou trois honnêtes amours, touchait à sa fin. Cette contrefaçon vivante des vieux temps, ces jeunes gens en vieux costumes, s'étaient agités toute la nuit dans ce moyen-âge de carton doré ; toute la nuit, ils avaient fléchi le genou devant la toute-puissance de théâtre qu'ils s'étaient faite à eux-mêmes ; parodie insolente et dangereuse ! Le matin venu, chaque danseur tombait de fatigue et de sommeil. Ces grandes dames, chargées d'armoiries et embarrassées dans l'ample robe de leurs grand'mères, regrettaient leurs robes plus simples et plus faciles à porter. C'était à voir, ces femmes arrachant les mouches de leurs visages, secouant la poudre de leurs cheveux, soulevant, de leur pied mignon, la longue queue de leurs robes de brocart, mal à l'aise et encore si sveltes dans leurs amples paniers ! Maintenant que leur rôle était joué, ce costume leur pesait, et elles avaient hâte de disparaître avant le jour. Il en était de même pour les hommes. Ces jeunes gens ployaient sous le poids gothique de l'acier ; leurs manteaux brodés étaient lourds à leurs frêles épaules ; les plumes de leurs chapeaux retombaient lourdement sur leurs yeux fatigués ; le haut-de-chausses et le pourpoint allaient mal à ces tailles faites exprès pour l'habit sans grâce de notre époque : déjà le jour pesait d'aplomb sur ce monde fardé. Or, quand vient le jour, adieu la féerie, adieu le moyen-âge, adieu les troubadours, les héros et les châtelaines ; adieu le manoir féodal aux tours gothiques ! tout s'en va. Revenu de ce monde idéal où vous êtes plongé, vous n'avez plus que la réalité toute nue : le château des Tuileries, grande maison sans fossés, sans ponts-levis, sans tourelles ; la Seine bourgeoise, chargée de baignoires et de bateaux de charbon ; et cependant, arrive en même temps le journal de l'opposition rude et fier, et hautain, et ricaneur, qui se fait ouvrir insolemment les portes du château, comme il frapperait à la porte de sa maison.

Ce matin pâle et blême d'une nuit de bal eut bientôt dissipé tout ce qui restait de cette fête féodale. Certes, il n'y a pas de prestige possible sous les rayons de ce soleil qui se lève en même temps sur le roi et sur la Charte. La nuit peut favoriser les tournois et les représentations royales; mais tous ces hommes d'autrefois, pages, varlets, hérauts d'armes, bouffons et princes du sang, fantômes surpris après minuit, tout s'en va le matin pour faire place au député qui passe, à l'écrivain qui taille sa plume, au poëte qui chante, à la vie réelle. Au reste, ce bal de Madame fut le dernier effort de la monarchie expirante pour revenir, ne fût-ce qu'une heure, à ses beaux jours. Quelque chose, plus terrible qu'un pâle rayon de soleil levant, vint interrompre ce beau rêve que faisait, tout éveillée, la royauté de la France. Le peuple lui-même, l'ombre de ce Banco éternel, qui vient tôt ou tard pour prendre sa place à la table des festins où il n'est pas convié, se précipita sur ces maîtres bienveillants, inoffensifs, qui n'avaient d'autre crime que d'être ses maîtres. — Trois jours de colère ont suffi pour que l'on vendît à l'encan les verres des buveurs, les armures des chevaliers, la livrée du page Henri, la selle de son petit cheval, et jusqu'à votre dernier voile, Marie Stuart de Blaye! Le bal travesti et la Restauration, deux choses mortes en naissant, deux anachronismes pleins de dangers et de traverses, tout cela devait finir en même temps, pour les mêmes causes, et de la même façon.

Chavigni, qui était un homme intelligent, et qui portait son intelligence sur les moindres détails, comprit d'un coup d'œil les vanités et les dangers de cette fête royale; il se fit pitié, rien qu'à se regarder vêtu comme un gentilhomme des temps passés. C'était s'être donné assez longtemps en spectacle à cette foule insensée. Il laissa donc Lætitia au milieu du bal; et, reprenant dans l'antichambre son manteau de chaque jour, il descendit le grand escalier des Tuileries, et il se mit à se promener de long en large dans la vaste cour, à la pâle clarté de cette sévère matinée d'hiver.

Il marchait ainsi d'un pas mécontent, devant ce château noir et sombre au dehors, encore tout étincelant au dedans, prêtant l'oreille aux accords mourants de la fête, et s'avouant à lui-même que cela était bien mal de jouer ainsi, comme de vrais enfants, avec les vieux costumes, les vieilles croyances, les vieux pouvoirs, les vieilles armes des vieux temps, quand tout à coup il fut tiré de cette espèce de somnambulisme par le profond regard de Christophe, qui plongeait jusque dans son âme.

Dans sa robe de magistrat, Christophe était encore plus imposant que de coutume; son œil noir et triste était posé sur Prosper, et avec quels reproches! Chavigni comprit confusément que cette fois enfin son ami était devenu son juge; et, vraiment, c'était beau à voir ces deux jeunes gens sur le perron des Tuileries, l'un qui juge l'autre, dans ses habits de Mathieu Molé et avec un regard aussi beau que celui du grand magistrat, l'autre qui courbe la tête sous son pourpoint d'or et de soie, regardant son juge avec terreur.

— Voilà donc où tu en es venu, Prosper!

— Écoute, Christophe, écoute-moi, répondit Chavigni avec le plus grand sang-froid; je sais si bien ce que tu as à me dire, que je puis te répondre avant même que tu aies parlé. Oui, rien n'est plus vrai, il y a à cette heure, dans les salons du pavillon Marsan, une femme qui a fait ma fortune. Cette fortune doit t'étonner plus que personne, car toi seul tu peux savoir si j'ai été pauvre, inconnu, méprisé. Tu sais tout ce que j'ai fait pour me tracer une route dans cette foule, qui s'est toujours serrée devant moi comme fait le sable en monceau. A qui la faute? où est le crime? Le frère de ma mère, mon plus proche parent après mon père, sans pitié, sans respect pour ma jeunesse innocente et pure, pourquoi m'a-t-il entraîné dans son sentier de honte et de ténèbres, le misérable ? Que faire alors ? que devenir ? Comment s'avouer vaincu par le monde ? — Un autre aurait succombé, moi j'ai résisté avec fureur. — J'ai été chercher bien loin d'ici un piége où vinssent tomber, tête baissée, tous les hommes dont j'avais besoin pour réussir. Lætitia, cette belle créature, si belle que le palais des Tuileries s'en est ému, m'a servi de piége. On est venu pour la voir, on est venu de toutes parts, et alors force a bien été de me voir à côté d'elle. Alors, cette fois enfin, j'ai forcé toutes les portes, j'ai brisé toutes les barrières, j'ai franchi tous les obstacles; j'ai été admis, dans cette société pervertie, à faire mes preuves d'intelligence et de courage; j'ai fait une grande fortune; je suis allé à une grande faveur; je suis devenu une puissance; j'ai marché de pair avec les plus élevés; je suis parvenu à tout, même à porter cette nuit un déguisement de prince avec les princes véritables. Voilà comment moi-même, moi chargé des mépris du monde, je l'ai vaincu; voilà comment je l'ai foulé à mes pieds; il a été mon laquais très-humble; il a porté ma livrée tant que j'ai voulu; il m'a servi avec plus de soumission que si j'eusse été le roi de France; car, en me servant, il servait ses passions les plus viles et les plus égoïstes; car, en me faisant puissant et riche, il obéissait à cette belle et éternelle occupation des hommes civilisés, l'adultère. J'ai été le maître de Paris tout entier, grâce à cette femme dont tu me fais un crime, ou plutôt grâce à toi, Christophe, qui m'avais enseigné, par l'exemple de mademoiselle de Chabriant, comment une femme peut nous mettre en relief. Sois donc béni par moi, Prosper Chavigni, jadis pauvre, inconnu, mendiant, aujourd'hui vicomte de Chavigny, l'électeur Chavigny, l'éligible Chavigny, le grand-officier Chavigny, bientôt, demain peut-être, le conseiller-d'état Chavigny, et, comme tu vois, le mignon de Henri III à la cour de France, Chavigny.

Christophe, à ces mots insensés, recula de deux pas. — Moi! dit-il, moi! Est-ce donc moi qui vous appris à vous servir ainsi de votre femme, et à la livrer en pâture à M. le duc de Chabriant? Eh! Monsieur, qui vous fait si hardi de comparer mademoiselle de Chabriant, la vertu, avec cette Lætitia?

— Tenez, dit Prosper, vous avez raison, je suis un méchant sophiste. Le nom de votre bon ange n'a rien à voir en cette affaire; pardonnez-moi si je l'ai prononcé. Attendez cependant, et je vous en supplie au nom d'une amitié fraternelle, attendez que j'aie fait l'effort que je médite pour sortir de cet abîme, si je peux en sortir. Non, mon Dieu! je l'espère du moins, je ne suis pas si déshonoré qu'on le pense. Cependant, à voir l'amitié que tout le monde me témoigne, excepté vous, je sens le mépris qui me gagne. Je suis trop haut placé pour que le mépris ne m'attaque pas à présent. Donc, à tout prix, il faut en sortir, c'est là un succès trop affreux! Oh! c'est infâme, en effet. Oh! ma main s'est brûlée en touchant à ces grandeurs factices; j'ai fait du vice à l'heure où le vice n'était plus possible; je me suis grandi sur le déshonneur à l'instant où le déshonneur ne grandissait plus personne. J'ai mal fait, j'ai mal fait, j'ai mal fait. Il faut que j'en finisse, il faut que je me venge, mon ami; il faut que je rentre dans le monde pur et libre, estimé et respecté, il le faut. Et cela se fera, par Dieu! et cela se fera vite, et cela se fera à coup sûr et bien, je le jure, je le jure! et tu as beau t'étonner, cela se fera en tout respect des bienséances les plus sévères, des préjugés les plus scrupuleux; cela se fera, aussi vrai que je suis un honnête homme, aussi vrai qu'Ampuy est assis sur les bords du Rhône, cela se fera! où? et quand? et comment? Chez moi, demain, dans huit jours, tout à l'heure.

Puis il se promenait, rejetant son manteau par-derrière, et il se parlait à lui-même, oubliant Christophe tout à fait.

— Oui, c'est cela; j'ai été trop loin, j'ai joué avec l'infamie, l'infamie me retombe sur le front; j'ai voulu déshonorer les hommes, et ce sont eux qui me déshonorent. O malheureux! je suis pris au piége, pris à mon propre piége. Un piége si bien tendu, cependant! Je suis la victime de mon fatal sophisme. Mais comment faire? comment me sauver? Grand Dieu! grand Dieu!

Et il se tordait l'esprit et les mains. Et cet homme, qui avait attendu si longtemps et si patiemment l'heure de la vengeance, ne pouvait plus attendre une heure, plus une minute; son infamie lui pesait à présent plus que sa pauvreté ne lui avait jamais pesé.

C'est ainsi qu'il s'agitait dans tous les sens du désespoir et de la honte; mais rien ne saurait exprimer cette poignante violence d'un remords qui vient tout d'un coup, et qui tombe d'un seul bond sur une âme jusque là tranquille. Lueur horrible dans une nuit profonde! Ainsi était Prosper. Un seul coup d'œil de Christophe lui en avait dit plus que tout ce que sa conscience avait pu lui murmurer tout bas, dans ses courts instants de repos et de calme. Son parti fut pris sur-le-champ, il résolut de se laver sur-le-champ de son infamie involontaire, et de tout briser pour sauver sa réputation de probité.— Le cruel!

Mais encore une fois, comment sortir de cette position funeste? et comment en sortir sur-le-champ?

Il est vrai qu'avant d'entrer dans cette fatale carrière d'ambition, il avait eu le soin de se réserver une porte secrète pour en sortir quand il voudrait. Mais comment ouvrir cette porte tout de suite, et sans perdre le fruit d'une retraite si habilement combinée? Il était si malheureux, il y avait tant d'anxiété et de douleur sur son visage, que son ami Christophe fut sur le point de le presser dans ses bras, et de lui dire : — Je t'estime, Prosper!

Tout à coup (déjà tout faisait silence dans ce château si plein de mouvement, de bruit et de fête, il y avait une heure) tout à coup une femme passe d'un pas rapide. Cette femme, presque échevelée, était suivie de très-près par un insolent cavalier, qu'elle paraissait vouloir éviter avec ardeur. — C'était elle! D'un seul bond Chavigni se précipite vers l'insolent jeune homme, et il l'arrête comme ferait une main de fer.

Les voyez-vous tous les trois à la même place, elle triomphante, Prosper en délire, le jeune amoureux humilié à en mourir? La présence de Christophe rétablit l'équilibre entre Prosper et ce jeune homme si brusquement arrêté dans son insolence. Prosper lâcha son bras meurtri, lentement, comme l'oiseau lâche une proie à demi étouffée, qu'il est sûr de ressaisir aussitôt.

Chavigny dit au jeune homme : — Monsieur, vous insultez ma femme! vous me ferez l'honneur de m'en rendre raison.

L'Italienne, entendant ainsi parler Prosper, se figura que Prosper était jaloux, enfin. Elle triomphait, l'Italienne, de la fureur tardive de Prosper.

Quant au jeune homme, bien qu'au fond il se crût brave, il se sentit atterré par cette réparation inattendue que lui demandait M. de Chavigny avec tant de résolution et de sang-froid. A vrai dire, en offrant ses hommages à madame de Chavigny, le jeune homme n'avait pas compté sur la colère de son mari, et il s'était arrangé en conséquence. Il avait donc laissé de côté, en entrant dans ce nouvel amour, tout l'attirail galant usité en pareil cas, les petits soins, le mystère, et même son épée. Surpris ainsi, au milieu d'une sécurité profonde, par une colère et par un époux qu'il ne s'attendait pas à rencontrer, le jeune homme ne put s'empêcher de pâlir. Cependant, comme il était Français et militaire, il répondit à la provocation de Prosper ce qu'on répond toujours en pareil cas : — *Très-volontiers, Monsieur!*

— Nous nous battrons donc sur-le-champ, dit Chavigni; le temps est beau, le jour commence, voici encore quelques-uns de vos amis qui viennent à nous; choisissez vos témoins; mon ami Christophe sera le mien : partons!

En même temps, Chavigni prit galamment la main de sa femme, qu'il reconduisit poliment jusqu'à sa voiture. Il avait tout à fait l'air froid et calme d'un époux offensé, qui n'a aucun reproche à faire à sa femme, si ce n'est d'être trop belle. Le jeune homme, qui se nommait Arthur Berineau, venait de trouver deux témoins, ses compagnons de la garde royale, qui s'étaient attardés avec des gardes-du-corps dans l'entresol des Tuileries, après le bal.

Justement, les deux témoins choisis par Arthur Berineau étaient au nombre des admirateurs les plus fervents de madame de Chavigny. Ils furent donc étrangement étonnés en apprenant qu'il s'agissait d'un duel avec son mari, et quand ils virent celui-ci si résolu et d'une colère si calme, ils pâlirent en pensant que, huit jours plus tard, cette colère aurait pu les menacer. Ils ne firent donc aucun effort pour empêcher ce duel qui les mettait à l'abri, trop heureux de ne pas éveiller les soupçons de Chavigni en s'opposant à une réparation que le jeune Arthur allait donner à lui seul, au péril de ses jours et pour eux tous.

Cela se fit vite et bien, en gens de cœur. Le bois de Boulogne n'est pas loin des Tuileries. L'aurore de la porte

Maillot, formidable clarté qui offense l'œil des plus braves, se tient debout à la porte du bois, raide et sèche à toute heure, et toute prête à bien recevoir quiconque arrive porteur d'un pistolet ou d'une épée. Pâle et funeste clarté, le crépuscule du matin, au bois de Boulogne, ne ressemble à rien de ce que les poëtes élégiaques, épiques ou champêtres, ont écrit sur le lever du soleil. Ce n'est plus le même arbre, ce n'est plus le même chant des oiseaux, ce n'est plus le même soleil levant. La fleur y perd sa douce et suave couleur; l'allée tortueuse y perd le charme de son mystère. Tout se dénature dans cette forêt civilisée. Le meurtre habite sous ses ombrages tout le jour, et surtout le matin et le soir. Je ne sais pas comment, sur les deux heures, il y a des femmes en calèche qui viennent y rire et folâtrer, sans songer que le gazon qu'elles foulent et les allées qu'elles parcourent sont tachés de sang. Ils étaient donc au bois de Boulogne tous les cinq, fort résolus et fort bien disposés. Ils n'avaient oublié qu'une seule chose : d'apporter des armes avec eux.

Arthur Berineau fut le premier qui s'écria : — Nous n'avons ici ni épées ni pistolets, Monsieur !

— Qu'importe ? dit Prosper ; n'avons-nous pas, vous et moi, un poignard à notre ceinture ? Allons, courage ! vous vous battrez comme au vieux temps ; vous soutiendrez jusqu'au bout votre rôle de jeune amoureux. Quoi de plus juste ? Mon gentilhomme, grâce à nos poignards, nous nous verrons de plus près. De quoi vous plaignez-vous ? nous portons à notre côté l'arme de notre costume. En avant donc, Messire, et dégaînons !

M. Berineau, voyant les témoins garder le silence, tira son poignard et le saisit d'une main forte. C'était un jeune homme médiocrement habile à l'escrime, comme cela convient à un galant homme qui tient à savoir défendre sa vie bien plus qu'à attaquer celle d'autrui. Disons aussi, à la louange de Chavigni, qu'en ceci il se privait d'un grand avantage, et qu'il y allait aussi bon et franc jeu qu'Arthur. Seulement Chavigni avait cette grande supériorité sur M. Berineau : c'est que, froissé comme il était par l'opinion, et surpris à l'improviste comme il l'avait été par le mépris de ce Christophe, son ami et son témoin, il lui importait fort peu de tuer ou d'être tué.

Les deux champions s'avancèrent l'un sur l'autre. Ceci déconcertait toutes les habitudes reçues. A les voir, en costumes de comédiens, se mesurer dans ce duel étrange, on eût dit de quelque scène mal faite du mélodrame moderne. Cependant rien n'était plus sérieux que ce duel. Ils se tenaient! ils se voyaient de si près!—à un demi-pied de distance! Ils furent calmes d'abord comme cela arrive toujours en commençant; mais bientôt, quand le fer eut senti le fer, quand le grincement de ces deux âmes se fut électrisé à ces deux lames, quand ils se virent bien face à face, tous les deux altérés de sang, le feu aux yeux, le sourire aux lèvres,—insolents tous les deux jusqu'au meurtre, ce fut alors un formidable combat d'une minute, qui dura un siècle.—A la fin, Arthur Berineau tomba sur la face, frappé à la poitrine d'un violent coup de poignard. Chavigni regarda tomber son rival.

Ce qui est triste, quand un homme meurt ainsi frappé, c'est que, d'ordinaire, il se croit forcé de s'improviser une belle mort. Le duel, cette méchante comédie, ôte à la victime toute la naïve nonchalance du trépas; on joue sur le terrain le cinquième acte d'une tragédie; on se drape dans son manteau sanglant, comme si on n'avait plus qu'à voir baisser la toile et à rentrer dans la coulisse. Ainsi mourut Arthur Berineau. Il tendit la main à son meurtrier, et, d'après l'usage immémorial, il se prépara à consacrer ses dernières paroles à la justification de madame de Chavigny.

Mais le vainqueur eut trop de générosité pour souffrir que le trépas de ce jeune homme fût ridicule. Chavigni, sous le calme apparent des témoins d'Arthur, devinait le sourire prêt à naître, à propos de la confession du blessé. Il eut donc pitié des derniers moments du pauvre Arthur; il s'assit à terre près de lui, et, relevant sa tête appesantie :
— Ne dites rien! monsieur le comte, pas un mot; ne parlons pas de cette femme; ce n'est pas pour cette femme que vous mourez; que m'importe cette femme? Vous mourez pour moi, Monsieur, pour moi déshonoré par le monde, à qui le monde demandait la vie d'un homme ou la mienne! Vous mourez parce que j'ai voulu jeter au monde en holocauste une noble victime, un homme pur, qui n'a fait d'autre faute que de vouloir être vicieux avec le vice du monde. Ne vous inquiétez pas de cette femme. Pensez à votre mère, Monsieur!

Arthur pensa à sa mère tout bas. — Sa pauvre mère! Mais avant de mourir, il songea qu'il fallait penser tout haut à sa maîtresse, toujours pour obéir à l'usage. Il ouvrit donc sa poitrine, sur laquelle pendait un médaillon qu'il envoya à Élisa.

Il mourut, le beau jeune homme, à la suite d'un bal, pour une femme qui n'était pas la sienne, pour expier la honte d'un autre! Il mourut dans des habits et dans des sentiments d'emprunt.

Il mourut tout à fait comme la maison de Bourbon est morte.

Plaignez-le!

Et plaignez-la!

Christophe, avec le hardi bon sens qui ne l'avait jamais quitté, avait compris tout d'un coup la nécessité de ce duel. Il l'avait même autorisé de sa présence, et tout bas en lui-même il faisait des vœux pour que Chavigni payât de son sang, mais non pas de sa vie, le déshonneur qu'il voulait payer avec le sang d'un autre. Christophe fut à ce duel comme il avait déjà été au jeu et au vice, spectateur immobile, mais non pas sans émotion et sans pitié.

Quand Prosper, sorti du bois de Boulogne, se trouva seul avec Christophe, il lui dit :

— Christophe, merci. Tu ne m'as pas abandonné cette fois encore, même pour le meurtre. Ce que j'ai fait, je l'ai fait pour le monde; ce duel me réhabilite, j'en suis sûr, comme le monde veut qu'on se réhabilite. Je suis tranquille de ce côté, à présent. Mon adultère a le sang qu'il lui faut, il est lavé. C'est beaucoup pour eux, mais ce n'est pas assez pour moi. Je ne veux pas monter d'un degré de plus à l'aide de ce duel; je ne veux pas faire un marchepied de ce cadavre. Plus de piédestal pour moi! Je veux briser le mien devant toi-même et devant tous. Écoute, et sois fidèle au rendez-vous que je te donne! C'est aujourd'hui dimanche; dans six jours, à onze heures, l'heure du bal, viens chez moi; j'y donne une grande fête, c'est la dernière. Ne manque pas, sois exact. Et à minuit, l'heure des fantômes, si à toi, et si aux autres, et si à tous, si à moi-même, je ne démontre pas que je suis net et pur de toute souillure, si je ne vous prouve pas à tous que ce que vous appelez tout bas mon infamie est votre infamie et non pas la mienne, je me tue avec ce poignard!

Ceci dit, les deux amis se séparèrent. Prosper, rentré chez lui, envoya à la friperie ses habits de duc; il garda seulement le poignard.

Christophe attendit impatiemment le samedi fatal; à chaque instant il se demandait par quelle issue son ami sortirait du gouffre où il était tombé.

IV.

Les derniers Apprêts.

Déjà toute une semaine s'était écoulée depuis ce duel, dont le bruit avait rempli toute la ville. Le jour fatal de son rendez-vous public avec Christophe, Chavigni se rendit le matin dans la chambre de sa femme. Il la trouva plongée dans une longue et pénible rêverie. C'était la première fois de sa vie que Prosper entrait dans l'appartement de cette femme. Jusqu'à présent il s'était arrêté résolument sur le seuil de cette porte; il s'était fait de cette réserve un point d'honneur; il n'est donc pas étonnant que Lætitia Laferti n'ait pas entendu Prosper; elle l'attendait si peu! Lui cependant, les bras croisés, regardait cette femme si frivole au dehors, si pensive quand elle était toute seule. Cela l'étonnait de la surprendre dans une attitude qui n'était ni de l'orgueil, ni de l'amour, ni de l'ambition, ni du plaisir.

Mais elle, la profane, combien elle fut étonnée à son tour quand elle vit dans sa chambre, à ses côtés et dans l'intimité du matin, Prosper de Chavigny en personne! Elle poussa un long cri d'effroi que je ne saurais vous rendre; la jeune fille de seize ans, surprise à minuit par un homme, n'a pas un cri plus rempli d'épouvante. Ce cri de terreur alla frapper l'âme de Prosper.

— Je vous demande pardon, Madame, lui dit-il, de venir ainsi vous surprendre chez vous; mais j'ai une grande faveur à vous demander, et j'ai été bien aise de choisir le moment où vous étiez seule.

A ces mots, Lætitia, quittant son air effrayé, redevint tout à fait l'Italienne au sourire moqueur, au regard insolent. Ce regard et ce sourire étaient la seule supériorité qu'elle eût conservée sur Prosper.

— Monsieur, dit-elle, quel est le nouveau projet qui vous pousse? Il faut que ce soit un projet d'une haute importance, pour que vous veniez me voir si matin, chez moi et dans ma chambre. Quel besoin avez-vous donc encore de ma personne? Quel est l'homme, quelle est la puissance du jour qu'il me faut séduire encore? Oh! Monsieur, n'êtes-vous pas las enfin de tant de prostitutions de tout genre? N'avez-vous donc pas assez d'honneurs, et faut-il vous déshonorer plus longtemps?

A ce langage inaccoutumé, Chavigni devint pâle, d'une pâleur mortelle. Il voulut encore essayer sur cette malheureuse créature la fascination toute-puissante de son regard, mais, cette fois, ce regard fut sans force et sans puissance. Alors Chavigni voulut parler, mais Lætitia lui imposa silence, et, se levant de la chaise longue sur laquelle elle était couchée, elle bondit dans la chambre comme une jeune lionne, renversant les meubles sur son passage, brisant les porcelaines et les flacons de sa toilette. Elle était bondissante, elle était échevelée, elle était toute nue! elle était superbe!

— Monsieur, Monsieur! disait-elle, pas un mot de plus, je ne veux pas vous entendre: c'est assez d'infamies comme cela, Monsieur; je suis lasse de ce triste métier d'esclave auquel vous m'avez condamnée. Je ne veux plus de ces vils calculs de boudoir; je ne veux plus être ce que j'ai été trop longtemps, la très-humble servante de votre ambition. Loin de moi, Monsieur, ce titre de votre femme et de vicomtesse! Je veux redevenir ce que j'étais, Lætitia, l'Italienne. Il est vrai, mais enfin l'Italienne heureuse à ses heures, maîtresse de sa tristesse et de sa joie, de sa haine et de sa colère, de ses larmes et de ses sourires. Je ne veux plus être la récompense promise à tous vos désirs, le but proposé à tous vos protecteurs, la pomme d'or jetée sur votre chemin, pour qu'en se baissant vos rivaux vous laissent gagner le prix de la course.

Écoutez-moi, Monsieur, ceci est une parole suprême : à dater de ce jour, je reprends la propriété de mon âme et de mon corps. Je n'ai plus un seul sourire à vos ordres; ce serait le roi lui-même qu'il faudrait vous séduire, oui, le roi lui-même, demain, vous ferait duc et pair à condition de me baiser la main, le roi n'aurait pas ma main, j'aimerais mieux la brûler dans la fournaise, moi, moi-même, la Lætitia si soumise, si dévouée, la Lætitia qu'on appelle en tout lieu la Lætitia Chavigny du duc de Chabriant!

Elle bondissait, elle se tordait les mains, elle se regardait dans la glace, puis elle s'écriait de nouveau :

— Oh! oui, je suis bien vile d'avoir pris sur moi toutes ces infamies; je suis bien vile d'avoir consenti à servir ainsi de piége à loup aux dupes de votre ambition! Oh! oui, je suis une misérable femme d'avoir changé les plus nobles passions du cœur en un guet-apens de cour! Oh! oui, vous m'avez lâchement perdue! Je n'étais pas faite pour me laisser aimer ainsi sur un *bon* signé de vous, par ces Français de soixante ans, cadavres chargés de croix et d'honneurs et qui sentent déjà la tombe. Lætitia était faite pour mieux que cela, grand Dieu! Jésus sauveur! tu l'avais faite, ta Lætitia, pour le bonheur des Italiens de dix-huit ans! Lætitia devait servir à la gloire, à la passion, à l'amour de l'artiste. Elle était plutôt faite pour être la maîtresse d'un brigand de la Calabre, que pour servir de marchepied fangeux à un vil intrigant des Tuileries! Donnez-moi un musicien, donnez-moi un peintre, donnez-moi un sicaire, donnez-moi un cardinal, donnez-moi un batelier des lagunes; mais, par Dieu! ne me donnez pas un conseiller d'état, ni un vieux général d'empire, ni un exilé d'Angleterre, ni aucun de ces débris français de Bonaparte ou de Louis XVIII, dont la dernière Vénitienne ne voudrait pas pour être son jouet d'une heure! Donnez-moi du pain noir, donnez-moi la marque, la prison et l'hôpital; mais, par Dieu! ne me donnez pas vos robes de soie achetées par des sourires qui font horreur; mais, par Dieu! ne me menez pas dans vos églises, où l'encens est infect, où le pavé est boueux, où la sainte Madone est horrible à voir, où le prêtre est sombre et brusque; moi, je n'aime pas cela, voyez-vous; moi, je n'aime pas votre France : c'est un nuage, c'est une pluie, c'est un hiver. Ainsi donc, Monsieur, rendez-moi ma liberté, sinon je la prends sur l'heure. Vous êtes vicomte, vous êtes riche, vous serez conseiller d'état demain, à ce qu'on dit; que voulez-vous de plus? Moi, pourtant, à l'heure qu'il est, je suis plus ambitieuse que vous; moi, à présent, je veux redevenir ce que j'étais jadis, la jeune et belle Lætitia, l'amour des hommes, l'envie des femmes, la gloire et le bonheur de l'heure présente; laissez-moi, laissez-moi! Avec ma beauté, ma jeunesse et ma misère, je vaudrai toujours mieux que vous.

Disant cela, il est impossible de savoir combien cette femme était éloquente, était admirable. Prosper, ému, confondu, la regardait parler sans trop l'entendre, comme on regarde une belle personne de théâtre qui parle une langue inconnue. Quel changement dans cette femme! quelle grandeur! quel courage! Mais enfin, que croire? que penser? que faire? Pour elle, la pauvre vertu sans courage, quand elle eut bien donné cours à son indignation, elle s'assit au pied de son lit de soie, et, couvrant ses yeux de ses belles mains, sur lesquelles retombaient ses longs cheveux, elle resta là, ne songeant plus même à sa colère, soumise de nouveau à son maître tout-puissant, et toute prête à obéir encore au premier ordre de l'ambitieux.

Chavigni comprit tout d'un coup cette transition subite ; il comprit que cette colère, irruption d'un instant, n'était pas encore le dernier mot de cette malheureuse. Pour la première fois de sa vie, Prosper eut un moment de joie sans mélange, car il comprit qu'il ne lui serait pas impossible d'estimer cette femme. Il s'approcha d'elle alors, et, quittant les formes respectueuses pour le ton de l'amitié, il lui dit avec sa voix si douce et qui allait au cœur de toutes les femmes :

— Lætitia ! chère Lætitia !... Elle, alors, ôtant ses cheveux de ses joues et ses mains de ses yeux, le regarda pour savoir si ce mot, *chère Lætitia !* ne lui était pas adressé par quelque bouche italienne de ses beaux jours ; elle vit Prosper, elle le vit presque tendre, et elle le prit en pitié.

— Oui, lui dit-elle, aimez-moi un peu, car ce que j'ai fait, je l'ai fait uniquement pour vous, et à présent je reconnais que j'ai tort, et que ma colère est une faute. Que suis-je, en effet, et qu'étais-je, en effet, quand vous m'avez trouvée ? la belle chose ! une Italienne sur la branche, qui peut-être eût été doublement perdue, par sa beauté et par sa misère. C'est vous le premier qui m'avez appris ce que valaient ma beauté, ma jeunesse et ma misère. Vous m'avez appris comment je pouvais tirer parti de ces doux trésors en n'y mettant rien de mon cœur. Vous m'avez corrompue, il est vrai, mais chastement corrompue. Vous m'avez enseigné l'art d'être en même temps une coquette et une honnête femme. Je vous dois des actions de grâce pour toutes les peines que ma corruption vous a données ; d'ailleurs vous avez été loyal avec moi, et de votre ambition satisfaite j'ai profité autant que vous. Il est donc vrai, tant que notre contrat ne sera pas rompu d'un commun accord, j'y dois être fidèle, à mes risques et périls. Ainsi, je vous en supplie, ne tenez nul compte de cette colère de tout à l'heure. Allons! ordonnez, mon maître; quel est l'homme que je dois subjuguer ce soir?

Elle souriait, la noble fille; mais, cette fois, c'était un sourire si malheureux, qu'elle eût fait pitié au plus insensible libertin.

— Vraiment, Lætitia, dit Chavigni, déjà fort ému au fond du cœur, je ne vous fais aucun reproche de votre colère. Vous avez raison, c'est un triste et vilain métier que nous avons fait là tous les deux; mais, Dieu merci! notre acte de société touche à sa fin; notre pacte sera rompu ce soir, dès ce soir, entendez-vous? Ainsi, demain vous redeviendrez votre maîtresse, et moi mon maître. Du courage! Je ne vous demande plus qu'une faveur bien simple.

Vous avez conservé vos habits d'Italienne, Lætitia?

— Oui, dit-elle, je les ai conservés, et bien souvent je les regarde pour les comparer, en pleurant, ces simples et faciles vêtements, aux habits de grande dame française que vous m'avez forcée de porter.

— Ce soir, reprit Chavigni, ce soir, dans une fête que je donne, il faut remettre vos habits; il faut, quand je vous appellerai, que vous entriez dans votre salon vêtue ainsi que je vous ai rencontrée le premier soir, comme une jolie fille qui chante de sa plus joyeuse voix sa plus douce chanson. Consentez-vous à cela?

— C'est donc encore un bal masqué ce soir? dit-elle; et cependant, seigneur, voici huit jours que nous sommes entrés dans le saint temps de carême, et que le mercredi des Cendres a jeté sa poussière sur nos fronts humiliés.

— Je vous dis et je vous répète que, ce soir, je veux que

vous soyez chez moi telle que vous étiez avant que vous ne fussiez ma femme. N'oubliez pas votre croix d'argent.

Cela dit, Prosper rappelle toute sa force d'âme, et il se prépare pour le bal.

V.

Le Masque tombe, l'Homme reste.

L'heure venue, les salons de M. le vicomte de Chavigny furent ouverts. Ce jeune homme était encore le favori du grand monde : sa femme était si belle! et lui, il était si heureux... et si brave! Sur le tard, la cour de l'hôtel se remplit d'équipages ; les salons se remplirent d'hommes et de femmes; seulement, comme c'était ici le supérieur qui venait chez l'inférieur, chacun se mit à l'aise chez Prosper, et les conversations particulières s'établirent bientôt au milieu du bal qui commençait.

Prosper se tenait debout à la porte d'entrée, mais caché dans la foule. Près de lui était Christophe, impatient de savoir le mot de cette fatale énigme. Son ami le reçut gravement, en homme qui est sûr de sortir, à sa gloire, d'une épreuve difficile. Difficile épreuve, en effet, car il s'agissait de démontrer à toute cette assemblée de sceptiques et de vicieux qu'il n'était pas un infâme, lui, Prosper de Chavigny, poussé par sa femme et par les amoureux de sa femme à la richesse et aux honneurs.

Parut un des premiers, à la porte du premier salon, M. le duc de Chabriant.

— Lisez après-demain le *Moniteur*, monsieur le conseiller-d'état, dit M. de Chabriant à Chavigni. Chavigni le salua avec respect.

Christophe regarda Prosper.

— Ah! dit tout bas Prosper, je n'ai pas besoin de te faire cette histoire; toute la ville dit et répète que monsieur le duc est l'amant de ma femme. Mais, patience, je ne suis pas encore à minuit.

Après M. le duc de Chabriant, fut annoncé un des gros seigneurs de la finance. Il entra la tête haute, quoique en saluant fort bas. Cet homme d'argent sentait sa force depuis le crâne jusqu'au torse exclusivement; il était gentilhomme jusqu'à son portefeuille; passé la ceinture, il redevenait un plat valet.

— Ce gros homme, dit Prosper à Christophe, ne m'a pas prêté son argent, il est vrai, mais il est le premier qui m'ait fait jouer sur les fonds publics; il m'a appris, en ami dévoué, tous les mystères de cet honnête jeu, où se ruinent à coup sûr les joueurs qui sont pauvres et honnêtes; il m'a fait entrer dans les petits détails de cet agiotage de tous les quarts d'heure; il m'a enseigné le mensonge politique, et c'est grâce à lui que j'ai su enfin comment, en fait de Bourse, la vérité peut devenir mensonge, et comment le mensonge peut être vérité; il m'a appris tout cela, il m'a fait jouer à coup sûr, il a joué avec moi et pour moi. C'est un digne homme! aussi, en revanche, il a conduit plus d'une fois madame de Chavigny au bois de Boulogne, ayant bien soin de la faire passer par les allées les plus fréquentées, dans sa calèche découverte, son voile flottant à l'air. Misérable vanité! Cet homme, vois-tu, avec lequel j'ai gagné un million, je le hais plus, mille fois, que le noble duc, qui ne nous a donné qu'un écu d'or, à la messe, un jour de quête. Ce gentilhomme, tout vieux qu'il est, aime les femmes pour elles-mêmes. Il a aimé la mienne avec toute la dérence possible ; il a enveloppé son amour dans le mystère le plus profond ; il ne l'a jamais tutoyée, j'en suis sûr, même dans le tête-à-tête ; il ne l'a compromise, s'il l'a compromise, qu'à force de politesse et de respects. Mais l'homme d'argent, sa passion n'a été qu'une vanité insupportable ; il a produit ma femme au dehors comme il eût produit une livrée nouvelle. Tu vois bien ce gros corps, ces petites jambes, ce regard indécis, cette tournure de danseur de l'Opéra ? Voilà notre homme ! l'homme qui nous a enrichis. Cela te cause un profond dégoût, Christophe ? Oh ! tu as raison ; mais donne-moi encore une heure avant de me maudire, et après, si je ne tiens pas ma parole, crache-moi au visage.

Christophe se contenta de ne rien répondre, et Prosper continua :

— Regarde cet homme pâle et sec, à l'œil creux, au teint jaune, profond politique s'il en fut ; eh bien ! cet homme, il a tenu ma destinée dans ses mains puissantes. Il avait besoin de moi, ou plutôt la patrie avait besoin de moi ; car, tu le sais, je suis actif, infatigable, intelligent, propre à tout ; et cependant il ne m'accordait pas un regard. Son antichambre seule me fut ouverte, parce qu'il aimait à savoir que son antichambre était pleine. J'y allais tous les jours, j'attendais, implorant une place, — de quoi vivre et porter un habit neuf tous les trois ans. Rien ! rien pour moi ! Ils sont tous faits ainsi, ces habiles de la Restauration. Ils n'ont tendu la main à aucun homme d'une certaine valeur ; ils n'ont découvert aucune habileté cachée ; ils se sont crus assez forts, les insensés ! pour se passer du concours des jeunes gens sans naissance et sans fortune, et ces mêmes jeunes gens les renverseront d'un souffle quand le temps sera venu. Eh bien ! cet homme sec et pâle, sourd à la voix de ma misère quand ma misère était seule et tremblante, il est accouru à moi aussitôt que j'ai eu ma femme. Je lui demandais à genoux une place d'expéditionnaire dans ses bureaux, il s'est jeté à mes pieds pour me faire son égal quand j'ai eu ma femme; regarde! le voilà accordant des places et des honneurs à sa passion du moment.

— Et celui-ci, reprenait Prosper, ce petit jeune homme sautillant, souriant, qui essaie ses jolis doigts sur le piano ouvert, et qui se regarde à toutes les glaces,— qu'aurait-il fait pour moi si je n'avais pas eu ma femme? Tel que tu le vois, celui-ci est un juge; il fait partie de la loi; c'est lui qui la jette à nous autres, dans la foule. Il m'aurait fait perdre, sans ma femme, tout l'argent que j'ai gagné avec le financier, grâce à ma femme. Ce petit juge, Christophe, regarde-le bien, c'est un misérable qui rédige un jugement aussi brutalement que personne, et qui pouvait me perdre en trois mots. C'est un de mes amis les plus chauds, les plus prononcés, à présent qu'il a parlé à ma femme; cela le met en effet à un si beau degré! Faire la cour à une femme qui est aimée à la fois par le grand seigneur, par l'homme d'état et par le financier, ces trois pouvoirs!

— Et enfin, ce troisième qui m'a donné la main tout à l'heure avec un air si amical, un bon jeune homme, sur ma parole, très-honorable, très-honoré, très homme du monde; eh bien, lui aussi il aime ma femme, uniquement parce qu'il est mon ami intime. Il a voulu me couvrir d'infamie d'une manière très-naturelle, tout simplement par amitié; et moi, je me suis laissé couvrir d'infamie par cet ami intime d'une façon très-désintéressée aussi, et sans lui rien demander en retour. Aussi, il a été fidèle au contrat. Comme il m'aime! Il m'aime autant que si j'étais son frère; il se battrait en duel pour moi au besoin, car il sait que j'aime à me battre en personne, de même qu'il me prêterait tout son argent, car il sait très-bien que je n'en ai pas besoin. Ainsi donc, Christophe, tu vois comment j'ai acheté mon entrée à la cour par ma femme; ma fortune pécuniaire par ma femme; ma fortune politique par ma femme; mes amitiés privées par ma femme; tout par ma femme! N'est-ce pas, je te prie, un beau contrat où j'ai joué le rôle d'homme habile, et dans lequel les autres ont fait le métier de dupes? N'est-ce pas un beau marché? Répondez-moi, répondez-moi !

Christophe était anéanti. Il n'avait jamais eu l'idée d'une corruption si effrontée. Le chaste et vertueux souvenir de mademoiselle de Chabriant, l'idée seule qu'elle allait tout savoir, le tira de ce rêve funeste. L'opprobre apparent de Prosper lui fit peur; il se leva lentement de son siége.

— Adieu, dit-il à son ami, adieu! Si je n'étais que seul à partager votre opprobre, peut-être vous ferais-je encore ce sacrifice; mais il y a, au ciel et ici-bas, elle et Dieu! qui ne le veulent pas.

Mais Prosper le retenant d'une main ferme : — Ce n'est pas là ce que tu m'avais promis, Christophe..... Je te demande encore dix minutes.

En même temps, Prosper allait chercher l'héroïne malheureuse du dernier acte de cette abominable comédie.

Lætitia était dans son boudoir, assise encore à sa toilette, mais sans y prendre aucune espèce d'intérêt. Pour obéir à l'homme dont elle portait le nom, elle avait mis sa robe d'Italienne, leste et piquante, et laissant voir ses deux pieds charmants; elle n'avait oublié ni sa chaîne d'argent, ni ses longues dentelles noires. Elle était belle ainsi; mais, sous ces habits évaporés du joyeux Midi, sa tristesse ne lui allait pas : il était facile de voir que cette fois la jeune femme mentait à son costume. A peine s'étaient-ils séparés depuis trois ans, elle et son habit natal, que déjà ils ne se comprenaient plus. Elle était donc à attendre, dans cet état moitié veille, moitié songe, si pénible et si fatigant pour l'âme, les derniers ordres de Chavigni.

Prosper entra. — En vérité, dit-il, en la voyant si pâle et si triste, en vérité, notre belle Lætitia ne se ressemble guère à elle-même. Quoi donc! je la prie ce matin de s'habiller comme une Italienne, et la voilà ce soir qui ne prend que la livrée italienne, laissant de côté les plus beaux attributs de l'Italie, la joie et le sourire velouté, et l'œil qui brille, et le sein qui bat! Pourquoi donc ne faire les choses qu'à demi? Pourquoi cet air rêveur dans ces habits de fête? Pourquoi cette tristesse du Nord dans cette loyale nudité du Midi? Allons, ma belle associée, allons, mon habile compagne, songez que c'est là ma dernière volonté. — La dernière! Et au bout du compte, la fortune et la liberté, Madame! Allons, courage! prenez-moi un air plus folâtre, profitez davantage de ce pied mignon et de ce bras fait au tour; votre gorge me paraît bien couverte aujourd'hui, mignonne. Mais qu'avez-vous donc? qu'avez-vous donc? Je le veux! écoutez bien! Il faut que vous paraissiez ce soir telle que je vous ai vue la première fois, folle et vive, et si heureuse de vivre, d'être belle et d'être admirée! Il faut que vous redeveniez la jeune femme sans ambition, mais non pas sans amour, qui regarde l'avenir, et avec le plus charmant et piquant sourire de l'espérance et de l'amour.

Elle, cependant, pauvre femme fascinée, elle se mit sur-le-champ à sourire, sur-le-champ elle se leva folâtre et rieuse, elle laissa son allure de comtesse pour la vive allure d'une Vénitienne un jour de carnaval.

— Allons donc, seigneur, dit-elle à Chavigni, allons, ton Italienne est prête! Viens avec moi, mon joyeux jeune homme, viens, viens, viens, viens! ma joie est toute prête. Allons donc, la gondole! allons, la sérénade! allons, la mascarade vénitienne ! Tu le veux ? me voilà ! — Ainsi elle parlait, et son sourire était si triste ! Cependant, comme je l'ai dit, peu à peu les salons de M. de Chavigny s'étaient remplis du plus beau monde. Bientôt cette foule oisive et curieuse, n'ayant plus rien à se dire, s'inquiéta de ses hôtes. — Où était M. de Chavigny ? où était la vicomtesse ? Les femmes étaient impatientes de revoir ce beau jeune homme; les hommes ne songeaient qu'à Lætitia.

En effet, madame de Chavigny était si belle, que la mort du jeune homme tué par son mari avait bien pu étonner tous les amants qui l'entouraient, mais sans en faire reculer un seul. Les hommes s'étaient promis tout bas d'adorer toujours cette femme, seulement ils se promettaient en même temps d'être plus prudents à l'avenir et de ne pas l'aimer à la face de son mari, puisqu'il ne l'entendait pas ainsi. L'adultère, de sa nature, est une lâcheté plus ou moins hardie; si l'adultère reculait devant cet époux devenu tout d'un coup si irritable, c'était pour revenir plus tard à pas de loup et durant son sommeil. C'est ainsi que, par les hommes et par les femmes, M. et madame de Chavigny étaient impatiemment attendus.

Tout à coup un grand éclat de rire se fit entendre derrière la porte du salon : c'était Lætitia qui riait, comme pourrait rire aux éclats un baladin de carrefour. Le gracioso qui s'en va dans les rues de Milan, débitant à tous et à chacun les mélodies bouffonnes de Rossini, ne s'y prend pas autrement pour attirer l'attention et l'aumône du soldat qui passe. On fit silence; chacun était debout, le cou tendu, la poitrine oppressée; on attendait. Tout à coup entra M. de Chavigny, tenant cette femme par la main, mais d'un air si hautain et si fier, que chacun put se dire et sans savoir comment, que cette femme était perdue. Cet homme, du haut de son dédain pour tout ce qui l'entourait, fut écrasant outre mesure. On ne comprenait pas encore ce qu'il allait faire, mais l'on comprenait qu'il allait se venger.

Chavigni, impassible et fier, traversa lentement le salon, montrant Lætitia à tous telle qu'il l'avait trouvée, pauvre, humiliée, vêtue au hasard, belle au hasard, véritable Italienne, sans passion présente, qui attend l'occasion de se passionner pour quelque chose. C'en était fait! la funeste association de Chavigni avec cette femme était brisée. Il fallait voir les femmes, à l'aspect de Lætitia ainsi faite! Comme elles étaient humiliées de l'envie qu'elles lui avaient portée! l'envie, cette admiration suprême de la femme! Il fallait voir ces hommes, à l'aspect de Lætitia ainsi humiliée! comme ils regrettaient les respects, et les hommages, et les bassesses de tous genres dont ils l'avaient entourée! De Lætitia, les regards se portaient sur Chavigni; et plus on accablait cette femme de mépris, plus on s'accordait à trouver ce jeune homme digne de sa haute fortune; seulement on le plaignait d'être un mari si malheureux.

Car ces hommes et ces femmes stupides, se rappelant tout à coup le duel d'il y avait huit jours, n'allèrent-ils pas se figurer, ô ciel! qu'ils assistaient tout simplement à une scène de jalousie bourgeoise, et qu'ils étaient conviés à cette fête tout simplement pour assister en masse à une séparation de corps, usurpant à l'avance les bénéfices de la *Gazette des Tribunaux!* Je vous laisse à penser combien ils se seraient amusés de cette scène, si Prosper n'avait pas été protégé contre le ridicule par le sang encore tout chaud dont il s'était couvert dans son dernier duel!

— Messieurs, dit Prosper d'un ton de voix solennel, madame la vicomtesse de Chavigny, que vous avez déshonorée à plaisir par vos amours, par vos soupçons et par vos hommages, est morte pour son mari et pour vous, ou plutôt elle n'a jamais existé. Je suis heureux et fier de vous apprendre aujourd'hui, enfin, qu'il n'y a pas de comtesse de Chavigny dans le monde; il n'y a qu'un galant homme, nommé Prosper Chavigni, qui, forcé par vous d'aller à vous par un détour, vous a tendu un piége dans lequel vous êtes tombés tous. Messieurs, à la place de madame de Chavigny, ma femme légitime, je vous présente une jeune et belle Italienne de Naples ou de Milan, de Florence ou de Venise, peu vous importe, dont je ne suis pas le mari, qui n'est pas ma femme, et dont je n'ai pas même été l'amant! Quand je vis cette femme pour la première fois, je la trouvai si belle, que je me dis à moi-même : — Si je la puis conduire à Paris, parmi toutes ces femmes d'une beauté douteuse, parmi tous ces hommes d'une vertu équivoque, dans cet horrible pêle-mêle qu'on appelle le monde… ma fortune est faite. Si je puis faire en sorte qu'à la seule idée de se faire aimer de cette femme, mes honnêtes protecteurs, mes sincères amis et mes vertueux rivaux du monde, puissent ajouter une idée de déshonneur et de ridicule pour moi, ma fortune est faite. Ma pauvre belle Lætitia! elle a bien voulu mettre au service de mon ambition sa beauté, ses grâces, son sourire, ses vingt ans. Elle s'est laissé prendre la main et le cœur par vous, Messieurs, qu'elle méprisait du fond de son âme; elle vous a souri, elle vous a regardés, Messieurs; elle vous a bien désolées, Mesdames! Mesdames, pardonnez-lui, elle vous rend vos maris et vos amants, elle n'en veut plus; Messieurs, rendez-lui grâce, car elle vous a sauvés de votre ruine. Elle a été avec vous un honnête homme, soyez justes avec elle. En tout ceci, elle a pensé à moi, non pas à vous. Elle vous eût ruinés, elle m'a fait riche; elle eût fait de vous autant d'ombres sans nom, elle a fait de moi une puissance. Allons, messieurs les amoureux, qui de vous se présente pour tenir ses serments à ma femme? Qui la veut épouser? Vous lui avez tous dit : *Je vous aime! je suis à vous! ma vie vous appartient, prenez-la!* Eh bien! le grand chemin est ouvert. Oh! les lâches! ils ont peur de la reconnaître, cette belle fille, à présent qu'elle n'est plus ma femme et qu'elle n'est plus votre maîtresse, monsieur le duc! (Il parlait à M. de Chabriant.) Oh! les lâches! oh! les lâches! Messieurs, à présent que ma prétendue femme n'est plus madame de Chavigny, je n'ai plus rien à vous dire; allez chercher autre part à déshonorer des femmes légitimes; allez, Messieurs! Pour moi, j'ai de vous tout ce que je voulais, je me suis mis à la place qui m'était due, et si j'ai consenti un instant à passer pour un infâme, tant pis pour vous, mes protecteurs et mes juges, tant pis pour vous, mes chers et loyaux amis; vous m'avez forcé à tous vos vices, à l'hypocrisie, au mensonge, à l'adultère; mon infamie est la vôtre et non pas la mienne; qu'elle retombe sur vos fronts!

Ainsi il parla, et déjà une grande partie de l'assemblée s'était écoulée en silence; il n'y avait plus dans le salon que quelques honnêtes femmes et quelques hommes d'un âge mûr, que leur position et leur probité mettaient à l'abri des colères de *ce petit Chavigny*, lorsque M. le duc de Chabriant, s'avançant vers Prosper, qui tenait encore par la main Lætitia à demi-morte de honte, de surprise, de terreur, et qui ne pensait même pas à rougir, ou à s'enfuir, ou à mourir :

— Monsieur de Chavigny (et M. de Chabriant était calme), je vous ai laissé parler tant que vous avez voulu, parce que cela ne nous va guère à nous autres, honnêtes gens, d'attendre notre réplique pour répondre, et de jouer le drame en public. Maintenant que nous sommes à peu près seuls, vous et moi, et que nous avons justement assez de témoins pour être des gens convenables, laissez-moi dire que vous venez de commettre le plus misérable des scandales, un scandale inutile. Vous venez de briser, sans profit et sans pitié, le plus noble cœur, et, je le jure sur l'honneur, la plus honnête femme! Et, je vous prie, de quel droit cet assassinat moral? et quel si grand mal cette belle personne, dont vous êtes, de votre aveu même, l'indigne créature, vous a-t-elle donc fait, pour la sacrifier ainsi à ce que vous appelez votre honneur? Et qui vous a dit, Monsieur, que Madame était ma maîtresse? Et quel est le lâche imposteur qui ait osé vous dire que Madame avait été la maîtresse de personne? Je vous jure que celui-là en a menti, Monsieur! Sur mon honneur, cette femme, que vous avez avilie d'un mot, cette femme est innocente; elle est restée honnête femme malgré vous. Oui, Monsieur, elle est restée une honnête femme, digne de tous les hommages et de tous les respects; d'autant plus admirable en ceci, qu'en effet elle a été exposée par vous à toutes les apparences du vice, et qu'elle n'y a pas succombé. Vous l'aviez dressée à l'intrigue, elle a échappé à l'intrigue. Une femme moins belle et moins jeune eût été perdue; mais elle, elle a été sauvée par sa beauté, sauvée par sa jeunesse, sauvée par votre ambition même, sauvée par tout ce qui devait la perdre. Et voilà la femme que vous avez exposée de sang-froid à toutes les passions mauvaises, pour vous acheter des amis puissants! Et voilà la femme que vous avez voulu me vendre, à moi, pour avoir un protecteur à la cour! Et voilà la femme que vous laissez là humiliée, déshonorée, perdue, sous prétexte qu'il faut, avant tout, que votre honneur soit sauvé, non le sien! — Grand bien vous fasse, monsieur le vicomte Lætitia, si c'est ainsi que vous entendez l'honneur! Nous autres, qui ne sommes que des gentilshommes de vieille race et de misérables hommes du monde, nous n'entendons pas ainsi l'honneur. Quand nous avons une passion à la tête ou au cœur, nous allons tout droit notre chemin, nous autres, et nous méprisons les habiles sophismes et les prudents détours dont vous tirez tant de gloire, messieurs de la noblesse d'hier! Voilà ce que je vous dis, moi, monsieur Chavigni, moi qui ai sur vous le grand malheur d'être duc et pair de France et d'avoir des cheveux blancs; voilà ce que je vous dis sans avoir peur de votre philosophie ni de votre épée. — Puis s'avançant vers Lætitia : — Madame, lui dit le duc avec le plus grand respect, j'ai au fond du cœur le plus vif regret d'avoir servi, bien innocemment il est vrai, à tout le mal qui vous arrive; vous savez, Madame, si j'ai toujours été pour vous autre chose qu'un ami tendre et dévoué, et si une belle personne de votre âge peut être aimée par un vieillard comme moi avec plus de tendresse et de respect; nous avons joué le même rôle sans le savoir, vous et moi, Madame; vous et moi nous avons servi d'échelons à M. Chavigni, qui voulait s'élever. Nous avons joué un triste rôle, l'un et l'autre. Maintenant que nous sommes dupes de ce grand ambitieux, que nous reste-t-il à faire, Madame? et surtout que puis-je faire, que voulez-vous que je fasse pour vous, mon amie Lætitia? Évidemment vous ne pouvez pas rester sous la puissance de cet homme qui n'a plus rien à vous demander, j'espère. Ordonnez donc et disposez de moi, votre ami; que ne puis-je vous rendre tout le respect que vous méritez, et toute la considération que ce jeune homme vous a ravie! — Puis, comme il vit que cette femme écrasée si bas se relevait peu à peu à ses paroles, en même temps que son meurtrier baissait la tête, M. de Chabriant, se retournant vers les vieillards qui l'entouraient : — Messieurs, leur dit-il, on a beaucoup attaqué l'ancien régime, et que n'a-t-on pas dit de nos mauvaises mœurs? Mais avouons pourtant que, dans notre jeunesse, nous nous conduisions autrement avec les femmes, et que si nous les déshonorions quelquefois, du moins ce n'était pas ainsi que nous les déshonorions.

Ainsi parla M. de Chabriant; il fit un profond salut à Lætitia : — Je vais attendre vos ordres, Madame, lui dit-il.

Et comme Christophe, dévoué jusqu'à la fin, tendait à Prosper sa main tremblante et glacée : — Christophe! s'écria M. le duc de Chabriant, vous plairait-il, Monsieur, de rentrer avec moi à l'hôtel?

VI.

Repentir.

Ici, à côté de l'abaissement de Chavigni, il faudrait vous raconter les bonheurs de Christophe; mais, encore une fois, il ne s'agit pas de Christophe, il s'agit de Prosper. Mademoiselle de Chabriant s'est emparée de cette belle âme. Laissons-les, elle et lui, à ces heureux transports de la jeunesse honnête et chaste, qui sont si près d'être le bonheur. Notre histoire nous pousse et nous presse. Laissons Christophe être heureux après cette terrible scène de déshonneur public. Nous ne devons plus quitter Prosper. C'en était fait de son dernier espoir; le faible roseau auquel il s'était attaché cédait à sa main tremblante. Il restait seul, face à face avec cet abandon complet et définitif, avec sa fortune brusquement interrompue, avec cette pauvre femme qu'il avait brisée et qui se tenait devant lui, les mains croisées, le regard baissé, immobile, sans se plaindre, et comme un débris inerte de sa chute. Prosper était si malheureux qu'il ne s'aperçut même pas que Christophe l'avait quitté sans lui dire adieu; il ne s'aperçut même pas qu'il était seul. Il marchait de long en large dans son salon, il marchait tranquillement, sans colère, sans passion, comme un homme distrait qui cherche une idée dont il n'a pas grand besoin, et qui est sûr de la trouver tout à l'heure. A la fin, n'en pouvant plus, il se jeta dans un fauteuil, et, cachant sa tête dans ses mains, il se prit à pleurer.

Quand il eut pleuré longtemps, et au moment où, vaincu par le monde une troisième et dernière fois, il venait de formuler en lui-même sa volonté dernière, il tourna la tête, et il vit, à ses genoux, dans tout le désespoir de sa beauté, Lætitia Laferti! Ses grands yeux étaient pleins de larmes, sa main était froide et blanche, sa poitrine était émue, et sur ses blanches épaules flottaient au hasard ses épais cheveux noirs. Elle avait les yeux fixés sur Prosper, et, avec un accent de désespoir que nulle parole humaine ne saurait rendre, elle lui dit : — *Et moi?*

En effet, dans sa douleur, Prosper avait oublié cette femme. Mais quand la mémoire lui revint, quand il laissa son regard tomber sur cette pauvre femme qu'il avait brisée et dont les débris étaient à ses pieds sans mouvement, quand il se rappela tout ce qu'elle avait fait pour lui, et ce qu'il avait fait contre elle; quand il compara ce profond dévouement à son infâme égoïsme, il se trouva en effet un monstre, et il se fit peur à lui-même — et pitié!

Elle lui avait livré sa beauté, sa jeunesse, son doux sourire, son doux regard, toute son âme, tout son esprit, tout son cœur! Et lui, il l'avait indignement sacrifiée à son ambition misérable! En même temps, il se rappelait le dévouement, le courage, l'abnégation de cette femme. Il la revoyait s'abandonnant à sa conduite, oubliant pour lui parents, amis, patrie, croyance, le soleil et la musique ! Il se disait que celle-là seule, entre toutes les créatures de ce monde, elle lui avait été dévouée jusqu'à paraître une infâme ! et si jeune, si belle, un si grand poëte quand elle était en verve ! — Alors vous auriez vu ce désolé jeune homme, vaincu par la reconnaissance, par le remords, passer son bras sur le cou de cette pauvre femme, et se reprendre à pleurer. Les larmes de Prosper coulaient de plus belle, pour retomber goutte à goutte sur Lætitia agenouillée. A chaque larme, qui la frappait à l'âme, cette femme se relevait doucement ; ainsi fait la fleur sous la rosée. Elle était plus bas que terre tout à l'heure ; à présent elle le regarde face à face, et elle s'étonne de le trouver si malheureux !

Puis, voyant que Prosper pleurait toujours :

— Mon ami, lui dit-elle avec ce doux accent italien qu'elle n'avait jamais eu pour lui, qu'avez-vous donc, et pourquoi pleurer ? Quelle si grande douleur est la vôtre, puisque vous voilà arrivé à votre but ? N'avez-vous donc pas assez de fortune ou de pouvoir ? En ce cas, très-cher, je serais fâchée que vous eussiez dit si tôt à votre esclave : *Va-t'en !* car, à coup sûr, j'avais encore de belles années à vos ordres et quelques belles guirlandes de mon printemps à jeter sur le chemin de vos grandeurs. M'avez-vous donc trouvée trop peu intelligente ou trop obéissante à vos ordres absolus, Monseigneur ? Pourtant j'ai fait tout ce que vous m'avez ordonné de faire. J'ai été belle, coquette, parée, séduisante ; j'ai été adorée autant que vous l'avez voulu. Que faut-il encore ? parlez, et j'obéis. Au moins, mon seigneur et maître, parlez donc ! Êtes-vous assez vengé ? Avez-vous assez puni ce monde que vous vouliez punir ? Lui avez-vous assez démontré qu'il s'était trompé en me prenant pour votre femme, en me prenant pour une honnête femme? Allons, monsieur Prosper, soyez juste, votre vengeance a été bien complète; le monde n'a plus rien à vous demander de ce côté; et quant à moi, qui suis perdue, que vous importe? Qui suis-je et que suis-je, en effet, pour être comptée dans ces grands intérêts de bonne ou de mauvaise renommée? Je suis une pauvre femme perdue, destinée à être perdue. J'ai accompli, jusqu'à la fin, le rôle que vous m'aviez destiné; je l'ai joué, je vous le jure, aussi honnêtement qu'il m'a été possible. Maintenant que notre drame est à sa fin, que nous reste-t-il à faire? A nous retirer chacun de notre côté et à nous dire adieu! Adieu donc, monsieur Prosper, adieu donc! votre triste moitié sacrifiée prend congé de vous, non sans regrets et sans larmes! Adieu, mon ami! Quelle que soit votre conduite envers moi, je vous dis adieu sans haine, ou plutôt je vous remercie, vous qui, pendant si longtemps, m'avez permis de porter votre nom, vous qui, pendant trois longues années, hélas! m'avez appelée votre femme, vous qui m'avez entourée de tant de soins, de tant d'amitié, de tant d'amour extérieur; adieu donc! Grâce à vous, j'ai été la reine des salons, j'ai eu mon influence politique, j'ai entendu murmurer les secrets d'état à mes oreilles; grâce à vous, j'ai été un instant à la cour, et le roi m'a saluée en disant : *Qu'elle est belle!* J'ai eu toutes les vanités du monde parisien, grâce à vous. Eh bien! tous ces biens, je vous les rends sans les regretter, Monsieur; tout cela, je vous l'abandonne avec joie, et je vous remercie de me l'avoir arraché avec tant de scandale. Oui, la fortune, oui, les honneurs, oui, le pouvoir, oui, l'admiration du roi, oui, toutes ces choses si chères à la foule, ne valent pas un sourire de mon Italie! Adieu donc! nous sommes quittes; mais, avant de nous séparer pour jamais, donnez-moi votre main pour la première et la dernière fois.

Ainsi parla cette femme, et à chaque parole qu'elle disait, Prosper étonné se demandait si c'était bien elle, en effet, si c'était bien Lætitia qui lui parlait. Une si belle âme dans un si noble corps! Et voilà pourtant la femme qui lui avait appartenu et qu'il avait sacrifiée à son ambition! et voilà la femme qu'il venait de déshonorer tout à l'heure au profit de son honneur! et voilà la beauté qu'il avait abritée sous son toit pendant trois ans, sans jamais la voir, sans jamais l'entendre, sans jamais la regarder autrement que comme l'oiseleur regarde son filet! Faut-il vous le dire? c'était vraiment pour la première fois que ce malheureux voyait Lætitia; pour la première fois il l'entendait parler; il la comprenait pour la première fois!

Il y eut un cruel moment de silence entre Lætitia et Prosper; celui-ci en profita pour détourner les yeux de tout ce qu'il perdait encore et pour se donner un peu de courage.

— Adieu donc, dit-il, adieu, Madame! mais avant de nous séparer pour jamais, ne faut-il pas bien que nous réglions nos comptes? Vous êtes mon associée, vous avez droit à la moitié de cette fortune que nous avons gagnée ensemble. Après quoi : — Adieu donc! comme vous dites, belle et chère Lætitia! adieu! Vous avez été la compagne fidèle et dévouée de mon ambition, vous ne serez pas la compagne malheureuse de mon repentir; adieu! Vous êtes femme, vous êtes jeune, vous êtes belle, vous êtes riche, vous êtes tout! Adieu!

Ici Lætitia, relevant fièrement la tête : — Écoutez-moi, dit-elle; écoutez-moi, ceci est ma dernière volonté; mais cette volonté est arrêtée irrévocablement, là, dans ma tête, là, dans mon cœur. De votre fortune présente et à venir, entendez-vous? je ne veux rien, pas un morceau de terre, pas une obole; je ne veux pas me vendre à vous, pas plus que je ne me suis donnée aux autres; je ne vous demande qu'une chose, c'est de me faire reconduire où vous m'avez prise, sous le petit coin de ciel bleu italien où je vivais heureuse et libre; voilà tout ce que je veux de vous; je ne vous demande pas même de m'accompagner; à quoi bon? vous n'avez plus rien à gagner avec moi! Voilà ma volonté. Quant à avoir jamais été votre associée, vous savez que la chose n'était pas possible, nous n'eussions consenti à cette association funeste, ni vous ni moi; car maintenant si je prenais la moitié de votre fortune, il vous faudrait prendre la moitié de mon infamie; gardez donc votre part comme je garde la mienne tout entière. Si je n'emporte d'ici l'estime de personne, au moins emporterai-je la vôtre, malgré vous.

— Mais où allez-vous de ce pas? lui dit Prosper; chère Lætitia, où allez-vous?

Elle se retourna vers Prosper, et d'un son de voix qui allait à l'âme : — Je retourne en Italie, lui dit-elle, dans le pays où l'amour appelle l'amour, dans le pays où la belle femme qui sent battre son cœur n'est pas employée à servir d'appât aux mauvaises passions des hommes; je vais dans le pays où les femmes qui n'ont plus à donner que leur jeunesse, leur âme et leur beauté, ne sont pas chassées comme des chevaux de rebut. Adieu donc! Et elle rentra dans ses appartements; sa porte se referma à clef sur Prosper. Dans son étonnement et dans son désespoir, il n'entendit pas Lætitia se jeter à genoux, et prier et pleurer.

VII.

Le Châtiment.

Quel abandon et quel lugubre silence autour de Chavigni! on dirait la maison du lépreux sur laquelle flotte le voile noir. Il reste tout seul, accablé sous la solitude, sous le silence, sous le mépris public. Déjà ses flatteurs de chaque matin, parasites quotidiens de son déjeuner, manquent à leur visite obséquieuse. Sa porte, ordinairement si bruyante, est silencieuse et muette. Autour de lui tout fait silence, même les petits oiseaux du jardin. La porte de Lætitia est fermée comme une porte de tombeau qui ne doit pas se rouvrir. Il était donc seul, tout seul; une seule chaise était à sa table, et sur sa table il n'y avait qu'une porcelaine pour le thé. Il était seul; plus de devoirs à remplir, plus de solliciteurs à entendre, plus de travail, plus d'esclavage, plus d'ordres à donner ou à recevoir! Il était sûr, en lui-même, que s'il allait à son ministère, son propre bureau lui serait fermé, et que s'il allait à la Bourse, on refuserait de lui dire l'avant-dernier marché de la journée, même pour le voler; et que s'il voulait entrer au palais des Tuileries, l'huissier de service lui demanderait son nom; et que s'il allait à l'hôtel Chabriant demander son ami Christophe, on lui répondrait : M. Christophe n'y est pas! Il est plus qu'un homme ruiné, il est plus qu'un homme déshonoré : il est un homme chassé du monde. L'homme ruiné refait sa fortune; l'homme déshonoré se réhabilite : l'homme chassé du monde n'y rentre jamais! Comment briser ce triple airain? Comment franchir ce fossé rempli jusqu'aux bords? Il parcourait à grands pas toute sa maison, et il se disait que dans ses salons si vastes et si riches, les femmes ne voudraient plus venir s'entendre dire qu'elles sont belles; que sur ces tableaux des grands maîtres, personne ne daignerait plus jeter un regard; qu'à cette table bien servie, nul ne voudrait s'asseoir, et que désormais son vin de Bordeaux pouvait vieillir encore : ce vin ne remplirait plus que son verre. Hélas! ces lambris dorés pour le monde, ces bronzes disposés pour faire envie, ces porcelaines, fragiles merveilles de l'Orient, ces meubles enlevés à prix d'or aux anciennes demeures royales, tout cela est mort et vide, et sans écho. Ces tapis ne seront plus foulés par les pas légers de cette jeunesse folâtre; ces glaces ne refléteront plus ces doux visages; plus de fêtes, plus de joie, plus de banquets, plus de fleurs, plus de femmes, plus d'ambition, plus de murmures, plus rien de la vie d'autrefois, car le monde a marqué cette maison et son maître de son doigt de honte et de fer !

Et, de temps à autre, il s'arrêtait répétant tout bas ce nom chéri : Lætitia! Lætitia! Lætitia, sa compagne inconnue, sa maîtresse, dont il n'avait jamais touché la main, sa femme devant les hommes, une étrangère dans sa maison. Et quel vide immense lui causait l'absence de cette femme qu'il avait comptée, jusqu'à présent, pour si peu dans sa vie! Mais Lætitia restait chez elle immobile, silencieuse; à chaque heure nouvelle, Prosper se disait en lui-même : — *Si elle était partie!* Et cette question lui faisait peur.

Quelquefois il pensait que peut-être les femmes seraient moins sévères pour lui que les hommes. Il récapitulait en lui-même celles qui l'avaient le plus aimé. L'une avait voulu quitter pour lui son père et sa mère, demandant à être sa maîtresse cachée dans un faubourg; l'autre avait voulu abandonner son mari qui l'aimait, et ainsi s'exposer à toutes les horribles chances d'un crime sans rivage et sans bord; celle-là lui écrivait nuit et jour des lettres pleines de passion et d'amour; cette autre eût oublié son enfant, oui, son enfant, pour un sourire de Prosper. Mais, après cet éclat si étrange, les femmes l'avaient abandonné comme les hommes. Il était donc seul, tout seul encore de ce côté, et dans le plus complet abandon.

Et ce qui lui fit paraître cet abandon encore plus affreux, c'est que pendant qu'il était seul et que personne ne lui tendait une main amie, il vit accourir chez Lætitia, chez sa femme, la ville et la cour. Les femmes n'y venaient pas, il est vrai, mais en revanche les hommes accouraient en foule. Ils étaient si heureux de la savoir libre et de pouvoir l'aimer sans duel! Ils étaient si empressés à venir offrir à Lætitia Laferti, — si célèbre, — celui-ci son bras, celui-là sa fortune, cet autre son courage, cet autre son crédit! Mais Lætitia ne recevait personne; sa porte ne s'ouvrit à personne, pas même à M. le duc de Chabriant.

Vous pensez si cette fois encore Prosper se vit trompé dans ses calculs. En effet, rien ne lui avait réussi comme il l'avait espéré. Il voulait, en dénonçant Lætitia à l'opinion publique, se réhabiliter dans l'opinion, et l'opinion, un instant surprise par tant de hardiesse, s'était tout d'un coup tournée contre lui. Il espérait que le monde, apprenant que Lætitia n'était pas sa femme, s'éloignerait de Lætitia et viendrait à lui en toute hâte, et que plus d'une femme se dirait en le voyant libre : — *C'est une belle fortune à faire et un beau nom à porter!* Vain espoir! Le monde, qui n'est pas toujours injuste, qui n'est injuste que pour les gens heureux, se retira de cet homme cruel et porta sa pitié sur cette pauvre femme indignement brisée. On laissa Prosper tout seul dans son triomphe; on entoura Lætitia dans sa défaite. Ainsi, le malheureux était abîmé dans toutes sortes de regrets, de désespoirs et de terreurs.

Alors il en vint à être jaloux de Lætitia, jaloux de l'intérêt qui l'entourait, de l'estime qui l'avait suivie dans sa retraite, de tous les hommes qui venaient lui rendre leurs devoirs comme au temps de sa fortune, et qui déposaient humblement leur nom chez son portier. Surtout ce qui lui brisait le cœur, c'était de savoir que M. le duc de Chabriant se posait hautement comme l'appui et le défenseur de l'étrangère. Oh! alors c'étaient de cruels repentirs dans l'âme de ce jeune homme. Il ne songeait déjà plus à sa dernière défaite; il ne songeait qu'à Lætitia. Il revenait lentement sur son voyage d'Italie avec elle; il se la rappelait telle qu'elle était avant qu'il l'eût sacrifiée, — et qu'elle était plus belle et plus blanche que la Vénus de Médicis! — et qu'il avait été assis à ses côtés pendant toute cette longue route! — et que plus d'une fois elle avait posé sa tête sur son épaule! — et qu'elle lui souriait le matin et le soir de son plus doux sourire! — et qu'elle lui tendait la main, comme fait un joli enfant! — Il se rappelait aussi qu'ils avaient vécu ensemble trois ans sous le même toit. Ils avaient mangé à la même table; il aurait pu, s'il eût voulu, boire dans le même verre. — Elle avait des yeux de flamme, un sein de marbre, et des doigts qui brillaient dans ses cheveux noirs; elle était avec lui abandonnée, souriante, joyeuse, triste, rêveuse; et le matin elle venait à lui dans un élégant désordre, l'œil encore humide du sommeil de la nuit; et à midi elle revenait à lui tout éveillée, en fredonnant sa chanson; et le soir elle se parait de tout son éclat de vingt ans; et elle lui demandait conseil pour savoir quelle robe et quels rubans elle devait porter; et il la promenait au bois dans sa calèche; et il galopait à ses côtés pendant que la plume noire de son chapeau flottait au vent; et il la menait à l'Opéra le soir; et à certains moments de passion et de génie, elle pleurait devant lui, doucement et en silence, comme une fille sous l'aile de sa mère; et il la menait au bal, et au bal c'était elle qui l'invitait à danser, car il était un habile valseur, et alors elle se penchait sur lui, s'abandonnant sans crainte et sans réserve à tout l'entraînement de la valse; et tout d'un coup, au milieu même de la fête, quand cette foule de jeunes gens, ivres d'amour, sollicitait encore un sourire, encore un regard, encore une fleur tombée de ce bouquet de roses et de dahlias, elle quittait la foule et elle prenait le bras de Prosper, et il la ramenait haletante, mais non pas lassée, dans sa maison, et alors, s'il eût voulu, il eût pu assister à sa toilette de la nuit et voir tomber une à une tant de dentelles jalouses; et tout cela, tout cela aurait été à lui, s'il eût voulu! tout cela aurait porté son nom, s'il eût voulu! Il aurait pu, à toutes les heures du jour et de la nuit, se jeter à ses pieds, et les baiser avec adoration, et s'écrier en pleurant : — Je t'aime, Lætitia! je t'aime d'amour! je t'aime pour toi! j'aime ta beauté pour ta beauté! Tu es ma femme, tu es ma maîtresse, tu es mon Dieu; car, à coup sûr, c'est toi qui as créé le soleil et la terre! Et il aurait pu être heureux avec elle! et il n'a voulu être que puissant et riche! O honte! ô douleur! Et toute cette beauté sans pair, il l'a jetée aux autres, il l'a laissé prendre à la foule; il en a été le gardien stupide, comme l'eunuque du sérail. Oh! se disait-il, qu'elle doit me haïr, et qu'elle doit me mépriser! Oh! que doit-elle penser de moi quand elle se regarde et qu'elle se voit si belle; quand elle se sourit à elle-même et qu'elle pense qu'elle pouvait me sourire ainsi; quand elle se dit : *Bonjour, Lætitia!* et qu'elle pense qu'elle pouvait me dire ainsi : Bonjour! quand elle pose ses deux mains sur son doux visage; quand elle déploie ses beaux cheveux sur ses blanches épaules; quand elle marche sur le sable du jardin et qu'elle retourne doucement la tête pour chercher (en vain) la trace de ses pieds ; quand elle sent son cœur qui bat, son œil qui s'anime, son sein qui se soulève, les larmes qui lui viennent, perles tombées de sa paupière ; quand elle voit son âme et son corps à découvert, et qu'elle se dit : S'il avait voulu, il serait là à mes côtés, là dans mon cœur, là toujours ! Oh ! quelle sera ta victoire, chère et belle Lætitia, si, par hasard, tu jettes les yeux sur moi à présent, et si tu me vois tel que je suis en effet, humilié, vaincu, écrasé, oublié par le monde, oublié par toi, par toi qui as porté mon nom, et qui, peut-être, si je te demandais à présent l'aumône de ton amour, me demanderais, avec ton désespérant sourire italien : — Comment t'appelles-tu, seigneur ?

Et si, après ma trahison, j'ose lui avouer que je m'appelle Prosper Chavigni, soudain quelle terreur dans ses traits ! quelle épouvante dans son cœur ! Il me semble l'entendre crier : Au secours ! Chavigni ! Chavigni ! c'est un nom qu'il ne faudra jamais prononcer devant elle. Oh ! malheur ! malheur sur toi, Prosper, qui as tout brisé, même l'espérance ! A présent que vas-tu faire ? Plus d'ambition pour toi, Prosper, et plus jamais, plus d'amour ! l'amour, ce grand orgueil des hommes qui sont jeunes ; l'amour, qui est la fortune inépuisable et charmante de nos vingt-cinq ans. C'en est fait, tu ne verras plus les jeunes filles te sourire, tu ne verras plus les femmes te saluer avec grâce, tu n'auras plus rien de commun avec ces élégantes vertus de Paris si remplies d'esprit. Prosper, tu as tué l'amour ! — Puis, se tournant vers cette porte fermée, le malheureux s'écriait : — Lætitia ! chère Lætitia ! que j'ai sacrifiée à ce monde qui ne vaut pas un de tes regards, pardon, ma Lætitia ! pardon, ma femme ! pitié ! pitié ! pitié !

A chaque instant il demandait ses lettres ; on lui répondait qu'il n'y avait pas de lettres pour lui. Il demandait ses cartes de visites; on lui répondait que personne n'était venu pour le voir. A la fin, cependant, un domestique lui remit le *Moniteur* et une lettre.

Il ouvrit d'abord le *Moniteur*. Son ambition mal éteinte lui revint un instant, et il se rappela cette parole de M. le duc de Chabriant : — *M. de Chavigny, lisez demain le Moniteur!* A la partie officielle il y avait : — *Le roi a nommé M. le baron Christophe conseiller d'état.*

— Ah! c'est trop juste, se dit Prosper; celui-là est arrivé par la belle route; moi, me voilà dans le précipice. Résignons-nous.

Après quoi, il lut d'un bout à l'autre le *Moniteur* (il était si désœuvré!), et il vit que toutes choses allaient leur train ordinaire, et que rien n'était changé dans ce gouvernement, dont il ne faisait plus partie, et qu'il n'y avait en tout ceci qu'un ambitieux de moins. Ce fut la dernière fois de sa vie qu'il lut le *Moniteur*. Toute son ambition demeura ensevelie dans ce froid linceul. Restait à ouvrir la lettre qu'il venait de recevoir : — *Si vous voulez voir votre oncle avant sa mort*, disait la lettre, *hâtez-vous!* — Mon oncle, mon oncle! se dit Prosper tout bas, et comme s'il avait peur d'être entendu. Ah! pour le coup, je vois bien que je suis au bout de ma fortune. Il faut, en effet, que je sois bien complétement déshonoré, pour que, même à son lit de mort, mon oncle ait osé demander à me voir! Allons, Prosper, allons, encore cette fois, prends courage! Dans cette position désespérée, ce n'est pas trop de courage d'avoir tous les courages. Eh bien! j'irai, j'irai le voir cet homme qui m'a perdu; j'irai lui montrer ce qu'il a fait de moi, et comme ses leçons m'ont bien profité. Enfin, je ne suis pas fâché de savoir, par l'exemple de cette mort, comment je dois mourir un jour.

Il s'habilla, et sans dire où il allait, il sortit de sa maison.

VIII.

Le Châtiment.

En effet, M. le baron Honoré de la Bertenache touchait à sa fin. Il mourait ainsi, sans crier *gare!* par la seule raison qu'il n'avait plus rien à faire, et pour ne pas rester oisif. Comme tous les hommes d'intrigue, l'intrigue était sa vie, et, du jour où des intrigants plus alertes eurent pris sa place dans les sombres royaumes de l'intrigue, ce malheureux homme, sorti de son élément, ne sut plus que languir. L'édifice de sa fortune, si facilement élevé, s'écroula tout aussi vite, pendant que l'estime du monde, qu'il avait si péniblement acquise, s'en allait en toute hâte, comme n'étant venue que forcée et contrainte. Ainsi, il avait vieilli tout d'un coup comme un homme inutile à lui-même et aux autres; ceux qui ne le regardaient pas comme un infâme, le méprisaient tout au moins comme un oisif. Ce qui se passait dans sa conscience, Dieu le sait! bien que ce fût une conscience faussée par le sophisme et par le paradoxe. Mais une peine plus apparente frappait cet homme, qui, toute sa vie, n'avait été que mollesse et vanité: cette peine, c'était la misère et l'abandon. Sa fortune, vaine fumée d'un feu de paille, s'en était allée sur le dos, ou, pour mieux dire, dans la hotte de sa bonne renommée. Sa maison, naguère si brillante et si remplie, était devenue, du jour au lendemain, silencieuse et déserte. Ses amis si nombreux s'étaient tous enfuis on ne sait où: — oui, tous! et à peine aurait-il pu se rappeler le nom d'un seul d'entre eux, tant ils l'aimaient et tant il les aimait! Tant de portes qui lui étaient ouvertes à deux battants s'étaient refermées brusquement à son approche, aussitôt qu'on avait compris qu'il n'était plus à craindre. Ainsi, cet esprit si actif et si délaissé avait été obligé de se dévorer lui-même, faute d'aliment. Le temps lui avait manqué tout à la fois, comme fait la planche qui s'efface sous les pieds d'un pendu; le présent, le passé, l'avenir, l'avaient abandonné à tire d'aile. Mais, en revanche, le présent pesait sur lui de tout son poids, et c'était chose bien misérable de voir cet homme qui, toute sa vie, savait, vingt-quatre heures avant tout le monde, les secrets les plus cachés de la foule, réduit maintenant à tromper son ennui mortel au bavardage de sa servante et de son portier. Le malheureux! il avait vécu entouré, fêté, redouté, écouté; il avait vécu aussi vite qu'on peut vivre au milieu des affaires, de l'intrigue, de la médisance, des festins, des amours, des trahisons, des révolutions et des plaisirs de chaque jour; et maintenant il mourait seul, à petit ennui, loin du bruit et du mouvement qui avaient été sa vie; il mourait lentement sur un lit mal fait, et sans pouvoir donner à personne ni inquiétude, ni espérance. O misère! Il ne pouvait plus être ni bon, ni méchant pour personne, ni aimé, ni haï par personne; bien plus, il ne pouvait plus être un homme d'esprit pour personne! Cette parole éloquente et intarissable qu'il avait reçue du ciel, cette verve impitoyable et cette ironie dignes de Voltaire, tous ces trésors de l'esprit qui avaient fait son autorité dans les salons parisiens, retombaient maintenant de tout leur poids sur sa solitude et sur son abandon. La vieillesse, et quelle vieillesse! une vieillesse sans honneur et sans cheveux blancs, était venue tout d'un coup et sans transition pour lui, qui avait été toute sa vie un jeune homme; et, avec la vieillesse, était venue la maladie, vous savez bien, cette dernière maladie de la vieillesse délaissée, sans soulagement et sans espoir, que chaque minute aggrave, et qui vous enlève le peu qui vous reste, la vue, l'ouïe, l'odorat, le toucher, la pensée, tout, excepté le remords. Quant à cette richesse éphémère qui l'entourait, elle s'était dissipée soudain, comme fait la flamme sans aliment. L'imprévoyance avait été le seul courage de cet homme; il n'avait jamais voulu accepter aucune des charges de la richesse, et, à cette idée de ruine qui lui venait une fois tous les ans, il s'était toujours répondu : — *Que m'importe?* D'abord il fit face habilement à sa ruine. Il commença par vendre à qui les voulait, ses chevaux, sa voiture, sa livrée, tout ce qu'on jette d'éclat et de boue aux passants, qui vous le rendent en imprécations et en estime. Plus tard, il s'était défait de son luxe intérieur. Il avait fondu sa vaisselle; il avait changé, contre de l'ébénisterie du faubourg Saint-Antoine, ses vieux meubles dorés, ses bronzes du bon temps, ses chefs-d'œuvre de Boule, son orgueil; si bien que, dans ces meubles neufs et mesquins, dans ce pâle et sec acajou recouvert d'une étoffe de laine rouge, vous l'eussiez pris pour un parvenu de la veille. Hélas! c'était un homme ruiné d'hier. Dans ce renoncement aux joies intimes de l'élégance et du bien-être intérieur, le baron Honoré s'était montré encore une fois homme d'esprit et de courage. Ceci fait, et ne trouvant plus rien à se retrancher, il avait croisé les bras, il s'était jeté dans son fauteuil de douleur, et, de là, il regardait couler le flot intarissable de toutes ses misères, attendant que le fleuve d'amertume fût à sec. Après avoir perdu ce qu'il avait, en le vendant, il finit par le perdre sans rien vendre. Autour de lui tout s'en allait en poussière, sous je ne sais quel souffle empesté, brûlant et sec comme le simoun du désert. C'é-

taient, autour de lui, des lambeaux sans nom, des parcelles
inaperçues, un sable fin et froid, le sable de la misère, qui
l'engloutissait peu à peu. Son tapis n'était plus qu'un lambeau de laine sans couleur; sa pendule s'était arrêtée d'elle-même; son chien était sourd, sa perruche était sans plumage; le feu avait pris à sa robe de chambre; la goutte avait gonflé ses pieds et rétréci ses pantoufles; ses doigts affaissés ne pouvaient plus supporter l'or et les camées des bagues; son vin de Bordeaux, si précieux, avait tourné dans sa cave; ses glaces transparentes avaient jauni; les portes de sa maison, si bien fermées, laissaient passer l'air et le froid; sa montre retardait d'une heure chaque jour, et les jours lui paraissaient éternels; son linge avait perdu sa blancheur, ses habits leur forme; son chapeau était vieux et pelé; sa canne de jonc, fidèle compagne de sa vie, n'avait plus de fer au bout, et plus de cordon à son sommet; la vétusté s'était emparée de toute cette opulence si sûre d'elle-même, et qu'on eût dite éternelle. Le froid et la chaleur avaient pénétré dans cette maison, chaude en hiver, fraîche en été; l'herbe avait poussé dans cette cour si bien tenue; la mousse tapissait ces murailles; ces cheminées flamboyantes jetaient, à présent, plus de fumée que de flammes. Plus de livres, plus de tableaux; ces amis obéissants, ces fidèles de toutes les heures, ils avaient fait comme tous les autres amis du baron, ils étaient partis pour ne plus revenir.

Aucun détail de cette désolation muette et cachée n'échappa à Prosper, après une si longue absence loin de cette demeure qu'il avait vue splendide et magnifique. Le frisson l'avait pris rien qu'à franchir ce seuil abandonné; mais que devint-il quand il se vit en présence même de cet homme qui avait été à la fois son secours et sa perte? Mais était-ce bien là son oncle? Était-ce bien ce brillant baron Honoré de la Bertenache, l'homme de tant d'esprit et de tant d'audace, qu'il avait vu naguère tout rempli de joie, d'esprit, de saillies et de sang-froid? Était-ce bien le même homme qui ne doutait de rien, et qui ne croyait ni à la gloire, ni à la vertu? Tout était mort chez lui, autour de lui. Cet œil, qui jetait des éclairs et qui voyait toutes choses de si bas ou de si haut, était éteint; ce sourire, rempli de sarcasme et de moquerie, s'était arrêté glacé et édenté; la pâleur livide s'était étendue sur cet heureux visage qui resplendissait de toutes les joies brillantes de la bonne humeur et de la santé; ces belles mains s'étaient ridées; cette grande personne s'était amoindrie; ces cheveux épais étaient tombés, et les cheveux qui restaient n'étaient pas même devenus blancs; ils n'avaient pas eu le temps de blanchir, tant la vieillesse avait pris cet homme à l'improviste! A la vue de cette ruine d'un homme, Chavigni recula d'un pas; il ne s'était pas préparé à avoir tant de pitié. Mais quand il le vit ainsi courbé, affaissé et humilié par le mal, ainsi saisi par la mort, sans défense et sans espoir, sa colère fit place à un sentiment moins dur; il n'eut pas pitié de cet homme, mais cet homme lui fit pitié.

— Mon neveu, dit le baron Honoré d'une voix affaiblie, mais encore résolue, je n'espérais pas vous voir avant de mourir, et, à vrai dire, je serais mort sans vous prévenir si je n'avais pas appris de vos nouvelles ce matin même. Savez-vous, mon neveu, que c'est un bien bon tour que vous avez joué là? Faire passer une femme perdue pour une honnête femme; attirer toute cette foule à l'appât d'un facile adultère qui n'était pas un adultère; les laisser venir tous autour de cette femme comme des chiens à la curée, puis, quand chacun s'est bien pris à cette glu, dire au monde tout haut: *Tu es ma dupe!* Oui, c'est un bon tour tout nouveau, par Dieu! et, pour tout au monde, moi qui te parle, je voudrais l'avoir inventé dans mon bon temps. Et moi qui te croyais un honnête homme, tout simplement habile comme tout le monde! mais, par le ciel! je me faisais tort à moi-même; j'aurais dû penser que ma parole ne serait pas tombée en mauvaise terre, et qu'elle porterait son fruit tôt ou tard. Recevez donc tout mon compliment pour cette belle action, mon neveu; seulement, je suis bien inquiet de savoir ce que le monde va faire avec vous, et ce qu'il va dire de vous à présent; et peut-être ne vivrai-je pas assez longtemps pour le savoir.

A cet éloge cruel et bien mérité, Prosper baissa la tête; il comprit que son oncle n'était plus assez vivant pour disputer avec lui, et que, quoi qu'il pût dire à présent, il ne pourrait pas se défaire de son estime; l'estime de son oncle! Il lui restait donc à supporter cet ignoble éloge comme la première punition de son forfait, et qui devait l'habituer à toutes les autres.

— Monsieur, dit-il au baron, si j'avais su plus tôt que vous aviez besoin de moi, je serais accouru sur-le-champ; car, enfin, sauf l'honnête éducation que je vous dois et les tristes exemples que vous m'avez donnés, je suis votre débiteur, et cette partie de ma dette est sacrée. Permettez-moi donc de vous dire que je suis désolé que vous m'ayez fait appeler si tard.

— Eh! mon neveu, si je ne t'ai pas appelé plus tôt, reprit le baron, c'est que je te croyais marié bêtement et légitimement avec une belle et honnête femme, et je me disais : Ne les troublons pas dans leur bonheur et dans leur vertu. Mais à présent que tu as fait tes preuves d'intrigant habile et acharné à sa proie, tu redeviens tout à fait mon neveu, mon élève, mon fils bien-aimé, et je n'hésite pas à remettre mes derniers moments entre tes mains; aussi bien ai-je grand besoin qu'un ami me soit en aide; car, vois-tu, mon neveu, à nous autres intrigants, il est vrai que d'abord la vie est un chemin de fleurs, chacun nous tend la main et nous sable la route; les uns nous aiment; les autres ont peur de nous; ceux qui nous haïssent sont obligés de nous sourire. Nous laissons de côté, pour marcher plus vite, tout bagage inutile. Pas d'amour, à quoi sert l'amour? Pas de mariage! le mariage est à la fois un fardeau et une chaîne;—excepté des amours utiles, comme les tiens; excepté un mariage facile à rompre, comme le tien. Pas de famille, pas d'enfants! excepté peut-être un beau neveu qu'on rencontre en passant, et qu'on s'amuse à façonner de ses mains, comme moi j'ai fait pour toi. Pas d'amis! l'amitié est un des plus dangereux paradoxes que je connaisse. Surtout pas de père, pas de mère, pas de frères, pas de sœurs! des intrigants comme toi et moi, mon neveu, ne doivent avoir de dévouement pour personne; ils ne sont dévoués qu'à eux-mêmes, à eux seuls; que voulez-vous qu'ils s'embarrassent d'un inutile fardeau d'amitié ou d'amour? Tout cela est donc bien beau tant qu'on est jeune; on se félicite d'avoir brisé de bonne heure tous les liens qui retiennent le vulgaire dans ce cercle trivial de probité et d'honneur. A chaque instant, de tristes exemples de douleurs vous maintiennent dans votre égoïsme. On voit un fils qui pleure son père mort, ou qui trouve que son père vivant vit trop longtemps, et l'on se dit à soi-même avec joie : Je n'ai jamais eu de père! On entend autour de soi mille histoires de femmes qui trompent leurs maris, de parents qui se déshonorent les uns les autres, d'enfants rétifs qui ruinent leurs familles, et l'on se dit à soi-même en bénissant le ciel : Dieu merci! je n'ai jamais eu et je n'aurai jamais ni femmes, ni parents, ni enfants. Voilà qui va bien. On compte autour de soi et dans chaque famille les trahisons, les adultères, les ruines, les déshonneurs, et l'on se dit : Bravo! je suis tout seul.

Mais aussi,—écoutez-moi bien, mon neveu,—nous autres les intrigants, qui comptons une à une toutes les misères de la famille, en revanche, nous ne comptons pas les dévouements qui sauvent les familles, les amours qui brillent comme des étoiles dans la vie, les amitiés qui vous enveloppent comme un chaste manteau, la piété filiale qui est pour tous les hommes un rempart dans la vie, un retranchement dans la mort : voilà ce que nous ne voyons pas, nous autres, du moins tant que nous sommes jeunes. Mais vienne la vieillesse! et pour nous autres elle vient vite, si vite! Regarde-moi, mon neveu, si tu l'oses. Alors toutes ces pensées oubliées de la famille et du devoir nous reviennent en foule dans leur simple et naïf appareil; alors aussi il nous semble que nous sortons d'un songe funeste. C'est si triste, vois-tu, d'être seul, tout seul, quand on est tombé vieux tout d'un coup, et de n'aimer personne! C'est si triste de n'être aimé de personne! De cette misère sans nom, tu me vois un affreux exemple. En vain je croyais avoir fait de grandes provisions pour orner la solitude de ma vieillesse, provisions de science et de poésie, de philosophie et de souvenirs, de bien-être et d'incrédulité; je le vois à présent, j'aurais mieux fait de mettre en réserve pour les mauvais jours un peu d'amitié, un peu d'amour. Toutes ces vanités de mon temps d'esprit et de puissance se sont évanouies comme un vain son dans l'air. Toutes mes passions d'autrefois, je dis mes passions innocentes, m'ont quitté sans retour, comme font d'ordinaire les passions coupables après la jeunesse. Ces poëtes, que j'aimais tant, ne sont plus qu'un vain bruit qui bourdonne à mon oreille; ces grands historiens, où je voyais si petite la nature humaine, ne m'amusent plus de leurs mensonges; ces chefs-d'œuvre de l'art qui flattaient ma vue, ne sont plus aujourd'hui que des lambeaux de vieille toile ou d'insignifiants morceaux de marbre; cette fortune, que j'avais ramassée, s'en est allée comme elle m'était venue, sans que je puisse dire ni comment elle était venue, ni pourquoi elle est partie. Oh! que ne donnerais-je pas à présent pour avoir à mes côtés seulement une vieille femme qui m'aimerait, je dis la plus vieille mégère et la plus scélérate, eût-elle trempé ses mains dans le sang, eût-elle les yeux rouges, les mains ridées, un jupon sale, et le caractère d'une femme qui n'a jamais été belle, ni jolie, ni aimée! Oui, ce serait une joie pour moi d'entendre cette femme gronder tous les jours, pourvu que je pusse me dire : *Elle m'aime!* Oh! que ne donnerais-je pas pour avoir à mes côtés, là, devant moi, là, sur mes genoux, un enfant à aimer! Je ne demande pas un joli enfant, mon Dieu! une de ces têtes bouclées, un de ces sourires tout roses, une de ces joies printanières qui vous regardent avec un œil bleu sous ses longs cils noirs; non, mon bon Dieu, je n'oserais! Je ne vous demande qu'un enfant malade, idiot, perclus de tous ses membres, lépreux, affreux à voir, affreux à embrasser; mais un enfant à moi, et que je puisse aimer, et dont la souffrance soit ma souffrance, et dont la lèpre soit ma lèpre, et dont l'insomnie soit mon insomnie. O mon Dieu! fais-moi seulement, à l'heure qu'il est, le père de la dernière créature humaine; fais-moi le père d'une prostituée qui me frappe quand elle est ivre, et qui, le reste du jour, fasse de moi le jouet de ses amants de la rue; oui, mon grand Jésus-Christ mort sur la croix, fais cela, et je te bénirai; car, à cette prostituée, l'opprobre du monde, quand elle me couvrira de crachats et de soufflets, j'aurai encore le droit de dire : *Ma fille*, et de la bénir! O désert! ô solitude! ô abandon! ô misère! ô mon pauvre corps! ô mon âme! ô mon cœur!

Puis il ajouta avec un sourire amer : — Et voilà, mon neveu, après cette belle vie, voilà la mort qui nous attend, nous autres ambitieux !

Il dit encore ces mots à Prosper : — Et voilà pourquoi, malgré ton habile conduite avec cette femme que tu as déshonorée si utilement et si entièrement l'autre jour, moi, à ta place, et avec l'expérience que j'ai à présent, je n'aurais pas été si cruel; car il faut, à coup sûr, que cette femme ait pour toi quelque sentiment bien tendre, pour t'avoir ainsi fait un honneur aux dépens de son propre honneur, et une estime aux dépens de sa propre estime. Je ne crois pas avoir entendu jamais parler d'un pareil dévouement; et, dans quelques années, quand tu seras seul comme moi, et ruiné comme moi, et vieux comme moi, j'ai bien peur que, dans l'abîme de ton abandon, tu ne te mettes à regretter cette femme, et à te dire à toi-même que tu donnerais ton reste de vie pour tenir sa main dans la tienne un instant avant de mourir. O mon neveu! je parle sérieusement à présent, car je parle sous la dictée de la mort et du néant; mon école d'ambition est une école funeste, elle sacrifie tout au présent, sans jamais penser à l'avenir. Nous oublions trop, nous autres les ambitieux, qu'il y a deux choses dans la vie de l'homme, la jeunesse et la vieillesse, la vie et la mort.

Disant ces mots, le baron Honoré fut saisi par une de ces horribles douleurs auxquelles il était en proie depuis deux ans, et qui suspendaient en lui le mouvement et la pensée. — Il est mort! s'écria Prosper. — Hélas! non, répondit le domestique de louage; en même temps, il jetait le baron Honoré sur son lit.

IX.

Ce Néant.

Telle fut cette horrible agonie. L'esprit de cet homme venait de jeter sa dernière lueur, son bon sens naturel venait de faire son dernier effort, lueur d'un instant, effort inutile ! Chavigni était tombé trop bas dans l'abîme du baron Honoré, pour tenter d'en sortir. Les paroles de ce moribond n'eurent pas d'autre effet que de précipiter la résolution de Prosper. C'est ainsi que l'abîme appelle l'abîme, comme dit l'Écriture. Prosper rentra chez lui bien plus calme qu'il n'en était sorti. A présent, son sort était fixé, irrévocablement fixé; il venait d'entrevoir la vérité sur le lit de mort de son oncle, il savait à présent quel avenir l'attendait. Certes, à un pareil avenir, il préférait la mort. Il marchait d'un pas calme. Sa tristesse n'avait rien de solennel, rien de dramatique. Il prit le plus long chemin pour retourner à sa maison, cette maison qu'il avait habitée à deux, et dont il n'avait plus à présent que la plus triste moitié. A peine, en entrant chez lui... chez elle... eut-il un regard pour les fenêtres de Lætitia. Tout était tranquille, si tranquille, que Prosper se dit à lui-même : *C'en est fait, elle ne pense plus à moi !*

Plusieurs jours se passèrent ainsi, et la maison fut toujours silencieuse. Pas un des amis de Prosper ne vint frapper à sa porte : la porte de Lætitia était assiégée, mais elle ne s'ouvrit pour personne. Une fois seulement, le dernier jour, M. le duc de Chabriant fut reçu. Prosper le vit entrer, heureux et triomphant, chez Lætitia. Il y resta longtemps.

et, pendant tout ce temps, Prosper, versant des larmes de rage, ne savait à quel parti s'arrêter. Tantôt il voulait aller attendre, dans la cour, l'homme insolent qui profitait de sa défaite; tantôt il était sur le point de briser la faible cloison qui le séparait de l'appartement de cette femme, car, enfin, cette porte seule les séparait. Dans ses moments de modération, il prenait son chapeau pour aller, lui aussi, rendre ses hommages à sa belle voisine. S'il eût osé, il aurait été se jeter à ses pieds en lui disant : Pardonne-moi!

Ce fut un cruel moment d'amère et atroce jalousie. Sentir qu'il aimait cette femme, à présent qu'elle était redevenue la seule maîtresse de ses propres volontés et de ses amours; la savoir aimée par un autre, librement et à la face du ciel et de la terre, à l'instant même où il venait de comprendre combien lui-même il l'aimait! Et cet autre était un vieillard! Et cet autre était un homme puissant à la cour! Et cet autre était un ami du roi! Et cet autre venait relever cette femme, que lui, Prosper, il avait brisée! O douleur! ô misère! ô désespoir! ô honte! Et toutes ces choses se passaient chez lui, dans sa maison, devant lui, témoin muet et impassible! Et à présent il en venait à envier le sort de cette femme, sa victime; car, enfin, à tout prendre, c'était lui qui était la victime, c'était elle qui était la triomphante; c'était lui qui était le déshonoré, elle la respectée. Il s'écriait dans son cœur : — Lætitia! mon adorée Lætitia!

Au même instant, on vint lui dire que son oncle voulait le voir une dernière fois : — Et que Monsieur vienne en toute hâte, ajoutait l'envoyé du baron; m'est avis que le pauvre homme n'a plus longtemps à vivre.

— Et que m'importe? s'écriait Prosper; il s'agit bien de la vie ou de la mort de cet homme! Il s'agit de cette femme qui est en tête-à-tête avec le vieux duc, et qui sourit à ses paroles comme une Italienne qu'elle est ! Dis à celui qui t'envoie que je ne le connais pas, qu'il attende s'il veut me revoir; ou plutôt, dis-lui qu'il meure sans moi de son côté, s'il a tant de hâte; pour moi, je meurs ici de jalousie et d'amour.

A la fin cependant, le duc de Chabriant prit congé de Lætitia. Prosper le vit sortir, prêt à le déchirer de ses mains. Mais cette fois, sur le visage du digne gentilhomme, l'œil le plus prévenu n'eût pu lire que le regret, le respect et l'abattement. Chavigni fut tenté de lever son chapeau quand M. de Chabriant sortit de la maison.

Alors il se rappela que son oncle se mourait, et comme il lui avait promis de lui fermer les yeux, il voulait tenir sa parole. Il arriva donc en toute hâte à cette maison désolée et déserte, mais il n'était plus temps. Avant de rendre son dernier soupir, le baron Honoré avait appelé en vain à son lit de mort sa dernière amitié, sa dernière espérance. Prosper n'avait pas répondu ! Le moribond avait compris qu'il fallait mourir tout seul, et avec cet horrible sang-froid qui avait été sa vie, il s'était fermé les yeux lui-même, sans plainte contre les hommes, mais aussi sans prière pour le ciel. Quand Chavigni arriva, il trouva son oncle mort, mais tiède encore, et ses deux yeux cachés sous sa main décharnée. Tout était dit.

Restait à s'occuper du détail des funérailles. Le baron, en homme rangé jusqu'à la fin, avait laissé tout juste de quoi se faire enterrer. Il avait attendu pour mourir qu'il fût à bout de toutes ses ressources. Son neveu fut étonné, en y regardant de plus près, de la misère qui entourait cet homme, et de l'habile et adroite manière dont il l'avait dissimulée. Chose étrange ! la garde-malade elle-même, cette hyène avide qui sait, à une chemise près et à un battement de pouls, la fortune et la vie de son malade, n'avait rien découvert de cette misère! Le baron laissait un écrit dans lequel il expliquait comment le revendeur Jonathan lui avait acheté son lit, ses hardes, ses méchants meubles, ses volumes dépareillés et ses mauvais tableaux, tous les lambeaux et toutes les guenilles qu'il laissait après lui, de quoi suffire aux frais de sa maladie et de son enterrement, qui devait être, sinon magnifique, disait le codicille, du moins décent et honorable. Quant au tombeau, il s'en remettait au hasard pour en avoir un.

Avant qu'on ne plaçât le défunt dans le cercueil, Chavigni s'approcha de ce cadavre sur lequel la douleur avait imprimé son ongle de fer. Ces yeux qui jetaient la flamme étaient rentrés dans le crâne. Ce sourire éternel s'était arrêté assez à temps pour laisser à découvert le dernier grincement de ces dents livides; ce n'était ni le calme, ni la paix de la mort, mais tout au plus une convulsion immobile. — Voilà donc ce que l'ambition a fait de ce cadavre! se dit Prosper en rejetant le linceul sur cette face livide. Cette mort ne sera pas la mienne. Non, par l'enfer! je veux donner à l'ambition un cadavre plus vivant, un front moins ridé, un intrigant plus jeune, afin qu'au moins quelques-uns en ce monde, voyant passer ma bière et apprenant que trente ans à peine sont enfermés dans ces quatre planches de sapin, me prennent en pitié, et suivent mon convoi jusqu'au bout de la rue avec un regard de compassion.

X.

Le Mariage et l'Enterrement.

La matinée est belle; on dirait un limpide jour de fête. Pour Paris, c'est bien plus qu'un jour de fête, c'est un jour de printemps. On dirait, quand le soleil est si pur, quand le ciel est si beau, quand l'air est si diaphane, que Paris tout entier n'est plus qu'un modeste village doucement assis au bord d'un beau fleuve abrité par de grands arbres, et qu'il y a dans ce paisible et vaste hameau, de la vie, de l'amour, de l'espoir et du bonheur pour qui veut se baisser et en prendre. A ces heures si belles, mais trop rares, on dirait qu'il n'y a plus dans Paris ni grands seigneurs, ni populace, ni luxe, ni misère, ni pauvres, ni riches, ni les Tuileries, ni la Salpêtrière, ni l'Hôtel-Dieu, ni l'Opéra, ni le Palais-Royal, ni la rue Mouffetard, ni la Morgue, ni la Cour d'assises; toutes les ambitions s'oublient alors, comme aussi toutes les misères; tous les visages s'épanouissent à ce doux rayon de soleil qui tombe dans ce grand abîme; toutes les âmes veulent avoir leur part de ce printemps d'une heure. Le prisonnier lui-même retrouve son sourire; et le fossoyeur, appuyé sur sa bêche, contemplant, des sublimes hauteurs du Père-Lachaise, ce vaste Paris enseveli dans cet éclatant nuage d'or : — Nous n'aurons pas grand ouvrage demain! se dit-il.

Heureux celui qui peut dater son grand jour de bonheur par un de ces beaux jours de soleil! Cependant l'église de Saint-Roch se pare de fleurs. Le vaste portail est encombré de curieux et de pauvres. Un riche mariage se prépare, déjà

l'église se remplit d'une foule brillante. On n'attend plus
que le mari et la jeune épouse. Voyez-vous venir de loin ce
long cortége de voitures? Les chevaux frémissent d'impatience, et relèvent joyeusement la tête sous leurs guides de
soie. Aux panneaux des voitures brillent les pompeuses armoiries; dans ces voitures tout est plumes et dentelles, bro-
deries et velours. Les vieux parents viennent d'abord, les
jeunes gens viennent ensuite. Voyez-la descendre! voyez-la
descendre! C'est elle; comme elle est belle! elle est toute
blanche, elle est plus blanche que ses blanches dentelles,
plus blanche que la blanche fleur d'oranger qui pare son
côté. Le vent effleure à peine son voile, et alors on s'aperçoit qu'elle est émue, et que sa joue est rose et que ses cheveux sont noirs. Qu'elle est belle! La vieille mendiante du
porche oublie, à la voir, de réciter sa prière monotone; j'ai
vu le moment où le vieillard qui lui offrait de l'eau bénite
laissait tomber l'eau bénite. Qu'elle est belle! Sa modestie
n'a rien d'affecté; son regard, naturellement baissé, sait
pourtant voir et saluer dans la foule tous ceux qu'elle doit
voir. Qu'elle est belle! On se presse sur son passage; à peine
elle a touché le parvis du temple que l'orgue éclate en fré-
missements de joie. Soudain les cloches s'ébranlent dans les
airs en joyeuses volées, les chants commencent. Mais d'où
vient-elle? et qui est-elle? Et qui donc a osé demander la
main de cette noble fille? Ainsi elle avait à sa suite tous les
cœurs, tous les hommages, tous les respects.

Son mari venait après elle, un beau et simple jeune
homme qui marchait tête levée et qui avouait son bonheur
à la face de Dieu et des hommes. Seulement, dans toute cette
noble foule il était le seul de sa race. Mais quoi! n'avait-il
pas mieux que la plus illustre famille? n'avait-il pas mieux
que la plus noble origine? n'avait-il pas cette femme, l'orgueil de la terre et l'amour du ciel? C'était donc à bon droit

qu'il était aussi superbe et aussi fort que s'il se fût appelé Montmorency !

Cependant sur le derrière de l'église, bien loin de la grande entrée mondaine et éclairée, dans une sombre petite chapelle cachée entre deux piliers massifs par une petite porte étroite et basse, abandonnée même par ses mendiants ordinaires, on avait apporté à la hâte un cercueil recouvert d'un morceau de drap noir. Ce coffre sans honneurs était arrivé dans cette chapelle, traîné sur un char, et suivi d'une douzaine de voitures de deuil ; mais les voitures étaient vides, et pour tout cortége un seul homme s'était présenté. Par un de ces hasards qui ne sont pas des hasards dans ces églises si occupées, la double cérémonie avait lieu à la même heure et dans le même temple ; seulement, l'union sainte des deux fiancés se célébrait en grande pompe au maître-autel, et la messe du mort se murmurait tout bas dans le coin de l'obscure chapelle. La fête absorbait le deuil ; le deuil même avait un air de fête ; ce n'était pas tout à fait une messe des morts, cette messe accomplie aux sons de cette douce musique partie de ce grand autel et de ce grand bonheur.

Chavigni avait accompagné le corps de son oncle ; personne autre que lui n'était venu jusque là ; ni un ami, ni un serviteur ; personne. Assis dans un coin de la chapelle, Chavigni attendait patiemment que le prêtre eût murmuré toute sa messe, et que les porteurs, qui étaient au cabaret voisin, vinssent reprendre le cercueil pour le porter jusqu'au cimetière. En vain essaya-t-il de prier pour ce damné couché là ; ce qu'il pouvait faire de mieux pour cet homme, c'était de penser au néant et de se répéter que tout finissait avec nous. Le néant ! ce fut toute l'oraison funèbre de Prosper à son oncle. Oraison funèbre d'un instant, méditation d'une minute ; vous dites : *le néant !* tout est dit ; c'est un mot qui passe comme l'éclair; c'est un coup de tonnerre sur l'intelligence humaine. La prière, au contraire, cette espérance sans cesse renaissante, cette chose sainte et durable, peut durer autant que la vie d'un homme. Aussi Prosper, une fois qu'il eut répété devant le cadavre de son oncle, comme si son oncle eût pu l'entendre : *Il n'y a rien d'immortel!* trouva-t-il que cette messe était bien longue pour un pareil mort.

Au même instant, de l'autre extrémité de l'église, arrivèrent jusqu'à lui, en chantant comme chantent les anges, l'*Hosanna in excelsis* des jeunes amours, les hymnes joyeuses, que l'orgue accompagnait de sa voix grave et solennelle; heureux bruits venus de si haut; hymnes sacrées pleines de croyance et de bonheur! Mais quelle était donc cette joie dont le saint temple était rempli jusqu'à l'étoile de ses voûtes? Prosper voulut le savoir, et, laissant là le corps de son oncle entre les cierges funèbres, il arriva jusqu'à la grille du maître-autel où se célébrait cet heureux mariage. Toute l'assemblée était à genoux et saintement recueillie. Prosper se mit à genoux, et alors, sur les marches de l'autel recouvertes de velours, il aperçut cette jeune et sainte personne qui priait aux côtés de ce jeune homme et qu'un vieux prêtre allait bénir. Deux enfants tenaient un dais suspendu sur ces deux têtes chastement et heureusement penchées. Prosper les voyait à peine; mais il y avait dans l'attitude des nouveaux mariés tant de bonheur et de recueillement, qu'il se sentit ému jusqu'au fond de l'âme. Ce qui se passait dans l'âme de Prosper à ce moment solennel ne saurait se décrire. Voilà donc le sacrement dont il s'était fait un jeu! Voilà donc l'union chrétienne dont il avait usurpé les droits par un mensonge! Ainsi pensait-il, et plus c'était là un sacrement imposant, et plus il se repentait de l'avoir blasphémé. Le mariage! la dernière défense de la société, son dernier rempart, son dernier abri; le mariage et la propriété, ces deux bases de toute société dans le monde depuis que la croyance est abolie; le mariage, le soutien de la famille, l'absolution de toutes les folies de la jeunesse, le pardon de toutes les ambitions, viles ou nobles, l'oubli de tous les chagrins du vieillard, l'orgueil même du criminel, qui, devant son juge, invoque sa femme et ses enfants, comme un croyant invoquerait un dieu! Toutes ces idées, tous ces regrets assiégeaient en foule l'âme et l'esprit de Chavigni, et avec d'autant plus de force, qu'il avait aspiré jadis avec plus d'ardeur à la sainte et inaliénable dignité du père de famille. C'était son plus doux rêve, c'était sa plus charmante illusion, à ce point que ses yeux se mouillaient d'une larme involontaire quand, à la dernière scène d'une comédie nouvelle, le jeune amant donnait la main à sa maîtresse. Ainsi, même au théâtre, le mariage lui avait toujours paru chose respectable et sainte. Mais, je vous prie, quelle ne fut pas son émotion quand les deux jeunes amants prononcèrent d'une voix modeste et assurée la dernière parole qui devait les unir? Il sentit ses genoux fléchir : il reconnut ces deux jeunes voix qui, à cette heure, n'avaient d'écho que dans le ciel; en effet, c'était la voix de Louise, c'était la voix de Christophe!

La douce cérémonie s'acheva aux sons joyeux de l'orgue. Au milieu de ces saintes fanfares, Christophe s'empara de sa jeune femme, et ils sortirent de l'église, elle et lui, précédés et suivis de cette belle foule qui leur faisait cortége. Chavigni les suivit d'un œil triste et ferme, puis il retourna dans la chapelle déserte, pour reprendre son mort où il l'avait laissé.

Le mort était seul; on avait même soufflé sur les deux cierges. Le prêtre s'était hâté de déposer son étole noire. Quand les voitures du mariage furent parties, on fit avancer les voitures de deuil, ces voitures vides dans lesquelles Chavigni tenait si peu de place, et le cortége se dirigea vers le cimetière du Père-Lachaise par le plus court chemin.

De Saint-Roch au cimetière du Père-Lachaise la route est longue, surtout pour celui qui la parcourt sans regrets et sans larmes; ce n'est plus alors qu'une triste promenade que l'on fait malgré soi. Tous ces cadavres qui passent dans toutes sortes d'appareils vous blessent la vue, si vos regards ne sont pas troublés par des larmes. Les yeux de Prosper étaient secs. Arrivé dans ce vaste enclos de la mort, où les places sont si pressées, Prosper vit descendre le corps de son oncle dans la fosse qu'on lui avait préparée; il le vit disparaître peu à peu sous cette terre amoncelée, et il pensa que jusqu'à la consommation des siècles, celui que le fossoyeur venait d'enfouir à cette place y pouvait demeurer sans avoir à espérer une prière ou un souvenir.

Comme il allait quitter pour jamais cette terre fraîchement remuée, le jardinier de ces tombes amoncelées à l'ombre des cyprès dit à Chavigni : — *Ne jetez-vous pas quelques fleurs sur la tombe du mort?* Et en même temps il offrait à Prosper des couronnes d'immortelles toutes faites. Chavigni trouva que c'était là une invention commode, et, pour son argent, il jeta les fleurs du jardinier sur la tombe. — Maintenant, Monsieur, reprit cet homme, vous plairait-il de me charger de jeter tous les huit jours des fleurs à cette place? Mieux que cela, voulez-vous que je fasse de ces six pieds de terre un vrai parterre dans lequel je planterai des œillets et des roses, ou les autres fleurs que le défunt aimait le mieux? Et pour ce qui est de mon exactitude, regardez autour de vous; ces arbustes si bien taillés, ces gazons si touffus, ces emblèmes fleuris de la douleur, tout cela vient de moi, le jardinier de la mort; c'est moi qui ai planté ces pins toujours verts; c'est moi qui ai fait pleurer ces saules;

c'est moi qui ai fait gémir ces roseaux; c'est moi qui ai fauché ces gazons funèbres; c'est moi qui ai semé ces fleurs de la désolation et du souvenir. Vous voyez donc que toute douleur peut faire son petit pacte avec moi en toute confiance. J'ai des fleurs pour tous les regrets, des saules pleureurs pour tous les désespoirs, de noirs sapins pour tous les veuvages. Je vous vendrai à juste prix l'immortelle de la veuve, le laurier du général d'armée, la rose blanche de la jeune vierge, l'hyacinthe du petit enfant. Les parents inconsolables ont tant de confiance en moi, qu'après deux ou trois visites à ces tombes récentes, ils cessent de venir s'assurer par eux-mêmes de l'entretien de leurs jardins et de leurs douleurs.

— Par le ciel! s'écria Chavigni, je comprends à présent l'éternité de ces marbres et la constance de ces buis verts. Il ne sera pas dit que mon oncle n'aura pas, lui aussi, quelques arbustes et quelques fleurs sur son tombeau. J'imagine pourtant que cela va bien étonner son âme immortelle.

Et il fit un traité avec le jardinier du Père-Lachaise. Il lui en coûtait moins pour orner de fleurs, toute l'année, la tombe du baron Honoré de la Bertenache, que pour donner à Lætitia son bouquet accoutumé, les jours d'Opéra.

XI.

Dénouement.

Et moi aussi, se disait Prosper en quittant ce vaste enclos de la mort, si rempli, qu'il le faut agrandir chaque jour; et moi aussi, bientôt je vais avoir ma place par-là, quelque part, un trou ignoré. Mais moi, si je veux des fleurs sur ce trou, il faudra que je me les achète moi-même à l'avance. Mais non, pas de fleurs pour moi! les fleurs viennent mal sur cette terre de corruption où le fumier humain les étouffe. Moi, je veux faire planter sur mon cadavre quelque plante grimpante et horrible à voir, un buisson d'épines; et, au pied de ce buisson, on écrira en grosses lettres: — *Ambitieux et suicide!* ce sera là une charmante diversion au milieu de toutes ces douleurs chamarrées et menteuses: *Ambitieux, suicide,* intrigant, pervers, menteur, orgueilleux, avare, tous les vices. La belle idée! car, dans ce nombre innombrable d'épitaphes, mon épitaphe sera la seule qui dira toute la vérité, et qui ne dira que la vérité. Oui, certes, moi seul ici, je ne mettrai pas sur mon cercueil un mensonge. Dans ce nombre sans fin de fils excellents, il n'y aura que ma tombe qui dira: — *Mauvais fils! fils ingrat!* Parmi tous ces époux et tous ces amants fidèles, je serai là pour dire du pied de mon buisson: — *J'ai vendu la femme que j'aimais, et je l'ai trahie comme jamais femme n'a été trahie!* Au milieu de tous ces héros que recouvre cette terre, il y aura un homme dont la tombe criera tout haut à qui voudra l'entendre: — *C'est un lâche!* et cet homme, ce sera moi. Par Dieu! voilà qui est bien pensé. Je vais tuer l'oraison funèbre d'un seul coup, du fond de mon cercueil et de mon désespoir. Tous ces marbres trompeurs, je les brise; toutes ces fleurs menteuses, je les fane. J'apporte la vérité dans ce monde de cadavres, j'illumine tous ces sépulcres. Allons, allons, ma mort sera utile sur la terre des vivants! — Je vais racheter par un peu de vérité tous les scandales que j'ai donnés. Ainsi pensant, il rentrait dans Paris par le beau soleil qu'il faisait, et par les longs boulevards si remplis de fêtes et de gaieté. Les hommes étaient jeunes, les femmes étaient belles, les enfants poussaient, en courant après leurs mères, leurs joyeux petits cris, comme fait l'hirondelle dans l'air. Cette joie était loin d'être un regret pour Chavigni; au contraire, il en jouissait en toute confiance; il se répétait qu'il avait encore huit jours à vivre, pour le moins, et il se rassurait un peu.

Quand il rentra dans sa maison, il était deux heures. Quels furent sa surprise et son effroi en voyant dans sa cour une chaise de poste tout attelée! Le postillon était sur son cheval, et il attendait; la voiture était chargée et prête à partir. C'était Lætitia qui partait. — Lætitia! Lætitia! elle s'enfuit! Où va-t-elle? où va-t-elle? Chavigni était éperdu, désespéré. Partir! elle! partir! si vite! sans moi! seule! sans me dire : Adieu, je pars!

— A présent ou jamais, se dit Prosper, c'est bien le cas de mourir. Mais, hélas! rien n'était prêt pour sa mort, ni sa main, ni son esprit, ni son âme, ni son corps. Mourir ainsi, en toute hâte, comme un fou, comme un niais, sans dire pourquoi je meurs à personne, c'est impossible. Cependant Lætitia va partir, partir! ô mon Dieu! Si, au moins, elle ne partait que demain, oui, demain, mais seulement demain! Lætitia! encore cette nuit, le temps de rassurer ma main et mon cœur! Ainsi, cette chaise de poste, qui pouvait d'un instant à l'autre entraîner son dernier espoir, faisait battre son cœur autant, pour le moins, que l'éternité qui allait commencer. Il coupait en deux sa dernière prière; il allait de Dieu à Lætitia, de la terre au ciel, sans s'arrêter. Quelle misère! quel supplice!

— Et son testament qui n'était pas fait encore; il écrivit donc, les yeux sur la fenêtre : — *Lætitia, ma légataire universelle!* — Il voulut écrire à sa mère, mais Lætitia pouvait partir. — Il écrivit : *Adieu, ma mère!* — Partir ainsi, Lætitia! partir! Il faut écrire aussi une lettre à Lætitia; et il lui écrivit en effet : — *Lætitia, je t'aime, je te perds, et je meurs!*

Un nouveau bruit dans la cour l'arracha à ces horribles réflexions. Tout était dit; la chaise de poste avait marché sous le perron. Alors son sang-froid revint à Prosper. — C'en est fait! s'écria-t-il, adieu! je ne verrai pas Lætitia avant de mourir! Il tira le rideau de sa fenêtre, puis il se mit à genoux, et il essaya de prier.

Vains efforts! vain espoir! Au milieu de sa prière, sa dernière prière, il entendait toujours ce bruit de voiture et de chevaux; or, il ne voulait pas laisser partir Lætitia sans qu'elle pût se dire : — Il est mort!

Il prit un de ses pistolets, il l'arma, et il prêta l'oreille, afin de se tuer au premier bruit qui viendrait de la cour.

Et comme, dans le fond de son cœur, il était sûr que Lætitia accourrait à l'explosion, et qu'elle voudrait le voir mort, il plaça l'arme fatale sur son cœur. Il aimait mieux se frapper au cœur que de se briser la tête et d'épouvanter cette femme qui allait venir lui fermer les yeux.

L'attente fut longue et cruelle; mais au moment où, fatigué d'attendre ce signal qui n'arrivait pas, il allait en finir, la porte de Lætitia s'ouvrit doucement, et il sentit une main qui arrachait de sa main l'arme fatale : c'était Lætitia!

Oui, elle-même! les yeux baignés de larmes, et qui, n'en pouvant plus, venait faire ses adieux à Prosper.

— Lætitia! — Prosper!

— Tu voulais donc mourir? — Tu voulais donc partir? — Et elle tendit les bras à Prosper, et Prosper, à genoux, l'embrassa en pleurant : — Lætitia! Lætitia!

Comme ils étaient ainsi muets, étonnés, ivres de joie, se regardant l'un l'autre comme s'ils se voyaient pour la première fois, la porte de Chavigni s'ouvrit, et ils virent entrer Christophe et sa femme dans leurs habits de fête ; Louise avait encore sa robe blanche et son long voile, et les fleurs qui paraient son beau sein. A peine mariés, ils s'étaient dérobés à toutes les félicitations de leur famille, et ils accouraient au secours de Prosper.

L'un et l'autre ils devinèrent tout d'un coup la scène qui venait de se passer.

— Il a voulu se tuer, Madame ! disait Lætitia à mademoiselle de Chabriant.

— Elle voulait partir ! disait Prosper à Christophe.

Alors mademoiselle de Chabriant, cette belle Louise, tendant ses mains aux deux amants : — Monsieur de Chavigny, lui dit-elle, voulez-vous accepter pour votre femme la garantie d'une honnête femme ? — Voici la main de Lætitia Laferti ; elle peut être votre femme, sur l'honneur ! car si elle eût voulu l'autre jour accorder sa main à mon père, elle s'appellerait aujourd'hui madame la duchesse de Chabriant.

A ces mots, Lætitia voulut baiser les mains de Louise ; Louise la pressa dans ses bras. Jamais réhabilitation ne fut plus complète et ne partit de si haut. Dans cet embrassement, mademoiselle de Chabriant, ou plutôt l'heureuse et honnête femme de l'heureux Christophe, venait de rendre l'honneur à Lætitia, et sa propre estime à Prosper.

CONCLUSION.

Il y a déjà trois ans de cela ; je venais de Paris, et j'allais à Condrieux voir mon digne père, qui est mort, et les quatre vignes qu'il a plantées au-devant de la maison où ma noble mère, mon adorée, qui est morte aussi, hélas! venait tous les ans passer l'automne. La pluie m'avait retenu de l'autre côté du Rhône, à Vienne, dans une méchante auberge, à côté de la cathédrale, pauvre cathédrale isolée dans cette triste ville qui ne la comprend plus. L'ennui me prit d'attendre en ce lieu, toute une nuit, que le Rhône fût calmé, et je passai le Rhône comme je pus. Le fleuve était terrible cette nuit-là. Arrivé sur la rive d'Ampuy, l'orage reprit de plus belle. Je fus forcé de demander asile dans une jolie maison bourgeoise peinte en vert, avec des tuiles rouges, ce qui indique toujours que le propriétaire a lu Jean-Jacques-Rousseau. Le maître de cette maison m'accueillit avec bonne grâce, comme on accueille un compatriote mouillé et qui a besoin de repos. Il me présenta à sa femme, dont il avait l'air d'être passionnément amoureux ; et j'avoue que j'ai vu peu de femmes plus touchantes et plus belles. Elle avait tout à fait l'air d'une de ces femmes faites pour un trône, mais qui, jetées par leur naissance dans les paisibles embarras d'une existence médiocre et cachée, ont accompli tranquillement les devoirs de cette vie domestique, sans se douter qu'il y avait d'autre bonheur surtout pour les jeunes et pour les belles; c'est un contraste qui ne manque jamais son effet.

Après le repas, qui fut excellent, véritable souper d'un riche propriétaire qui se permet toutes les sensualités de sa maison des champs, la conversation devint plus intime entre moi et cet heureux ménage. Mes deux hôtes étaient les deux héros de notre histoire. Ce bourgeois, si simple, si naïf et si bon, c'était Prosper Chavigni: cette bonne femme, si belle, si aimée, si respectée, la mère de ces deux jolis enfants, c'était Lætitia Laferti.

Prosper Chavigni, rendu au repos et à la probité vulgaire, qui est la vraie probité, avait renoncé à entrer dans ce monde qui l'avait repoussé trois fois. Tel était le châtiment infligé à son ambition, châtiment terrible pour un homme de cet esprit, de ce talent et de ce courage, que le monde condamne à user dans l'oisiveté les plus belles et les plus rares qualités de l'esprit et du cœur. A cette peine inévitable, Chavigni s'était soumis sans murmure; il savait trop bien, par sa propre expérience, que les arrêts du monde sont sans appel. Il avait dit adieu à Paris, ce Paris où il avait été vaincu sans retour, et il était revenu à son village avec sa femme, plus heureuse que lui, qui n'avait pas d'autre ambition que son amour. Heureusement, le bon naturel de Prosper, aidé des conseils de son ami Christophe, vint-il à son aide dans cette disgrâce du monde qui devait être éternelle. Après les premiers chagrins, Prosper se risqua peu à peu à n'être plus qu'un bon homme heureux, loin des affaires et du tumulte de la ville. Et puis sa femme était si belle, et ses deux enfants étaient si beaux! Son père avait été si fier de le revoir, et sa mère si heureuse! Il avait marié toutes ses sœurs; il s'était bâti une maison qu'on appelait volontiers un château.

Avant peu, il avait l'espoir d'être nommé adjoint au

maire de son village; c'était tout ce qui lui restait de son ambition passée. En attendant, il taillait sa vigne, il cultivait ses champs, il faisait en sorte que sa maison fût tout à fait digne de sa femme. Sa femme et lui, ils s'étudiaient à rendre heureux cette bonne mère, et Jean Chavigni, leur vieux père, et enfin, et surtout, ils mettaient tous leurs soins à élever leurs deux jolis enfants, Louise et Christophe, les deux filleuls de madame Louise et de M. le baron Christophe, le conseiller d'état.

Ils enseignaient, entre autres choses, à leurs enfants, à marcher tout droit, toute leur vie, dans les nobles sentiers; à se méfier des chemins de traverse, qui, plus faciles en apparence, mènent à un précipice, à coup sûr; et, par leur vie passée aussi bien que par leur vie présente, ils démontraient à ces jeunes intelligences qu'il n'y a qu'un chemin dans ce monde pour arriver à l'autorité et à la fortune : — le grand chemin de la probité, du travail, de la patience et de la vertu.

FIN.

TABLE.

PREMIÈRE PARTIE. — L'ÉDUCATION DU VILLAGE

I. Introduction............................ Pages	1
II. L'Enfance de Prosper........................	11
III. Le Frère Christophe........................	19
IV. Les Adieux...............................	35
V. Les derniers Adieux.........................	43
VI. Du Village à Paris.........................	49
VII. Paris....................................	57
VIII. M. le Baron Honoré de la Bertenache........	69

DEUXIÈME PARTIE. — L'ÉDUCATION DE LA VILLE.

Lettres de Prosper Chavigni au Frère Ignorantin Christophe ...	79

TROISIÈME PARTIE. — LA LIGNE DROITE.

I. Le Départ du Frère Christophe................	187
II. Le Guet-Apens.............................	191
III. La Mort de la Fille de joie.................	199
IV. Fourvières................................	207
V. La Délivrance.............................	211
VI. La Prise d'Habit..........................	221
VII. La Grotte de Jean-Jacques Rousseau.........	237
VIII. Plus vite à pied qu'en voiture.............	247
IX. L'Entrée dans le Monde....................	251
X. Le Cabinet noir...........................	267
XI. La Maison de Jeu.........................	278
XII. De Charybde en Scylla....................	286

QUATRIÈME PARTIE.

I. L'Italie....................................	291
II. Le Bal de Madame la Duchesse de Berry......	307
III. La Dague au poing........................	319
IV. Les Derniers Apprêts......................	333
V. Le Masque tombe, l'Homme reste............	339
VI. Repentir.................................	351
VII. Le Châtiment............................	357
VIII. Le Châtiment...........................	361
IX. Le Néant................................	374
X. Le Mariage et l'Enterrement................	378
XI. Dénouement..............................	384
Conclusion...................................	389

EN VENTE
A LA MÊME LIBRAIRIE.

LES ÉPIGRAMMES DE MARTIAL,

traduites en vers français

PAR M. CONSTANT DUBOS,

Professeur émérite de Rhétorique au collège royal de Louis-le-Grand.

précédées

d'un Essai sur la Vie et les Ouvrages de Martial,

PAR M. JULES JANIN.

1 fort vol. in-8° : 7 fr. 50 c.

MÉMOIRES
BIOGRAPHIQUES, LITTÉRAIRES
ET POLITIQUES
DE MIRABEAU,

ÉCRITS PAR LUI-MÊME,

par son Père, son Oncle et son Fils adoptif.

Deuxième édition, accompagnée de portraits gravés sur acier et de fac-simile.

8 vol. in-8°, 52 fr. au lieu de 64.

Il a été tiré quelques exemplaires en sus des tomes 6, 7 et 8, pour compléter la première édition ; prix de chaque volume, 4 fr.

Les portraits seront donnés avec ces trois volumes à MM. les Souscripteurs de la première édition.

L'éditeur laisse la faculté de retirer l'ouvrage par livraison d'un volume. Prix de la livraison : 4 fr.

Paris. — Typographie LACRAMPE et Comp., rue Damiette, 2.

www.ingramcontent.com/pod-product-compliance
Lightning Source LLC
Chambersburg PA
CBHW071914230426
43671CB00010B/1604